Mental Health for College Students

大学生心理健康

韦 炜 主编

厦门大学出版社 XIAMEN UNIVERSITY PRESS 国家一级出版社 全国百佳图书出版单位

图书在版编目（CIP）数据

大学生心理健康 / 韦炜主编. -- 2 版. -- 厦门 ：厦门大学出版社，2022.8(2024.8 重印)
ISBN 978-7-5615-8678-5

Ⅰ. ①大… Ⅱ. ①韦… Ⅲ. ①大学生-心理健康-健康教育-高等学校-教材 Ⅳ. ①G444

中国版本图书馆CIP数据核字(2022)第129638号

责任编辑 高奕欢
封面设计 蔡炜荣
技术编辑 许克华

出版发行 厦门大学出版社
社 址 厦门市软件园二期望海路 39 号
邮政编码 361008
总 机 0592-2181111 0592-2181406(传真)
营销中心 0592-2184458 0592-2181365
网 址 http://www.xmupress.com
邮 箱 xmup@xmupress.com
印 刷 厦门市明亮彩印有限公司

开本 787 mm×1 092 mm 1/16
印张 21.5
插页 2
字数 495 千字
版次 2018 年 8 月第 1 版 2022 年 8 月第 2 版
印次 2024 年 8 月第 2 次印刷
定价 58.00 元

本书如有印装质量问题请直接寄承印厂调换

厦门大学出版社
微信二维码

厦门大学出版社
微博二维码

前言

党的十八大以来，以习近平同志为核心的党中央高度重视学生心理健康工作。习近平总书记对学生心理健康教育作出了系列重要批示，为做好新时代高校学生心理健康教育工作提供了根本依据。2021年11月，教育部召开全国高校学生心理健康教育工作推进会，会议指出教育是培养人的事业，让广大学生更加健康阳光；教育是落实立德树人根本任务的应有之义，要把全面加强和改进学生心理健康教育工作作为培育担当民族复兴大任的时代新人的重要内容。

厦门医学院历来非常重视大学生心理健康课程建设，早在2007年就将“心理健康”设置为必修课。2012年，学校根据教育部《普通高等学校学生心理健康教育课程教学基本要求》的精神，将“心理健康”课程由原来的18学时调整为32学时、2学分，在大一学年分两个学期开设。而后又开展了“理论教学与体验式教学结合”的尝试和改革。经过多年的努力和积累，课程建设取得了一定成效，获得福建省教学成果二等奖并被评为省级一流本科课程等。本次教材编写是对上一版教材的修订，也是福建省新文科研究与改革实践项目（2021）“大学生心理健康课程的思政育人探索”的成果之一。

本教材旨在践行以学生为主体的教育理念，满足学生多元化的心理需求，以生活实际为教学内容，以亲身体验为课堂主旋律。更为重要的是，本教材结合医学院校人才培养目标，重视价值引领和优秀文化传承，引导学生自觉弘扬和践行社会主义核心价值观。

本教材是厦门医学院心理健康中心全体教师基于近年课程建设的积累，共同努力创新的结晶。教材编写分工如下：张纪梅、韦炜负责课程和教材的框架设计；韦炜负责编写大纲、编写要求的设计以及教材编写工作的组织与实施；韦炜、周曦、吴先良、刘榆红、陈国魁、康荔、林珠梅、黄雷晶、朱丽君编写相应章节。每位参编教师都精心投入，态度严谨，精益求精。在此，对参加编写工作的每一位老师的辛勤付出表示诚挚的谢意。

本教材在编写过程中，参阅了很多同行的文献资料，借鉴了许多有价值的研究成果，难以一一列举，在此谨向这些文献的作者表示衷心的感谢！

由于编者水平有限，教材中难免存在不足甚至错误，恳请大家批评指正。也希望厦门医学院心理健康中心各位授课教师在教材实际使用过程中，能不断总结经验，在教学实践中发现问题，并提出修正意见。

韦　炜

2022年7月

目录

第一章　大学生心理健康概述

健康是前提和基础，没有全民健康，就没有全面小康。而健康是生理健康与心理健康的统一，心理健康是健康的重要组成部分，甚至有一种观点认为，健康的一半是心理健康，疾病的一半是心理疾病。对于大学生群体来说，其生理发育处于基本成熟、相对稳定的阶段，相比之下，由于大学生心理发展正处于迅速走向成熟而又未真正成熟的阶段，加上生活环境、学习特点、人际关系、原生家庭等因素影响，心理健康状态更易出现波动。因此，大学生学习和掌握心理健康知识十分重要，不仅是预防和应对心理问题的需要，更是追求内在幸福感，实现人格完善和自我成长的需要。

第一节　心理健康

心海探索

抓乌龟

过程：

1. 全班同学拉手围成一个大圈。每位同学伸出左手掌心向下，伸出右手食指朝上，把左手搭在相邻左边同伴的右手食指上。如果教室条件限制，无法让所有人都围成一圈，可以两人一组面对面坐下，伸出右手食指与左手手掌，右手食指抵住对方左手手掌掌心；还可以按照座位形成“S”形。

2. 读故事《乌鸦和乌龟》，当出现“乌鸦”“乌龟”任何一个词语时，请马上用左手去抓左边同伴的右手食指，同时把右手食指快速从右边同伴的左手下逃出来，即“左抓右逃”。

3. 右手食指被抓住，或者在未出现“乌鸦”“乌龟”两词却抽出自己的右手食指时，就算失败。

4. 活动过程中注意计算自己失败和成功的次数。

5. 活动结束后与相邻的同学握握手，感谢能有机会和对方一起完成这个活动。

乌鸦和乌龟

森林里有一座小小的城堡，里面住着可怕的巫婆和她的仆人乌鸦。突然有一天，天上慢慢飘来一片片乌云，转眼间就乌黑乌黑的，什么也看不见，不一会就下起了大雨。在狂风暴雨中，巫婆听见有人在敲门，开门一看，原来是一只乌龟，还有一只乌贼，它们要求巫婆让它们进屋。巫婆同意了，可是乌鸦不同意，它和乌龟是多年的宿敌。雨越下越大，大家也越吵越凶，乌贼指着乌云对巫婆说：“雨这么大，乌鸦却不让我们进去，我和乌龟都会生病的，再不开门，我一定会让你的城堡变得乌烟瘴气。”最后，巫婆还是没有给它们开门。没多久，雨停了，太阳出来了，乌云也散了，巫婆和乌鸦这才打开门，看见乌龟已经冻得缩成一团。

一、心理健康的内涵

关于心理健康的内涵存在许多不同的观点，目前尚未形成统一的定义，但大多数观点都强调个体心理的内部协调和外部适应，即把心理健康状态看作一种内外和谐的良好状态。

《简明不列颠百科全书》对心理健康的定义是：“心理健康是指个体心理在本身及环境条件许可范围内所能达到的最佳功能状态，但不是绝对的十全十美的状态。”

国际心理卫生大会对心理健康所下的定义是：“心理健康是指在身体、智能以及情感上与他人的心理健康不相矛盾的范围内，将个人的心境发展成最佳状态。”

心理学家英格里斯认为：“心理健康是指一种持续的心理状态，当事人在这种状态下，能做出良好的适应，具有生命的活力，而且能充分发挥心身潜能。不仅是免于心理疾病，更是一种积极的状态。”

国内有学者认为：“心理健康是以积极有效的心理活动，对当前和发展着的社会环境、自然环境以及自我内环境表现出良好适应的功能状态。”

综上，我们对心理健康的含义做如下概括：广义上讲，心理健康是指一种高效而满意的、持续的心理状态；狭义上讲，心理健康是指人的基本心理活动内容完整、协调一致，能顺应社会，与环境的发展变化保持同步。

心海导航

2019年国务院印发《关于实施健康中国行动的意见》

《关于实施健康中国行动的意见》提出要实施心理健康促进行动。心理健康是健康的重要组成部分。通过心理健康教育、咨询、治疗、危机干预等方式，引导公众科学缓解压力，正确认识和应对常见精神障碍及心理行为问题。健全社会心理服务网络，加强心理健康人才培养。建立精神卫生综合管理机制，完善精神障碍社区康复服务。到2022年和2030年，居民心理健康素养水平提升到20%和30%，心理相关疾病发生的上升趋势减缓。

来源：中华人民共和国国务院. 国务院关于实施健康中国行动的意见（国发〔2019〕13号）[EB/OL].（2019-07-25）[2022-07-28]. http://www.gov.cn/zhengce/content/2019-07/15/content_5409492.htm.

二、心理健康的意义

（一）心理健康的人更容易保持身体健康

身心是相互影响的。许多实验研究显示，人体对疾病的易感性和抵抗力与心理状态密切相关。现代社会许多躯体疾病，如心脏病、癌症、高血压、偏头痛、糖尿病等都与心理因素密切相关。作为中华文明瑰宝的中医学认为，七情（即喜、怒、忧、思、悲、恐、惊）中任何一种表现过度，都会造成身体不适。日常生活中，大家都有这样的体会，当面临巨大的考试压力时，容易出现头疼失眠、食欲不振等躯体症状。这说明，心理不健康一定程度引发或导致了生理疾病。相反，心理健康则有利于促进身体健康。以心理健康的一个重要标志——乐观为例，有研究者发现，乐观的心态与免疫功能有效性有关。还有一项回顾性研究发现，乐观与长寿有关。因此，维护心理健康，对我们的身体健康至关重要。

心海链接

心理健康对生理产生的积极影响

37 名感染人类免疫缺陷病毒（HIV）的成人参加了实验。大约一半的病人被分到了情绪写作组，连续 4 天里每天花 30 分钟写下“生活中最具创伤性的和情绪性的经验”。控制组则用同样的时间进行中性任务，如写下他们前天做的事。为了测量情绪写作的作用，研究者测量了 HIV 载量——1 毫升血液中人类免疫缺陷病毒的复制数量——结果显示情绪写作产生了巨大的影响，在第 2 周、3 个月和 6 个月后，情绪写作组的人类免疫缺陷病毒载量要少得多，表明情绪写作能帮助参与者应对感染带来的消极心理结果。

（二）心理健康的人更容易感受到幸福和快乐

一个人的主观幸福感与其心理健康程度密切相关，心理越健康的人，越容易感受到幸福。现实生活中总有酸甜苦辣，正如古人所说，人生不如意之事十之八九。对此，心理健康的人并非没有痛苦和烦恼，而是他们能适时地从痛苦和烦恼中解脱出来：他们或是积极地寻求改变不利现状的新途径，或是接纳无法改变的事实并从中寻求正面的意义。总之，一个心理健康的人总是以积极的眼光来看待世界。

（三）心理健康的人更容易保持乐观、自信

有一则寓言故事，讲的是一只破水罐和一只好水罐同时被主人用来挑水，主人每次到家时，好水罐的水总是满满的，可是破水罐的水却已经漏得只剩下一半。为此，破水罐感到非常自责、自卑，觉得自己一无是处，并请求主人解雇自己。听了破水罐的话，主人将它带到了自己每日挑水必经的路上，指着争相盛开的花说：“这是你的功劳啊！”破水罐这才发现，在自己经过的一侧，开满了美丽鲜艳的花朵。

每个人身上都有优点和缺点，心理健康的人既能看清自己的长处，也能接受自己的短处，不仅能够“扬长”，还能够“扬短”，辩证地看待自己的不足，真正做到悦纳自我。

三、心理健康的标准

心理健康是一个相对的概念，它不像人的躯体健康与不健康有明显的生理指标，比如脉搏、体温、各项生化检查等直观数据，所以要区别心理是否健康并不那么容易。心理健康也没有精确和绝对的标准，不同的学者对心理健康的标准有着不同的理解，对心理健康标准的判定也不尽相同。

（一）以特点特征来判断

美国著名心理学家马斯洛（Maslow）和密特尔曼（Mittelman）提出心理健康的十条标准：①是否有充分的自我安全感；②是否能够充分了解自己，并能对自己的能力做出适度评价；③生活理想是否符合实际；④能否与周围环境保持良好的接触；⑤能否保持人格的完整与和谐；⑥是否具备并善于从经验中学习的能力；⑦能否保持良好的人际关系；⑧能否适度地表达和控制自己的情绪；⑨能否在符合集体要求的前提下，有限度地发挥自己的个性；⑩能否在遵守社会规范的前提下，恰当满足个人需求。

目前国内较为公认的心理健康标准有八条：①自我认识与实际相符；②智力正常；③心理年龄符合年龄特征；④情绪积极并能自控；⑤反应适度；⑥人际关系和谐；⑦正视现实，适应环境；⑧人格健全和谐。

（二）以社会常模来判断

心理健康的标准是相对的，评价一个人的心理健康状况必须考虑年龄、性别、社会身份、情境等各种因素。某些行为发生在儿童身上是正常的，发生在成人身上则是异常的；某些行为发生在女性身上是可以接受的，发生在男性身上则被认为是病态的；某些行为在特定的社会背景和条件下是正常的，但在其他情况下出现则被视为病态。因此，评价个体的心理健康状况的一个重要的维度，就是考察一个人的心理和行为表现是否与同等条件下大多数人的行为模式一致，即是否符合社会常模。

根据偏离常模的情况，把个体的心理健康水平大致分成三个等级：

（1）一般常态心理：表现为情绪经常保持愉快，适应能力强，善于与他人相处，能较好地完成与同龄人发展水平相适应的活动，具有调节情绪的能力。

（2）轻度心理失调：表现出不具有同龄人应有的愉快感，与他人相处略感困难，生活能力相对较差。通过主动调节或心理学的专业帮助，可以恢复常态。

（3）严重心理失调：表现为严重的适应障碍，不能维持正常的生活、学习、工作，需要专业心理治疗的帮助。

（三）以主观体验来判断

个人的主观体验是心理健康的晴雨表，内心是否感觉痛苦可作为判断心理健康的依据。当一个人经常遭受比较严重的忧郁、焦虑和敌意等不良情绪的困扰时，会感受到烦恼和痛苦；当一个人感到自己不可控制地陷入回忆、怀疑或毫无意义的念头以及强迫计数、强迫检查、强迫洗手等行为时，会很想摆脱这种状况；当一个人在众人面前讲话、见陌生人、去公共场所表现出过分的紧张时，会感到恐惧和担忧；当一个人经常出现失眠、头痛、注意力涣散、记忆力减退等症状，会感到容易疲劳、难以正常生活工作；等等。通过这些感受可以判断其心理健康是否出现了问题，当然，主观体验只是判断的参考，心理健康是动态的过程，不能将短暂的不适直接定性为心理不健康。

心海链接

关于心理健康你应该知道的知识

1. 心理健康状态具有相对性

心理不健康与有不健康的心理和行为表现不能等同，心理不健康是指一种持续的不良状态，偶尔出现一些不健康的心理和行为（如因考试压力而感到焦虑），并不等于心理不健康，更不等于已患心理疾病。因此，不能仅因一时一事而简单地给自己或他人下心理不健康的结论。心理健康不是无失败、无冲突、无焦虑、无痛苦，心理健康者也不是对任何事都能愉快地胜任，而是在这些境遇下对环境与挫折能做出正常反应，能有效地自我调整，更好地表现出积极的适应倾向，从而能保持良好的生活状态、学习状态和工作状态。

2. 心理健康的状态具有连续性

人的心理健康水平可分为不同的等级，“心理健康”与“心理不健康”不是泾渭分明的对立面，而是一种连续或交叉的状态，良好的心理健康状态到严重的心理障碍、精神疾病之间是渐进的、连续的。事实上，心理健康与心理疾病之间还存在一个过渡阶段——心理亚健康状态，而不少人其实处于这样的一种状态之中，有一定的心理问题但并非心理疾病。

3. 心理健康的状态具有可逆性

如果我们不注意心理保健，经常出现不良的心理状态，那么心理健康水平就会下降，甚至发展成心理疾病；反过来，如果心理有了困扰或出现失衡时，学会及时自我调整和寻求心理咨询的帮助，将有助于解除烦恼，恢复健康的心理。

4. 心理健康的状态具有动态性

心理健康的状态不是静止不变的，而是一个动态发展的过程。心理健康的水平会随着个人的成长、经验的积累、环境的改变，以及自我保健意识的发展而发生变化。

第二节　大学生心理健康

心理健康是大学生成长的必要条件，是大学生学习、生活的重要基础。

一、大学生心理健康标准

国内学者通过对大学生心理健康状况的研究，结合多年的大学生心理咨询实践，总结出了大学生心理健康的标准，概括如下：

（一）智力正常

智力是多种能力的综合，由多种因素构成，其中最基本的是观察力、注意力、记忆力、想象能力和思维能力。智力正常是个体从事一切活动的最基本的心理条件，是大学生胜任学习任务、适应环境变化的心理保证，也是大学生心理健康的首要标准。衡量大学生的智力发展状况，关键要看大学生的智力是否能够正常、充分地发挥。就大学生而言，智力结构中的诸要素在认识活动和实践活动中能有效地发挥作用，有强烈的求知欲和浓厚的学习兴趣，能够愉快地完成学习任务，是心理健康的表现；反之，如果视学习为沉重的负担，厌学情绪严重，学习效率低下，甚至不能坚持正常的学习，则是心理不健康的表现。

（二）情绪积极稳定

积极稳定的情绪是心理健康的重要标志。心理健康的大学生能经常保持积极、愉快的心境，热爱生活，对未来充满希望；善于控制和调节自己的情绪，遇到挫折时的情绪反应适度，并且能够积极面对。反之，如果喜怒无常，遇到一点小事就情绪大起大落，或长时间处于消极情绪状态不能自拔，则是心理不健康的表现。

（三）意志健全

意志健全者在行动的自觉性、果断性、坚韧性和自制力方面都表现出较好的品质。意志健全的大学生，有明确的学习目的和生活目标，有坚定的信念和自觉的行动，在各项活动中都表现出良好的意志品质；具有充分的自信心、高度的责任感和使命感，能克服不良习惯，克制不良欲望，抵制不正当的诱惑。反之，如果行动盲目，优柔寡断，动摇不定，任意放纵，则是心理不健康的表现。

（四）人格完整

人格结构包括理想、信念、动机、需要、兴趣、价值观、人生观、能力、气质、性格等。一个人格完整的人，人格的各个方面都能够以整体的精神面貌完整和谐地表现出来，这种和谐统一性是确保一个人具有良好的社会功能和有效地进行活动的心理学基础。人格完整是大学生心理健康的核心要素。如果一个人经常发生强烈的内心冲突，行为与态度不一致，一切以自我为中心，既缺乏同情心，又无责任感，那么他的心理就是不健康的。

（五）自我评价恰当

恰当的自我评价是大学生心理健康的主要表现之一。一个心理健康的大学生，能够体验到自己存在的价值，对自我目前所处的状态和环境、自我未来的发展方向都有清醒的认识，并能正确认识自己，客观地评价自己，同时也能悦纳自己；既不妄自尊大，也不妄自菲薄。如果一个大学生没有明确的发展目标，整日浑浑噩噩，或者自视过高、好高骛远，或者自轻自贱、悲观失望，甚至试图逃避现实，则是心理不健康的表现。

（六）人际关系和谐

人际关系和谐是心理健康的重要保证，也是衡量大学生心理健康的一个重要指标。心理健康的大学生敢于交往，乐于交往，善于交往；既有广泛的人际关系，又有稳定的知心朋友，人际关系和谐发展。在交往中能用真诚、宽容、理解、信任的态度与人相处；能理智地接受和给予爱，与集体保持协调的关系；能正确处理人际冲突，化解矛盾，处理好竞争与互助的关系。心理不健康的大学生，则自我封闭，或在与他人的交往中经常发生冲突，或者因缺乏交往技巧而无法建立良好的人际关系。

（七）社会适应良好

社会适应能力包括正确认识社会环境及处理个人和环境关系的能力。心理健康的大学生能与社会保持良好的接触，对社会现状和未来有较清晰、正确的认识；能够主动调整个人与社会现实的矛盾冲突，主动适应现实，与社会保持协调一致。相反，一个人如果不敢正视社会现实，逃避社会现实，甚至出现与社会背道而驰的反社会行为，则是心理不健康的表现。

（八）心理行为符合年龄特征

心理健康的大学生应该具有与自己年龄相符的认知、情感和行为反应模式。如果心理、行为经常与其实际年龄不符，则是心理不健康的表现。心理健康的大学生，表现为朝气蓬勃，精力充沛，勤学好问，反应敏捷，勇于创新；而整天紧锁双眉，老气横秋，或像小孩子一样经常喜怒无常，过度依赖别人，甚至行为幼稚可笑，则是心理不健康的表现。

二、大学生群体心理健康基本情况

近年来，我国各地对大学生心理健康状况的调查显示，大学生群体的心理健康状况总体上是良好的，呈现积极、正向的面貌，但同时也要看到，近年来大学生心理健康问题呈现多发态势，特别是大学生抑郁、自杀等问题已经引起全社会的普遍关注。

（一）大学生心理健康水平符合正态分布的规律，多数人是健康的

心理健康与不健康之间并不是非此即彼的对立状态，从心理健康到心理不健康是一个连续状态，呈正态分布，每个状态间没有绝对的界限。心理健康水平是动态发展的，在人生的不同阶段，一个心理健康的人可能因为内外环境的变化向反方向发展，而一个心理不健康的人也可能通过自身的努力和外界的帮助成为一个心理健康的人。在特定环境下，健康的人可能会表现出不健康的情绪和行为，不健康的人也有可能表现出健康的情绪和行为。所以，大多数的人都是不断地在两级状态间波动。因此，重要的是能及时意识到自己的不健康状态，并能主动调整和转变。

（二）大学生心理健康的主要问题是成长和发展中的矛盾

大学时期是个人成长过程中又一次面临新的心理矛盾发生、转化而趋向成熟的时期。这个时期产生的心理矛盾，有环境适应问题，有学习问题，有人际关系问题，有自我观念问题，有恋爱和性的问题，还有进一步升学和就业的问题，这些问题是每一届大学生都会面临的。

中国青年报社、中青校媒联合丁香医生共同发布的《2020 中国大学生健康调查报告》显示，大学生心理困扰主要来自学业压力、人际关系、性格（不自信等）、就业规划、恋爱、家庭关系等方面。其中，学业压力是最主要原因，人际关系和性格带来的困扰则紧随其后。

（三）大学生是心理障碍的高发群体

在一篇2022年发表的《新型冠状病毒肺炎疫情初期中国大学生心理健康调查及相关因素分析：基于多中心的横断面调查》中显示，集3641份有效大学生调查问卷，在新型冠状病毒肺炎疫情暴发初期，总计14.69%出现负性情绪（含抑郁、焦虑、压力等症状），11.04%出现抑郁症状，10.49%出现焦虑症状，4.9%出现压力症状；34.19%出现PTSD创伤后应激障碍。对于抑郁症状的发生，男大学生是女大学生的0.755倍。

2021年3月，由中国科学院心理研究所科研团队完成的“心理健康蓝皮书”《中国国民心理健康发展报告（2019 ~ 2020）》发布，其中专门对大学生群体进行了心理健康状况及影响因素的调查分析，共调查大学生总人数为8447人，平均年龄为20.1岁，其中本科生3631人，大专生4816人；男性2941人，女性5494人（另有12人性别数据缺失）。这次调查结果显示，大学生中有18.5%有抑郁倾向，4.2%有抑郁高风险倾向；关于自杀意念，有将近11%的大学生表示曾想过自杀；8.4%的大学生表示有焦虑倾向；另外，睡眠不足的问题在大学生中比较普遍，43.8%的大学生表示最近一周中有几天睡眠不足，7.9%的大学生表示超过半数时间，而4.4%的大学生表示几乎每天都睡眠不足。调查结果还显示，大学生使用校内外心理咨询服务的比例约为21.4%。

心海链接

大学生心理健康测评常用工具

90项症状清单（Symptom Checklist 90，SCL-90），又名症状自评量表（Self-reporting Inventory），于1975年编制。该量表共有90个项目，包含有较广泛的精神病症状学内容，从感觉、情感、思维、意识、行为直至生活习惯、人际关系、饮食睡眠等各个维度均有涉及，并采用10个因子分别反映10个方面的心理症状情况。

大学生人格问卷（UPI，即University Personality Inventory的简称），该量表是为了早期发现、早期治疗有心理问题的学生而编制的，主要以大学新生为对象，入学时作为精神卫生状况实态调查而使用，以了解学生中神经症、心身症、精神分裂症以及烦恼、迷惘、不满、冲突等状况的简易问卷。

大学生心理健康筛查量表（College Students Mental Health Screening Scale）共96个项目，分为三级筛查，共22个筛查指标。一级筛查为严重心理问题筛查，包括幻觉等严重精神病症状、自杀行为与意向两个指标；二级筛查为一般心理问题筛查，分为内化心理问题和外化心理问题两类，其中内化心理问题包括焦虑、抑郁、偏执、自卑、敏感、社交恐惧、躯体化七个指标，外化心理问题包括依赖、敌对攻击、冲动、强迫、网络成瘾、自伤行为、进食问题、睡眠困扰八个指标；三级筛查为发展性困扰筛查，包括学校适应困难、人际关系困扰、学业压力、就业压力、恋爱困扰五个指标。其中一级和二级筛查为学生心理健康问题筛查的核心，而三级筛查主要反映学生心理困扰的来源以及提示可能的潜在心理问题。

心海探索

90项症状清单测试
——你的心理健康吗？

以下描述的是一些你可能存在的感受，请仔细阅读每一项内容，然后根据你最近一个星期以内的实际感觉，选择最符合的一项。

如果所描述的感受在你身上没有出现过，请选择A；如果描述的感受在你身上很轻微，则选择B；如果描述的感受在你身上一定程度地出现，则选择C；如果描述的感受在你身上比较严重地出现，则选择D；如果描述的感受在你身上非常严重地出现，则选择E。

1. 头痛

A. 没有 B. 很轻 C. 中等
D. 偏重 E. 严重

2. 神经过敏，心中不踏实

A. 没有 B. 很轻 C. 中等
D. 偏重 E. 严重

3. 头脑中有不必要的想法或字句盘旋

A. 没有 B. 很轻 C. 中等
D. 偏重 E. 严重

4. 头昏或昏倒

A. 没有 B. 很轻 C. 中等
D. 偏重 E. 严重

5. 对异性的兴趣减退

A. 没有 B. 很轻 C. 中等
D. 偏重 E. 严重

6. 对旁人求全责备

A. 没有 B. 很轻 C. 中等
D. 偏重 E. 严重

7. 感到别人能控制你的思想

A. 没有 B. 很轻 C. 中等
D. 偏重 E. 严重

8. 责怪别人制造麻烦

A. 没有 B. 很轻 C. 中等
D. 偏重 E. 严重

9. 忘性大

A. 没有 B. 很轻 C. 中等
D. 偏重 E. 严重

10. 担心自己的衣饰整齐及仪态的端正

A. 没有 B. 很轻 C. 中等
D. 偏重 E. 严重

11. 容易烦恼和激动

A. 没有 B. 很轻 C. 中等
D. 偏重 E. 严重

12. 胸痛

A. 没有 B. 很轻 C. 中等
D. 偏重 E. 严重

13. 害怕空旷的场所或街道

A. 没有 B. 很轻 C. 中等
D. 偏重 E. 严重

14. 感到自己的精力下降，活动减慢

A. 没有 B. 很轻 C. 中等
D. 偏重 E. 严重

15. 想结束自己的生命

A. 没有 B. 很轻 C. 中等
D. 偏重 E. 严重

16. 听到旁人听不到的声音

A. 没有 B. 很轻 C. 中等
D. 偏重 E. 严重

17. 发抖

A. 没有　B. 很轻　C. 中等

D. 偏重　E. 严重

18. 感到大多数人都不可信任

A. 没有　B. 很轻　C. 中等

D. 偏重　E. 严重

19. 胃口不好

A. 没有　B. 很轻　C. 中等

D. 偏重　E. 严重

20. 容易哭泣

A. 没有　B. 很轻　C. 中等

D. 偏重　E. 严重

21. 同异性相处时感到害羞不自在

A. 没有　B. 很轻　C. 中等

D. 偏重　E. 严重

22. 感到受骗，中了圈套或有人想抓住自己

A. 没有　B. 很轻　C. 中等

D. 偏重　E. 严重

23. 无缘无故地突然感到害怕

A. 没有　B. 很轻　C. 中等

D. 偏重　E. 严重

24. 自己不能控制地大发脾气

A. 没有　B. 很轻　C. 中等

D. 偏重　E. 严重

25. 怕单独出门

A. 没有　B. 很轻　C. 中等

D. 偏重　E. 严重

26. 经常责怪自己

A. 没有　B. 很轻　C. 中等

D. 偏重　E. 严重

27. 腰痛

A. 没有　B. 很轻　C. 中等

D. 偏重　E. 严重

28. 感到难以完成任务

A. 没有　B. 很轻　C. 中等

D. 偏重　E. 严重

29. 感到孤独

A. 没有　B. 很轻　C. 中等

D. 偏重　E. 严重

30. 感到苦闷

A. 没有　B. 很轻　C. 中等

D. 偏重　E. 严重

31. 过分担忧

A. 没有　B. 很轻　C. 中等

D. 偏重　E. 严重

32. 对事物不感兴趣

A. 没有　B. 很轻　C. 中等

D. 偏重　E. 严重

33. 感到害怕

A. 没有　B. 很轻　C. 中等

D. 偏重　E. 严重

34. 我的感情容易受到伤害

A. 没有　B. 很轻　C. 中等

D. 偏重　E. 严重

35. 旁人能知道我的私下想法

A. 没有　B. 很轻　C. 中等

D. 偏重　E. 严重

36. 感到别人不理解我或不同情我

A. 没有　B. 很轻　C. 中等

D. 偏重　E. 严重

37. 感到别人对我不友好，不喜欢我

A. 没有　B. 很轻　C. 中等

D. 偏重　E. 严重

38. 做事必须做得很慢以保证做得准确

A. 没有　B. 很轻　C. 中等
D. 偏重　E. 严重

39. 心跳得很厉害
A. 没有　B. 很轻　C. 中等
D. 偏重　E. 严重

40. 恶心或胃部不舒服
A. 没有　B. 很轻　C. 中等
D. 偏重　E. 严重

41. 感到比不上他人
A. 没有　B. 很轻　C. 中等
D. 偏重　E. 严重

42. 肌肉酸痛
A. 没有　B. 很轻　C. 中等
D. 偏重　E. 严重

43. 感到有人在监视我、谈论我
A. 没有　B. 很轻　C. 中等
D. 偏重　E. 严重

44. 难以入睡
A. 没有　B. 很轻　C. 中等
D. 偏重　E. 严重

45. 做事必须反复检查
A. 没有　B. 很轻　C. 中等
D. 偏重　E. 严重

46. 难以做出决定
A. 没有　B. 很轻　C. 中等
D. 偏重　E. 严重

47. 怕乘电车、公共汽车、地铁或火车
A. 没有　B. 很轻　C. 中等
D. 偏重　E. 严重

48. 呼吸有困难
A. 没有　B. 很轻　C. 中等
D. 偏重　E. 严重

49. 一阵阵发冷或发热
A. 没有　B. 很轻　C. 中等
D. 偏重　E. 严重

50. 因为感到害怕而避开某些东西、场合或活动
A. 没有　B. 很轻　C. 中等
D. 偏重　E. 严重

51. 脑子变空了
A. 没有　B. 很轻　C. 中等
D. 偏重　E. 严重

52. 身体发麻或刺痛
A. 没有　B. 很轻　C. 中等
D. 偏重　E. 严重

53. 喉咙有梗塞感
A. 没有　B. 很轻　C. 中等
D. 偏重　E. 严重

54. 感到前途没希望
A. 没有　B. 很轻　C. 中等
D. 偏重　E. 严重

55. 不能集中注意力
A. 没有　B. 很轻　C. 中等
D. 偏重　E. 严重

56. 感到身体某一部分软弱无力
A. 没有　B. 很轻　C. 中等
D. 偏重　E. 严重

57. 感到紧张或容易紧张
A. 没有　B. 很轻　C. 中等
D. 偏重　E. 严重

58. 感到手或脚发重
A. 没有　B. 很轻　C. 中等
D. 偏重　E. 严重

59. 想到死亡的事

A. 没有　B. 很轻　C. 中等
D. 偏重　E. 严重

60. 吃得太多
A. 没有　B. 很轻　C. 中等
D. 偏重　E. 严重

61. 当别人看着我或谈论我时感到不自在
A. 没有　B. 很轻　C. 中等
D. 偏重　E. 严重

62. 有一些不属于你自己的想法
A. 没有　B. 很轻　C. 中等
D. 偏重　E. 严重

63. 有想打人或伤害他人的冲动
A. 没有　B. 很轻　C. 中等
D. 偏重　E. 严重

64. 醒得太早
A. 没有　B. 很轻　C. 中等
D. 偏重　E. 严重

65. 必须反复洗手、点数目或触摸某些东西
A. 没有　B. 很轻　C. 中等
D. 偏重　E. 严重

66. 睡得不稳不深
A. 没有　B. 很轻　C. 中等
D. 偏重　E. 严重

67. 有想摔坏或破坏东西的冲动
A. 没有　B. 很轻　C. 中等
D. 偏重　E. 严重

68. 有一些别人没有的想法或念头
A. 没有　B. 很轻　C. 中等
D. 偏重　E. 严重

69. 感到对别人神经过敏
A. 没有　B. 很轻　C. 中等
D. 偏重　E. 严重

70. 在商店或电影院等人多的地方感到不自在
A. 没有　B. 很轻　C. 中等
D. 偏重　E. 严重

71. 感到任何事情都很困难
A. 没有　B. 很轻　C. 中等
D. 偏重　E. 严重

72. 一阵阵恐惧或惊恐
A. 没有　B. 很轻　C. 中等
D. 偏重　E. 严重

73. 感到在公共场合吃东西很不舒服
A. 没有　B. 很轻　C. 中等
D. 偏重　E. 严重

74. 经常与人争论
A. 没有　B. 很轻　C. 中等
D. 偏重　E. 严重

75. 单独一人时神经很紧张
A. 没有　B. 很轻　C. 中等
D. 偏重　E. 严重

76. 别人对我的成绩没有做出恰当的评价
A. 没有　B. 很轻　C. 中等
D. 偏重　E. 严重

77. 即使和别人在一起也感到孤单
A. 没有　B. 很轻　C. 中等
D. 偏重　E. 严重

78. 感到坐立不安，心神不定
A. 没有　B. 很轻　C. 中等
D. 偏重　E. 严重

79. 感到自己没有什么价值
A. 没有　B. 很轻　C. 中等
D. 偏重　E. 严重

80. 感到熟悉的东西变得陌生或不像是真的

A. 没有　B. 很轻　C. 中等

D. 偏重　E. 严重

81. 大叫或摔东西

A. 没有　B. 很轻　C. 中等

D. 偏重　E. 严重

82. 害怕会在公共场合昏倒

A. 没有　B. 很轻　C. 中等

D. 偏重　E. 严重

83. 感到别人想占我的便宜

A. 没有　B. 很轻　C. 中等

D. 偏重　E. 严重

84. 为一些有关"性"的想法而很苦恼

A. 没有　B. 很轻　C. 中等

D. 偏重　E. 严重

85. 我认为应该因为自己的过错而受到惩罚

A. 没有　B. 很轻　C. 中等

D. 偏重　E. 严重

86. 感到要很快把事情做完

A. 没有　B. 很轻　C. 中等

D. 偏重　E. 严重

87. 感到自己的身体有严重问题

A. 没有　B. 很轻　C. 中等

D. 偏重　E. 严重

88. 从未感到和其他人很亲近

A. 没有　B. 很轻　C. 中等

D. 偏重　E. 严重

89. 感到自己有罪

A. 没有　B. 很轻　C. 中等

D. 偏重　E. 严重

90. 感到自己的脑子有毛病

A. 没有　B. 很轻　C. 中等

D. 偏重　E. 严重

评定方法：本测试按5级评分，选择A计1分，选择B计2分，选择C计3分，选择D计4分，选择E计5分。90个项目所得分数之和为总分。总分除以90（总分／90）为总症状指数，即总均分，用来说明总体上你的心理健康处在1～5哪个等级。阳性项目数是指评分为2～5分的项目数，阳性症状痛苦水平指总分除以阳性项目数（总分／阳性项目数）。阳性症状均分是指总分减去阴性项目总数（评分为1分的项目为阴性项目）的结果再除以阳性项目数[（总分－阴性项目数）／阳性项目数]，用来说明有症状的项目，其总体严重程度在1～5的哪个等级。据此便可获得个体心理健康的总体印象。

本量表还可以统计因子分，以进一步了解心理健康问题的具体表现及严重程度。该量表共有10个因子，包括躯体化（主要反映主观的躯体不适感）、强迫（主要反映强迫症状）、人际关系敏感（主要反映个人的不自在感和自卑感）、抑郁（主要反映抑郁症状）、焦虑（主要反映焦虑症状）、敌对（主要反映敌对表现）、恐怖（主要反映恐怖症状）、妄想（主要反映猜疑和关系妄想等精神症状）、精神病性（主要反映幻听、被控制感等精神分裂症状）、其他（反应睡眠和饮食等问题）。

如果需要进一步了解自己的心理健康状况，建议寻求心理咨询中心专业人员的分析和解释。

三、影响大学生心理健康的主要因素

（一）家庭因素

大学生心理健康受到多种因素的影响，其中，家庭的影响是首要因素，甚至起到决定性的作用。众所周知，家庭是人生的第一所学校，父母是孩子的第一任老师，父母的言传身教为大学生人格的形成奠定了基础。首先，每个家庭选择的教育方式往往直接影响着大学生的心理健康，教育方式选择的差异性决定了大学生心理情况的差异性。一般来说教育方式主要包括民主型、专制型、溺爱型等三种：民主型的教育方式是指父母有着坚定的自身观点，同时也能够考虑孩子的意见；专制型的教育方式则是父母只固执地坚持自身观点，丝毫不顾及孩子的想法；溺爱型的教育方式是指父母不能坚持自己的观点，一切以孩子的意见为主，即使孩子的想法是错误的，父母也不会对其进行有效的修正。一些研究发现，民主型的父母教育方式下的大学生心理健康水平要高于专制型与溺爱型。其次，家庭氛围和家庭结构也在很大程度上影响着大学生的心理健康，其中父母的婚姻情况的影响尤其巨大，家庭情感气氛冷漠，矛盾冲突频繁等往往容易导致大学生心理问题，而拥有一个或多个兄弟姐妹和独生子女的大学生心理健康状况也存在差异。此外，家庭经济、父母受教育程度、父母的职业以及对子女的期望等也在不同程度上影响着大学生心理健康。

（二）社会因素

社会因素对大学生的心理健康也有着重要影响。有研究表明，拥有良好社会支持（包括家人、亲戚、同学、朋友、老师等）更有利于大学生的心理健康，特别是大学生主观感受到的社会支持程度越高，其心理健康水平也越高。同时大学校园文化也对大学生心理健康情况有着一定影响，建立良好的校园文化不仅能够陶冶大学生的情操，同时还能够帮助大学生树立正确积极的世界观、人生观、价值观。此外，良好的校园文化还能够有效规范大学生的行为，有利于大学生素质的培养，有利于大学校园和谐人际关系的建立。

（三）个体因素

个体因素包括生理因素和心理因素。生理因素主要指长相身材、躯体疾病等，都会对大学生心理健康产生影响。心理因素主要是指气质类型、个性特征、自我认知、情绪调控能力、挫折承受能力等。例如性格孤僻、自尊心过强、急躁冲动、固执多疑、心胸狭窄、感情脆弱等都是不利于心理健康的因素。

（四）其他因素

研究表明，运动对心理健康有直接的促进作用，运动通过缓解压力、改善人际关系、调节情绪等促进心理健康。网络对大学生的心理健康既有积极的影响，也有消极的影响。一方面，网络丰富了大学生的信息来源，让他们增长了见识，同时也扩展了大学生的人际圈，使他们获得了更广泛的社会支持。另一方面，网络上的信息良莠不齐，过度沉迷于网络也会危害大学生的心理健康。

第三节　大学心理健康教育

一、认识这门课程

（一）课程性质与教学目标

大学生心理健康教育是一门公共必修课程，课程旨在使学生了解心理健康的标准及意义，增强自我心理保健意识和心理危机预防意识，掌握并应用心理健康知识，培养自我认知能力、人际沟通能力、自我调节能力，切实提高心理素质，促进学生全面发展。通过课程学习，学生能在知识、技能、自我认知和价值四个层面达到以下目标。

1. 知识层面

了解心理学的有关理论和基本概念，明确心理健康的标准及意义，了解大学阶段的心理发展特征及异常表现，掌握自我调适的基本知识。

2. 技能层面

掌握自我探索技能、心理调适技能及心理发展技能。如学习发展技能、环境适应技能、压力管理技能、沟通技能、问题解决技能、自我管理技能、人际交往技能和生涯规划技能等。

3. 自我认知层面

树立心理健康发展的自主意识，了解自身的心理特点和性格特征，能够客观评价自己的身体条件、心理状况、行为能力等，正确认识自己、接纳自己，在遇到心理问题时能够进行自我调适或寻求帮助，积极探索适合自己并适应社会的生活状态。

4. 价值层面

正确认识义和利、群和己、成和败、得和失，培育自尊自信、理性平和、积极向上的健康心态。医学高校学生还要培养“敬佑生命、救死扶伤、甘于奉献、大爱无疆”的医者精神，秉持仁心仁术，守护人民健康。

（二）主要教学内容

1. 了解心理健康的基础知识，包括心理健康基本理论、心理咨询基本知识、大学生常见心理困惑与异常心理等。

2. 了解自我、发展自我，包括大学生的自我意识与培养、健康人格的培育、亲子关系等。

3. 提高自我心理调适能力，包括大学环境适应、生涯规划及能力发展、学习心理、情绪管理、人际交往、性心理与恋爱心理、压力管理与挫折应对、生命教育与心理危机应对等。

（三）教学模式与教学方法

1. 大学生心理健康教育课程既有心理知识的传授、心理活动的体验，还有心理调适技能的训练等，是集知识、体验和训练为一体的综合课程。课程注重理论联系实际，注重培养学生实际应用能力。

2. 课程采用理论与体验教学相结合、讲授与训练相结合的教学方法，如课堂讲授、案例分析、小组讨论、心理测试、团体训练、情境表演、角色扮演、体验活动等。

3. 课程需要充分发挥学生在教学中的主动性和创造性。学生是自身心理发展的主体，只有充分调动学生参与的积极性，开展课堂互动活动，才能够达到理想的教学效果。

二、上好这门课程

每年的 5 月 25 日是全国大学生心理健康日，525 的谐音是“我爱我”，意为关爱自己的心理成长与健康，因为一个人心理健康的维护，最终还是要靠自己。作为大学生，如何上好心理健康这门课程？关键在于“主动”二字。

（一）主动学习知识

主动学习并实践课堂上所学的心理健康知识和心理调适方法，比如通过学习“压力管理”这一章的内容，了解心理压力是如何产生的、学会应对压力的策略等。实践证明，系统学习过心理健康知识的大学生，在自我调适、自我疏导等方面普遍较好，适应能力更强。而缺乏心理健康知识的大学生，面对各种变化和挫折时，要么束手无策，要么任其发展，更容易产生心理问题。

（二）主动参与活动

体验式心理健康活动是大学生心理健康课程的一种有效途径和载体，上面提到的小组讨论、心理测试、团体训练、情境表演、角色扮演等都属于体验活动，而每一项活动都蕴含着相关的心理健康知识和理论，通过参与活动，可以获得更加直观的感受。再精彩生动的讲授都无法替代个人的亲身感悟和直接体验，哪怕只是一点小小的启发，也能留下深刻的记忆。比如在“学习心理调适”这一章中，亲身参与到“时间四象限”的活动中，将对合理安排时间有更切身的体会。在“自我认识与整合”这一章中，通过“让纸条飞一会”的活动，将从他人对自己的评价中更加全面、客观地认识自己。

（三）主动分享体验

分享讨论是心理健康课程中的重要环节。在心理健康课中，体验活动之后往往都设置了分享讨论环节。萧伯纳说过：“你有一个苹果，我有一个苹果，我们彼此交换，每人还是一个苹果；你有一种思想，我有一种思想，我们彼此交换，每人可拥有两种思想。”因此，在心理健康课堂上有所思、有所悟、有所得的时候，主动与同学分享，既有利于梳理、表达自己的心得体会，也有利于促进其他同学的思考。比如在“做情绪的主人”一章中，在“认识情绪”活动中设置了“情绪对于我们有何意义？”的题目，通过分享更能碰撞出智慧的火花。

（四）主动思考感悟

心理健康课程的最终目标是增强大学生的自我心理调适能力，帮助大学生解决心理发展过程中的问题，提高大学生的心理健康水平和综合素质，促进大学生健康成长、全面发展。要实现这一目标，就要求大学生要主动思考感悟，将所学化为所用。比如，在“生命关怀”这一章中，通过对生命意义、面对死亡的思考，在向死而生的感悟中更加珍爱生命。课程的考核一般采用撰写心得体会、个人成长报告等方式，这种方式的目的也是促进思考和感悟。

心海导航

如何追求幸福

面对许多大学生的“我能学会如何变得更幸福、更快乐吗？”这一问题，幸福研究专家戴维·迈尔斯（David Myers）在《追求幸福》一书中提供了一些策略来帮助我们在生活中提升幸福感。

1. 认识到持久的幸福并非来自成功

人们会适应环境的改变，甚至包括财富或残疾。因此，财富就像健康：绝对没有会很悲惨，但是有了它（或者其他任何我们渴望的东西），并不一定能保证会幸福。

2. 控制好时间

幸福的人感到能掌控自己的生活，常常因为他们能掌控自己的时间。控制时间有助于设定目标和把目标分解成每天的小目标。虽然我们常常高估自己在一天能做多少事（这让我们很挫败），但我们一般会低估自己在一年内能完成多少事情，因为每天都能够取得一点进步。

3. 快乐行动

我们有时能通过行动让自己进入某种心境。做出微笑的表情时，会感觉更好；愁容满面时，世界就会更灰暗。所以，记得让脸上有笑容。说话时感觉自己是高自尊的、乐观的、外向而友好的，这些行为能引发相应的情绪。

4. 从事能够发挥你技能的工作和休闲活动

幸福的人经常处于一种“流畅感”的状态，即投身于既让他们感到有挑战性又不会让他们感到挫败的任务中。最昂贵的休闲形式（比如坐游艇）通常比园艺、社交或手工所带来的流畅感体验更少。

5. 参加真正的“运动”——有氧运动

大量的研究表明，有氧锻炼不但能促进健康和带来活力，也能消除轻微的抑郁和焦虑。好精神寓于好体魄。“沙发里的土豆”们，行动起来吧。

6. 充足的睡眠

幸福的人过着活跃而精力充沛的生活,但是他们还是留出时间来补充睡眠和独处。人深受睡眠缺乏的困扰会导致疲惫乏力、注意力下降、心情低落。

7. 重视亲密关系

与那些非常在乎你的人保持亲密的友谊能帮助你度过困境。信任有益于身心。一定要精心呵护你的亲密关系：不要认为他们对你好是理所当然的，在他们面前也要像你对其他人那样友善，肯定他们，与他们一起玩耍、一起分享。

8. 不要只关注自我

帮助那些需要帮助的人。幸福会增加助人行为（感觉良好的人会多做好事），做好事也会让个体感觉良好。

9. 心存感激

那些会对生活中的积极面（他们的健康、朋友、家庭、自由、教育、理智、自然环境等）表达感激的人，能体验到更高的幸福感。

参考文献

[1] 傅小兰，张侃，陈雪峰．中国国民心理健康发展报告（2019 ~ 2020）[M]. 北京：社会科学文献出版社出版，2021.
[2] 理查德·格里格，菲利普·津巴多．心理学与生活：第 19 版 [M]. 王垒，等译．北京：人民邮电出版社，2016.
[3] 连榕，张本钰．大学生心理健康 [M]. 第 2 版．北京：北京师范大学出版社，2016.
[4] 王浩，等．新型冠状病毒肺炎疫情初期中国大学生心理健康调查及相关因素分析：基于多中心的横断面调查 [J]. 中国医学科学院学报，2022，44（01）：30-39.
[5] 王水仙，陈海波，董晓薇．大学生心理健康教育 [M]. 长春：吉林大学出版社，2014.
[6] 许建新．大学生心理健康教育 [M]. 武汉：武汉大学出版社，2014.
[7] 俞国良．大学生心理健康 [M]. 北京：北京师范大学出版社，2018.

（陈国魁）

第二章　大学生活适应

从高中进入大学，是人生的一大飞跃，开启了人生的新阶段。如何应对从温暖家庭环境向独立自由生活的转变、应对从枯燥的应试学习向多元的专业学习的变化、适应幻想中的大学到现实中的校园生活的过渡，这些既是挑战，也是机遇。为了更好地适应大学生活，首先，需要了解大学生活有什么特点，对大学生而言意味着什么；其次，需要弄清楚大学阶段处在个体生命长河中的位置，有什么心理特点。最后，还要掌握一些常用的适应不良状况的心理调适方法。

第一节　走近大学生活

从中学到大学，环境的改变是一个客观事实。大学生适应新环境首先是要了解环境有哪些变化，新环境对自己有哪些新要求。

一、大学生活的变化

（一）生活环境变化

1. 地域环境的变化

大学生来自全国各地，有大城市、中小城市、农村、偏远山区，有东北、华北、西南、华南。很多人会对大学的生活环境表现出明显的不适应，如水土不服、饮食不习惯、气候差异、不适应集体生活等，这些都是每个大学新生必须面对和解决的问题。有一位同学在来到学校后，曾在班级分享会上说："我来自北方，我老家的馒头从来都是没有'味道'的，来到学校我才发现南方的馒头居然是甜的。"

2. 住宿环境的变化

宿舍是大学生活中的"最小细胞"，大学生的日常起居都在"同一个屋檐下"。宿舍的空间小，舍友之间的物理空间很近，无形当中"被迫"进入了"亲密关系"的距离。来自全国各地有着不同生活习惯和不同性格的同学，彼此之间的差异可想而知。有的同学喜欢安静，有的同学喜欢热闹；有的同学喜欢早睡早起，有的同学却晚睡晚起；有的同学大大咧咧，有的同学谨小慎微……另外，有些学校主要在省内招生，来自省外的同学较少。当来自同一个省份或地区的学生用方言交流时，会使个别来自其他地区的学生产生被排斥、被孤立的感觉。因此，大学生应适应与他人的"近距离"相处，既学会用合适的方式表达自己的诉求，也学会包容、理解他人。

3. 校园环境的变化

与高中相比，大学校园环境也发生了一定的变化：上课没有固定教室，需要跑来跑去；学习需要到图书馆、自习室占座；办理学习和生活的相关事务需要在 App 上进行操作等。对校园环境的了解和熟悉程度，决定了大学生能否在这个环境中自如地生活、学习。

（二）学习环境变化

1. 培养目标变化

中学是基础性教育，为学生的学业继续深造做一般性的基础文化知识和能力的准备，其目的是将学生培养成为高一层次的学生。而大学是一种专业性的教育，其目的是促进学生素质的全面发展，使学生掌握某个领域的专业知识与技能，为国家建设输送高素质人才。此外，大学教育强调学生不仅是“学会”，更重要的是要“会学”。

2. 学习内容变化

中学的内容重在打基础，而大学学习的特点是宽、深、新。“宽”是指所学的课程门数比中学多好几倍，涉及的领域十分宽广，“深”是指学习内容比中学要深得多，“新”是指大学的学习要把握专业领域发展的最新知识和成果。怎样利用好图书馆、数据库、实验室等资源，对大学新生是一大考验。

3. 学习方式改变

大学教师不如中学教师讲得详细，一节课讲十几页内容是正常的。如果没有做好预习，上课一走神就容易跟不上教师授课进度，导致课上听不懂，作业不会做，进而挫伤学习积极性，最终甚至出现恶性循环。另外，大学的学习没有班主任无处不在的督促，没有家长每时每刻的提醒，大学的学习相对中学而言，更依靠学生的自我学习、自我监督。

（三）课余生活的变化

1. 丰富多样的社团生活

社团活动是课堂教学的有益延伸和补充，是发展和培养兴趣爱好的良好途径。进入社团后，大学生既可能是活动的组织者，又可能是活动的参与者，还可能是活动的志愿者。无论扮演哪个角色，都可以锻炼能力、施展才华、发展兴趣。同时，社团本身又是一个“小社会”，许多学生通过参加社团活动增进对社会的了解，学会处理较为复杂的日常事务，为自己进一步认识社会、服务社会，塑造个人形象奠定基础。

2. 充满激情的体育活动

大学生正处于人生当中身体机能的“巅峰状态”，无论是弹跳力、爆发力，还是肌肉力量、耐力都达到人生的顶峰。而且大学里的运动设施与体育活动一般都很丰富，各种运动场馆一应俱全，每年还有各种运动赛事。大学生通过参加体育活动，能塑造健康强壮的身体，释放荷尔蒙，增加愉快体验，保持良好心境。大学生如何走下网络、走出宿舍、走向操场，拥抱激情，也需要良好的规划。

3. 独立自理的财务管理

独立生活能力的一个重要方面体现在对生活费的管理上。除了交学费、买学习用品，多数新生没有太多“理财”的经验。那些消费计划不当甚至没有计划的学生，常常在最初的时间里大手大脚——甚至出现“月光族”“日光族”，导致过度消费、超前消费，有的把以后的伙食费提前花掉了，甚至有的学生将父母辛苦积攒的学费挥霍一空。有调查表明，现在的大学生是消费水平较高的群体。赶时髦、讲排场的风气对大学生也有相当的影响，再加上现在网络购物日益便捷，花钱变得更加容易，超支现象也时有发生。因此，如何学会控制消费、理性消费，懂得生活、学会生活也是大学生面临的问题。

心海探索

找变化

过程：

1. 在黑板上列出大学生活中的关键词，如：学习、生活、环境、人际关系、课外活动、社团、宿舍等。

2. 对应这些关键词，看看自己的生活在这些方面发生了哪些变化，并将发生的变化记录在书本上。记录时可以采用主语加定语的构成方式。比如：主语“学校”，定语“变大了”。

3. 请两位同学在黑板上记录，从第一个关键词开始，轮流记录全班同学的发现，一直到找不出变化为止。不论变化是大还是小，希望看到的还是不希望看到的，都可以记录下来。

讨论：

1. 大家更多地关注哪方面的变化？有没有缺失了哪些方面？

2. 看着黑板上面大家共同找出的变化，有什么感受？会害怕面对变化吗？每一个人都会遇到这些变化吗？

3. 面对生活中的变化，你的心态、情绪、行动上又都经历了怎样的变化？适应这些变化的难度如何？

4. 哪些变化是积极的，哪些是消极的？哪些是可以改变的，哪些是不能改变的？

5. 回忆初中 / 高中的生活是否也面临新环境，那时的你是如何应对的？

6. 我们以什么样的心态来应对这些变化会更好？行动上你又是怎样应对这些变化的？请举一个例子说明。

7. 在应对变化时，你收获了什么？是收获了负能量，还是收获了正能量？

二、大学对于人生的意义

蔡元培先生曾说："大学者，研究高深学问者也。"现代大学的本质是对高深学问传承、研究、融合和创新的高等学府，承担着人才培养、科学研究、社会服务、文化传承与创新、国际交流等五大职能。大学是思想最活跃、最富有创造力的学术殿堂，是新知识、新思想、新文化的摇篮。大学阶段对于学生成长成才的重要意义体现在以下三点：

第一，大学阶段是人生发展的黄金阶段。根据发展心理学的研究，处于 19~29 岁这个阶段的个体，动作、反应速度和记忆力处于最佳状态，思维能力、判断力和创造力正积极发展。这个年龄阶段正好与正常入学的大学生年龄相吻合，可以说大学生无论在心理方面，还是生理方面，都逐步迈入成熟期。

第二，大学是人生观形成的决定性阶段。刚刚从书本上抬起头来看世界的大学生，正跨在"未成年人"与"成年人"的分界线上。在大学阶段，大学生由于知识的积累、阅历的丰富、交往的拓展，对人生的思考和探索更加深入。特别是从现实出发，联系社会实际去思考社会和人生，确立自己人生目标的探索更加积极。大学生常常在思考"我是谁？在他人眼中我是谁？是什么令我与众不同？我想成为、将来会成为怎样的人？未来何去何从？"等人生议题。正确的人生观是大学生成才的重要保证，有助于同学们坦然地面对人生，不因一时的失败而沮丧气馁，在困境里奋斗崛起，成为对国家和社会有用的栋梁。

第三，大学是建立某一领域的系统知识的难得时期。中学阶段的学习，关注更多的是积累基础知识和培养逻辑思维能力。而大学学习是一种与未来职业需要直接挂钩的、层次更高的专业化学习，也是人生当中难得的可以有大量的、集中的时间来建构某一领域系统知识的阶段，离开大学后将很难再有这样的机会。大学四年的学习直接影响着大学生整个大学生活的质量，进而影响其今后乃至一生的生活轨迹。

心海导航

大学：人生的关键

——李开复给大学生的信

大学是人一生中最为关键的阶段。从入学的第一天起，你就应当对大学四年有一个正确的认识和规划。为了在学习中享受到最大的快乐，为了在毕业时找到自己最喜爱的工作，每一个刚进入大学校园的人都应当掌握七项学习：学习自修之道、基础知识、实践贯通、兴趣培养、积极主动、掌控时间、为人处世。只要做好了这七点，大学生临到毕业时的最大收获就绝不会是"'对什么都没有'的忍耐和适应"，而应当是"'对什么都可以有'的自信和渴望"。只要做好了这七点，你就能成为一个有潜力、有思想、有价值、有前途的快乐毕业生。

自修之道：从举一反三到无师自通

上中学时，老师会一次又一次重复每一课里的关键内容。但进入大学以后，老师只会充当引路人的角色，学生必须自主地学习、探索和实践。走上工作岗位后，自学能力就显得更为重要了。一个缺乏自学能力的人是难以在现代企业中立足的。

自学能力必须在大学期间开始培养。大学生不应该只会跟在老师的身后亦步亦趋，而应当主动走在老师的前面。最好的学习方法是在老师讲课之前就把课本中的相关问题琢磨清楚，然后在课堂上对照老师的讲解弥补自己在理解和认识上的不足之处。事实上，很多问题都有不同的思路或观察角度。在学习知识或解决问题时，不要总是死守一种思维模式，不要让自己成为课本或经验的奴隶。只有在学习中敢于创新，善于从全新的角度出发思考问题，学生潜在的思考能力、创造能力和学习能力才能被真正激发出来。

大学生还应该充分利用图书馆和互联网，培养独立学习和研究的本领，为适应今后的工作或进一步的深造做准备。首先，除了学习老师规定的课程以外，大学生一定要学会查找书籍和文献，以便接触更广泛的知识和研究成果。其次，在书本之外，互联网也是一个巨大的资源库，大学生们可以借助搜索引擎在网上查找各类信息。

基础知识：数学、英语、计算机、互联网

如果说大学是一个学习和进步的平台，那么，这个平台的地基就是大学里的基础课程。在大学期间，同学们一定要学好基础知识，其中包括数学、英语、计算机和互联网的使用，以及本专业要求的基础课程。如果没有打下好的基础，大学生们也就很难真正理解高深的应用技术。

数学是理工科学生必备的基础。绝大多数理工科专业的知识体系都建立在数学的基石之上。而英语是21世纪最重要的沟通工具。有些同学在大学里只为了考过四级、六级而学习英语，有的同学仅仅把英语当作一种求职必备的技能来学习，甚至还有人认为学习和使用英语等于崇洋媚外。其实，学习英语的根本目的是为了掌握一种重要的学习和沟通工具。在未来的几十年里，世界上最全面的新闻内容、最先进的思想和最高深的技术，以及大多数知识分子间的交流都将用英语进行。因此，除非你甘心做一个与国际脱节的人，英语学习是至关重要的。

实践贯通：“做过的才真正明白”

有一句关于实践的谚语是这样说的：“我听到的会忘掉，我看到的能记住，我做过的才真正明白。”

无论学习何种专业、何种课程，如果能在学习中努力实践，做到融会贯通，我们

就可以更深入地理解知识体系，可以牢牢地记住学过的知识。因此，我建议同学们多选些与实践相关的专业课。实践时，最好是几个同学合作，这样，既可经过实践理解专业知识，也可以学会如何与人合作，培养团队精神。如果有机会在老师手下做些实际的项目，或者走出校门打工，只要不影响课业，这些做法都是值得鼓励的。外出打工或做项目时，不要只看重薪酬待遇，除非生活上确实有困难。有时候，即便待遇不满意，但有许多培训和实践的机会，我们也值得一试。

积极主动：果断负责，创造机遇

从大学的第一天开始，你就必须从被动转向主动，你必须成为自己未来的主人，你必须积极地管理自己的学业和将来的事业，理由很简单：因为没有人比你更在乎你自己的工作与生活。

“让大学生活对自己有价值”是你的责任。许多同学到了大四才开始做人生和职业规划，而一个主动的学生应该从进入大学时就开始规划自己的未来。

积极主动的第一步是要有积极的态度；第二步是对自己的一切负责，勇敢面对人生；第三步是要做好充分的准备：事事用心，事事尽力，不要等机遇上门，要把握住机遇，创造机遇；第四步是“以终为始”，积极地规划大学四年。

掌控时间：事分轻重缓急，人应自控自觉

除了积极主动的态度，大学生还要学会安排自己的时间，管理自己的事务。大学的“空余时间多了很多”正是大学与高中之间巨大的差别。时间多了，就需要自己安排时间、计划时间、管理时间。

安排时间除了做一个时间表外，更重要的是“事分轻重缓急”。每个人都有许多“紧急事”和“重要事”，想把每件事都做到最好是不切实际的。我建议大家把“必须做的事”和“尽量做的事”分开。“必须做的事”要做到最好，但“尽量做的事”尽力而为即可。建议大家用良好的态度和宽广的胸怀接受那些你暂时不能改变的事情，多关注那些你能够改变的事情。此外，还要注意生物钟的运行规律，按时作息，劳逸结合，这样才能在学习时有最好的状态。

大学四年是最容易迷失方向的时期。大学生必须有自控的能力，让自己交些好朋友，学些好习惯，不要沉迷于对自己无益的习惯，如网络游戏。

为人处世：培养友情，参与群体

很多大学生入校时都是第一次离开父母，离开自己生长的环境。进入校园开始集体生活后，如何与同学、朋友以及社团的同事相处就成为大学生学习内容的一部分。大学是大家最后一次可以在相对宽松的环境中学习、培养、训练如何与人相处的机会。

在未来，人们在社会里、在工作中与人相处的能力会变得越来越重要，甚至超过了工作本身。所以，大学生要好好把握机会，培养自己的交流意识和团队精神。

对于如何在大学期间提高人际交往能力，我的建议是：一、以诚待人，以责人之心责己、以恕己之心恕人。对别人要抱着诚挚、宽容的胸襟，对自己要怀着自我批评、有过必改的态度。二、培养真正的友情。三、学习团队精神和沟通能力。四、从周围的人身上学习。五、提高自身修养和人格魅力。学会与人相处，这也是大学中的一门“必修课”。

对大学生们的期望

经过大学四年，你会从思考中确立自我，从学习中寻求真理，从独立中体验自主，从计划中把握时间，从交流中锻炼表达，从交友中品味成熟，从实践中赢得价值，从兴趣中攫取快乐，从追求中获得力量。

离开大学时，只要做到了这些，你最大的收获将是“对什么都可以拥有自信和渴望”。你就能成为一个有潜力、有思想、有价值、有前途的中国未来的主人翁。

所以，我认为大学四年应是这样度过。

来源：李开复．大学四年应这样度过［J］. 中国青年，2005（6）：16-27.

第二节　大学生心理特点

青年期是个体生理和心理迅速发展的时期，也是个体心理迅速走向成熟而又尚未完全成熟的过渡期。在这个时期，变化和不稳定成为其主要特点。同时生长于互联网时代、物质不再匮乏的“00 后”大学生，具备了“80 后”“90 后”大学生所没有的心理发展特点，他们更能穿梭于网络与现实、东方与西方、主流与非主流、现代与后现代之间，更善于利用技术，更富创造力和想象力，也更敢于挑战权威，相信自我。

一、自我意识层面

自我意识是指人们对自身的认识及对周围事物关系的各种体验。大学时期个体自我意识逐步成熟。首先，独立意识增强。大学生生理发育已基本成熟，离开父母，到了大学开始独立生活，社会化程度有了很大提高，心理上产生强烈的成人感和独立感，希望能够摆脱对成人的依赖，向周围人表现自己的主张和能力，不喜欢旁人的过多干预。其次，自我认识和评价更加全面和准确。进入大学后，随着独立生活的开始，大学生有了更多的自由活动和社会交际的空间，参照系和社会比较对象都发生了很大变化，于是他们开始了更深入和丰富的自我探索与发展，在大学这样一个特殊环境里客观地认识自己、评价自己。最后，自我体验丰富，自我控制水平提高。大学生自我调控的自觉性、主动性、社会性和持久性也在不断增强，能有意识地对自己的心理活动和行为实施控制。自觉性、果断性、自制性、坚韧性等意志品质得到进一步的发展。

虽然大学生的自我意识明显增强，但由于他们生活阅历有限，与社会有一定的距离，社会实践能力不强，因而其自我意识在自我认知、自我体验等方面易出现偏差。在自我认知方面可能出现过度的自我接受或自我拒绝，在自我体验方面容易出现过强的自尊心或自卑感。

心海链接

自我同一性

自我同一性是美国心理学家埃里克森（E. Erikson）依据临床经验提出的一个概念，是指个体在寻求自我的过程中，对自我的确认和对有关自我发展的一些重大问题（诸如理想、职业、价值观、人生观等）的思考和选择。大学新生处于青少年同一性发展的末期，其中心任务就是建立和完成自我同一性的发展，其确立关系到自身的健康发展，关系到能否更好地适应社会，能否体验到自身的价值和人生的意义。形成自我同一性的人会体验到一种整合与和谐感，能在现实中找到自己的位置，能奉献自我，实现自己的价值，按照社会规范去生活，有益于社会的同时也能感受到自己生活的意义。当自我同一性发生改变或者处于混乱状态时，大学生会感受到自我的不和谐、不统一，会痛苦和迷茫。自我同一性在漫长人生中的形成和发展，是每个人迟早都要面对的课题。

二、认知思维层面

美国国家心理卫生研究所神经科学家杰伊·吉德（Jay Giedd）说：“人在 20 多岁更具有做出人生重大决定的能力。”从生物学的角度说，成年早期是个体智力、生理等各方面发展的顶峰时期。再加上生活空间的不断扩大、社会实践活动的不断增多，大学生的认知能力获得了长足的发展。这个时期，大学生的逻辑抽象思维能力逐步占主导地位，能通过分析、综合、抽象、概括、推理、判断来反映事物的关系和内在联系，并能从一般的逻辑思维向辩证思维过渡。

但大学生的抽象思维并没有达到完全成熟的程度，思维的广泛性、深刻性、敏感性发展较慢，尤其在运用唯物辩证法观点和理论联系实际观点看问题时显得理性不足，往往把问题看得过于简单而陷入主观想当然的境地。

三、情绪情感层面

大学生正值青年时期，丰富多彩的大学生活使其情感日趋复杂，情感表现具有强烈跌宕、难以自控的特点，因而大学时代是体验人生情感最强烈的时代。这种强烈的情感体验随着知识经验的增多、生活空间的扩大、业余生活的丰富、自我意识的增强而日臻多姿多彩。但由于大学生对社会的复杂性、自己欲望与行为的合理性缺乏足够的认识，加之大学生的自尊感强烈而敏锐，又比较“较真”，因而情绪容易产生较大的波动，表现为不善于处理情感与理智的关系，容易被情绪所控制。一些涉及“我”和与“我”相关的很多事情，都会在大学生的内心引起轩然大波，使他们产生强烈的情绪体验。积极的情绪体验使他们蓬勃向上，消极的情绪体验使他们低沉、抑郁。他们为学习、生活、爱情的成功而欢乐，为考试的失败、生活中的挫折而忧愁苦恼，为真理和友情奋不顾身，为丑陋和阴暗义愤填膺。在他们身上自负与自卑、闭锁与开放、强烈粗犷与温柔细腻都能够同时存在。

研究表明，焦虑、抑郁的比率在 18 ~ 25 岁达到高峰，这种态势往往到 28 岁才趋于平稳。美国克拉克大学曾对全美 1000 多名刚成年的大学生群体进行问卷调查，发现 72% 的大学生认为人生的这一个阶段充满压力，33% 的人称他们经常感到郁闷。

四、人际交往层面

人是社会性动物，人与社会的联系是通过一系列人际交往活动来实现的。走出家门，过着集体生活的大学生十分渴望真挚的友谊，渴望情感的沟通与交流。通过人际交往获得友谊是适应新环境的突出需要。

想家，是大部分新生的共同心态。这是因为大学新生和过去的同学好友分开了，周围的同学还很陌生，新的人际关系还没有建立，人际交往的需要没有得到满足。虽然大部分人在中学阶段也曾经历人际适应困扰，但当时周围的同学基本是一个地区的人，有更多的共性，而且还有父母和老师在身边。到了大学，大家来自五湖四海，彼此之间可能存在巨大的语言习惯和生活习惯差异，而且父母、老师也不在身边，于是衍生了种种人际关系适应问题。

此外，许多大学生对人际关系的追求往往带有较浓的理想色彩，以友谊的理想模式为标准来衡量生活中的人际关系，导致高期望值与高挫折感并存。还有些大学生交往方式欠妥、交往能力有限，容易导致交往失败。长期的交往失败使一些大学生把人际交往看成一种负担，渐渐地心理闭锁，这种状态与随着生活空间的扩大而出现的强烈交往需要构成了一对难以排解的矛盾。

五、爱情与性心理层面

爱情是人类永恒的主题，也是大学校园里亮丽的风景。大学生的年龄一般在 18 ~ 22 岁之间，身体发育已近成人，尤其是性机能的成熟促使大学生的性意识觉醒，产生对异性的爱慕，且爱慕之情越来越强烈，与此相适应的感情欲望也逐渐增强。他们渴望与异性交往，追求美好的爱情。其爱情与性心理活动丰富多样，主要表现为以下几个特点：

（1）对性知识感兴趣

进入青春期后，第二性征的出现，青少年生理和心理上都产生了急剧的变化。处于青年期的大学生，渴求了解自身生理和心理上的变化，渴求对异性的了解，心中有很多的疑惑等待找到答案。因此，他们会借助各种途径和手段去了解青春期性生理、心理发育知识，与异性交往礼仪与方式，性伦理知识，性传播疾病防治知识，性法律知识，等等，以满足心理上的需求。

（2）对异性的爱慕和追求

进入青春期，性机能的发育成熟导致性意识的发展，两性间开始出现一种关注和情感上的吸引，有彼此接近的需求和倾向。

（3）性心理的压抑性和动荡性

大学生性机能的成熟使性的生物性需求更加强烈、迫切，时常伴有性梦、性幻想等行为，而健全的性心理结构尚未确立，还没有形成稳定的、正确的道德观和恋爱观，自控和自制的能力有限，对各种性现象、性行为的认知评价体系还不完善，性心理易受外界各种影响而显得动荡不安。

心海导航

习近平在北京大学师生座谈会上的讲话（节选）

我为什么要对青年讲讲社会主义核心价值观这个问题？是因为青年的价值取向决定了未来整个社会的价值取向，而青年又处在价值观形成和确立的时期，抓好这一时期的价值观养成十分重要。这就像穿衣服扣扣子一样，如果第一粒扣子扣错了，剩余的扣子都会扣错。人生的扣子从一开始就要扣好。“凿井者，起于三寸之坎，以就万仞之深。”青年要从现在做起、从自己做起，使社会主义核心价值观成为自己的基本遵循，并身体力行大力将其推广到全社会去。

广大青年树立和培育社会主义核心价值观，要在以下几点上下功夫。

一是要勤学，下得苦功夫，求得真学问。知识是树立核心价值观的重要基础。古希腊哲学家说，知识即美德。我国古人说：“非学无以广才，非志无以成学。”大学的青春时光，人生只有一次，应该好好珍惜。为学之要贵在勤奋、贵在钻研、贵在有恒。鲁迅先生说过：“哪里有天才，我是把别人喝咖啡的工夫都用在工作上的。”大学阶段，“恰同学少年，风华正茂”，有老师指点，有同学切磋，有浩瀚的书籍引路，可以心无旁骛求知问学。此时不努力，更待何时？要勤于学习、敏于求知，注重把所学知识内化于心，形成自己的见解，既要专攻博览，又要关心国家、关心人民、关心世界，学会担当社会责任。

二是要修德，加强道德修养，注重道德实践。“德者，本也。”蔡元培先生说过：“若无德，则虽体魄智力发达，适足助其为恶。”道德之于个人、之于社会，都具有基础性意义，做人做事第一位的是崇德修身。这就是我们的用人标准为什么是德才兼备、以德为先，因为德是首要、是方向，一个人只有明大德、守公德、严私德，其才方能用得其所。修德，既要立意高远，又要立足平实。要立志报效祖国、服务人民，这是大德，养大德者方可成大业。同时，还得从做好小事、管好小节开始起步，“见善则迁，有过则改”，踏踏实实修好公德、私德，学会劳动、学会勤俭，学会感恩、学会助人，学会谦让、学会宽容，学会自省、学会自律。

三是要明辨，善于明辨是非，善于决断选择。“学而不思则罔，思而不学则殆。”是非明，方向清，路子正，人们付出的辛劳才能结出果实。面对世界的深刻复杂变化，面对信息时代各种思潮的相互激荡，面对纷繁多变、鱼龙混杂、泥沙俱下的社会现象，面对学业、情感、职业选择等多方面的考量，一时有些疑惑、彷徨、失落，是正常的人生经历。关键是要学会思考、善于分析、正确抉择，做到稳重自持、从容自信、坚定自励。要树立正确的世界观、人生观、价值观，掌握了这把总钥匙，再来看看社会万象、人生历程，一切是非、正误、主次，一切真假、善恶、美丑，自然就洞若观火、清澈明了，自然就能作出正确判断、作出正确选择。正所谓“千淘万漉虽辛苦，吹尽狂沙始到金”。

四是要笃实，扎扎实实干事，踏踏实实做人。道不可坐论，德不能空谈。于实处用力，从知行合一上下功夫，核心价值观才能内化为人们的精神追求，外化为人们的自觉行动。《礼记》中说：“博学之，审问之，慎思之，明辨之，笃行之。”有人说：“圣人是肯做工夫的庸人，庸人是不肯做工夫的圣人。”青年有着大好机遇，关键是要迈稳步子、夯实根基、久久为功。心浮气躁，朝三暮四，学一门丢一门，干一行弃一行，无论为学还是创业，都是最忌讳的。“天下难事，必作于易；天下大事，必作于细。”成功的背后，永远是艰辛努力。青年要把艰苦环境作为磨炼自己的机遇，把小事当作大事干，一步一个脚印往前走。滴水可以穿石。只要坚韧不拔、百折不挠，成功就一定在前方等你。

核心价值观的养成绝非一日之功，要坚持由易到难、由近及远，努力把核心价值观的要求变成日常的行为准则，进而形成自觉奉行的信念理念。不要顺利的时候，看山是山、看水是水，一遇挫折，就怀疑动摇，看山不是山、看水不是水了。无论什么时候，我们都要坚守在中国大地上形成和发展起来的社会主义核心价值观，在时代大潮中建功立业，成就自己的宝贵人生。

来源：新华网．习近平：青年要自觉践行社会主义核心价值观：在北京大学师生座谈会上的讲话[N/OL].（2014-05-05）[2022-07-28]. http://www.xinhuanet.com//politics/2014-05/05/c_1110528066_3.htm.

第三节　适应大学生活

一、新生常见适应问题

（一）生活的适应问题

进入大学，即进入了一个全新的生活空间，生活环境、管理模式等发生了显著的变化。在生活状态上，部分学生在短时间内生活上不能自理；在生活范围上，部分学生面对丰富多彩的大学校园文化，感到无所适从或不同程度的胆怯；在生活习惯上，一些异地求学的学生远离家乡，离开熟悉的饮食、气候、语言环境，对新环境容易产生强烈的陌生感、排异感和不适感。

（二）人际关系的适应问题

大学新生以往与人交往和相处的机会较少，相对缺乏经验；进入大学后，马上面临重新结识他人，确立新的人际关系的现实。事实上，大学生对新的人际关系的适应远比对学习和生活环境的适应更加困难。主要表现为因缺乏经验、技巧而不善交往，因担心别人轻视自己而不愿交往，因担心与异性相处困难而不敢交往，因性格内向孤僻而不会交往等等。大学新生人际交往过程中经常会出现交往愿望强烈，主动意识差；交往范围广，问题概率高；交往方式多元化，知己较少等问题。

（三）角色变化的适应问题

社会角色的变化也是需要适应的问题。很多人在中学时代是班级乃至学校里的“佼佼者”。进了大学校园以后，“山外青山楼外楼”，面对新的竞争群体，许多人感到自己没有了过去的优势，有人把这叫作“大学生的相对平庸化现象”。有的大学新生因此在学习上找不到新的支点，找不到新的方向，这是一种需要适应的角色问题。另外，一方面，大学生在高三时期是全校资格最老的“学长”“学姐”，而到了大学，却成了资格最小的“学弟”“学妹”，从峰顶一下跌到了谷底；另一方面，大学生在家人、亲友面前的地位却上升了，中学时父母拿他们当孩子，来到大学之后，父母说他们“长大了”，给予更多的尊重和自由。这种角色变化也需要适应。

（四）学习环境的适应问题

大学生的学习环境、学习观念和学习模式与中学阶段相比都有了很大的变化。外部环境和条件的改变引起了一系列的学习适应问题，主要表现为：一是学习目标不明确，缺乏计划性；二是学习动机不足，缺乏学习愿望；三是学习动机过强，成就期待增高，心理压力过大；四是专业兴趣缺乏，对不理想的专业表现出犹豫不定、委曲求全；五是无法达到预期目标，不能克服现实障碍，产生学习焦虑心理。

（五）理想与现实冲突的适应问题

上大学以前，许多学生对真实的大学生活了解甚少，往往把大学生活想象得过于美好。在他们理想的王国里，大学的校园是花园式的殿堂，任课的老师是满腹经纶的学者，宿舍是高雅舒适的福地，教室是清新明亮的阶梯教室，所学的专业都有光明的前景，校园文化生活有丰富的内涵，同学交往有和谐温馨的氛围……但当他们真正置身于大学生活之中，才发现现实与自己的理想相距甚远，现实生活中有许多不完善、不尽如人意的地方。很多学生面临着沉重的学业负担和日益严峻的就业压力，感受到的是生活单调乏味，人际关系庸俗复杂，学生社团组织的惨淡经营等等。这些现象使很多学生心理难以平衡，感到困惑、迷惘、失望、寂寞，心理上产生强烈的不适感。

心海探索

大学生心理适应能力自测问卷

下面的问卷能帮助你进行心理适应能力的自我判断。请认真阅读各项描述，根据其与你实际情况的符合程度，然后选择最合适的选项。

1. 我最怕转学或转班级，每到一个新环境，我总要经过很长一段时间才能适应。

A. 是　　B. 无法肯定　　C. 不是

2. 每到一个新的地方，我很容易同别人接近。

A. 是　　B. 无法肯定　　C. 不是

3. 在陌生人面前，我常无话可说，以致感到尴尬。

A. 是　　B. 无法肯定　　C. 不是

4. 我最喜欢学习新知识或新学科，它给我一种新鲜感，能调动我的积极性。

A. 是　　B. 无法肯定　　C. 不是

5. 每到一个新地方，我第一天总是睡不好，即使是在家里，换了一张床，有时也会失眠。

A. 是　　B. 无法肯定　　C. 不是

6. 不管生活条件有多大的变化，我也能很快习惯。

A. 是　　B. 无法肯定　　C. 不是

7. 越是人多的地方，我越感到紧张。

A. 是　　B. 无法肯定　　C. 不是

8. 我的学习成绩多半不会比平时练习差。

A. 是　　B. 无法肯定　　C. 不是

9. 全班同学都看着我时，我的心都快跳出来了。

A. 是　　B. 无法肯定　　C. 不是

10. 对他（她）有看法，但我仍能同他（她）交往。

A. 是　　B. 无法肯定　　C. 不是

11. 我做事情总有些不自在。

A. 是　　B. 无法肯定　　C. 不是

12. 我很少固执己见，常常乐于采纳别人的观点。

A. 是　　B. 无法肯定　　C. 不是

13. 同别人争论时，我常常感到语塞，事后才想起该怎样反驳对方，可惜已经太迟。

A. 是　　B. 无法肯定　　C. 不是

14. 我对生活条件要求不高，即使生活条件很艰苦，我也能过得很愉快。

A. 是　　B. 无法肯定　　C. 不是

15. 有时自己明明把课文背得滚瓜烂熟，可在课堂上背的时候，还是会出差错。

A. 是　　B. 无法肯定　　C. 不是

16. 在决定胜负成败的关键时刻，我虽然很紧张，但总能很快地使自己镇定下来。

A. 是　　B. 无法肯定　　C. 不是

17. 我不喜欢的东西，不管怎样学也学不会。

A. 是　　B. 无法肯定　　C. 不是

18. 在嘈杂混乱的环境里，我仍能集中精力学习，并且效率较高。

A. 是　　B. 无法肯定　　C. 不是

19. 我不喜欢陌生人来家里做客，每逢这种情况，我就有意回避。

A. 是　　B. 无法肯定　　C. 不是

20. 我很喜欢参加社交活动，我感到这是交朋友的好机会。

A. 是　　B. 无法肯定　　C. 不是

评分规则：

凡是单数题（1，3，5，7，……），

选“是”得－2分，选“无法肯定”得0分，选“不是”得2分；凡是双数题（2，4，6，8，……），选“是”得2分，选“无法肯定”得0分，选“不是”得－2分。将各题分数相加，即为总分。

结果解释：

35~40分：心理适应能力很强。能很快地适应新的学习、生活环境，与人交往轻松大方。给人的印象极好，无论进入什么样的环境，都能应付自如。

29~34分：心理适应能力良好。

17~28分：心理适应能力较差，依赖于较好的学习、生活环境，一旦遇到困难，容易怨天尤人，甚至消沉。

5分以下：心理适应能力很差，在各种新环境中，即使经过相当长一段时间的努力，也不一定能够适应；常常感到困惑，因与周围事物格格不入而十分苦恼；在与他人交往中，总是显得拘谨、羞怯、手足无措。

如果你在这个测试中得分较高，说明你的心理适应能力较强。但如果得分较低，也不必忧心忡忡，因为一个人的心理适应能力是随着年龄的增长、知识的丰富而不断增强的。只要你刻苦学习、虚心求教、加强锻炼，你的心理适应能力一定会增强的。

来源：宋专茂.心理健康测量[M].第2版.广州：暨南大学出版社，2005：204-206.

二、适应不良状况的心理调适方法

适应新环境是大一新生的重要内容。对于大学新生来说，新的环境实际上包括外环境和内环境两个部分。外环境的适应就是对学习和生活环境及人际关系的适应；内环境的适应就是大学生对自我角色变化的适应，是一个自我心态调整的过程。全新的环境和角色的变化要求大学生重新评价自己与他人，重新设计自我。大学生在适应环境中出现一些问题是很正常的。只有在短期内尽快调整自己的心态，转变个人的角色，才能给今后的大学生活奠定良好的基础，从而顺利地度过大学时代。为了更好地适应大学生活、适应环境，大学生可以从以下几个方面调适。

（一）积极地看待“变化”

因为周遭的事物发生了变化，才会面临适应的问题，否则就不存在所谓的适应之谈。如果我们仔细地检视生活，就会发现生活中充满了变化。例如，到外地求学、与所爱的人在一起、浪漫梦想的破灭、青春年华的流逝、亲人的逝去等。可以说，在人生旅程中，“变化”一直如影随形，每一次变化或多或少都伴随着难受甚至痛苦。如何看待“变化”，以及如何看待“变化”和成长之间的关系，将影响我们能否从“变化”中汲取养料，获得成长，也将影响我们成为怎样的人，经历怎样的人生。

从出生开始我们就已经面临“变化”了。我们脱离了母体，孑然一身啼哭着来到这个世界。胎儿在子宫内环境较舒适，声音频率低，幽暗静默，母亲作息有规律，羊水弹性刺激肌肉发育，温暖，无侵入性刺激，在子宫包裹中有安全感。自我们与母亲分离的那一刻，便丧失了和母亲的共生状态，丧失了母亲所提供的这种温暖、安全、舒适的环境，转而面临噪声分贝高，光线明亮，作息时间不规律，呼吸方式改变，获取食物能量方式的变化，等等。可以说婴儿出生所面临的变化是人的一生中的最大变化了。但这个变化也意味着个体相对独立，对生命而言具有重大意义。

婴儿初生时的脆弱，让妈妈以“原始母性关注”的方式和婴儿发生着心心相印的互动。之后，随着婴儿逐渐长大，妈妈便不可能再像婴儿初生时那样给予他全身心的关注，母亲的关注从婴儿身上逐步撤回到自我和其他事物上，婴儿因此丧失了母亲无微不至的关照。而正是随着这种关注的转移和丧失，使得婴儿有机会让自己经历适度的挫折，将自己的注意力从母亲身上移到周遭环境中。母亲对婴儿抚养方式的变化，对婴儿而言是一个挫折，但这个挫折能帮助婴儿从与母亲一体的世界中逐渐分离出一个独立的“我”，这正是独立人格的基础。

人生的变化不会仅仅止步于此，在成长的过程中，我们还将经历迈开第一步独立行走、第一次张嘴说话、第一次脱离家庭走进幼儿园、第一次背起行囊离家远行……个体总在不断地面对变化，也在不断地成熟，因此个体就不断地适应、发展，再适应、再发展，如此周而复始，人生的境界和品位最终不断升华。由此可见，成长伴随着变化和丧失，而直面这种变化和丧失，也带来成长。人生就是一个不断使自己适应环境，成长发展的过程。

从中学升入大学，这种生活环境的改变实质上就是一种适应与发展并存的过程。对大学生而言，在大学生活的各个阶段，每个大学生都会面临各种各样的适应问题。只有使自己良好地适应，才能采取切实的行动转变自己，才能最终使自己发展并成熟。良好的适应过程是一个适应—转变—发展的过程。因此，面对进入大学的新变化，我们应怀着正面积极的眼光去看待它，因为应对变化又是一次自我成长的机会。

（二）积极主动地融入

西方谚语曾说：“愿上帝赐予我平静的心，让我接受我不能改变的；愿上帝赐予我勇气，让我改变我能改变的；愿上帝赐予我智慧，让我明辨这两者的区别。”现实生活中，有些东西确实是我们无法改变的，比如我们的身高、长相、出身等。但也有很多是我们可以改变的，比如我们的思想、行为习惯、说话方式、兴趣爱好、气质等各方面。对于无法改变的事物，既然已是事实，我们便没有理由再在它上面浪费时间和精力，因为那样是在和自己过不去，接受和放下才是最明智的选择。而对于能够改变的，我们没有理由不让自己变得更好，去过自己想过的生活，成为更好的自己。

因此，为了尽快适应新环境，需要主动融入、主动出击，从而掌握大学生活的主动权。

1. 主动熟悉校园环境

入校后要到校园的各处熟悉情况，例如，了解教室的分布、实验实训室的设置、图书馆的位置、校园内外的超市、辅导员办公室所在地点、食堂营业时间、学校作息时间的安排、校园常用微信公众号、校园网的资源以及其他一些与大学生活密切相关的信息，甚至学校有几个大门等，都尽可能在短时间内了解清楚。大学新生通过熟悉环境，消除陌生感，增加生活学习的把控感。

2. 主动向师兄师姐请教

直接向师兄师姐请教是熟悉和了解校园生活的一个最快捷的方法。师兄师姐在学校里已经摸索了一段时间，站在他们的“肩膀”上，可以尽快地适应环境，同时还会少走很多弯路，达到事半功倍的效果。而且，大多数高年级的同学都比较愿意把经验传授给新生，对于新生而言需要做的就是勇于开口，勇于求助。

3. 主动与人交往

良好的人际关系是学生成长与社会化过程的重要组成部分，也是保持良好心境的必备条件。良好的人际关系使人产生归属感和安全感，体验人际交往的快乐。人际互动的过程还可以使我们意识到，不是只有我面临适应的问题，其实大家都和我一样，我并不孤单，这样也有助于消除焦虑。

开学之后会有各种新生见面会、导师见面会、班会，自我介绍往往是必不可少的环节。可以提前准备一两分钟的自我介绍，简单概括自己的爱好、性格、闪光点，重点是让每个人都记住你的名字。除此以外，老乡、室友是最容易接触到的群体。老乡，拥有相似的饮食、生活习惯，更容易找到共同话题。室友，是即将陪伴四年大学生活的“亲人”，和室友搞好关系，相约结伴而行时也能互相照应。

在人际交往中要做到以诚相待，严于律己，宽以待人，不断克服嫉妒心理使之升华为合理的竞争和有效的行动。同时，要积极参加集体活动，体验团结合作的精神，感受集体的温暖和力量。这样，才能使自己更快、更好地适应新生活，顺利度过开学懵懂期。

4. 主动参加集体活动

班级聚餐、班团组织会、节日活动、联谊晚会……大一的班级活动尤其丰富，意在让大家尽快熟悉彼此，形成一个团结紧密的班集体。归属感不是仅仅存在于一个团体中就可以得到的，必须得由你亲身积极地参与和融入才能获得。新生应该抓住班级、学生会以及社团招聘新人的机会，主动参与并担负一定的工作，这样就能够更多地和老师、同学接触。与老师、同学接触得越多，认识的人也就会越多，对大学的了解和适应也就会越快。

（三）积极调控自我

1. 明晰角色定位

首先，做好心理准备，主动转换意识。一般情况下，人们在进入一个角色状态后会形成惯性，在很长一段时间内表现出这个角色所赋予的思维模式和行为方式，因而往往会对新角色的转换感到措手不及，不能适应。因此，这就要求我们在进行角色转换时，能够有意识、有准备地进行，这样才能更加迅速、顺利地完成行为模式的改变。从高中生到大学生的角色转换，就不能再用高中生的标准来要求自己和他人了，要勇于尝试各种新的可能。

其次，明晰新角色的要求。不同社会群体和组织对不同地位角色的权利和义务都会给予尽可能明确的规定。虽然大学新生这个角色的权利与义务，不像职业角色一样定义得那么清晰，但也有其潜在的要求。比如，作为大学生其天职还是要专注知识、勤于钻研，以学为主。但又如英国著名的哲学家怀特海（Alfred North Whitehead）先生说过，“在中学阶段，学生伏案学习；在大学阶段，他需要站起来四面观望”，大学生要自己站起来独立行走，要认真地认识自己，审视周围的环境，明确自己的定位，明确将走向何处。因此，作为大学生不仅要关注学习，还要关注各方面的成长。

演员有句共同的箴言：进入角色才能演好戏。作为大学新生，也应牢牢记住：自己已经是大学生了。

2. 确立合理边界

确立与他人清晰合理的边界，是人适应与发展良好人际关系的前提和基础。大学生对学习生活的不适应，相当大的部分来源于不清晰的边界。因此，大学生要时刻保持清醒的头脑，培养自己的辩证思维能力，改变对自我、对他人、对社会的不恰当的认知。例如，尽全力完成自己的分内之事，在好心帮同学完成任务的同时务必提前征得对方的同意；对于别人不想告诉你的事情，不要刨根问底；答应他人的诉求时请不要把话说太满，需要结合自身的实际能力来说，避免最后因没能实现而尴尬；在遇到他人诉说烦恼的时候，不要急着赞同或者批判，更不要说教，应先让对方表达完他的观点和情绪，在确认对方表达完后再开始你的反馈。

心海导航

王亚平：太空探索永无止境

“太空探索永无止境，大家好，我是‘太空教师’王亚平。”

2022 年 3 月 23 日是神舟十三号乘组航天员王亚平、翟志刚和叶光富在轨驻留的第 159 天。返程在即，3 名航天员选择在这一天为青少年们讲授“天宫课堂”第二课。

授课时间恰逢北京 2022 年冬奥会与冬残奥会举行，“太空教师”王亚平也带来了太空“冰雪”实验——只见她拿出一个装有过饱和乙酸钠溶液的透明袋子，袋口连接着一根吸管。接着，她小心翼翼地从袋子里挤出溶液，经过几次尝试后，溶液在吸管口渐渐形成一个透明液体球。“马上就是见证奇迹的时刻了。”王亚平用提前附有少许结晶核的毛根轻轻碰触球体，透明球迅速变成了结晶球，仿佛施了魔法一般，看起来像一颗“冰球”。

“乙酸钠溶液在温度较高的水中溶解度非常大，很容易形成过饱和溶液，在这种溶液里，只要有一丁点的结晶核颗粒，就能打破它的稳定状态，析出大量的晶体。”王亚平揭示了其中的奥秘，而在溶液析出晶体时，还会释放热量，因此这颗“冰球”摸起来有发热的感觉。

“飞天梦永不失重，科学梦张力无限。”听着王亚平的总结，身在会场的同学们频频点头。通过“天宫课堂”，把太空的丰富科普资源运用好，能够激发社会大众的兴趣，引导青少年弘扬科学精神、激发对航天事业的热爱，更好地发挥我们中国空间站在太空科普教育方面的作用。王亚平看着青少年们跃跃欲试的神态，像极了自己小时候仰望苍穹的模样。

1980年1月，王亚平出生在山东烟台的一个小村庄，父母都是朴实的农民，种植了四五亩樱桃林养活全家。17岁那年，王亚平凭借过硬的身体素质和优秀的文化课成绩通过了空军选拔，进入长春飞行学院，成为全国第七批37名女飞行员中的一员。1999年，王亚平第一次在教员的带飞下飞上了蓝天，自此开启了与辽阔苍穹的深厚缘分。

2003年，杨利伟实现中国人千年飞天之梦，举世瞩目。当时只有23岁的王亚平，坐在电视机前关注这一历史时刻，脑海中，一个小火苗被点亮了：“中国现在有了第一个男航天员，什么时候会有女航天员？如果可能，我要做那个向太空挑战的人。”

加入航天员队伍之后，她才发现光鲜灿烂的时刻只是惊鸿一瞥。在航天员的职业生涯中，只有准备飞行和飞行两种状态，需要面对的是数十年如一日枯燥艰苦的训练和一次次严酷的挑选。虽说和男航天员相比，女航天员在体力方面难免有差距，但王亚平认为，太空环境不会因为女性的到来而改变，也不会因为航天员是女性就降低门槛。

超重耐力训练中，王亚平在高速旋转的离心机里要承受8个G的重力加速度，面部扭曲变形，时常感到呼吸困难，甚至连眼泪都甩了出来；救生训练中，无论是野兽出没的丛林，还是风沙漫天的沙漠，抑或是大浪滔天的海洋，她都能从容面对；体能强化训练中，3000米考核，她比满分标准还提前了3分钟。

2010年，王亚平终于圆了航天梦，正式成为中国第二批航天员。她说，航天员的手边都有一个红色按钮，如果在训练中挺不下来可以随时请求暂停，但这么多年来，没有一个航天员碰过这个按钮。2013年，王亚平与聂海胜、张晓光一起搭乘神舟十号飞向了梦寐以求的太空，成为中国“80后”航天员第一人。同年7月，王亚平被中共中央、国务院、中央军委授予“英雄航天员”荣誉称号，并获“三级航天功勋奖章”。2022年1月15日，王亚平在太空工作累计超过100天，成为中国首位在轨超100天的女航天员。

“身处太空时，所看见的世界会让人得到升华，有些东西会变得‘很小’，比如得失；有很多东西则变得‘很大’，比如对家人、对祖国的爱和牵挂。”王亚平在距离祖国300公里的空间站感慨道。

2022年4月16日，到太空“出差”半年的王亚平回来了，给女儿带回了一颗“星星”。

来源：黄智．王亚平：做那个向太空挑战的人[J]．中国青年，2022（8）：89.

3.有效控制情绪

情绪是心理因素中对人的影响最大、作用最强的因素，对人的健康、人际关系、学习和工作，甚至个人的成功与发展均有重要影响。良好的情绪状态不仅对大学生学习生活产生积极的影响，而且能够激发潜力。相反，如果长期处于不良的情绪状态中，则容易产生一些心理问题。因此，大学生要学会有效调控情绪的方法，积极主动进行自我调整，为心身健康成长及个性的全面发展奠定基础。

一是要学会控制。每个人都会面临情绪失控的时候，情绪失控时，不仅会伤害到自己，还有可能会对他人造成严重的心理伤害。因此大学生如果想要管理好自己的情绪，首先必须学会控制情绪，凡事多加思考，冷静分析。

首先，当感觉自己的情绪要失控的时候，可以迅速远离矛盾点。每个人都不会无缘无故的情绪失控，必然是有个干扰源在不断地刺激你。所以我们要做的第一件事情就是赶紧远离干扰源。这个干扰源可能是让你生气的某个人、让你伤心的某个场景、让你焦虑的某个想法等。如果是现实中的人或事，那么就远离他，如果是某种想法或观念，那么就停止去想它。人类心理具有很强大的自我修复能力，一般远离干扰源后，各种负面情绪会自然而然地消除。

其次，可以主动去感受情绪，就像自己分裂成了两个人，“理智的自己”在观察“马上要失控的自己”，然后思考“原来这就是生气的感觉啊”。当你能做到主动地观察情绪时，情绪就影响不到你的心理状态了。反而，你了解到情绪的表现后，就能主动去使用它，把“情绪”变成一个工具。

心海探索

我、你、我们

过程：

1.将内心的答案填写在相应的横线上。

2.在班级里自由寻找与自己有相同答案的同学，并在相应的栏目中相互签名。

3.活动中有哪些可以分享的？比如，哪个项目得到最多的签名，哪个项目让你有意外的惊喜，找到和自己志同道合的人是什么感觉？除了这些以外，你还发现了什么？

我喜欢吃______
我喜欢______书
我喜欢的颜色是______
我喜欢的影视作品 / 节目是______
我喜欢______明星
我喜欢______体育运动
我穿____尺码的鞋
我来自______省 / 市

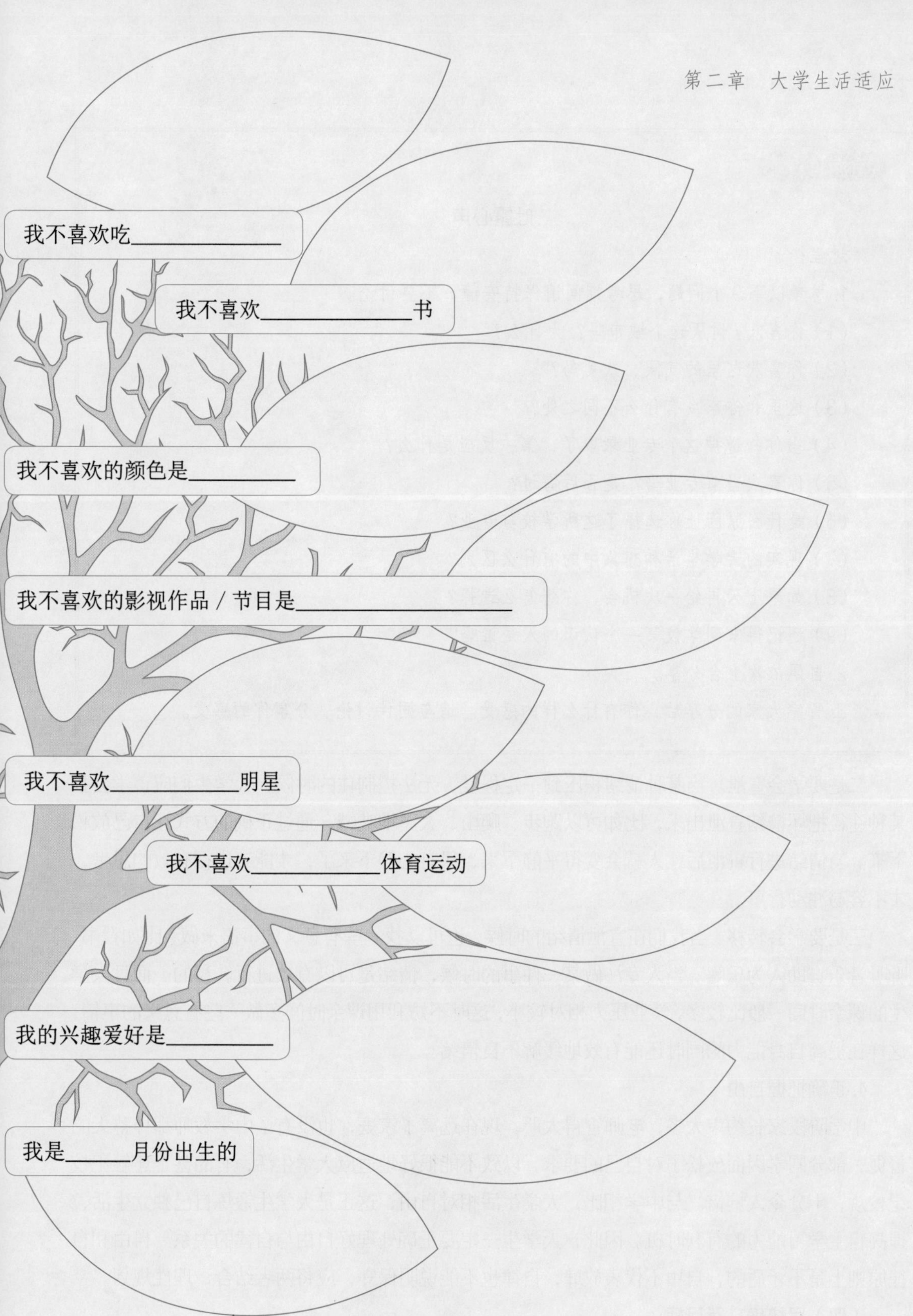
我不喜欢吃______
我不喜欢______书
我不喜欢的颜色是______
我不喜欢的影视作品／节目是______
我不喜欢______明星
我不喜欢______体育运动
我的兴趣爱好是______
我是______月份出生的

心海探索

吐露心声

过程：

1. 思考以下9个问题，思考期间请保持安静，不要讨论。

(1) 你喜欢/讨厌这个城市吗？为什么？

(2) 你喜欢这里的气候、饮食吗？

(3) 这里和你家乡有什么不同之处？

(4) 当你知道被这个专业录取了，第一反应是什么？

(5) 你喜欢当前专业吗？是否后悔过？

(6) 是什么原因让你选择了这所学校与专业？

(7) 现实的大学生活和想象中的有什么区别？

(8) 如果上天再给一次机会，你想怎么选择？

(9) 还记得来到学校第一个认识的人是谁吗？

2. 自愿依次上台分享。

3. 听完大家的分享后，你有什么样的感受。请与同伴讨论、分享你的感受。

二是要学会宣泄。当某种情绪积压到一定程度、无法控制住的时候，大学生们应该学会找某种途径把坏情绪宣泄出来，比如可以跑步、爬山、大声地呐喊，通过正确的方式让自己放松下来。当情绪进行宣泄后，人就会变得平静下来，只有心静下来了，才能够进行有效的思考，才不容易冲动行事。

三是要学会转移。当我们在宣泄情绪的时候，也可以找一些有意义的事情来做，比如看书、听听音乐、助人为乐等。当人专注做某一件事的时候，情绪是可以有效进行转移的。而且大学生的课余时间一般比较多，学业压力相对较小，这时不妨利用课余时间多做一些有意义的事情，这样在提高自身能力的同时还能有效地缓解不良情绪。

4. 正确把握自由

中学阶段家长约束太多，老师管得太严，现在远离了家庭，也没有了中学教师那样整天的督促，部分同学因而放松了对自己的要求，以致不能很好地适应大学生活，有的甚至还触犯校纪校规，十分令人惋惜。与中学相比，大学生活相对自由，这正是大学生锻炼自己独立生活，提高自主学习能力的有利时机。因此，大学生一定要正确处理好自由与自律的关系。自由和自律原则上是不矛盾的，自由不代表放肆，自律也不能说明保守，应将两者结合，理性规划。

（四）尽快确立新目标

目标是激发人的积极性、产生自觉行为的动力。人一旦没有生活目标，就会意志消沉、浑浑噩噩。大学新生正处于富于理想、憧憬未来的青年期，但大多数学生只把考上大学作为中学学习奋斗的目标，对大学生活缺乏长远的打算。进了大学，高中时期的奋斗目标已变成了现实，新目标又未确立，不少学生感到茫然、空虚，进入“动力真空带”或称“理想间歇期”。出现懈怠情绪。因此，大学新生需要尽快熟悉大学生活，树立新的奋斗目标。合理规划目标，就是要求大学生要做好自己大学期间的职业生涯规划。职业生涯规划，就是在自我认知的基础上，根据自己的特点、知识结构、专业特长和自身成长需要，结合当前的社会环境与市场环境，对将来要从事的职业以及要达到的职业目标所做的方向性方案。尽快确立新的奋斗目标，也是大学生走向新生活、适应环境的重要任务。

参考文献

[1] 陈小梅 . 大学生心理健康教育 [M]. 厦门：厦门大学出版社，2019.
[2] 焦雨梅，苏元元，赵立成 . 大学生心理健康 [M]. 上海：上海交通大学出版社，2016.
[3] 连榕，张本钰 . 大学生心理健康 [M]. 第 2 版 . 北京：北京师范大学出版社，2016.
[4] 廖斌 . 大学生心理健康教育 [M]. 厦门：厦门大学出版社，2016.
[5] 马中宝，李春青 . 大学生心理健康教程 [M]. 北京：清华大学出版社，2018.
[6] 宋专茂 . 心理健康测量 [M]. 第 2 版 . 广州：暨南大学出版社，2005.
[7] 吴琼扬，刘明鹏 . 大学新生入学教育 [M]. 广州：中山大学出版社，2019.
[8] 张纪梅 . 大学生心理健康教育 [M]. 北京：人民卫生出版社，2010.

（韦　炜）

第三章　大学生常见心理困惑与异常心理

人类的心理活动是一个动态的过程，受到内外环境的各种刺激后就会产生变化。如果原来的平衡状态被打破，心理活动就可能偏离常态，产生心理问题。随着社会生活进程加快，人们面临的各种竞争和压力也越来越大。大学生也是如此，面对着学习、人际、生活困难以及情感烦恼、就业压力等因素刺激，加上其心理发展尚不成熟、情绪还不稳定，心理冲突、矛盾时有发生，容易产生心理困惑。如果问题未能及时解决，又无法向人倾诉或是得不到及时的心理辅导和治疗，就很容易发展成心理障碍甚至精神疾病。本章将介绍常见心理问题的基本概念及大学生常见心理问题与识别方法，帮助大学生正确看待、及时识别、有效预防、妥善应对心理问题。

第一节　心理问题基本概念

近年来，“心理问题”这一说法已经越来越为人所熟知，但许多人对心理问题的认识却并不一定准确，有些人认为反复检查门窗是否锁好等同于强迫症，或者把一阵子的情绪低落认定为抑郁症，也有些人认为有了心理问题就是心理不正常，等等。因此，首先要正确认识心理问题，避免走入误区。

一、概念的区分

在我们的生活中，许多人谈及心理问题就感到恐慌，其实一般性的心理困惑就如同感冒一样，每个人都可能会遇上。正如 2018 年《中国城镇居民心理健康白皮书》历时 5 年对全国约 112 万城镇人口的心理健康调查大数据所显示，我国 73.6% 的人处于心理亚健康状态，存在不同程度心理问题的人有 16.1%，而心理健康的人仅占 10.3%，这说明心理问题具有一定的普遍性，大多数心理问题只要通过有效的自我调节或及时得当的治疗，就能得以解决。

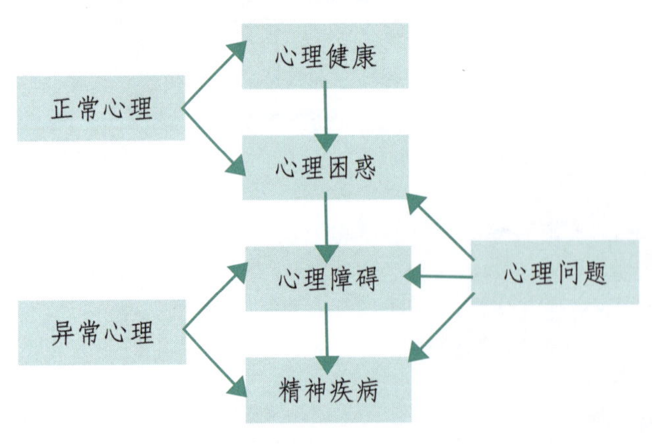

图 3-1　正常心理与异常心理概念区分

（一）什么是心理问题

心理问题是不健康心理和行为表现的总称，根据心理问题的严重程度，从轻到重大致可以将心理问题分为心理困惑、心理障碍和精神疾病三种类型。

按正常心理与异常心理来划分，心理困惑与心理健康都属于正常心理，因为心理困惑虽然已属于不健康心理的范畴，但仍具备正常的心理、社会功能，而心理障碍和精神疾病的心理、社会功能部分或大部分受损，属于异常心理。

（二）什么是心理困惑

心理困惑是由适应问题、应激问题、人际关系问题等现实因素引发的轻度心理失衡，持续时间较短，一般不超过 2 个月，社会功能没有被严重破坏，即学习、生活、工作、社会交往等基本能够维持，但心理效能有所下降，情绪状态受到一定的负向影响，通过自我调适和心理疏导容易恢复和矫正。生活中每个人都会遭遇心理困惑，几乎随处可见。

（三）什么是心理障碍

心理障碍是由相对强烈的现实因素引发的心理功能紊乱，持续时间超过 3 个月，社会功能严重受损，自我感觉痛苦，情绪反应泛化，即痛苦的情绪不但由最初的刺激引起，而且与最初刺激无关或者类似的刺激也会引起痛苦感。通常是一般性心理困惑累积、迁延、演变的表现和结果。常见的心理障碍有神经症、心境障碍、人格障碍和性心理障碍等。

（四）什么是精神疾病

精神疾病是指人脑机能活动失调，自知力严重丧失，不能应付正常生活，不能与现实保持恰当接触的严重心理障碍。一般存在以下一种或多种症状表现：幻觉、妄想、显著的兴奋和活动过多、并非由于抑郁或焦虑引起的严重而持久的社会退缩、显著的精神运动性迟滞、紧张症性行为。常见的精神疾病有精神分裂症等。

心海链接

常见心理障碍、精神疾病

神经症，不是某种特定的心理障碍，主要包括神经衰弱、强迫症、焦虑症、恐怖症、躯体形式障碍等，患者深感痛苦且妨碍心理功能或社会功能，但没有任何可证实的器质性病理基础。

心境障碍，是指由于各种形式的情绪紊乱（持续的情感高涨或低落）而导致的身体、知觉、社交和思维出现扰乱的一系列障碍，心境障碍有两类基本类型——单相障碍和双相障碍，患有单相障碍的个体只会经验心境连续谱的一个极端，如抑郁症、躁狂症。而双相障碍的患者则会受困于心境连续谱的两个极端，在抑郁和躁狂之间摆动。

人格障碍，是以极端、僵化的人格特质而导致个体主观不适以及社交和职业功能受损为特征的一组障碍，包括边缘型人格障碍（一种人际关系、自我形象和情感不稳定以及显著冲突的普遍心理行为模式）、反社会型人格障碍（持久的缺乏责任感、不遵守法律，做出违反社会规范的行为模式）。

性心理障碍，是指行为人满足性欲的行为方式或性质对象明显偏离正常，并以此类性偏离作为性兴奋、性满足的主要或唯一方式的一组心理障碍，如露阴癖、恋物癖等。需要注意的是，随着对同性恋研究的不断深入，同性恋已经不完全都被认为是性心理障碍了。

精神分裂症，是一组以幻觉、妄想、言语紊乱以及适应性行为退化为特征的障碍，其中心症状是思维紊乱。

二、科学区分正常心理与异常心理

对于心理状态的正常与异常判断至今没有统一的标准，人们往往从不同的角度，按照不同经验加以区分，这里介绍两种区分方法。

（一）常识性区分

这种区分方法主要是依据日常生活经验进行的，归纳起来主要有四个方面：

（1）离奇怪异的言谈、思想和行为。心理异常是个体的心理或行为偏离了某一文化常模或社会准则。如果一个人的心理活动和行为表现与社会公认的道德规范和行为准则相比较，显得过于离奇，不相适应，不为常人所理解、所接受，那么这个人的心理和行为就被认为是异常的、不健康的。比如，一个成年人在众人面前赤身裸体、欣喜若狂，其心理和行为与其年龄、身份和社会规范明显不符，不能为社会所理解和接受，对其本人和社会都有害，而其本人对此却完全没有羞耻感，这就是心理异常的表现。

（2）过度的情绪体验和表现。如一个人终日郁郁寡欢、行动缓慢，与人交流困难，甚至连词语都想不起来，未开口、泪先流，表现出对生活的悲观失望、兴趣缺缺，觉得现实世界是灰色的；又如一个人彻夜不眠，时而开心大笑，时而载歌载舞，精神兴奋，话语量增多，说个不停。这样的情况也属于心理异常。

（3）自身社会功能不完整。一个人怕与他人目光接触，觉得自己长得很丑，为此不敢见人；又如，一个人脸上长了许多青春痘，特别自卑，只要周围的人窃窃私语，就会觉得别人在议论自己的长相，为此常常与人吵架。很明显，这样的心理和行为也偏离了正常。

（4）个人感到特别痛苦。具有异常心理的人可能并不一定都表现出怪异、混乱的言行，从表面上看他们与常人无异，但内心却十分痛苦。

（二）心理学区分

根据心理活动的发展规律和特点，区分正常心理与异常心理的原则主要有以下三条：

（1）主观世界与客观世界是否具有同一性，即一个人的所思所想、所作所为是否能正确地反映外部世界，有无明显差异，一个人的精神或行为脱离了客观世界就会出现异常心理。例如，一个人自述感知到了客观世界并不存在的事物，说明他产生了幻觉；一个人的思维内容脱离现实，总是把实际与他无关的事情认为与他本人有关，我们便说他产生了妄想。

（2）心理活动是否具有完整性和协调性，即一个人的认知过程、情绪情感过程、意志过程内容是否完整协调，三者协调一致是正常的，不一致则异常。例如，一个人对一个痛苦的事情做出快乐的反应，这说明他心理活动内部一致性出了问题，属于异常心理。

（3）人格特征是否具有相对稳定性，即在没有重大的外部环境改变的前提下，人的气质、性格、能力等个性特征是否相对稳定，行为是否表现出一贯性。每个人从小到大逐步形成了自己独特的人格，这种人格一旦形成便具有相对的稳定性，一般不易改变。若有人在没有明显外部原因的情况下，表现出与本人以往个性大相径庭的行为。比如，一个人一向乐观开朗、活泼好动，然而一个时期以来逐渐变得郁郁寡欢、沉默少语，甚至绝望轻生；或者相反，一向沉默寡言，喜静不喜动，突然一反常态变得活跃，表现欲望强烈，自我感觉十分良好，遇上这类情况就要考虑心理异常的可能。

心理冲突是常形的还是变形的，也是正常心理与异常心理的重要分界线。所谓常形冲突，就是具有现实意义或者道德意义的冲突，比如，面对高考时特别想考好又担心考不好，因而感到十分紧张，这是现实因素引起的心理冲突，同样的冲突发生在许多人身上往往都会有相似的反应。而心理冲突的变形则有相应的两个特点。一是与现实处境没有什么关系，比如某个人每天晚饭后就陷入吃药还是不吃药的冲突之中，而吃不吃药在生活中是件不用为之操心的小事，一般人会按照医嘱吃药，但如果不想吃就不吃，并不会产生冲突。二是不带明显的道德色彩，比如吃药和不吃药就无所谓道德与不道德。

需要说明的是，正常心理与异常心理之间并没有绝对的界限，只是程度的差异，如果将正常心理比作白色，将不正常心理比作黑色，那么在白色和黑色之间存在一个巨大的缓冲区域——灰色区，大多数人都处于这个区域，可能面临一些心理困惑，并非都是心理障碍、精神疾病。

三、注意防止“对号入座”

对各类心理问题的诊断需要专业人员运用多种方法进行评估和诊断，包括观察法、会谈法、测验法等，这一过程需要十分谨慎，在心理咨询或治疗的过程中，有时还会随着咨询或治疗的不断深入对诊断进行调整。因此，大学生在学习了解心理问题相关知识时，要特别注意，不能仅仅根据自己或他人的一些情绪反应或躯体现象就轻易做出判断，更不能简单地“对号入座”。盲目将自己或他人判断为某种心理问题（如焦虑症、抑郁症、强迫症等），这种贴标签的做法容易产生消极暗示，不仅不利于解决问题，甚至还会进一步加重症状。

第二节　大学生心理问题识别

一、大学生常见心理困惑

一般来说，大学生的心理问题以发展性问题为主，即在某一发展阶段常遇到的问题，如果个体不能顺利地完成这个发展阶段的任务，就可能出现心理困惑。大学生群体的心理困惑主要有以下几个方面。

（一）环境适应问题

环境适应问题在新生中比较常见。由于以往的家庭环境、学校环境、社会环境与进入大学后的生活环境、学习环境和社会环境相差较大，对新环境的不适应便成了新生心理问题的主要原因。由于多数新生第一次离开父母、亲朋和熟悉的环境，来到一个陌生的校园和相对生疏但又关系密切的集体，或多或少会体验到分离焦虑。在这个新的集体中，大家来自不同的地区，家庭经济条件不同，地域文化以及生活习惯不同，多数新生都会感受到不同程度的压力和心理上的不适应，有些感觉难以应付大学的学习，有些因一时缺乏独立生活技能而苦恼，还有些因不善于与新朋友交往而落单。一些适应能力较弱的新生会感到焦虑、苦闷和孤独，甚至出现食欲不振、失眠、烦躁、注意力不集中等症状，个别严重者则因不能坚持学习而产生休学或退学等逃避行为。

心海链接

大学生环境适应不良心理困扰案例

张某，女性，19岁，大学一年级新生。她以较高成绩考入大学，来到陌生城市开始独立生活。开学两个多月以来，除了要应对每日紧张的学习，还要料理自己的生活，感到有些不适应，手忙脚乱，十分疲惫却又经常睡不着，还非常想家，一听到音乐中有“妈妈”“家乡”等字眼就想哭。在街上听到当地口音就觉得自己是外乡人，感到特别孤独。上课经常走神，学习效率下降，无心参加学校活动，对什么都提不起兴趣，总盼着早点回家。在宿舍，与同学因生活琐事关系紧张，想换宿舍却没有得到学校的同意，因此心情不好，内心痛苦。

（二）学习问题

大学的学习目标、教学内容、教学方式都与中学有较大的差别，对学习自主性的要求也更高，一些大学生面对这些变化无所适从，被动应付，产生很大的学习压力和心理困惑，甚至出现焦虑、头痛、失眠、注意力不集中、记忆力下降、学习效率低等症状。一些大学生对所考取的学校不满意，或对所学专业不感兴趣，因此认为自己是高考的失败者，甚至为自己当初选择不当和现实的无奈懊恼不已，由此导致缺乏学习动力、学习兴趣和学习目标，厌学心理严重。有的大学生学习动力不足，没有明确的目标，不知道为什么要学。有的大学生没有掌握合适的学习方法，不知道怎么学。有的大学生因为成绩不理想，害怕考试，产生考试焦虑。

心海链接

大学生学习心理困扰案例

小王是一位来自山区、家庭经济困难的大学生，高中时学业成绩一直非常优异。虽然大学的专业自己并不是非常喜欢，但毕竟考上了，他仍然选择就读。然而，他越发觉得专业不是很理想，将来要么找工作很困难，要么工作都在基层，前景不好、工资也不高，而自己又觉得上了大学却去基层工作很没有面子。每次想到未来就业，小王就感觉心中很茫然，学习没有动力，生活没有目标，有时候想到年迈的父母和贫困的家庭，就会特别恨自己不争气。可是他又的确找不到奋斗的目标和学习的动力，学习上得过且过，生活上马马虎虎，毫无目的。最近，他开始玩起了网络游戏，但是每次玩了游戏后，心里就越加愧疚自责。他说自己其实也不是因为喜欢上网而荒废学业，而是因为实在没劲才上网打游戏。

（三）人际关系问题

因人际关系而产生心理困惑，在大学生群体中比较常见。同高中阶段相对单纯的人际关系相比，大学生的人际交往更加广泛、更加复杂、更具有社会性。但由于认识、情绪和个性等方面的因素，再加上缺乏人际交往的经验和技巧，不少大学生在交往中往往会遇到困难与挫折，由此导致人际冲突或因害怕交往而孤独自闭等状况，也有一些大学生因为人际交往受挫而自我否定。

心海链接

大学生人际关系心理困扰案例

刘某，女，19岁，大学一年级新生，从小性格内向、温和。某次宿舍值日刘某因忘了倒垃圾导致宿舍卫生成绩不合格，引发与宿舍长的争吵，宿舍长因一时言语过激把她惹哭了。此后，她与宿舍长相处时都会感到紧张、心慌、胸闷，后来发展到与其他同学相处都容易紧张，不愿意参加活动。一段时间以来，刘某情绪始终低落、焦躁不安、睡眠减少且易醒、食欲不振，上课很容易分心，总爱胡思乱想，甚至开始逃课。

（四）恋爱与性心理问题

大学生由于性生理逐渐发育成熟，性意识的觉醒与性心理的发展，促使他们渴望了解异性，向往爱情。另外，没有了中学时的升学压力，大学生开始比较关注和敏感于两性问题。然而，由于缺乏相应的经验和指导，有些大学生会遇到诸如单相思、感情纠葛、失恋等问题，也有些大学生因对性知识、性行为的不恰当认识导致心理上的困惑（如手淫困扰），或因婚前性行为而感到恐惧、焦虑、担忧等。

心海链接

大学生恋爱心理困扰案例

小阳是高校大一男生，开学两个月，宿舍里4个同学有2个谈恋爱，再过一个月，宿舍里另一个男生也恋爱了。小阳觉得很孤单，也开始追求女生，可是几次都被女生拒绝了。想着舍友都恋爱成功、沉浸爱河，自己却连个女朋友都追不到，小阳觉得自己缺乏魅力。渐渐地小阳变得很自卑，很少主动与女生交流，成绩也一落千丈。

（五）生涯与就业问题

进入大学之前，很多人的目标就是考上大学，考上大学之后就一下子没有了具体的目标，许多人因此感到迷茫、不知所措。高校扩招后，大学生就业方面的竞争加剧，甚至出现就业困难，就业所导致的压力也越来越大，由此引发的心理问题也日益突出。大学生与择业有关的心理问题普遍存在，但在毕业生中表现更为集中。毕业前夕学生最大的压力可能正来自求职择业。大学生在求职择业过程中，往往由于缺乏经验和准备导致择业渠道不畅，难以找到合适的工作等问题。有的学生脱离社会发展需要盲目择业，有的学生则过高估计自己，造成就业难度增加。

心海链接

大学生就业困扰案例

李某就读于某师范类院校。为了供他读大学，李某的父亲外出打工，全家人都对他寄予厚望。毕业前夕，他去了市里几所公办重点中学面试，但都没有结果。有一所私立中学愿意聘用他，可是他觉得没有前途，不愿意去。几个月过去了，他还是没有找到工作。渐渐地，家人对他失去了耐心，尤其是年迈的父母，认为他读了这么多年书却没办法挣钱养家，对他感到失望。慢慢地，他对自己也失去了信心，整天窝在宿舍里，看到招聘信息就觉得烦躁，变得郁郁寡欢，无食欲、少言语、失眠，性情也越来越古怪，不愿出门。

（六）情绪问题

大学生情感丰富而强烈，但却不稳定，常常受负性情绪主导而感到焦虑、郁闷、悲伤、烦躁、易怒。“郁闷”“纠结”“崩溃”等大学生群体中常用的口头禅，反映了情绪问题已成为大学生常见的困扰。据2019年中国青年网关于大学生情绪状况的调查显示，对未来迷茫、学业压力大、学生工作繁忙是大学生情绪困扰的主要原因，而调查还显示，超过一半的大学生认为自己经常会因为一些小事而发脾气。

心海链接

大学生情绪困扰案例

林某系某大学理工科大四学生，打算报考某大学的研究生。她非常积极、认真努力地复习，但她仍然没有通过最近一次的大学英语六级考试，而这已经是她第四次考了。由于考研考试日益临近，她心里越来越紧张、焦虑。

（七）自我认知问题

一些大学生因家庭经济、身材外貌、学习成绩等因素感到自卑，特别是遇到一些挫折或被别人拒绝后，表现出更加强烈的自我否定。具有自卑感的学生由于自我评价过低，往往导致行为畏缩，瞻前顾后，多愁善感，自尊心过强，过于敏感，影响了各方面的正常发展。

心海链接

大学生自我认知困扰案例

小刘是某高校大二的一名女生，从小觉得父母更疼爱弟弟而自己不被父母喜欢。小学时她曾因体态较胖，被同学们取笑，从此不太敢和同学说话，并对此记忆深刻。上大学以来，她平时只和舍友同行，较少与其他同学交流。自述她走在校园里时常常害怕别人的眼光，总觉得别人会觉得自己很丑。

上述七个方面是引发大学生心理困惑的主要因素。对每个人来说，心理困惑是最正常不过的现象，这是对许多生活困境的自然反应。同时，我们要认识到，心理困惑往往蕴含着积极的含义，是心灵成长和自我超越的契机，解决一个又一个心理困惑的过程也是个人逐渐走向成熟、走向社会的过程。

心海探索

大学生活烦扰

备选主题：

（1）适应（2）学习　（3）人际　（4）恋爱与性　（5）生涯与就业　（6）情绪　（7）自我认知

本组主题：（　　　　　　　　　）

请同学先根据本组抽中的主题进行发散思维，尽可能多地思考该问题在大学生中可能有的表现，并聚焦一种表现进行深入讨论。

组长：　　　　　　主讲人：

我的观点是（包含问题的表现及应对方案）：

我们的观点是（包含问题的表现及应对方案）：

二、大学生常见异常心理及主要表现

大学生出现心理障碍大多属于轻度心理障碍，如果能找到诱因，及时给予关爱、疏导和必要的心理治疗，大多数能得到消除或缓解。少数大学生存在较为严重的心理障碍，则应该立即到精神医院就诊。以下是大学生常见心理障碍的主要表现。

（一）神经症

神经症一般没有任何可以查明的器质性病变，但又确实有心理异常表现，甚至表现程度可能非常严重，患者往往对自己的病态有充分的自知力，一般都能主动求医、求治，而且生活自理能力、社会适应能力和工作能力基本没有缺损。大学生中最常见的神经症主要是神经衰弱、焦虑症、强迫症、恐怖症和疑病症。

1. 神经衰弱

大多是由于某些长期存在的精神因素，引起脑机能活动过度紧张而产生神经活动能力减弱。主要表现包括以下四个方面：①感情控制能力降低：易激动、易怒、烦躁不安，一点小事就会引起强烈的情绪反应；②睡眠障碍：入睡困难，睡眠表浅、多梦、易惊醒或早醒等；③精神活动功能下降：注意力涣散，记忆力减退，学习工作效率降低；④植物神经功能失调：心悸、胸闷、多汗、食欲不良、易疲劳。

2. 焦虑症

焦虑症是一种以焦虑反应为主要症状的神经症，是个体在面临不良刺激或预感到会出现挫折情境时，产生的一种复杂的消极或不愉快的情绪状态。大学生由于负性生活事件而产生轻度焦虑是正常的情绪反应。但如果在毫无原因或一些无关紧要的情况下，呈现出焦虑不安、胆战心惊等症状，即焦虑并不由实际威胁引起，紧张焦虑程度也与现实情况不相称，则为焦虑症。表现为难以言说的紧张感，担心着急、坐立不安、害怕惶恐，好像灾难即将降临似的。同时伴有头晕、胸闷、心悸心慌、呼吸困难、口干、尿频尿急、内分泌失常、运动性不安、睡眠障碍等躯体症状。焦虑症在临床上可分为急性焦虑（惊恐发作）和慢性焦虑（广泛性焦虑）。

急性焦虑是指患者常出现无明显原因、突然发作的强烈紧张、极度恐惧、濒临死亡感，同时伴有剧烈的心慌、心悸、气急、呼吸困难、胸闷胸痛，失控地发抖，出大汗等。发作时间通常可持续数分钟。

慢性焦虑主要表现为患者长时间、经常感到无明显原因、无固定内容的恐惧、提心吊胆或精神紧张，总预感会发生什么不幸而处于警觉状态。同时伴有坐卧不宁、心惊肉跳、心慌、头痛、背痛、全身颤抖等躯体反应。患者常因不明原因的惊恐感而意志消沉、忧虑不安，夜间入睡困难、食欲减退等。

3. 强迫症

强迫症指在患者主观上感到有某种不可抗拒的或被迫无奈的观念、情绪、意向或行为。病人清楚地认识到，那些强行进入的、纠缠不清的思想、观念或行为都是毫无意义的，但明知没有必要，却不能自我控制和克服，因而感到痛苦。强迫症一般表现为强迫观念、强迫意向和强迫行为。

强迫观念是指脑海里不自主反复呈现某种想法或某句话，例如反复回忆自己做过的事、别人说过的话；反复思考一些没有实际意义的想法，如一加一为什么等于二，为什么人的眼、耳、鼻孔都成双却只长一张嘴，等等。

强迫意向是指与正常心理状态相反的欲望和意向纠缠而产生一些可能导致可怕后果的冲动，例如到河边或走在桥上就有往下跳的冲动，看到刀就出现要拿来砍人或砍自己的意向等等。但这些行为从未实际发生过，只是不能控制这些行为意向的出现。

强迫行为常表现强迫计数，例如不由自主地数台阶、脚步、楼层、电线杆等，明知无意义仍无法停止计数；也表现为强迫性仪式动作或强迫洗手、强迫洗衣等行为，这多与不洁恐怖或疾病恐怖有关。

4. 恐怖症

恐怖症指对某些事物或特殊情境产生十分强烈的恐惧感，这种恐惧感与引起恐惧的情境通常极不相称，让人难以理解。常见的恐怖症包括社交恐怖、场所恐怖、物体恐怖等。社交恐怖主要表现为对与人交往的恐怖，在大庭广众下害怕被人注视或害怕当众出丑，不敢看人，不敢讲话，回避朋友等。场所恐怖主要表现为对特定场所的恐怖，如高楼层、黑暗处、密闭或空旷的空间等。物体恐怖主要表现为对某些特定物体产生恐怖，如动物、尖锐物品等。

5. 疑病症

疑病症指患者对自己的身体健康状况或身体某一部位过分关注，在没有任何证据的情况下坚持认为自己有病，从而处于对疾病或失调的持续、强烈的恐惧之中，即使得到医生的客观诊断也不能消除其固有成见。

（二）心境障碍

心境障碍又称情感障碍，是以患者的情绪低落或情绪高涨为主要表现的一类常见心理障碍。情绪低落时称之为抑郁症，情绪高涨时称之为躁狂症。

1. 抑郁症

抑郁症在大学生中较为常见，该症是大学生心理障碍发病率最高的一种，而且对学生的损害比较明显，重度抑郁的学生不仅各项社会功能严重损伤，还有可能自杀。需要注意的是，仅仅只是抑郁的情绪并不能判断为抑郁症。一般情况下其主要表现为，一个极端抑郁情绪，至少持续两个星期，包括认知症状（如无价值感、优柔寡断），躯体功能受到干扰（如睡眠模式改变、胃口和体重发生明显变化、精力明显丧失）。发作时，通常伴有兴趣和体验乐趣

心海链接

关于抑郁症

抑郁症，又被称为“心灵的感冒”，是一个发生率比较高、比较普遍，但隐藏很深的精神疾病，会影响人的感觉、思维和行为，并可能导致各种情绪和身体问题。

然而，很多人却还没有正确地认识

这种疾病。有人认为，抑郁症是娇气、矫情、抗压能力差的表现，正是这种错误的观念，导致很多患者未被及时发现和治疗。

不是只有“压力山大”的人才得抑郁症；得了抑郁症也不是一眼就能看出来；尤其不要以为抑郁症一旦得上，这辈子就没盼头了……

（1）抑郁症不是娇气、矫情。有人认为抑郁症不过是抗压能力差的表现，实际上抑郁症是一种常见的精神疾病，需要规范的治疗，并非通过劝说、鼓励就能缓解。

（2）有些人表面微笑，内心却充满绝望。抑郁症患者并没有所谓的“模样”，很多平时性格开朗、经常微笑的人，内心可能遭受巨大的痛苦和煎熬。

（3）抑郁症其实离我们很近。抑郁症正在成为仅次于癌症的人类第二大杀手，全球预计有3.5亿人患病。根据国家卫健委公开数据，在中国，抑郁症患者不少于9500万人。

（4）抑郁症不等于抑郁情绪。抑郁情绪总是和各种挫折相伴，是一种正常的情绪，来得快去得也快。抑郁症的病因目前尚不明确，且能长时间对人造成影响。

（5）危险信号需留意，出现症状快就医。抑郁症有几个主要症状，包括情绪低落、兴趣减低、精力减少、睡眠质量降低、自我评价低、社交受到影响、出现自杀念头或行为等。如果这些症状持续两周以上，建议及时就医。

（6）轻视与误解会让抑郁症雪上加霜。外界的冷嘲热讽可能让抑郁症患者的病情加重。与抑郁症对抗，患者需要的是身边的支持、包容和关心。

（7）抑郁症不等于不治之症。谨遵医嘱用药、不擅自停药换药、培养兴趣爱好、积极寻求心理帮助……这些方法都有助于治愈抑郁症。

（8）青少年、孕产妇、老人更要警惕抑郁症。抑郁症在青少年、孕产妇、老人等群体中相对高发。2020年9月国家卫健委发布的《探索抑郁症防治特色服务工作方案》提出，把抑郁症筛查纳入高中及高校学生的健康体检内容。

的能力的明显丧失，对以往感兴趣的事物感到索然无味，与家人、朋友、同事或同学之间的互动能力丧失。抑郁症患者最常用的词语有：悲伤、沮丧、郁闷、不幸、绝望、无用、羞愧、没有价值。悲伤和自责是他们最明显的情绪症状。

2. 躁狂症

躁狂症以情绪高涨、易怒为主要特征，且至少持续一周，具体表现为精力充沛不知疲劳、思维奔逸、夸大自尊、话语增多、睡眠减少、性欲亢进、自我感觉良好。这些表现都与患者以往的性格、行为模式有很大的差异，甚至不符合社会日常规范，影响了患者的日常生活。

3. 双相障碍

双相障碍表现为情绪高涨和情绪低落交错发作，多数双相障碍患者会经历多次间断有躁狂的抑郁，双相障碍一般较为少见。

（三）人格障碍

人格障碍指明显偏离正常人格，并与他人和社会相悖的一种持久牢固、适应不良的情绪和行为反应方式。人格障碍患者形成了特有的行为模式，对环境适应不良，常影响其社会功能，甚至与社会发生冲突，给自己或社会造成恶果。人格障碍常开始于幼年，定型于青年期，持续至成年期或者终生。大学生中常见的人格障碍有偏执型人格、强迫型人格、冲动型人格等。

1. 偏执型人格

表现为易产生偏执观念，对自己的能力估计过高，有极强的自尊心，同时又很自卑、好嫉妒、看问题主观片面、常常言过其实、乖僻古怪、失败时常迁怒或归咎他人。

2. 强迫型人格

表现为个体常有不安全感和不完善感，做事犹豫不决、优柔寡断、忧虑重重、过分谨慎、过分追求完美，同时又墨守成规、不思变通，缺乏应变能力，因此焦虑、紧张、过分地自我克制、过分自我关注、事事追求完美。

3. 冲动型人格

表现为情绪不稳定，易激惹，常因微小的精神刺激而突然爆发非常强烈的愤怒情绪和冲动行为，且自己不能克制，易与他人发生矛盾。在日常生活中也同样表现冲动，做事缺乏目的性和计划性，虎头蛇尾，很难坚持需要长时间才能完成的事情。

4. 反社会人格

表现为行为不符合社会规范，经常违法乱纪，对人冷酷无情，男性多于女性。大学生反社会人格障碍主要表现为经常说谎、逃学、吸烟、酗酒等；经常偷窃、斗殴、赌博、故意破坏他人或公共财物，无视家规、校规、社会道德规范，甚至出现犯罪性行为；经常撒谎、欺骗以获取私利；易激惹，冲动，并有攻击行为；缺少道德观念，对善恶是非缺乏正确判断，且不吸取教训；极端自私与自我中心，以恶作剧为乐。

（四）精神分裂症

这是一种严重的精神疾病，常有感知、思维、情感、行为、语言和交流等方面的障碍和精神活动的不协调，其特征包括思维和情感的分裂、突出的妄想或幻觉、显著的社会功能障碍。

精神分裂症的主要症状为感知觉障碍、思维障碍、意志减退和行为障碍等，具体表现为如下几方面。其中，幻觉和妄想是最显著的症状。

1. 幻觉

指没有相应的客观刺激作用于感官却出现的知觉体验。这种幻觉体验可能是生动的，也可能是模糊的，但患者多信以为真，在其支配下做出不合常理的举动，如在幻听的影响下辱骂他人，甚至做出伤害他人的举动。

幻觉有幻视、幻听、幻嗅、幻触等形式，前两种较常见。幻视指患者常常看到并不存在的人或物，如外星人等。幻听大都是命令性的、争论性的、评价性的，最常见的幻听内容是有人嘲讽或议论他的思想或行为。例如，一位中年女性出去买东西，刚一出门就听到有个声音说："长舌妇又出门了。"她听后十分气愤，扭头就回家，谁知声音马上又说："假装什么呀。"

2. 妄想

指尽管有明显的证据表明某种想法是错误的，但患者仍坚持其非理性的信念。常见的妄想有被害妄想和关系妄想。例如，患者总认为和他有矛盾的人会监视他、伤害他，或认为别人的一举一动、一颦一笑都和他有关。

3. 思维障碍

指由于联想障碍（如联想松弛）、逻辑障碍（如逻辑倒错），患者会出现语言不连贯，上下句之间缺乏内在的意义联系；自编词汇，出现"词语杂拌"；"音联韵联"，即连着说西瓜、黄瓜、傻瓜等。

4. 情感障碍

表现为没有可察觉的情绪表达，对家人和朋友的关心反应冷淡、迟钝；情感反应与当时的情境不适宜，情感倒错，对痛苦的事情表现为开心等。

5. 意志与行为障碍

意志活动减少，生活懒散，不讲个人卫生，行为紊乱，出现木僵（可以几个月不说、不动等），严重时变成蜡样屈曲（患者就像一个蜡做的人体模型，任人摆成各种姿势）、行为怪异（如脚尖走路、胡言乱语）、作态（像小孩一样说话、举动）等。

精神分裂症是大学生精神疾病中比较常见的一种，大部分患者处于发病初期，自知力基本完整，社会功能损伤较轻，有幻觉和妄想等症状，及时发现，及时治疗，规范服药，定期咨询，只要积极寻求治疗，病情往往不会对完成大学学业造成影响。

第三节　大学生心理问题应对

预防与应对心理问题的主要措施包括良好的心理品质、清晰的自我认识、积极的自我调节、良好的支持系统、主动地寻求帮助。

（一）良好的心理品质

不良的心理品质往往是心理问题产生的根源。有研究通过对部分存在一定心理障碍的学生进行分析发现，这类学生往往存在不良的心理品质，包括心胸狭窄、抑郁、多愁善感又难于表露、自卑感强、适应现实环境能力较弱、活动范围狭小等等。

而良好的心理品质是预防心理问题的第一条防线。提升自身的心理品质主要从以下几个方面着手：①正视自我、勇于接受现实，正视自己的优点和缺点，面对现实，勇敢地战胜现实中的困难；②确立符合自己实际的目标，目标过高或过低都不利于自信心的建立，确立通过自己努力能够达到的目标，使自己建立自信；③注意建立良好的人际关系，良好人际关系能够为心理健康保驾护航；④培养积极向上、健康乐观的情绪，生活中不如意者十之八九，换一个角度看，任何一件事情都能有美好的一面，学会乐观，才能够以从容的心态应对挑战；

⑤养成良好的学习生活习惯，健康的生活方式指生活有规律、劳逸结合、科学用脑、坚持体育锻炼、少饮酒、不吸烟、讲究卫生等。大学生的学习负担较重，心理压力较大，为了长期保持学习的效率，必须科学地安排好每天的学习、锻炼、休息，使生活有规律。学会科学用脑就是要勤用脑、合理用脑、适时用脑，避免用脑过度引起神经衰弱，使思维、记忆能力减退；⑥锤炼抗压抗挫能力，等等。

（二）清晰的自我认识

自我认识包括认识自己当前的心理状态和客观地认识自己存在的心理问题。

一个人只有清楚地意识到自己的情绪状态及产生原因，才能将情绪对自身的伤害降到最低。有些大学生因为课业繁重、未来迷茫、恋爱困扰等烦恼，使自己处在愁苦却不自知的状态中，只是不停地抱怨、过分地思虑，正所谓“不识庐山真面目，只缘身在此山中”。因此，大学生应该时刻关注自身的心理状态，了解自己烦恼的根源，才能进一步向家人朋友倾诉或寻求他人的帮助，从而减轻烦恼。

客观地认识自己存在的心理问题，是希望大学生在发现自己处于焦虑、抑郁状态，能正确识别，而不是对号入座，加重烦恼。即使当自己被确诊为抑郁症、强迫症等心理障碍时，也能够克服害怕同学、老师和周边人的歧视，克服惧怕“大难临头、患上绝症”等观念，做到不悲观失望、自暴自弃，勇敢地配合心理咨询和治疗，消除心理障碍。

（三）积极的自我调节

自我调节心理健康的核心内容包括调整认识结构、情绪状态，锻炼意志品质，改善适应能力等。大学生处于青年期阶段，青年期的突出特点是人的生理在经历了从萌发到成熟的过渡之后，逐渐进入活跃状态。从心理发展的意义上说，这个阶段是人生的多事之秋。缺乏经验和知识决定了这个时期人的心理发展的某些方面落后于生理机能的成长速度。因而，在其发展过程中难免会发生许多尴尬、困惑、烦恼和苦闷，甚至发展成心理障碍。大学生应学会进行积极的自我调节，才能在必要的时候避免、延缓、遏制心理问题的发展。

1. 用适当的方式尽量发泄

向知心的人直率地诉说苦衷，倾吐积郁，宣泄愤懑，甚至悲痛地哭诉一场，都能释放和减轻心理压力。也可以对物发泄，当然，不是破坏性地摔砸一通，而是打打球，跑跑步，去健身房超常地运动一番，通过消耗体力来消除烦闷也有助于缓解心理压力。

2. 培养自控力

对烦恼和不愉快，要承认其发生的合理性和必然性，有足够的心理承受力和思想准备，然后冷静地想办法对付它。当然，要在平日里注重心理素质的培养和锻炼，才能遇事不慌，稳妥对待。

3. 转移注意力

有了烦恼，尽量克制自己的情绪，将注意力转移到学习、工作、娱乐或者其他感兴趣的方面，这样能避免“越想越别扭、越想越伤心”的恶性循环。

4. 暂时躲避

暂时离开引起不愉快的人、事或者环境，眼不见心不烦，引发心理问题的刺激也会随时间淡化或消失。

5. 调整过高的期望值

很多人的烦恼是由于对自己、对他人、对生活的期望值过高而造成的，一旦这些期望没能实现，烦恼也就随之而来。因此，正确地面对现实，不抱幻想，也就不会自寻烦恼了。

6. 适当做些让步

能伸能屈，能进能退，自然轻松自在；凡事认真，一味固执，肯定烦恼重重。其实，只要大前提不受影响，做一些细枝末节上的让步、妥协，也是应该的。这样，自然少添一些忧愁，多一份轻松自在。

（四）良好的支持系统

所谓个人的“社会支持系统”，指的是个人在自己的社会关系网络中所能获得的、来自他人的物质和精神上的帮助和支援。一个完备的支持系统包括亲人、朋友、同学、同事、邻里、老师、上下级、合作伙伴等等，当然，还应当包括由陌生人组成的各种社会服务机构。每一种系统都承担着不同功能：亲人给我们物质和精神上的帮助，朋友较多提供情感支持，而同学、同事及合作伙伴则为我们提供工作支持。

我们的人生之路并非坦途，我们每个人都会遇到这样那样的麻烦、困扰、逆境，每个在困境中的人都希望得到理解、帮助与支持，因此，建立相互支持的系统尤其重要。大学生的社会支持系统主要包括父母、亲戚、同学、教师、学校等。具有良好社会支持系统的大学生在面对困境时，能够获得社会支持系统的帮助和指导，在亲人、朋友、老师面前，可以依靠，可以信任，可以分担痛苦、喜悦、压力，从而获得安全感和归属感。因此，社会支持是影响大学生心理健康状况、预防心理问题发生、促进心理障碍患者治疗的重要因素。

从表面上看，每个人的社会关系网络都差不多，但如果深入观察，每个人从中获得的支持却有很大的差异：有人在个人支持系统中与他人共享生活，充满幸福感和愉悦感，遇到困难时总能获得及时而有力的帮助和支持；而有些人则不然，他们虽然也拥有客观存在的关系网络，却与其中的人相处得很糟糕，陷入困境时会迅速陷入孤立无援的状态。为什么呢？这是因为社会支持系统是需要人去努力建立并维护的，否则，哪怕在“亲人”这种天生最为密切的血缘关系中，也有可能得不到支持，更有甚者还可能受到致命伤害。

因此，大学生应该注重建立良好的社会支持系统，与家人保持和睦的关系，与同学朋友团结互助、加强联系，与老师主动交流……试问，你有几个可以在任何时候打电话交流的知心朋友？如果有三个以上的知心朋友，说明你的社会支持系统是强有力的。反之，在这方面就需要多下功夫。

（五）主动地寻求帮助

人的一生不可能不患病，更不可能永远没有烦恼。一个心理健康的人，不在于没有烦恼，而在于具备有效解决烦恼的方法。主动地寻求帮助就是解决烦恼、应对心理障碍的有效办法。学校心理健康中心是大学生求助的主要对象。

参考文献

[1] 连榕，张本钰 . 大学生心理健康 [M]. 第 2 版 . 北京：北京师范大学出版社，2016.
[2] 梁宁建 . 心理学导论 [M]. 上海：上海教育出版社，2011.
[3] 王水仙，陈海波，董晓薇 . 大学生心理健康教育 [M]. 长春：吉林大学出版社，2014.
[4] 许建新 . 大学生心理健康教育 [M]. 武汉：武汉大学出版社，2014.
[5] 俞国良 . 大学生心理健康 [M]. 北京：北京师范大学出版社，2018.

（陈国魁）

第四章　心理咨询概览

心理咨询是人们试图摆脱心理困惑、减少内在痛苦、增强幸福感时的追求和选择。本章介绍了心理咨询的概念、形式和效果，心理咨询的过程，咨访关系的特点以及工作原则。

第一节　心理咨询概述

一、心理咨询的概念及要素

自从有人类历史以来，就有人因为心理问题和心理困扰而寻求他人帮助。然而，心理咨询作为一种比较成熟、专业的理论和方法，却只有近百年的短暂历史。我国心理咨询服务始于20世纪80年代，目前，我国许多三级及以上医院均相继开设了心理咨询门诊。近年来，高校心理咨询工作呈现出蓬勃发展的态势，为广大青年学生进行心理咨询服务，对大学生的身心健康、全面发展产生积极影响。

在《中国心理学会临床与咨询心理学工作伦理守则》中，心理咨询（psychological counseling）是基于良好的咨询关系，经过训练的临床与咨询专业人员，运用咨询心理学理论和技术，消除或缓解来访者心理困扰，促进其心理健康与自我发展。心理咨询是侧重一般人群的发展性咨询。在这概念中，有以下要素：

1. 心理咨询师

心理咨询师需要经过严格的训练，掌握心理学基本知识、心理咨询临床操作相关知识，相关的伦理、法律法规等，并且在咨询过程中能够熟练运用各种心理学的理论方法。在从业之初，心理咨询师要定期接受督导，以保证来访者的权益。

2. 来访者

来访者，又称为咨客、求助者，是指有一定的心理困扰，并且能够主动寻求心理帮助的人。郭念锋认为来访者包括了三类人群：第一，精神正常，但是遇到了与心理有关的现实问题的人群，如因高考志愿选择感到困惑；第二，精神正常，心理健康水平较低，产生心理困扰，影响了生活、工作、学习的人群，如因失恋导致工作效率低下、情绪低落、失眠等；第三，临床治愈或潜伏期的精神病患者。

3. 心理咨询的内容

心理咨询师帮助来访者解决心理困扰，而非现实问题。心理困扰包括人际关系、恋爱问题、家庭问题、自我问题、情绪问题、学习问题、适应问题、求职择业问题等，但不包括对精神障碍患者的诊断、咨询，我国《精神卫生法》第二十三条指出，心理咨询人员不得从事心理治疗或者精神障碍的诊断、咨询。

4. 心理咨询的目标

心理咨询的目标是助人自助，即咨询师帮助来访者，让来访者自己帮助自己，获得心理健康与自我发展。咨询师好像园丁一样，园丁的工作是提供种子发芽的条件，移除妨碍它长大的障碍，成长却是靠种子自身的力量来完成的，咨询师帮助来访者找出压制其成长的内外力量，找回成长的动力，找到发展的方向，然后陪伴来访者去成长，但咨询师并不包办来访者的改变和成长。

5. 咨询的基础

心理咨询是基于良好的咨询关系，咨询师通过倾听、支持、理解来访者，对来访者持真诚、接纳、不评判的态度，使来访者体验到咨询师的无条件积极关注。对于其情感的理解、回应和接纳，以及真诚，犹如一个足够好的母亲的爱，或者一个旅途的陪伴者的支持和关怀，从而激发来访者自身的问题解决能力以及内在力量，增加其积极的情绪体验，提高其自尊心和自我效能感。

6. 心理咨询的理论和技术

心理咨询中，咨询师不能仅仅依靠人生经验、常识和帮助他人的愿望进行一般的说教，而是要以科学的心理学理论为指导进行规范化咨询，这包括有一套基本原理或概念构想，能够解释心理困扰形成的原因、心理变化的机制以及相应的技术。同时，心理咨询也是一门科学，在实际操作中，有经验的咨询师能自然地使其人格特征、人生经验和理论技术融为一体，咨询师的理论素养在其心理活动的背景上起着潜在的指导作用，而技术性干

心海链接

心理咨询的目的与内容

心理咨询的目的很多，大致有以下几种：

1. 帮助来访者处理情绪困扰，促进具体问题的解决；

2. 促进来访者对自身以及问题的接纳，从而实现心理健康；

3. 促进来访者对自身行为模式的觉察与改变，从而改善行动及人际互动；

4. 使来访者体验并内化咨询师的人际能力，提高人际适应性；

5. 促进来访者人格的成长、自我实现和潜能的发展。

心理咨询可能涉及的问题包括但不限于：人际关系问题，包括具体的人际冲突、人际关系敏感、人际技巧缺乏等；恋爱问题，包括失恋后心理调适、恋爱中的情绪困扰、恋爱中冲突的处理、与性有关的话题等；家庭问题，包括童年的创伤、与亲人的关系、与父母的沟通、家庭中的具体问题对自己的影响等；自我问题，包括自我评价低下、自我认识不足、自卑等；情绪问题，包括负性情绪的觉察和处理、过度的情绪反应的调节等；学习问题，比如学习兴趣缺乏、注意力不集中、学习动机缺乏、学习方法不当、考试焦虑、缺乏专业学习兴趣等；适应问题，包括学习、环境、人际关系等方面的适应问题；求职择业问题，包括职业兴趣的测评、求职方向或技巧的咨询等。

在心理咨询中不存在小事，并非只有巨大的事件才会让人困扰和烦恼，小事引起的困扰同样值得重视，也需要被认真处理和对待。

预贯穿于双方交流互动的各个过程中。

二、心理咨询的形式

心理咨询常因时间、地点和对象的不同而采用不同的形式。在大学生中常见的心理咨询的形式包含个体面谈咨询、团体心理咨询、电话心理咨询、网络心理咨询。

1. 个体面谈咨询

个体面谈咨询是心理咨询最主要的形式，指在咨询师和来访者之间建立一对一、面对面的帮助关系。个体咨询具有保密性和针对性强的特点，咨询师与来访者之间容易建立信任关系，来访者能够体会到一种安全感，从而降低防御反应。

2. 团体心理咨询

团体心理咨询是咨询师对多个有类似心理困扰的来访者就共同关心的问题进行咨询的方式，人数一般没有固定的要求，以 8 ~ 12 人左右为宜。团体咨询的特点是能在较短的时间里由专业人员直接面对较多的来访者，便于观察、了解和指导，来访者之间可以互相交流和谈论，从而使他们之间相互影响和互相提供支持。由于团体心理咨询比较符合大学教育的特点，又为大学生所乐于接受，对促进大学生心理健康和解决大学生心理问题效果较好，因此在大学中被广泛应用。

心海探索

球的轨迹

过程：

1. 全班同学手拉手围成一个大圆圈。

2. 每位同学都预先想好一个接球人，当自己接到球以后，必须把球抛向预想好的他 / 她。

3. 活动开始以后，第一位同学先随意把球抛给任意一人（尽可能每次都抛给不同的同学），众人共同完成抛球游戏，注意观察球的运动轨迹。

讨论：

1. 要在心中想好一个接球人，对我来说难度如何？

2. 我为什么会选择心目中那个接球人？

3. 我在扔球时的想法或体会（或没有接到球，我的想法和体会）。

3. 电话心理咨询

电话心理咨询是指来访者通过电话与咨询师进行交谈的咨询方式。电话心理咨询具有方便、迅速、及时和保密的特点。来访者通过电话向咨询师倾诉内心烦恼，缓解精神压力，并得到咨询师的心理支持。电话心理咨询的局限性在于咨询师不能直接观察和了解来访者的状态。

4. 网络心理咨询

网络心理咨询是指来访者通过互联网与咨询师交谈的咨询方式。网络的即时性和广泛性使得人们能以最快的速度查阅有关心理健康的知识，有助于提高心理健康意识，提升心理素质。网络心理咨询突破了传统心理咨询对于时空的限制，使得咨询更为直接和便利。

三、心理咨询是否有效

针对“心理咨询是否有效”这个问题，研究者已经得出了压倒性的结论：心理咨询总体而言是有效的。大多数来访者在咨询结束时都有所改善。且总体而言，接受过心理咨询的来访者比未接受过心理咨询的人具有更健康的心理。研究者还检验了不同心理咨询方法的相对效果，到目前为止，已有数百项研究对不同的咨询和咨询方法进行了比较，结果发现那些普遍认可的咨询方式中，没有任何一种咨询方式比其他方式更有效。同样，在个体咨询与团体咨询之间也没有发现差异。

为什么不同咨询方法的咨询效果没有差别？目前比较流行的解释是，所有主流心理咨询或治疗方法都包含一些共同因素，都起到了积极的咨询效果。心理咨询有效的六个共同因素：咨询关系、希望注入、新的学习体验、情绪唤起、自我效能感的提升以及实践的机会。

那么，究竟需要多少次会谈，可以使来访者减轻心理痛苦，恢复正常的心理机能呢？研究者在研究大量文献的基础上，提出了心理康复过程的三个阶段。第一阶段，来访者主观体验良好，改变迅速。第二阶段，改变速度较慢，症状得以改善。第三阶段速度最慢，烦恼得到平复，对于干扰家庭、工作等生活运作方面的不良行为开始做出适应调整。总体来说，有着轻度痛苦的来访者进步相当快，然而有着长期人格问题的来访者，则可能需要多次的会谈才能够恢复。

心海链接

心理咨询与心理治疗的异同点

心理治疗又称精神治疗，是治疗者以医学心理学理论为指导，以良好的医患关系为桥梁，应用各种心理学技术或通过某些辅助手段（如仪器），按照一定的程序，改善患者的心理状态，达到消除心身症状，重新获得身体与环境平衡的目的。

心理咨询与心理治疗有很多相同的地方，例如都是通过建立相互信任的工作关系对来访者提供帮助，促进来访者改变或成长。但是，两者又各自有其特点，混淆彼此之间的差异，会造成不良的后果。

（一）心理咨询与心理治疗的不同点

1. 对象不同。心理咨询的对象是有心理困扰的正常人，而心理治疗的对象是心理异常的患者。例如，几乎每个人都会有情绪低落的时候，但情绪低落、悲伤、郁闷、绝望等心境与抑郁症不一样。抑郁症需要通过心理测量、评估和诊断才能被确定，而普通人自己就可以声称自己心情不佳或情绪低落。

2. 内容不同。心理咨询主要解决正常人的各种心理问题，如学习问题、工作问题、婚姻问题、家庭问题和人际关系问题等发展性心理问题；而心理治疗主要矫治患者的异常心理，如人格障碍、认知障碍、情绪障碍、行为障碍以及心身疾病等适应性心理问题。

3. 目标不同。心理咨询的目标在于促进来访者心理健康发展，即通过心理咨询使来访者摆脱心理困扰、增强适应能力，充分开发潜能，提高心理发展水平；而心理治疗的目标在于纠正异常心理，即通过心理治疗消除或缓解病理症状，使患者恢复正常的生活。

4. 工作人员不同。心理咨询的工作人员主要是各类心理学工作者和社会工作者，而心理治疗的工作人员主要是治疗师和临床心理学家。因为心理咨询更注重一个人全面的发展和成长，所以在培训上，除了基础的心理评估和心理病理学以外，还会学习职业发展和发展心理学的内容。心理治疗人员的培训时间一般要长一些，课程内容上也偏重心理诊断、心理病理学以及主要的心理疾病的诊断与治疗的方面。

总结一下，心理咨询和心理治疗的区别在于，心理咨询更侧重于对广大人群进行心理健康方面的帮助，而心理治疗主要针对有心理疾病的人进行干预矫治。心理咨询还有一个积极的意义，即它强调预防性，不等人有了疾病再来治疗而是帮助人调整自己适应变化和生存的环境，从而达到心理健康的目的。《中华人民共和国精神卫生法》2013 年 5 月 1 日正式实施，其中明确要求心理咨询人员不得从事心理治疗活动。

（二）心理咨询与心理治疗的相同点

两者本质上有许多相同之处，常表现在以下几个方面：

1. 两者所采用的理论相同。例如心理咨询者与心理治疗者在工作过程中采用的认知疗法在理论上和方法上完全相同。

2. 两者都注重建立良好的人际关系。良好的人际关系贯穿咨询过程和治疗过程的始终，是心理咨询和心理治疗顺利进行的保障。

3. 所用测量工具和检测手段有很多是相同的。

总而言之，心理咨询有三个目的，即预防、干预和矫正。心理治疗更偏重于后两个目的，了解这两者的联系与区别，有助于更有效地帮助求助对象，避免无效的、不负责任的“帮助”。

心海导航

我国社会心理服务和心理危机干预逐步发展规范（节选）

2018 年，国家卫生健康委等 10 部门联合印发《全国社会心理服务体系建设试点工作方案》。全国确定 65 个试点地区，各试点地区在社区、学校、机关企事业单位等建立心理咨询室、社会工作室，在各级各类医疗机构内设置心理、精神科门诊，并大力开展专业社工、心理咨询师、志愿者等心理健康服务人员培训，让群众就近获得心理支持、心理疏导和心理治疗等服务。

心理援助热线的广泛规范建设，为群众提供了便捷的心理健康服务。在国家卫生健康委指导下，全国精神卫生医疗机构大力建设规范的心理援助热线，目前已覆盖各省（市、区）。同时，专业机构和专业人才同步发展，服务质量逐步提高。自 2016 年起，将各地精神专科医院建设和综合医院开设精神（心理）科情况纳入平安建设严重精神障碍救治管理考核内容，引导各地加强精神卫生医疗机构建设。

截至2019年底，全国精神卫生医疗机构数为5529家，其中，精神专科医院2096家，综合医院精神（心理）科3433家。全国共有精神科执业（助理）医师4.63万名，心理治疗师、精神卫生和心理健康社工、心理咨询师数量也在逐年增加。精神卫生专业人员呈多元化发展，服务质量逐步提高。

《中国人口报》记者　孙韧
来源：微信公众号“健康中国”．有一种安全感叫“中国疾控”！[N/OL].（2020-11-04）[2022-07-28]. https://mp.weixin.qq.com/s/AoEmXZCeydqbYPSoyurIdg.

第二节　心理咨询的过程

一、心理咨询的预约制度

一般情况下，来访者在接受正式的心理咨询之前，要进行主动预约。

预约阶段需要收集基本资料，这些资料会成为咨询的基本依据。资料收集可以通过谈话、表格或填写问卷、心理测量等方式，内容包括人口学资料、个人成长史、个人健康史、家族健康史、家庭情况、个人受教育程度、心理状况的自我评估、求助问题与目的以及与心理问题相应的心理测量结果等。这些资料有助于咨询师的准备工作，咨询师也可以根据这些资料判断是否属于自己的咨询范围，以及是否需要转介其他咨询师。

心海链接

咨询同意书

你好，在开始咨询前，请先阅读并签署这份同意书。

一、服务

1. 本中心从事的是非药物的专业心理咨询工作，且所有咨询师都具有心理学硕士及以上学历。

2. 咨询的第一步是理解和收集我的情况，可能需要一段时间来发展出有效的咨询方案。

3. 本中心的咨询师是我的咨询者和顾问，我应对自己的选择和行为负责：在咨询过程中发挥我的主动性，在咨询过程中觉察和接纳自己，与咨询师的专业经验结合，来达到咨询目标。

二、保密

1. 我个人的信息、资料等，本中心咨询师都会保密。

2. 咨询师会跟其他专业咨询师讨论，这是为了使他们能在技能上更好地发展，以服务来访者。

3. 录音、录像都需要经过我的同意，而且绝对保密。

4. 保密例外：如果我曾经有过伤害自己和他人的记录或意向，咨询师必须向有关单位报告，但咨询师会事先告知我。当咨询师发现有危急状况时，他也会立刻采取行动。

三、咨询时间

1. 一般而言，每次咨询都是事先约定的。

2. 预约、取消或更改预约时间，请尽量于两天前通知。

3. 一般情况下，咨询频率为每周一次，每次咨询时间在50分钟左右。

我已读过、明白并同意以上所有内容。

签名：

日期：

心海探索

聚光灯

过程：

1. 在规定的时间内，每位同学在纸条上写下表演的指令。

2. 收集纸条，一位同学自愿上台抽一枚纸条，并根据纸条上的表演指令进行表演。任何表演需持续3秒钟。

讨论：

1. 表演指令的难易程度如何？

2. 表演过程中，自己的想法和感受如何？在表演时，看到其他人的反应，自己的想法和感受如何？

3. 为什么每个人的反应如此不同？

二、探索阶段

在接触来访者的问题之前，有些事情是需要做好准备的，而不是一开始就直入正题。在问题探索阶段，需要完成一些基本的任务，如咨询师要努力和来访者建立起良好的咨询关系。咨询师通过自己的真诚、共情同感、无条件积极关注，让来访者充分信任咨询师，建立起信任的咨访关系。另外，通过专注、倾听与观察，咨询师帮助来访者去谈论自己的问题，在谈话中理清自己的思绪，了解自己的内在需要，弄清楚自己的情绪和感受，发现自己存在的困难以及性质。在这个阶段，咨询师也可以通过科学的心理学手段，结合封闭式提问和开放式提问等访谈技巧，或一些科学规范的量表、测验工具进一步收集资料，这些资料比前一阶段的资料更加深入，与来访者的问题结合得更加紧密，为以后的目标界定和方案选择提供基础。

三、目标设定

在充分收集来访者的信息、资料的基础上，咨询师可以询问来访者对咨询工作抱有的期望值，并针对来访者的问题，结合现有的干预手段以及咨询的局限性，与来访者进行沟通，确定切实可行的咨询目标。咨询师需要针对不同来访者的具体问题，在和来访者充分探讨之后，确定一个具体的目标。

咨询过程中的目标让心理咨询更有效地开展，并获得更有针对性的效果。它可以引导咨询的过程，指明方向而不致漫无目的，也可以监控咨询进程，有利于咨询效果的评价。来访者也可以通过目标的达成情况，来衡量咨询活动是否达成期望。目标一旦确立，对咨访双方也是一种促进，有利于大家积极地投入咨询中。咨询目标确定过程中，目标可以由咨询师或来访者提出，但为了充分调动来访者的积极性，目标由咨询师和来访者共同商讨决定，效果会更好。

四、方案探讨

方案探讨就是根据来访者问题的性质、程度、个人及环境情况，以及咨询师的策略和现有技术，结合已确定的咨询目标来选择一个特定的行动方案和计划，以帮助来访者获得预期的咨询效果。在这一过程中也应该发挥来访者个人的积极性和主动性，咨访双方设想出各种可能的行动方案，并对各方案的优缺点进行比较和评估，最后，在来访者同意的基础上确定一个咨访双方均接受的方案。

心海探索

Cosplay“病人”与“咨询师”

过程：

1. 全体同学静坐5分钟，其间安静地体会自己的呼吸，感受自己的内在心理活动。

2. 每个人反思自己目前正面临的困扰，体会自己困扰的感受。

3. 每个人将自己的主要困扰（小的、具体的、可以被他人知道的）和感受、改变的目标等写出来，如果内容较多则需分点写。

4. 写完后，大家相互帮忙将写有各自困扰的纸张用夹子等工具固定在同学的后背上。

5. 全体同学起立，采取非言语的形式，带着自己的纸条走动，一边假装“病人”，一边做“咨询师”，对于他人背上的纸条，谨慎地写下自己的思考、感受或建议，并附上咨询师的签名，力求能为“病人”提供有益帮助。

6. 拆下背后的纸条，浏览“咨询师”们的建议、看法，总结收获或者提出疑问。

讨论：

1. 我近期的主要困扰或改变的目标是什么？

2. “咨询师”的看法和建议是什么？

五、行动阶段

行动阶段最能体现来访者“自助”的本质，是整个咨询过程中最有影响力的环节。咨询应根据评估结果和确立的方案，以特定的咨询理论为指导，通过引导来访者分析、理解，并通过为来访者提供改变的选择、对来访者进行训练等方式来影响来访者的态度和行为。在这一进程中，咨询师鼓励来访者尝试改变的决心，巩固其进步的信心，同时给予来访者及时的反馈和适当的评价，让来访者清楚自己做得好不好，从而增强进一步改变的积极性。

六、评估与结束阶段

当来访者经过了充分的内在探索，获得了对自身行为、情绪和认知的理解，进入了行动阶段，充分地练习和尝试，并能够将心理咨询中习得的心理行为方式和解决问题的手段应用到日常生活的相似情境中去时，就意味着来访者在咨询活动中获得了进步。咨询师意识到来访者可以脱离咨询室的环境，巩固自己习得的经验和方式后，可以进入心理咨询的评估和结束阶段。咨询师和来访者双方就整个咨询的结果作出评价，咨询师帮助来访者看清有效的问题解决方式以及情绪应对方法，同时也提出双方咨访关系的结束。

以上所列的心理咨询过程并不是一成不变的，因为心理咨询工作是一项充满变化和挑战的事务，正是它的不确定性才能帮助来访者成长。在日常咨询活动中，咨询师可以根据咨询的实际情况对咨询目标、咨询方案及评估、结束等阶段作出调整，也可能在咨询一段时日后，发现既定的目标和方案不适合，或者由于双方的互动出现问题，咨询师发现不能有效帮助来访者，在这种情况下就需要对目标、方案其等重新作出选择。

第三节　咨访关系的特点及原则

一、咨访关系的特点

（一）咨访关系是一种有设置的关系

心理咨询要收费、需要提前预约时间、要求私密的场所、保证咨询的频率，对保密原则、请假、迟到、缺席等都有相当严格的设置。咨访关系里还有诸多不能突破的限制，因此，它不是随意的关系。

种种设置造成的不自由，恰恰是为了保证咨访关系的安全与稳定。为什么心理咨询需要收费？心理咨询是一种专业的服务，服务本来就应该收费。如果不收费，那么来访者可以想来就来，反正没给钱；想闲聊就闲聊，漫无目的，反正没给钱；想咨询多少年都可以，反正没给钱。而咨询师也可以高兴做就做，不高兴或不喜欢来访者就不做，反正没收钱；想专业点就专业点，反正没收钱；发现脱落就脱落（指来访者突然不来了），也不用去督导，反正没收钱。因此，心理咨询一般都需要收费，需要双方都忍受一些“不舒服”；因为心理咨询是付费给专业的技术和陪伴所付出的时间。某种程度上，收费既规定了双方的权利与义务，也使得双方在关系中忍受适当的“不舒服”，而不至于直接付诸行动。

因此，高校内的免费咨询就有诸多因为免费而无法保障的问题，例如上述的请假、迟到、缺席、脱落，以及咨询的进度、时长、专业及监管方面的问题。

（二）咨访关系是一种特殊的人际关系

心理咨询师不仅要学习心理咨询相关的理论，掌握相关的技术，也要把自己这个人投入关系当中去。很多心理咨询流派都强调心理咨询师个人的特质，因为咨询师要做到无条件积极关注、真诚一致、共情同感，这些态度被认为是保证咨询关系的重要前提。而且，在咨询工作中，咨询师要允许来访者表现出其既往人际关系中的特质和行为，并且真诚地反馈这些行为对于咨询师的影响，从而使来访者深入地自我认识，进而反思、领悟、成长。

咨询师不仅用言语工作，咨询师本人的特质、非言语行为等也会在潜意识中对来访产生影响，就像来访者生活中经历的重要他人一样。因此，在咨询过程中，咨询师和来访者两个人对当下的感受、对他们之间关系的感受都很重要，都需要被讨论。

咨访关系既然是一种人际关系，也意味着受人际交往的规则、潜规则、文化因素等影响。心理学学科建立在西方自由、平等的基础之上，受西方文化影响，西方来访者更容易把咨询师体验为一个平等、独立、互相尊重的个体；而在东方文化里，来访者更容易把心理咨询师看作一个专业人士或者权威。这样的文化影响在咨询室里发生时，咨询师需要引导来访者发现自己的想法和感受，探讨和处理彼此的这些感受，经营咨访关系，形成彼此间平等、合作的关系。

（三）咨访关系是一种工作关系

整个心理咨询的过程需要以来访者为中心，咨询师要通过与来访者合作来解决问题。

“咨访关系，是两个人一起合作的关系，这段关系是为了和来访者一起去探索他的内心世界、他的体验，这项工作，则需要咨询师和来访者共同努力，其中咨询师是专业知识方面的专家，但来访者是关于他自己的专家。”这是咨访关系的“双重专家理论”，它既不否认咨询师的价值，也不把咨询师当作权威，咨询师不是指导来访者如何生活的专家，但咨询师是促进来访者探索自己情感和价值观的专家，他们可以让来访者了解自己并做出选择和改变。咨询师不会直接给出答案，而是试图教来访者如何思考问题，做决策以及实施改变。这个理论也不否认来访者的困境，但也把来访者视为有能力解决自身问题的、有力量的人，来访者不是一个“有问题、待修理”的弱者，他首先是一个作为主体的“人”。

咨访关系建立之后，两人要一起探索来访者的内在世界和心理活动。这个过程很像是两个人一起走路，两个陌生人在各种机缘巧合之下相遇，要经历相知，要互相信任，要有最基本的好感，才能够结伴同行。而同行的旅途中，在向内探索的时候，有的人可能走得比较快、比较急，有的人可能有所顾虑、有种种担忧和阻碍，所以开始时需要互相示意，共同寻求彼此的默契，才能保持对两人来说都合适的步调。对内探索的路并非康庄大道，偶尔可能有险阻、有阴霾，要不回避、不畏惧，才能一直走下去。

（四）咨访关系是一种可以结束的亲密关系

咨访关系的建立，是为了让来访者能够离开咨询，独立应对生活。咨访双方在极其有限的时间、空间里建立起既亲密又深入的关系，有时甚至超出了生活中的亲密关系本身；咨询师可能成为来访者生命中的重要他人。但与生活中的其他关系不同，咨访关系建立的基础与目标，都是来访者能够获得应对生活的能力；而达到咨询目标就意味着咨询关系走向结束。咨访关系结束时，可能会有遗憾、不舍、愤恨、悲伤，但仍然需要逐渐地结束咨询。因此，咨访关系有点像父母与孩子的关系，养大孩子不是为了一直留在身边，而是为了让他独立，使得他有能力走出家门，创建他自己的世界。

咨访关系的结束，意味着两个人每周定期的会面结束了，但它不代表彻底的终结。一方面，心理咨询始终保留着开放性，未来如果有需要，来访者依然可以回到咨访关系中。另一方面，虽然不再定期交谈，但这段经历带给来访者的影响，会持续保留在来访者生活中，那些新的、更加适应的思考、感受和行为的方式，也以内隐记忆的形式保留下来，持续深刻地影响着来访者的日常人际和生活。换句话说，来访者的内心内化了一个“咨询师”，碰到压力、困境时，这个内在的咨询师，将会和他一起应对。这样的相遇，不只留在来访者心里，也留在了咨询师的生命中。

心海链接

心理咨询师有哪些特质

心理咨询师是心理咨询工作中的重要组成部分，一般来说，咨询师是怎样的人呢，阅读以下内容，可能你会获得初步的认识。

1. 敏锐的情绪觉察能力

心理咨询师不仅利用自身的专业知识和技能，还利用自己的内在体验来进行工作，因此，咨询师不仅要理解来访者的情感体验，还要认识到自己的内在发生了什么，自身的情感体验是什么。一般来说，心理咨询师对自己的情绪和需求比较清晰，感受力比较强，情绪相对来说比较平稳。如果咨询师无法处理自己的情绪，就更不可能理解和感受别人的情绪了。

在心理咨询中，心理咨询师的情感体验要和来访者的体验相匹配，比如，当来访者提起自身悲惨、孤独、无助的童年经历时，咨询师感受到悲伤，通过这样的情感体验，心理咨询师能很快识别来访者的情绪唤起，继而帮助来访者表达和处理自身的情绪感受。或者，同样情境下，来访者没有任何情绪反应，咨询师可以帮助来访者去发现，有情绪反应是正常的，从而开始探索和接纳情绪。

在互动的过程中，心理咨询师对来访者会有一些情感体验。情感体验一方面取决于来访者的实际行为反应对心理咨询师的影响，另一方面取决于心理咨询师内心尚未解决的问题。这些问题会在与来访者工作时，带入咨访关系中来。因此，咨询师要尽可能了解自己，以减少自身问题对来访者和咨访关系的影响。另外，咨询师也可以寻求经验丰富的督导师的指导，以区分哪些感受是自身的问题，哪些是受来访者刺激产生的，哪些是共同作用产生的，从而更好地开展工作。

由于情绪产生和觉察的速度都是非常快速的，因此，对自身情绪保持敏感的心理咨询师，在倾听来访者的表达时，不仅能听到来访者的言语、措辞，还能快速分辨出来访者语言背后的含义，快速知道言外之音是什么、真正的情绪是什么，从而使咨询能够高速、有效地进行。

2. 良好的共情能力

共情同感的态度是形成良好的咨访关系的重要前提。共情是非常重要的能力，共情本身就具有治疗作用。对于来访者而言，如果心理咨询师能够对来访者产生共情，就会感受到心理咨询师对他的理解，这一点就能给予他极大的支持。共情意味着，咨询师不仅要从认知上理解来访者，关心来访者的所思、所言、所想，还要从情感角度去理解来访者，关心来访者的内在情绪体验。共情同感包括发自内心地关心来访者，无价值判断地接纳来访者，能够预测来访者的反应，并敏感准确地跟来访者交流自己的个人体验。

共情需要咨询师能够识别来访者的痛苦、愤怒、沮丧、喜悦等情绪，并且帮助来访者理解其自身的情绪反应。虽然共情是心理咨询过程中重要的组成部分，但它并不是一种简单的、可以直接教授的特别技术，而是一种伴随着真诚、无价值判断的态度和工作方式。它是咨询师成功运用咨询技术的结果，也是咨询师对来访者的态度的反应。咨询师应当通过对知识的学习和掌握、自我觉察和真诚的愿望去理解尊重来访者，促进与来访者的共同合作，使得来访者能够体验到咨询师的共情态度。

3. 恰当的反思能力

心理咨询师是一个普通人，在咨询过程中可能会有失误。心理咨询师是否能在事后通过反思意识到这些失误，能不能借助失误意识到咨询师本身的内在问题以及咨访关系的问题，这种反思能力非常重要。对于每一位来访者、每一场咨询、每一次督导，都要求心理咨询师要进行认真的反思。

在个人成长和心理咨询工作中，心理咨询师难免常常会遇到一些困境。在困境里依然保持觉察和思考，其实是一件很不容易的事情。反思意味着要时刻去直面真实的自己，意味着审视自身原先的观念、情绪态度和行为模式，意味着不断探索和面临挑战。并不是所有人都能一直保持反思的勇气，作为咨询师，需要有足够的心理空间来进行自我调整，需要以开放的态度面对工作和自我。只有这样，心理咨询师才能不断收获更多心灵的成长。

关于反思的宝贵经验有助于心理咨询师深入了解自身内在世界的运作模式，帮助自身建立稳定的咨询风格，有助于日后能更好地带领来访者深入探索其内心世界。

4. 稳定和明确的专业态度

专业态度包括，心理咨询师要中立，中立意味着不评判、不劝说、不给建议。咨询师需要警惕自己过去的某些情结导致咨询偏离原本的轨道，觉察来自咨询师的自恋对咨询、对来访者产生的影响。另外，咨询师还要有节制、有伦理意识和法律意识。伦理的意识要始终在心理咨询师的心中。如果一个咨询师没有伦理意识，他不可能成为优秀的咨询师。理论知识和技术让心理咨询师有能力从事心理咨询工作，而伦理意识和法律意识让心理咨询师安全地从事这项工作。

5. 与人联结的能力

保持对人的好奇是成为咨询师的重要特质。很多人最开始想要成为咨询师可能都是因为对人感到很好奇，好奇人的心理，好奇人们为什么是现在的这个样子，好奇是什么让一个人与其他人不同，等等。

一名咨询师，无论是新手还是成熟咨询师，甚至专家，都需要始终对来访者以及来访的故事保持好奇，这种好奇可以让心理咨询师始终以来访者为中心。通过这些历久弥新的好奇，心理咨询师可以鼓励他们在咨询中自主地叙述他们的故事，使之打开心扉和心理咨询师分享那些他们在咨询室以外的地方很难诉说的事情。

咨询师稳定的专注，“我想要了解你”的目光，以及无条件的积极关注，“无论你说什么我都在乎”的态度，就能让来访感受到被支持、被理解，这些非言语的时刻起着重要的疗愈作用。

6. 深度的专业知识及广阔的相关知识

深度知识，是指心理咨询师要深入、透彻地掌握心理学领域的知识。而广度是指，除了心理学知识之外，心理咨询师还要了解更多的东西，包括精神病理学、社会学、哲学、历史、人文、文学，等等。心理咨询师是和人打交道的，丰富的阅历能让心理咨询师更能了解社会，才会知道和直观地感受到来访者在说什么，进而更好地了解来访者。

二、来访者的准备

来访者必须为心理咨询留出固定的时间。在每周的固定时间安排咨询，进行内在探索，这对于成功的心理咨询非常重要。因为在一定时间内，施加恒定的咨询和心理影响，本身就是心理咨询奏效的有效因素，时间保证不了，咨询效果就无从谈起，三天打鱼两天晒网，可能是一种对咨询开展和奏效的阻抗。一般来说，心理咨询的频率为每周一次，每次 50 分钟左右；总的会谈次数根据事件本身、咨询师水平、来访者自身因素、咨询的进程而不同，少则几个小时，多的需要几个月，甚至几年，所以时间是来访者的重要投入之一。

另外，来访者也必须做好经济上的准备，心理咨询费用通常比较昂贵。但一般来说，高校为大学生提供的是免费的咨询机会。至于免费的咨询服务是否能和收费的一样起效，存在很大的讨论空间。但对于有心理咨询需求的人来说，不收费就无须面对经济压力和选择，因此，免费咨询对于大学生来说无疑是重大的福利，能够培养积极主动求助的能力。通过专业帮助进行自我改变，是大学生的社会使命。

最后，来访者必须做好准备去承受改变过程中的艰难和痛苦。虽说咨询师经过专业的技术训练，在心理咨询过程中有咨询的技术（比如倾听、关注、共情同感等）的加持，能够帮助来访者缓解情绪方面的困扰，使来访者获得心理的力量及支持的能量，但是过去经历的浮现、面对创伤时的情绪唤起、现实的人际冲突、生活中具体的问题，依然都需要来访者去承担、去面对、去表达、去联系、去改变、去解决。

无论咨询师使用哪一种疗法，来访者若想要能够成长，都要承受改变具体问题带来的焦虑和痛苦，接受自己的内心冲突和情绪波动。就像外科手术中不可避免会有失血和痛楚，在咨询的一定阶段，这些变化带来的痛苦，甚至可能超过心理问题本身的痛苦。有人说小痛小悟，大痛大悟，无痛不悟，真正的改变伴随着痛苦，但咨询过程中的痛苦，都是在咨询师的陪伴下一点点去体验、去经受、去探讨、去表达、去转化的，因此，面对痛苦，从而拥有面对痛苦和接纳现实或者改变的勇气，是个人成长过程中的收益，是心理咨询这样的专业服务才有的独特收益。并不是所有的人都有勇气通过这样的方式去获得成长，因为那是少有人走的路。

心海导航

努力在危机中育新机

“努力在危机中育新机、于变局中开新局。”习主席多次就如何看待危机、化危为机作出重要论述，为我们做好各项工作提供了重要方法论，指明了前进方向。

安危相易，祸福相生。危中有机，危可转机，体现了辩证法、矛盾论的深刻哲理。《道德经》中讲：“祸兮，福之所倚；福兮，祸之所伏。”祸与福、危与机是对立统一的，两者同生并存、相伴相随，在一定条件下可以相互转化。要辩证看待危与机的关系，不能只见“阴霾”不见“阳光”。危中有机，机中有危；克服了危即是机，错过了机就可能面临危。对待危机，既要认识到危险因素，更要看到机遇成分。只要准确识变、科学应变、主动求变，做到变中求新、变中求进、变中突破，困难再大也可以战胜，危险再大也可以转化为机遇。

转危为机，事在人为。唯物辩证法告诉我们，事物的发展是内因和外因共同作用的结果，内因是事物变化发展的根据，外因是事物变化发展的条件，内因起决定性作用。“智者虑事，虽处利地，必思所以害；虽处害地，必思所以利。”面对风险和挑战，起决定作用的还是人的因素。“但凡那些杀不死、打不垮、消不灭的，必将把你变得更强大。”只要充分发挥人的主观能动性，正视危机，迎难而上，就能转危为机；畏首畏尾，犹豫逃避，只会坐失良机。所以，面对危机，我们应当主动思考、科学分析、积极求变，不懈怠、不麻痹，善于从眼前的危机、当下的困难中捕捉和创造机遇，变压力为动力、化危机为新机。

越是面临困难，越要坚定信心。黄金有价，信心无价。英国作家王尔德说：“困难只因更美好的明天而焕发生机。”化危为机，重要的是坚定信心，保持定力。社会本身就是一个矛盾体，不可能总是在一帆风顺中向前发展，往往是在曲折中向前推进。恩格斯说：“没有哪一次巨大的历史灾难不是以历史的进步为补偿的。”信心在希望就在，勇毅前行则未来可期。危机总是短暂的、相对的，发展才是长久的、永恒的。危机挑战面前，不能灰心丧气、焦虑不安、悲观失望。“失之东隅”可能会“收之桑榆”。只要坚定信心，危机终会有转机，甚至会变为发展的契机。要始终秉持“千磨万击还坚劲”的韧性、“不破楼兰终不还”的拼劲、“任尔东西南北风”的定力，于困境中求突破，于阴霾中寻找曙光，终会守得云开见月明。

来源：李照达．努力在危机中育新机［N］．解放军报，2020-07-21（06）．

三、心理咨询的工作原则

心理咨询的工作原则，是指咨询师和来访者双方在咨询工作中共同遵守的工作原则，这些原则保证了咨询师和来访者的利益，对于心理咨询工作的正常开展和起效，起到非常重要的作用。

心海探索

支持与探索

过程：

1. 全体同学每两人一组结对，一人扮演支持者，另一人扮演探索者。

2. 支持者按要求提问，探索者根据自己的情况作答：

（1）你收获了什么？能不能具体描述一下？

（2）现在，请再谈谈你的困扰。

（3）你的困扰对你的影响是什么？

（4）你收到的建议是什么？

（5）聚焦其中的一条建议谈一谈。

（6）你的困难是什么？

（7）你注意到什么？

（8）你想到什么？

（9）你感受到什么？

（10）你在做什么？

（11）你准备怎么做？

（12）你有没有忽略什么？

（一）知情同意原则

知情同意指心理咨询师向来访者介绍与心理咨询有关的信息，包括：咨询师本人的资质、所获认证、工作经验以及专业工作理论取向；咨询师与来访者的权利和义务；基本设置（时间、收费等）、保密原则及保密例外和保密界限；介绍心理咨询的主要流程、原则、局限性、其他事项；若咨询师需要录音录像或教学演示，需征得来访者的同意，并签署知情同意书。知情同意应贯彻心理咨询的全过程。

知情同意一方面是告知来访者相关信息，来访者需要以此做出理智判断来决定是否开始咨询，另一方面是自愿同意，即来访者参加某个活动并非出于强迫或受到压力。心理咨询师向来访者告知知情同意，既是法律伦理要求，也是保障来访者的权益，通过知情同意，有助于双方关系平等，促进来访者积极参与，从而更好地从中获益。

（二）保密性原则

我国《精神卫生法》第二十三条规定："心理咨询人员应当尊重接受咨询人员的隐私，并为其保守秘密。作为一个专业设置和伦理概念，心理咨询中的保密原则是指咨询师尊重和保护来访者的个人权利与隐私，对来访者的姓名、信息、资料、谈话内容等进行保密。当心理咨询师发现来访者有伤害自身或他人的严重危险、不具备完全民事行为能力的未成年等受到性侵犯或虐待、法律规定需要披露的其他情况属于保密例外。"《中国心理学会临床与咨询心理学工作伦理守则》也规定："心理咨询师有责任保护寻求专业服务者的隐私权，同时明确认识到隐私权在内容和范围上受到国家法律和专业伦理规范的保护和约束。"

保密性被视为咨询关系的基础，由此才可能产生矫正性的安全依恋和积极改变，根源于善行、无伤害、尊重隐私以及关怀伦理。心理咨询师在咨询开始时要向来访者介绍保密原则及限度、保密例外等情况，就其中的保密条款进行讨论，并签署知情同意书。

（三）来访者利益优先原则

根据这个原则，在咨询过程中遇到某些利益冲突时，咨询师应当把来访者的利益放在优先地位。例如在法律与道德发生冲突的情况下，咨询师做决定时应首先考虑怎样做才对来访者有利，即在不违反法律的前提下，让自己的行为尽量符合道德标准。

（四）避免多重关系原则

多重关系指心理咨询师与寻求专业服务者之间除心理咨询或咨询关系之外，还存在或发展出其他具有利益和情感联结等特点的人际关系。除专业关系以外，存在一种社会关系，称为双重关系。除专业关系以外，存在两种或两种以上的社会关系，称为多重关系。

根据《中国心理学会临床与咨询心理学工作伦理守则》，心理咨询师与来访者应始终保持专业关系；不得和有性或亲密关系的人建立咨询关系；在咨询关系结束后三年内，不得与来访者发生任何形式的性或亲密关系，包括当面和通过电子媒介进行的性或亲密的沟通与交往。在多重关系不可避免时，应采取专业措施预防可能带来的影响，例如签署正式的知情同意书、告知多重关系可能的风险，寻求专业督导、做好相关记录，以确保多重关系不会影响自己的专业判断，并且不会对寻求专业服务者造成危害。

心理咨询需回避亲友甚至熟人，以免原来的人际关系背景影响咨访关系的建立，以及保密、价值中立等原则的实施。

（五）价值中立原则

中立原则是指心理咨询师在咨询过程中应始终保持中立的立场，确保心理咨询的客观与公正，不得把自己私人的情感、利益掺杂进去，保持冷静清晰的头脑，不轻易批评来访者，不把自己的价值观强加给来访者，而是鼓励来访者进行自我认识、自我评价。不能以说教的方式去影响来访者，对大学生群体尤其如此，咨询师对待来访者应抱积极关注的态度，不攻击、不否定、充分尊重来访者。

（六）时限性原则

心理咨询必须遵循一定的时间设置。咨询的时间一般规定为每次 50 分钟左右（危机事件或其他特殊需要干预的情境可适当延长），原则上每周一次（不同取向的咨询设置或有差异），且不能随意延长咨询时间或打破咨询间隔。

参考文献

[1] 陈红英，舒刚．大学生心理健康教材 [M]. 武汉：武汉大学出版社，2012.
[2] 郭念峰．心理咨询师：三级 [M]. 北京：民族出版社，2011.
[3] 江光荣．心理咨询的理论与实务 [M]. 第 2 版．北京：高等教育出版社，2012.
[4] 赖海雄，王传中，朱传林．大学生心理健康教程 [M]. 武汉：武汉大学出版社，2012
[5] 廖斌．大学生心理健康教育 [M]. 厦门：厦门大学出版社，2016.
[6] 唐敏，吕芳芳，苗培周．大学生心理健康教育 [M]. 杭州：浙江工商大学出版社，2000.
[7] 姚树桥，杨艳杰．医学心理学 [M]. 北京：人民卫生出版社，2018.
[8] 中华人民共和国中央人民政府．中华人民共和国精神卫生法 [S/OL].[2022-6-29].http://www.gov.cn/guoqing/2021-10/29/content_5647635.htm.
[9] 中国心理学会临床心理学注册工作委员会标准制定工作组．中国心理学会临床与咨询心理学工作伦理守则（第二版）[S]. 心理学报，2018，50（11）：1314-1322.

（刘榆红）

第五章 大学生活规划

大学时代是黄金的时代，是人生最美好的岁月，此时正是多梦的时节，这梦是编织未来的梦。每个人都希望美好的梦能成为现实，成为自己真正的未来。大学阶段是个体一生发展的关键时期。对于大学生而言，首先要规划好大学生活的方方面面，让自己的大学生活充实而均衡。其次，这一时期的人生任务之一就是合理地进行生涯规划，选择好、谋划好自己的人生道路。

第一节 平衡大学生活

大学不是奋斗的终点，而是人生的新起点。进入大学后，属于自己的时间越来越多，自己面临的选择也越来越多，面对突如其来的自由，唯有提前谋划，才能游刃有余。

一、大学生活的特点

（一）学习生活的自主性

从中学到大学，教与学的内容都发生了变化，学习方法也随之变化。作为大学生，既要学习科学文化基础知识，又要学好专业知识和掌握专业实践技能，同时还要了解专业发展动向。需要学习的内容多、任务重、要求高，这些一方面靠老师引导，而更重要的是要克服依赖性，依靠同学们自己去主动学习、思考和探索。只有这样，才能较快地把自己培养成为一名能够独立解决实际问题的合格专业人才。

此外，进入大学后，同学离开父母独立生活，绝大多数同学求学千里，面对的饮食、气候、语言、习俗都和家乡不一样。学校的管理从“封闭型”向“松散型”转变，不再有固定的班级和教室，不再有父母叮咛，也不再有班主任督促，作息时间相对自由，个人自由支配度增大，学校环境要靠自己去适应，人际关系要靠自己去经营，生活规律要靠自己去摸索，良好的行为习惯要靠自己去养成，为人处世的经验要靠自己去总结，衣食住行要靠自己去安排，目标计划要靠自己去制定，这一切都需要自主完成。

（二）闲暇时间的充裕性

中学时代的中心内容是学习，课余时间很少，校园生活比较单一。进入大学后，大学课程的课时量和课程密集度都要比高中时代减轻很多，老师相对较少布置课后作业，也没有早读、晚自习的硬性规定，空出大把的时间供学生自由安排，闲暇时间充裕。闲暇生活作为一种非正规活动，在什么时间、什么地点、实施什么，没有固定的模式，学生要向哪个方向发展、成为什么样的人，主要取决于自己的意志。而闲暇生活又是大学生正常生活的重要组成部分，“独处”和闲暇活动的自由支配是人格和谐、平衡发展所必需的，闲暇生活的质量和方向，直接影响着大学生品德和人格的发展。

（三）自我意识的矛盾性

大学期间是自我意识迅速发展的阶段，其自我同一性会逐步实现。但在自我意识成熟、确立的过程中，大学生也品尝了酸甜苦辣，付出了艰辛代价，并为解决内心的矛盾冲突进行了不懈的努力。其发展规律要经过以下三个阶段：首先，是自我意识开始分化，打破了原来笼统的“我”，开始意识到自己不曾注意的许多“我”的细节，这种分化使大学生主动迅速地关注自己的内心世界和行为，带来了种种激动和不安、焦虑和喜悦，自我沉思增多，要求有属于自己的空间，渴望被理解、被关怀。这种分化是自我意识开始走向成熟的标志；其次，是自我意识充满矛盾，分化带来了主观我与客观我的矛盾、理想与现实的矛盾、独立心理与依附心理的矛盾、交往需要和自我闭锁的矛盾，上进与消沉的矛盾等冲突现象，会有很大的内心痛苦和激烈的不安感，对自我的控制常常是不果断的，出现了很大的适应困难。常常会问自己“我是一个怎样的人”“我在别人眼里是怎样的人”“我满意自己的现状么”“我希望自己成为一个怎样的人”“我需要怎样改变现状成为自己期望的那种人”。但这是个体迈向成熟必需的一步，是必要的、必然的；最后，自我意识趋向统一，自我分化和矛盾会不断促使大学生寻求解决方法，经过一段时间的矛盾冲突和自我探究之后，大学生的自我意识就会在新的水平和方向上趋于一致，逐渐趋向成熟。

二、大学生活规划的意义

大学是一个人的人生观、价值观、世界观形成的时期，尽早做好规划，其重要性和必要性不言而喻。

1. 有助于增强发展的目的性

莎士比亚有一句经典名言：“我荒废了时间，时间便把我荒废了。”很多时候大学生活受挫就是由于没有做好规划。好的计划是成功的开始，古语云“凡事预则立，不预则废”，说的就是这个道理。大学生涯占据了人生约 1/20 的时间，占据了人生学校学习的 1/4 时间。要好好珍惜大学期间的自由，每一分钟都有它的归宿，每一秒钟都要有规划，好好利用时间做更多对自己成长有益的事情。一旦有了明确的目标，就有了努力的方向和前进的动力。

2. 有助于全面提高综合素质

大学规划最终目标是完成个人的全面发展，成为一个充分实现个人价值的有用人才，充分实现大学生活的最终意义。大学生活除了学习之外，还包含很多的内容，大学生活是多姿多彩的，度过丰富而难忘的大学生活同样需要做一个合理的规划。规划安排好自己的生活时间，才能充分体会大学的方方面面，度过精彩而有意义的大学时光。同时，学习和生活也是相辅相成的，规划好自己的生活安排，才能更好地提高学习效率，获取专业知识。

心海导航

这些名人名家如何度过大学时光?

大学四年可谓是人生中的黄金时期，从学术泰斗到实业家，几乎所有的优秀人才都度过了充实而丰富的大学生活，为自己的人生搭建好了坚实的阶梯，他们的亲身经历和总结出的人生谏言启发并激励着每一位大学生。

季羡林：保持勤奋 坚持运动

季羡林先生毕业于清华大学，季先生曾经回忆起大学生活时，讲到清华学生都非常用功，同时又勤于锻炼身体。

每天下午四点以后，图书馆中几乎空无一人，而体育馆内则是人山人海，操场上也挤满了跑步、踢球、打球的人。到了晚饭以后，图书馆里又是灯火通明，人人又开始伏案苦读了。

刚刚逃离了高三“炼狱”般的学习生活，许多大一新生都是抱着“大学就轻松了”的心态进入大学的，实际上，大学里的学业也同样繁重。“业精于勤而荒于嬉，行成于思而毁于随”，每年都有许多准毕业生面对着一片空白的简历和“惨不忍睹”的成绩单“仰天长叹”。

大学期间的课业是为今后工作打下坚实基础的任务，必须学好基础知识，勤勤恳恳，脚踏实地，认真做好每一堂课的笔记，不厌其烦地温习知识、举一反三，勤于学，勤于思，让“才能的火花，常常在勤奋的磨石上迸发”。只有圆满地完成大学期间的知识储备，今后才能取得更大的成就。

俞敏洪曾经说过：“人生走的是无穷无尽的马拉松，马拉松不需要去计较你的起点是落后了还是站在第一名，马拉松计较的是你到底能够走多远，到底能够坚持走多久。”如果还能保持着奋战高考的学习态度，保持勤奋，就能保持优秀。

但毕竟大学不同于压力笼罩的高中生活，大学更讲究“劳逸结合”，俗话说：“身体是革命的本钱”，所以在背井离乡，远离亲人后来到大学的第一课中应该学会如何将锻炼和脑力劳动相结合。

慢跑、游泳、健身、球类运动等都是适合校园的运动方式，运动不但能帮助消除压力和紧张情绪，还有助于改善体型，在成为男神、女神的路上助你一臂之力。

梁实秋：手不释卷 与书为友

著名学者翻译家梁实秋曾经表示大学期间是他最自由、最美好的时光，因为那是他整日沉浸阅读的岁月。

梁先生曾说：“一天当中如果抽出一小时来读书，一年就有三百六十五小时，十年就有三千六百五十小时，积少成多，无论研究什么都会有惊人的成绩。一个人在学校读书的时间是最可羡慕的一段时间，因为他没有生活的负担，时间完全是他自己的。”

在电子产品飞速发展的时代，纸质阅读似乎早已被现代人所摒弃，取而代之的是低头族的“碎片化”阅读时代。

作为当代大学生，踏入大学校门后应该自觉养成阅读的好习惯。正所谓“一日不读书，胸臆无佳想”，书本是激发人类一切灵感的源头，没有书本承载和传递千百年来人类的智慧，现代人就无法站在巨人的肩膀上瞭望远方。

正如伊萨克巴罗所说，“一个爱书的人，他必定不会缺少一个忠实的朋友、一个良好的老师、一个可爱的伴侣、一个优婉的安慰者。”阅读不但能开拓眼界，更能帮助我们不断认识自己，发现自己的内心，与自己的灵魂对话，从而养成一种沉静的气质和内涵。

钱学森：培养有益爱好 广泛涉猎

我国著名爱国科学家钱学森在大学时期除了表现出非凡的科研探索精神以及突出的创造力以外，还在兴趣爱好方面做出了耀眼的成绩。

钱学森年轻时就“迷”上了音乐，并显露出非凡的音乐才华。他特别喜欢贝多芬的乐曲，学过钢琴和管弦乐，还加入了大学的铜管乐队，成为铜管乐队出色的成员。钱学森还广泛涉猎音乐理论书籍，发表过专门讨论音乐的文章。除此以外，他对画画和摄影也有浓厚的兴趣，在大学期间担任1934级级刊委员会美术部干事。

有益的爱好就像是清晨照进窗户的第一缕阳光，让我们感受到生活带来的温暖和美好，让我们发现平淡生活中美好之处，让我们汲取细小事物中蕴含的活力，有益的爱好能够带来最纯粹的快乐，让我们感受到最纯净的美好，如果生命中没有让我们沉醉其中、帮助我们变得更好的爱好，那么生命花园将永远不会与彩虹邂逅，从而凋谢枯萎。

在大学生活课余时间里，应该有意识地培养自己的兴趣，通过有益的爱好来提高自身素质与修养，丰富精神世界。

大学期间，可以通过音乐、戏剧、体育、美术、雕塑等艺术形式来培养自身的美学素养、不轻言放弃的精神以及专注力和探索力。

李开复：夯实基础 不耻下问

李开复刚刚上大一时曾多次红着脸向师兄请教最基本的知识，开会讨论时也曾问过不少肤浅的问题，课余时间还经常主动找同学探讨、切磋。“不耻下问”的优良传统在李开复身上体现得淋漓尽致。

在日渐浮躁的时代，不少大学生觉得大学课程“太枯燥”“没意思”“没啥实际用处”，对作业也是敷衍了事，得过且过。殊不知理论是一切实践的基础，没有坚实的地基何来耸入蓝天的高楼大厦，珍惜每一次汲取知识的机会，为今后的实践能力打下夯实的基础，才能在真正上手时游刃有余，不慌不忙。

“三人行必有我师”，大学校园周围到处是良师益友。要充分珍惜和利用好这些难得的机会，经常自省，见贤思齐，大胆发问，经常切磋，交换技能，不断给自己“充电”，在互帮互助的氛围下，学真本领。

周国平：大学是养成热爱智力生活的时期

周国平先生曾经说过："大学生不应该是跟着老师走的人，要具备自己安排自己的学习的能力。所以，我觉得大学期间的学习有两个目标，一个是爱上学习，另一个是学会自学。有了这两条，你就获得了一笔终身的财富。"

如果说中学的学习是被逼无奈，那么大学就应该学会享受智力活动带来的乐趣，只有爱上智力劳动带来的快乐，养成智力活动的习惯，才能真正拥有属于自己的志向和目标，并且能够为此坚持不懈地努力。

许多成功人士在分享成功经验时频繁出现的一个词叫作"自律"，而自律的前提必须是热爱，只有学会了享受才能做到自主自学，才能在浮躁中拨开迷雾看清远方，在四年后的毕业典礼上做到胸有成竹。

白岩松：锻炼独立思考的能力 学会辩证性思考

著名主持人白岩松曾经说过："一个有学习和变化能力的人会更强，一个人云亦云只能做跟随者的人不会强。"

还处于懵懂的青春期，不知怎么就已经闯入成人世界的大门，大学四年对于每一位新生都是锤炼心智的关键时期。

刚刚进入大学的你可能会受到前所未有的冲击，进而产生退却心理，事实上，在大学里非常重要的一课是学会如何用"理性"战胜"感性"，你要知道你所在的并不是"你以为的世界"，思维方式的培养不只是大学的必修课而是一辈子的终身课题。

面对瞬息万变的社会与日渐紧密的国际化趋势，拥有广阔的视野、学会多元化地思考问题是对每一位现代大学生提出的时代要求。只有在大量的阅读和学习实践中不断摸索才能养成良好的心理素质，在时光洪流中泰然自若。

李彦宏：披荆斩棘 不断发掘自己的潜能

百度公司董事长李彦宏曾经说过："我们需要从自己真正的心里面去做选择，并不是你认为社会期望你这样做、父母期望你这样做、朋友期望你这样做。"

也许你身上一直背负着父母的期望、朋友的赞许，也许刚满十八岁的你身上却已经被贴上了你并不乐意接受的标签，但实际上只有你能定义你自己。

热血沸腾的青春应该天马行空、毫不畏惧、所向披靡，正是春暖花开的好时节，围栏上的爬山虎早已探出头缠绕围墙，青春年少的你又有什么资格对未来说"不可能"呢？

大学四年是为未来创造无限可能的宝贵机会，敢说敢做是当代大学生独有的炫酷作风，"成功是一把梯子，没有双手的人是爬不上去的"，在最热血的时代不逼自己一次永远不知道自己的潜能有多大，自己能走多远。

所有的条条框框都不能禁锢住跳动的心，就让胸口熊熊燃烧的青春之火引领你走向迷茫大海中央的灯塔吧！

杨澜：别忘了上一堂恋爱必修课

著名主持人杨澜曾经说过："我觉得恋爱是大学时必须要做的功课，而且可能真正要走过这个过程，你才会知道自己究竟是什么样的，你究竟爱什么。"

在荷尔蒙分泌旺盛的青春期，你的心里也许正憧憬着纯洁美好的校园爱情，也会在踏入校园以后像杨澜一样在心里嘀咕：怎么还没有男（女）同学约我出去？

爱情是一门深奥的学问，在刚刚入门的大学时期，大学生要学会正确对待恋爱，正确处理好恋爱、学业之间的平衡，恋爱是大学生活中的一门重要的课程，但是绝对不是大学生活的全部。其次要培养迎接爱和接受爱、拒绝爱的能力，面对爱情时要学会正确地表达，理性地取舍。

才刚刚离开父母宽厚温暖的肩膀，稚嫩的心灵第一次小鹿乱撞，在还不会表达满腔绵绵情意的时候也许就不得不面对失恋的痛楚，大学四年，只有让自己不断成长，拥有强大的内心才能在爱情这门课程上完美结业。

大学四年时间是学会表达爱、接受爱、拒绝爱、割舍爱的时期，俄罗斯教育家苏霍姆林斯基曾经这样教导儿子："要记住，爱情首先意味着对你的爱侣的命运、前途承担责任——爱，首先为着奉献，把自己的精神力量献给爱侣，为她缔造幸福。"

来源：人民网 - 教育频道 . 这些名人名家如何度过大学时光？[Z/OL].（2018-08-29）[2022-07-28].http://edu.people.com.cn/GB/n1/2018/0829/c1053-30259481.html.

三、大学生活规划的内容

大学生活是丰富多彩的，每个人的大学生活都各不相同，通常可以从以下方面进行规划。

（一）学习方面

知识储备永远是最重要的，上大学便是为了学到更多知识。中学阶段，一般只学习 10 门左右的课程，而且主要讲授一般性的基础知识。而大学里所开设的课程分公共课、基础课、专业基础课、专业课四个层次，每一个层次又由多门课程综合而成。一般说来，大学四年需要学习的课程在 40 门以上，每一个学期学习的课程都不相同，内容量大，因而学习任务远比中学重得多。大学一、二年级主要学习公共课程和基础课程，大学三年级主要学习专业基础课和部分专业课，大学四年级重点学习专业课和进行毕业设计、做毕业论文。中学的学习是追求课程分数，而大学的学习是专业定向的学习，不仅要求掌握基础理论、基本知识和基本技能，更重视追求提高专业综合素质。学好专业知识是国家和社会对一个大学生基本的要求，也是最重要的基础要求。

（二）人际交往方面

大学生正处于一个掌握知识、认知社会、放眼未来、探索人生的重要阶段，其人际交往质量直接影响其在校学习、生活和心理健康。人际关系是否良好，还对大学生社会活动、全面发展、就业及事业等多方面都有极其重要的影响。

处于青年期的大学生，思想活跃、感情丰富，人际交往的需要极为强烈，大家都力图通过人际交往获得友谊，满足自己物质和精神上的需要。积极的人际交往、良好的人际关系，可以使人精神愉悦，情绪饱满，充满信心，保持乐观的人生态度，从而正确认识各种现实问题。如果缺乏积极的人际交往，不能正确地看待自己和别人，心胸狭隘，目光短浅，则容易形成精神上、心理上的压力。

人际交往是交流信息、获取知识的重要途径，是一个人事业成功的重要条件。大学生通过人际交往，可以相互传递、交流信息和成果，丰富自己的经验，增长知识，开阔视野，活跃思维，启迪思想。人际交往是大学生认识自我、完善自我的重要手段。

（三）身体素质方面

身体素质是生活和工作的基本保障，大学期间尤其要注意锻炼身体。俗语说："生命在于运动。"运动对健康的确是非常必要的，要进行科学适宜的运动，它可以使我们生活得健康、美丽、幸福、长寿，并且远离疾病。这是因为运动可以改善心肺功能、增强肌肉和骨骼的功能；可提高机体免疫力；使体重适当，四肢灵活，体态健美；能增强应变能力；促进睡眠、消除疲劳；能使人处事乐观，态度积极，促进心理健康。

（四）心理素质方面

心理健康与生理健康是健康不可分割的两个重要组成部分。古今中外，大凡有作为和成就的人才，无一不具有良好的心理素质。与之相反，一些才华横溢、博学多识的人才，由于心理素质不完善常常难成大器。一个人要有所成就、对社会有所贡献，身体健康是前提，心理健康是基础。具有正常的智力、积极的情绪、适度的情感、和谐的人际关系、良好的人格品质、坚强的意志和成熟的心理行为，是人才成长不可缺少的条件。

大学生经过努力的拼搏和激烈的竞争，告别了中学时代、跨入了大学，进入了一个全新的生活天地。大学生必须从靠父母转向靠自己。上大学前，想象中的大学犹如"天堂"一般，浪漫奇特，美妙无比。上大学后，紧张的学习、严格的纪律，使部分新生难以适应。因此，大学生必须注重心理健康，尽快克服依赖性，增强独立性，积极主动地去适应新生活，度过充实而有意义的四年大学时光。健康的心理品质是大学生全面发展的基本要求，也是将来走向社会、在工作岗位发挥智力水平、积极从事社会活动、不断向更高层次发展的重要条件。

（五）社团活动方面

社团在大学生活中占有很大的比重，是大学校园文化建设的重要部分，是大学生成长成材的重要园地。学生社团大体上可以分为以下四类。人文演绎类社团：音乐协会、舞蹈协会、摄影协会、演讲协会、书画协会、文学社、书法社、吉他社、魔术社、话剧社、动漫社、街舞社等；科技学术类社团：英语协会、设计协会、法律协会、数学建模协会、读书社、天文社、科技社、科幻社、电脑爱好者、手机达人社等；体育运动类社团：篮球协会、足球协会、羽毛球协会、乒乓球协会、武术协会、跆拳道协会、游泳协会、自行车协会、轮滑社、田径健身协会、健美健身协会、棋牌社、电子竞技协会等；志愿服务和社会实践类社团：爱心社、研友俱乐部、志愿者协会、心理协会等。加入社团不仅能发展个人的兴趣爱好，还能锻炼能力，开阔视野，让大学生活更加丰富。

（六）兼职方面

作为大学生，走出校门接触社会，也了解社会，积累社会经验是非常有必要的，做兼职是一个很好的途径。一来可以锻炼自己，提高自己的能力；二来可以减轻家里负担，更能体会到父母的辛苦与不易，对将来毕业找工作也是非常有帮助的。

心海链接

心灵疾病也要补“营养”

现代人工作压力大、生活担子重，内心被愤怒、烦恼、忧愁、嫉妒等负面情绪填满，消耗心灵养分。不合理的信念系统、不切实际的期望值、不健康的生活方式都会让生活中的点滴小事悄悄夺走我们的“快乐细胞”，让人深陷坏情绪的囚牢。

首先，缺少真正的交流。如今的我们每天都很忙，电话、短信、微信、微博……各种网络社交方式让人手忙脚乱。家人旅行、朋友聚会、亲子相伴时，几乎没有一个人能做到完全不看手机，用心与对方交流。美国圣迭戈大学的心理学家发现，社交软件丰富了我们的交流方式，但也让彼此无法更好地理解对方的意图，心里话更多地积压在心中。

其次，太过认真，事事攀比。当今社会竞争压力大，孩子比成绩、大人比业绩、老人比子女，大家都憋着一股劲，事事较劲，谁都不服输。一方面，要强的心态让人活得很累；另一方面，太过较真的人变通能力和应变能力较差，更容易受到压力的影响。

再次，没有时间独处。尽管我们由“熟人社会”进入了“陌生人社会”，但每个人的社交圈子比以前更大了，扮演的角色更多了。人们每天围着工作、家庭、朋友团团转，缺少独处的时间，很少有空闲做自己喜欢的事情。

美国加州大学洛杉矶分校精神病学教授丹尼尔·西格尔指出，人们可以为心灵补充五大营养素，让身心回归平衡。

1. 睡眠是蛋白质。完成生命活动必须有蛋白质的参与，心理活动少不了睡眠的支持。花点时间合理安排睡眠，创造一个理想的睡眠环境，养成良好的睡眠习惯，使你人生1/3的时间更美好。

2. 运动是碳水化合物。生命在于运动，运动不仅能提高身体素质，还能舒缓压力，提供心理能量。慢跑、快走、球类运动等适合大多数人群。

3. 读书是脂肪。脂肪是能量储备仓库，读书能赋予你心理能量。书中的知识会储备在大脑中，当遇到事业、生活、情感困惑时，你可以搜索相应的解决方法、与他人的相处之道、让心灵维持平衡的妙招等。

4. 交谈是膳食纤维。膳食纤维能促进胃肠蠕动，帮助肠道排出代谢废物。经常约上三五知己、亲朋好友面对面说说心事、聊聊近况，能将心中的不快和烦闷一吐为快。

5. 休闲是维生素。各种维生素是维持生命活动必需的物质，每种都摄取一点，就能起到事半功倍的效果。我们每天或多或少都会遇到不顺心的事，此时不妨逛逛街、去咖啡厅小坐片刻、到郊外呼吸新鲜空气，每一种休闲方式都能帮你维持心态平和。

北京师范大学认知与神经科学研究所副教授 李君

来源：自心灵疾病也要补“营养”[N]. 生命时报，转引自海东时报，2015-11-25(A04).

心海探索

大学生活平衡轮

过程：

1. 请列出你认为大学生活中 6 个最重要的领域，创建大学生活平衡轮。

参考领域：

（1）学习：专业课程、英语、计算机、考研

（2）休闲生活：网络、阅读、理财、饮食、健身、休闲

（3）心理成长：自我管理、自我接纳、个性培养、兴趣爱好、梦想

（4）人际交往：朋友、恋人、同学、家庭

（5）社会能力：兼职、打工、志愿者活动

2. 针对每一个领域维度，问自己“现在我对生活这个方面的满意程度是多少？”，并用 0~10 打分（结合现状打分，0 分最不满意，10 分最满意）。

3. 请在图中用阴影标识出各方面的分数。

4. 通过观察你绘制的平衡论，你注意到了什么？（这里不是想象的，是视觉的，即从平衡轮圈给你的直观感受）各方面之间有哪些关联？在时间和精力的配置上要做哪些调整？还有没有需要增减的项目？

5. 每个维度达到几分你会比较满意，在图中标明。

6. 请你从平衡轮当中，选出对你最重要的 2 个维度。

7. 为了达到满意的分数，请你为最重要的 1 个维度设定一个目标。两人一组，针对彼此的目标展开讨论。其中一人提问（只问问题，不分析），另外一人回答（同时记录自己的答案，并调整目标），然后交换。

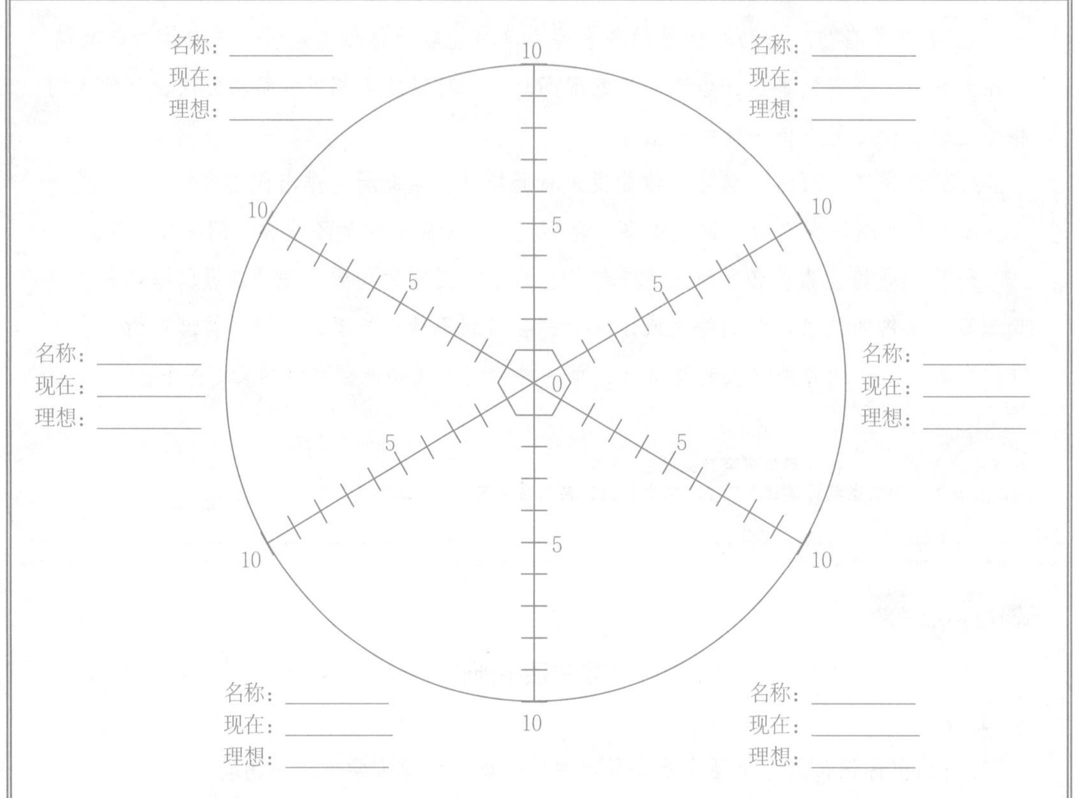

领域维度名称：

讨论前的目标：

（1）这个目标具体吗？怎样可以更具体些呢？

（2）这个目标是你能够决定和把控的吗？（如果不能，请调整成能把控的目标；如果能，哪些因素会影响这个目标的实现？）

（3）这个目标在大学期间容易实现吗？（如果容易，如何提高难度；如果不容易，会不会太难？能不能变得简单些？）

（4）达成这个目标的理由。

（5）分享一下你们的感受、想法、收获，或者你们的困惑：目标的具体性、目标的多少、目标的难度、目标的把控者。

8. 与你的搭档进行目标检测。

（1）你现在一共有哪些目标？

（2）这些目标是从你的角度能控制的吗？

（3）这些目标难度适中吗？

（4）倘若这些目标实现时，你的心情将如何？（如果心情不好，想想为什么？）

讨论后的目标：

9. 针对最重要的2个领域中的目标，进行行动规划：为了达成该目标，你可以做什么事，或应该避免做什么事，把这些事项罗列出来。与你的搭档进行新一轮问答。

（1）你的目标是什么？（每次回答1个）

（2）你希望怎么做？（根据你对这个问题的认识，反复回答，直到实在想不出来为止）

（3）哪些是你真正做了的，做到了的频率？（在这个问题中你有足够的时间，充分思考、完整地回答）

（4）你回避了什么？你没做什么？（在这个问题中你同样有足够的时间反思和作答）

（5）目标的进展计划大致如何？

（6）你的行动计划第一步是什么？你会什么时候开始行动？

（7）分享一下，你们规划的目标、行动计划和频率。

10. 请写下大学里的三个关键词：

第二节　大学生职业生涯规划

一、生涯与职业生涯规划

“生涯”一词最早出自两千多年前庄子所说的“吾生也有涯”，可以说，生涯等于生命历程。但今天的生涯指：①生命的限度；②指从事某种活动或职业的生活；③生计。本节所说的生涯，指的是在生命有限的长度里从事某种活动或职业的生活。

职业生涯规划是指个体在对自己的兴趣、爱好、能力、特点进行综合分析与权衡，结合客观条件的评估、分析、总结的基础上，制定一定的学习、培训和工作计划，按照一定的时间进程具体落实、实施行动，以实现职业生涯目标的过程。职业生涯规划不是简单地帮助人们找到一份工作，而是要帮助他们更好地探索自我，开发自身的资源和潜能，客观地分析内外部环境，科学地制定目标，做出有效的规划，使人生和职业生涯更加有方向，前进的途中更加顺利。

二、自我探索

生涯规划是一个由内而外的系统过程，在进行职业生涯规划时，首先要进行自我探索。自我探索就是去认识自我，对自己有一个全面的科学的评估：弄清楚我是谁、我喜欢做什么、我能做什么、我最适合什么、我最愿意做什么，即了解自己的兴趣爱好、性格、能力、价值观等。

认识自我、了解自我不是一件容易的事情，那么，如何进行自我认识呢？一般可用橱窗分析法、自我测试法和SWOT分析法等进行自我分析。

（一）橱窗分析法

橱窗分析法是一种借助直角坐标不同象限来表示人的不同部分的分析方法，它以别人知道或不知道为纵坐标，以自己知道或不知道为横坐标，坐标橱窗分为：

橱窗 1：为“公众我”，即是自己知道、别人也知道的部分，其特点是个人展现在外，无所隐藏。

橱窗 2：为“盲目我”，即是自己不知道、别人知道的部分，其特点是自己看不到，别人却看得清清楚楚。

橱窗 3：为“隐藏我”，即是自己知道、别人不知道的部分，其特点是属于个人私有秘密，不外显。

橱窗 4：为“未知我”，即是自己不知道、别人也不知道的部分，其特点是开发潜力巨大。

	自己知道	自己不知
他人知道	Open 公众我	Blind 盲目我
他人不知	Hidden 隐藏我 （秘密）	Unknown 未知我 （潜能）

图 5-1 周哈里窗

运用橱窗分析法进行自我分析，主要是要了解“盲目我”和“未知我”。

对于“盲目我”，则要求个人需要有诚恳的态度和博大的胸怀，真心实意地去征询他人的意见和看法，有则改之，无则加勉。不然，别人也不会说实话，也就无法知晓在别人眼里的自己。

对于“未知我”，根据现代科学研究表明：“人类平常只发挥了极小部分的大脑功能，90% 以上的功能都没有发挥出来，所以开发的空间非常广阔。”因此，了解和认识“未知我”是自我认识的一个非常重要的内容。

（二）自我测试法

自我测试是通过自己回答有关问题来认识自己、了解自己的一种方法，比较简单方便。但需要注意的是，测试题目必须是心理学家经过精心的研究设定的，而且个人在回答时一定要反映自己真实的想法，否则将会误导自己的人生，影响自己事业的发展和前程。

自我测试的内容包括：性格测试、职业兴趣测验、智力测验、情商测验等。

心海探索

心理测试——职业价值观自测

下面有 52 道题目，每个题目都有 5 个备选答案，测验答案无对错之分，请根据自己的实际情况诚实作答，在题目后面圈出相应字母，每题只能选择一个答案。通过测验，你可以大致了解自己的职业价值观念倾向。

1. 你的工作必须经常解决新的问题。

A. 非常重要　B. 比较重要

C. 一般　D. 较不重要　E. 很不重要

2. 你的工作能为社会福利带来看得见的效果。

A. 非常重要　B. 比较重要

C. 一般　D. 较不重要　E. 很不重要

3. 你的工作奖金很高。

A. 非常重要　B. 比较重要

C. 一般　D. 较不重要　E. 很不重要

4. 你的工作内容经常变换。

A. 非常重要　B. 比较重要

C. 一般　D. 较不重要　E. 很不重要

5. 你能在你的工作范围内自由发挥。

A. 非常重要　B. 比较重要

C. 一般　D. 较不重要　E. 很不重要

6. 工作能使你的同学、朋友非常羡慕你。

A. 非常重要　B. 比较重要

C. 一般　D. 较不重要　E. 很不重要

7. 工作带有艺术性。

A. 非常重要　B. 比较重要

C. 一般　D. 较不重要　E. 很不重要

8. 你的工作能使人感觉到你是团体中的一分子。

A. 非常重要　B. 比较重要

C. 一般　D. 较不重要　E. 很不重要

9. 不论你怎么干，你总能和大多数人一样晋级和涨工资。

A. 非常重要　B. 比较重要

C. 一般　D. 较不重要　E. 很不重要

10. 你的工作使你有可能经常变换工作地点、场所或方式。

A. 非常重要　B. 比较重要

C. 一般　D. 较不重要　E. 很不重要

11. 在工作中你能接触到各种不同的人。

A. 非常重要　B. 比较重要

C. 一般　D. 较不重要　E. 很不重要

12. 你的工作上下班时间比较随便、自由。

A. 非常重要　B. 比较重要

C. 一般　D. 较不重要　E. 很不重要

13. 你的工作使你不断获得成功的感觉。

A. 非常重要　B. 比较重要

C. 一般　D. 较不重要　E. 很不重要

14. 你的工作赋予你高于别人的权力。

A. 非常重要　B. 比较重要

C. 一般　D. 较不重要　E. 很不重要

15. 在工作中，你能试行一些自己的新想法。

A. 非常重要　B. 比较重要

C. 一般　D. 较不重要　E. 很不重要

16. 在工作中你不会因为身体或能力等因素，被人瞧不起。

A. 非常重要　B. 比较重要

C. 一般　D. 较不重要　E. 很不重要

17. 你能从工作的成果中，知道自己做得不错。

A. 非常重要　B. 比较重要

C. 一般　D. 较不重要　E. 很不重要

18. 你的工作经常要外出、参加各种集会和活动。

A. 非常重要　B. 比较重要

C. 一般　D. 较不重要　E. 很不重要

19. 只要你干上这份工作，就不再被调到其他意想不到的单位和工种上去。

A. 非常重要　B. 比较重要

C. 一般　D. 较不重要　E. 很不重要

20. 你的工作能使世界更美丽。

A. 非常重要　B. 比较重要

C. 一般　D. 较不重要　E. 很不重要

21. 在你的工作中，不会有人常来打扰你。

A. 非常重要　B. 比较重要

C. 一般　D. 较不重要　E. 很不重要

22. 只要努力，你的工资会高于其他同年龄的人，升级或涨工资的可能性比干其他工作大得多。

A. 非常重要　B. 比较重要

C. 一般　D. 较不重要　E. 很不重要

23. 你的工作是一项对智力的挑战。

A. 非常重要　B. 比较重要

C. 一般　D. 较不重要　E. 很不重要

24. 你的工作要求你把一些事务管理得井井有条。

A. 非常重要　B. 比较重要

C. 一般　D. 较不重要　E. 很不重要

25. 你的工作单位有舒适的休息室、更衣室、浴室及其他设备。

A. 非常重要　B. 比较重要

C. 一般　D. 较不重要　E. 很不重要

26. 你的工作有可能结识各行各业的知名人物。

A. 非常重要　B. 比较重要

C. 一般　D. 较不重要　E. 很不重要

27. 在你的工作中，能和同事建立良好的关系。

A. 非常重要　B. 比较重要

C. 一般　D. 较不重要　E. 很不重要

28. 在别人眼中，你的工作是很重要的。

A. 非常重要　B. 比较重要

C. 一般　D. 较不重要　E. 很不重要

29. 在工作中你经常接触到新鲜的事物。

A. 非常重要　B. 比较重要

C. 一般　D. 较不重要　E. 很不重要

30. 你的工作使你能常常帮助别人。

A. 非常重要　B. 比较重要

C. 一般　D. 较不重要　E. 很不重要

31. 你在工作单位中，有可能经常变换工作。

A. 非常重要　B. 比较重要

C. 一般　D. 较不重要　E. 很不重要

32. 你的作风使你被别人尊重。

A. 非常重要　B. 比较重要

C. 一般　D. 较不重要　E. 很不重要

33. 同事和领导人品较好，相处比较轻松。

A. 非常重要　B. 比较重要

C. 一般　D. 较不重要　E. 很不重要

34. 你的工作会使许多人认识你。

A. 非常重要　B. 比较重要

C. 一般　D. 较不重要　E. 很不重要

35. 你的工作场所很好，比如有适度的灯光，安静、清洁的工作环境，甚至恒温、恒湿等优越的条件。

A. 非常重要　B. 比较重要

C. 一般　D. 较不重要　E. 很不重要

36. 在工作中，你为他人服务，使他人感到很满意，你自己也很高兴。

A. 非常重要　B. 比较重要

C. 一般　D. 较不重要　E. 很不重要

37. 你的工作需要计划和组织别人的工作。

A. 非常重要　B. 比较重要

C. 一般　D. 较不重要　E. 很不重要

38. 你的工作需要敏锐的思考。

A. 非常重要　B. 比较重要

C. 一般　D. 较不重要　E. 很不重要

39. 你的工作可以使你获得较多的额外收入，比如：常发实物、常购买打折扣的商品、常发商品的提货券、有机会购买进口货等。

A. 非常重要　B. 比较重要

C. 一般　D. 较不重要　E. 很不重要

40. 在工作中你是不受别人差遣的。

A. 非常重要　B. 比较重要

C. 一般　D. 较不重要　E. 很不重要

41. 你的工作结果应该是一种艺术而不是一般的产品。

A. 非常重要　B. 比较重要

C. 一般　D. 较不重要　E. 很不重要

42. 在工作中不必担心会因为所做的事情领导不满意，而受到训斥或经济惩罚。

A. 非常重要　B. 比较重要

C. 一般　D. 较不重要　E. 很不重要

43. 你在工作中能和领导有融洽的关系。

A. 非常重要　B. 比较重要

C. 一般　D. 较不重要　E. 很不重要

44. 你可以看见你努力工作的成果。

A. 非常重要　B. 比较重要

C. 一般　D. 较不重要　E. 很不重要

45. 在工作中常常要你提出许多新的想法。

A. 非常重要　B. 比较重要

C. 一般　D. 较不重要　E. 很不重要

46. 由于你的工作，经常有许多人来感谢你。

A. 非常重要　B. 比较重要

C. 一般　D. 较不重要　E. 很不重要

47. 你的工作成果常常能得到上级、同事或社会的肯定。

A. 非常重要　B. 比较重要

C. 一般　D. 较不重要　E. 很不重要

48. 在工作中，你可能做一个负责人，虽然可能只领导很少几个人，你信奉“宁做兵头，不做将尾”的俗语。

A. 非常重要　B. 比较重要

C. 一般　D. 较不重要　E. 很不重要

49. 你从事的那种工作，经常在报刊、电视中被提到，因而在人们的心目中很有地位。

A. 非常重要　B. 比较重要

C. 一般　D. 较不重要　E. 很不重要

50. 你的工作有数量可观的夜班费、加班费、保健费或营养费等。

A. 非常重要　B. 比较重要

C. 一般　D. 较不重要　E. 很不重要

51. 你的工作比较轻松，精神上也不紧张。

A. 非常重要　B. 比较重要

C. 一般　D. 较不重要　E. 很不重要

52. 你的工作需要和影视、戏剧、音乐、美术、文学等艺术打交道。

A. 非常重要　B. 比较重要

C. 一般　D. 较不重要　E. 很不重要

评定方法：

上面的52道题，分别代表13种工作价值观。每选一个A得5分、B得4分、C得3分、D得2分、E得1分。请你根据下面评价表中每一项的题号，计算一下每一项的得分总数，并把它填在得分栏上。然后在表格下面依次列出得分最高和最低的三项。

题号2、30、36、46的得分 ____ （本项代表利他主义的工作价值观，说明工作的目的和价值在于直接为大众的幸福和利益尽一份力）

题号7、20、41、52的得分 ____ （本项代表审美主义的工作价值观，说明工作的目的和价值在于能不断地追求美的东西，

得到美感的享受)

题号1、23、38、45的得分 ____（本项代表需要智力刺激的工作价值观，说明工作的目的和价值在于不断进行智力的操作，动脑思考，学习以及探索新事物，解决新问题)

题号13、17、44、47的得分 ___（本项代表需要成就感的工作价值观，说明工作的目的和价值在于不断创新，不断取得成就，不断得到领导与同事的赞扬，或不断实现自己想要做的事)

题号5、15、21、40的得分 ____（本项代表需要独立性的工作价值观，说明工作的目的和价值在于能充分发挥自己的独立性和主动性，按自己的方式、步调或想法去做，不受他人的干扰。)

题号6、28、32、49的得分 ____（本项代表需要社会地位的工作价值观，说明工作的目的和价值在于所从事的工作在人们的心目中有较高的社会地位，从而使自己得到了人的重视与尊敬。)

题号14、24、37、48的得分 ___（本项代表需要权力控制的工作价值观，说明工作的目的和价值在于获得对他人或某事物的管理支配权，能指挥和调遣一定范围内的人或事物。)

题号3、22、39、50的得分 ____（本项代表需要经济报酬的工作价值观，说明工作的目的和价值在于获得优厚的报酬，使自己有足够的财力去获得自己想要的东西，使生活过得较为富足。)

题号11、18、26、34的得分 ___（本项代表需要社会交往的工作价值观，说明工作的目的和价值在于能和各种人交往，建立比较广泛的社会联系和关系，甚至能和知名人物结识。)

题号9、16、19、42的得分 ____（本项代表需要安全稳定的工作价值观，说明不管自己能力怎样希望在工作中有一个安稳局面，不会因为奖金高低、工资涨落、工作调动或领导训斥等经常提心吊胆、心烦意乱。)

题号12、25、35、51的得分 ___（本项代表需要轻松舒适的工作价值观，说明希望能将工作作为一种消遣、休息或享受的形式，追求比较舒适、轻松、自由、优越的工作条件和环境。)

题号8、27、33、43的得分 ____（本项代表需要人际关系的工作价值观，说明希望一起工作的大多数同事和领导人品较好，相处在一起感到愉快、自然，认为这就是很有价值的事，是一种极大的满足。)

题号4、10、29、31的得分 ____（本项代表需要追求新意的工作价值观，说明希望工作的内容应该经常变换，使工作和生活显得丰富多彩，不单调枯燥。)

你得分最高的三项是：

1 __________ 2 __________

3 __________

你得分最低的三项是：

1 __________ 2 __________

3 __________

从得分最高和最低的三项中，可以大致看出你的价值倾向，在选择职业时可以加以考虑。

(三)360° 评估

这种评估方法是通过自我评价以及与自己联系密切的人员的评价来充分认识和了解自己优缺点。比如，通过家人、老师、亲密朋友、同学以及其他社会关系的反馈清楚知道自己的不足、长处与发展需求，使以后的发展更为顺畅。

表 5-1 丁兰同学的 360° 评估

自我评价	优点：做事有原则，有主见，乐于分享，对于自己认定的事会尽力追求完美。
	缺点：自控力不够，易焦虑，有时心态不够好，希望自己的内心可以变得更强大。
家人评价	优点：比较听话，孝顺，自理能力和学习能力较强。
	缺点：意志力不够，有时候过于情绪化。
同学评价	优点：待人坦诚，热情幽默，聪明可爱，乐于助人，能很好协调班内关系，尽职尽责。
	缺点：给人第一印象过于高冷，难以接近。
老师评价	优点：学习认真积极，取得良好成绩。有原则性，责任感强，团结同学。
	缺点：工作魄力方面有所欠缺。

三、探索外界环境

环境因素对个人职业生涯发展有极大的影响，作为社会生活中的一个个体，只有顺应外部环境的需要，才能最大限度地发挥个人的优势，实现职业生涯的目标。如果缺乏对外部环境的了解和分析，个人职业生涯规划便只能流于空泛，成为水月镜花。

外部环境分析的主要包括：①分析家庭环境、家庭经济状况、家人职业、家庭社会关系、家人期待等；②分析学校环境、学校特色、学校文化、学校的社会认可度、所学专业、社会实践等；③分析社会环境、就业形式、市场供需状况、就业政策、竞争对手等；④分析职业环境、行业现状、发展趋势、职业工作内容、工作要求、发展前景等。

大学生可以利用寒暑假寻找兼职、工作实习，初步了解工作环境和人才需求，也可以通过各种媒体资料、行业展览会、人才交流会、生涯人物访谈等方式获取职场信息。

四、生涯决策与目标制定

制定个人职业生涯规划的最终目的就是实现自己的职业目标，因此，目标抉择是职业生涯规划的核心。职业生涯规划中所确立的目标，应该是可预想到的、有一定实现可能的目标，包括终极目标、长期目标、中期目标和短期目标。

目标确立的方法通常是先结合自身条件和现实环境选择终极目标和长期目标，然后通过目标分解，分化符合阶段目标要求的中期、短期目标。

表 5-2 丁兰的生涯规划表

职业生涯目标	时间
大学临床医学本科学习	2022 年—2027 年
继续攻读相关硕士、博士学位	2027 年—2033 年
进入三甲医院工作	2033 年
成为有一定知名度的临床医学专家	2045 年之前

五、策略实施

行动计划由长期和短期两部分组成，长期计划的实现有众多不确定的因素，因此大学生要根据自身实际情况和社会发展趋势，不断地设定新的可操作的短期目标。比如大学一年级的时候应该怎么做，力求实现怎样的短期目标；二年级又该执行什么方案，本年级结束时需要达到怎样的预期效果；毕业当年有什么具体举措，如何向自己的初次就业的方向和目标靠拢等等。

策略实施的内容包括职业生涯发展线路设计、教育培训安排、实践计划等。

心海链接

大学专业学习规划

大学的学制一般为 4 年，在每一学年中，大学生的学习重点与心理特征都有所不同。可以按学年设置阶段目标，进行自己的大学职业生涯规划，并按照每个阶段的不同目标和自身成长特点，制定一些有针对性的实施方案。下面以四年制本科的大学生职业生涯规划实施方案为例，供大家参考：

1. 大学一年级：探索期

【阶段目标】职业生涯认知和规划

【实施方案】第一，要适应由高中生到大学生的角色转变，重新确定自己的学习目标和要求；第二，要开始接触职业和职业生涯的概念，特别要了解自己未来所希望从事的职业或与自己所学专业对口的职业，进行初步的职业生涯设计；第三，熟悉环境，建立新的人际关系，提高交际沟通能力，在职业认识方面可以向高年级学生，尤其是大四的毕业生询问就业情况；第四，积极参加各种各样的社团活动，增加交流技巧；第五，在学习方面，要巩固扎实专业基础知识，加强英语、计算机能力的培养，掌握现代职业者所应具备的最基本技能；第六，如果有必要，为可能的转系、获得双学位、留学计划做好资料收集及课程准备，为将来的就业选择打下良好的基础。

2. 大学二年：定向期

【阶段目标】初步确定毕业方向以及相应能力与素质的培养。

【实施方案】第一，认识自己的需要和兴趣，确定自己的价值观、动机和抱负，考虑未来的毕业方向（深造或就业等），了解相关的活动，并以提高自身的基本素质为主，通过参加学生会或社团组织，培养和锻炼自己的领导组织能力、团体协作精神，同时检验自己的知识技能；第二，可以开始尝试兼职、社会实践活动，并要具有坚持性，最好能在课余时间长时间从事与自己未来职业或本专业有关的工作，提高自己的责任感、主动性和受挫能力，并从不断的总结分析中得到职业的经验；第三，增强英语口语和计算机应用的能力，通过英语和计算机的相关证书的考试，并开始有选择地辅修其他专业的知识以充实自己。

3. 大学三年级：准备期

【阶段目标】掌握求职技能，为择业做好准备。

【实施方案】第一，加强专业知识学习的同时，考取与目标职业有关的职业资格证书或相应地通过职业技能鉴定。因为临近毕业，所以目标应锁定在提高求职技能、搜集公司信息上；第二，参加与专业有关的暑期工作，和同学交流求职工作心得体会，学习写简历、求职信等求职技巧，了解搜集就业信息的渠道，如果有机会要积极尝试；第三，加入校友网络，向已毕业的校友了解往年的求职情况；第四，如果决定考研要做好复习准备，如果决定出国留学，则可多接触留学顾问，参与留学系列活动，准备 TOEFL、GRE 考试，注意留学考试资讯，向有关教育部门索取简章参考。

4. 大学四年级：冲刺期

【阶段目标】成功就业

【实施方案】这个阶段大学生的毕业方向已经确定，大部分学生的目标应该锁定在工作申请及成功就业上。这时，可先对前三年的准备做一个总结：首先，检验自己已确定的职业目标是否明确，前三年的准备是否已充分；其次，开始毕业后工作的申请，积极参加招聘活动，在实践中检验自己的积累和准备；最后，进行预习或模拟面试。积极利用学校提供的条件，了解就业指导中心提供的用人单位资料信息，强化求职技巧、进行模拟面试等训练，尽可能地在做好较充分的准备的情况下进行实战演练。另外，要重视实习机会，通过实习从宏观上了解单位的工作方式、运转模式、工作流程，从微观上明确个人在岗位上的职责要求及规范，为正式走上工作岗位奠定良好基础。

六、反馈修正

为使职业生涯规划行之有效，需要结合实际情况不断对职业生涯规划的内容进行评估与修正。对大学生来说，反馈修正的主要内容包括：职业方向的重新选择，各阶段目标的修正，实施措施与计划的变更，等等。

第三节　提高管理生涯的能力

在我们的一生中，职业是如此重要，它不仅是满足最基本生存需要的手段，而且是发展自己、实现自我的机会。人生是短暂的，但在人的一生中，职业生涯却是最漫长、最重要的阶段。从蹒跚学步开始，直到进入大学，都是在为自己的职业生涯奠定基础；退休之后，也要依靠从业阶段积累的积蓄和社会保障制度颐养天年。人人都离不开职业，成功的职业生涯是美好人生的基础。

一、要认识职业生涯规划的重要性

职业生涯规划的好坏影响着个体的整个生命历程。哈佛大学有一个非常著名的关于目标对人生影响的跟踪调查，对象是一群智力、学历、环境等条件都差不多的年轻人，调查结果发现：27%的人没有目标，60%的人目标模糊，10%的人有比较清晰的短期目标，3%的人有十分清晰的长期目标。25 年跟踪调查发现，那 3%的人，25 年来几乎都不曾改变自己的人生目标，他们始终朝着同一个方向不懈地努力，25 年后，他们几乎都成了社会各界顶尖成功人士，他们当中不乏白手起家的创业者、行业领袖、社会精英。那 10%的人，大都生活在社会的中上层。他们的共同特点是，那些短期目标不断地被达到，生活质量稳步上升，他们成为各行各业不可缺少的专业人才，如医生、律师、工程师、高级主管等等。那 60%的人，几乎都生活在社会的中下层面，他们能安稳地生活与工作，但都没有什么特别的成绩。剩下的 27%的人，他们都几乎生活在社会的最底层，他们的生活都过得很不如意，常常失业，靠社会救济，并且常常在抱怨他人、抱怨社会。

成功与失败的实质就是所设定目标的实现与否。制定职业生涯规划，有利于了解自我、认识自我，形成正确的择业观、创业观，明确自己的人生目标。因此，大学生越早制定属于自己的职业生涯规划越好。

（1）规划让人生有目标，目标让人生有意义。

（2）职业生涯规划能帮助大学生认识就业形势，居安思危，唤醒职业规划意识，激发成就动机。职业生涯规划的主要内容就是要了解职业、了解劳动力市场以及了解当前的就业形势，让自己对所处的环境有一个清醒的认识，保持积极的心态，为将来的职业前途做好准备。

（3）职业生涯规划能帮助大学生做出正确的职业选择，找到适合自己的职业目标。通过分析，认识自己、了解自己、明确自己的优势，正确设定自己的职业发展目标，并制定行动计划，使自己的才能得到充分发挥，从而实现职业发展目标。

（4）职业生涯规划能帮助大学生培养职业能力与职业素质，增强自我效能感。通过职业生涯规划，使自己明确职业发展目标，逐步提升自己的能力和素质，使自己更加自信地面对在学习、生活中遇到的各种问题。

（5）职业生涯规划有助于大学生抓住重点，增加成功的可能性。制定职业生涯规划的一个最大的好处是有助于我们按轻重缓急安排好日常的学习，紧紧抓住学习的重点，增加成功的概率。

二、找出自己的职业锚

职业锚又称职业系留点，是由美国著名的职业指导专家埃德加·H. 施恩（Edgar H. Schein）教授提出的。锚是使船只停泊定位用的铁制器具，而职业锚，实际就是人们选择和发展自己的职业时所围绕的中心，是指当一个人不得不做出职业选择的时候，他无论如何都不会放弃的那种至关重要的东西或价值观。职业生涯发展是一个持续不断的探索过程，在这一过程中，每个人都在根据自己的天资、能力、动机、需要、态度和价值观等慢慢地形成与职业有关、较为明晰的自我概念。一个人对自己越了解，他就会越明显地形成一个占主要地位的职业锚。专家经过长时间的研究确定了八种基本的职业锚类型，包括：技术/职能型、管理型、自主/独立型、安全/稳定型、创业型、服务型、挑战型、生活型。

有很多大学生也许一直都不知道自己的职业锚是什么，当他们处于不得不做出某种重大选择的关口时，如两个性质不同的单位，选择哪一个放弃哪一个时，一个人过去的所有价值观、兴趣、资历、职业取向等等才会集合成一个富有意义的职业锚，这个职业锚会揭示到底什么东西才是决定其职业取向的最关键因素。

流水争先，靠的是绵绵不绝

——张文宏给年轻人的一封信

在不确定的环境中，如何找到内心的支点？大学即将毕业，考研和工作应该怎么选？国家传染病医学中心主任张文宏以一封回信给出他的解答。张文宏说生活总是焦虑与希望并存，流水要争先，靠的是绵绵不绝。“在每一个看似普通的选择面前保持不放弃，我们终究也都能成为这个伟大时代的一部分。”

年轻人：

看到你们的来信，觉得很温暖，仿佛看到年轻时代的自己。

今年一年过得特别快。转眼间抗疫已经两年，这两年里，中国疫情控制得很好，但全球仍然没有远离大流行的影响，正常的生活一再被打断。“不确定性”成为一个高频话题。

在这种大流行的时代，我们的日常生活似乎变得更微不足道。特别是年轻的朋友，本来对未来有无穷的憧憬与计划，但变化总是一而再再而三地挫败计划好的人生，使人怀疑按原有计划是否可以走到期望的目的地；面临新的人生选择，也会怀疑，到底应该坚持还是放弃。

有人把人群分为前浪与后浪。其实无论生在哪个年代，年轻人生活的主色调就是焦虑与希望并存。年轻人无论你同意或者不同意，注定是要与时代共成长的。但生活的特点就是变迁与跳跃，充满突如其来的命运变换。这种变化与不确定性，有人喜欢，有人惧怕。每当我们走过一个年代回头看，会发现走过的路都是把不确定变成确定的过程。

从本科毕业算起，我已经行医28年了，从事感染病专业的临床与研究也已经25年有余。28年，足以让一个年轻人变成老头。

今年岁末突然回想这么多年在这个城市生活打拼，貌似只是像平常那样看病、查房，过“日子”，但点点滴滴的细节，也好像构成了一种值得一过的生活。

回首自己年轻时代，我也一直挣扎在不安与焦虑中。我大学毕业，那时候学历更重要，为了有更好的发展，放弃了分配的上海户口名额，转而去读硕士。我硕士毕业，突然户口变得重要了，为了能在上海生活得更好，可以养家养孩子，又放弃了读博士的机会，再次去找当时华山医院感染科主任、我此后的导师翁心华教授，希望分配进入感染科。当时感染科不怎么“吃香”，整个学科进入发展低谷，很多人辞职去外企工作了，使我有机会争取到华山医院这样上海一流医院每年为数不多的临床岗位。一个外地青年，落地陌生的城市，生存是第一位的，曾经的理想反而暂时被忘记。那时候，几乎每一步都面临选择，从没有两全其美，也不知道什么选择是对的。

就在23年前，我还想过放弃。当时因为感染科的工资极低，几乎没法在上海生活，我曾经向翁心华教授辞职。老师说尊重我的想法，但让我再“犹豫”下。就是那么一犹豫，不忍放弃追求了多年做医生的愿望，让我又坚持了下来。

生活可能就是这样，看似平淡，但会一点点向前挪。我在2001年去香港大学微生物系进修，这个团队后来在2003年分离出了非典病毒（SARS冠状病毒），前些日子又率先分离出奥密克戎新冠变异株。非典后，为了让临床研究和科研能够更快地与国际对接，我花了一两年去国外学习工作。回来后还是继续做医生，每天在看门诊、查房、作研究的日常中度过，中间还曾下乡治疗贫困地区的耐多药结核患者。直到这次新冠疫情暴发，我开始和团队每日对付新冠病毒。

现在回想，这些经历都帮助了我。转眼快30年，似乎什么都没变化，只有在今天这个历史性的时刻看起来，这种坚持被证明都是正确的。当时认为很普通的选择，最后突然都串起来，一个个不确定性组成了确定性的结果。

每代人有每代人的挑战与命运。我们这一代，曾经以为自己打拼最辛苦，现在看是赶上了快速发展的时代。现在的年轻人则不同，国家处于历史最好的时期。对年轻人来说，时代给予的机会与挑战并存。

我们同时身处时代之中，我们都是普通人。即便出身贫寒，来自边远小城或农村，如果足够坚强，又有毅力，在时代潮水中都有机会做一个弄潮儿。还有些小伙伴即使不怎么坚强，但也不脆弱，能经受打击默默成长，那大概率也可以达成自己的人生目标。

有些小伙伴可能觉得自己很普通，我想我们要有信心，一个好的时代，会让每个普通人享受自己的普通，让每个奋斗者享受自己奋斗得来的收获。

时代的潮水总能跨过一个又一个山头，个人命运也是如此。流水要争先，靠的是绵绵不绝；我们即便普通，但只要不下场，都会随着时代潮水不断向前。

在岁末看待明年和未来的很多年，我们可以相信，在每一个看似普通的选择面前保持不放弃，我们终究也都能成为这个伟大时代的一部分。

来源：百度百家号 · 新华网．张文宏给年轻人的一封信，请查收 [Z/OL].（2021-12-21）[2022-07-28]. https://baijiahao.baidu.com/s?id=1719723864901017233&wfr=spider&for=pc.

三、培养技能、勇于实践

既然有了规划，就应该依照规划提升自身素质、培养技能，使自己更好地实现目标。有了规划，不去实施，再好的规划也枉然。诚然，为了明天的微笑，今天的你可能流下了泪水、汗水，但是今天你流了汗水，明天你就不会流下泪水。也请大学生一定要积极地看待问题。人生有高潮、有低谷，有成功、有失败，但是无论是什么经历，都能够从中学到东西，将来回首往事、品味过去，你会发现其实那些都是人生的宝贵经验。所以，为了你美好的将来，一定要培养自身技能，勇于付诸实践。

四、不断调整职业发展规划

英国谚语有云，“目标写在水泥上，计划写在沙滩上”，目标应该明确，但朝着目标走的路应该随实际情况改变。人们常说，计划赶不上变化快，对于自己碰到的问题和环境，需要及时进行效果评估，适时调整发展规划，一成不变的发展计划有时形同虚设。

每个人都希望有成功的职业生涯。但是天上不会掉馅饼，天下没有免费的午餐，成功不是偶然更不是侥幸。职业生涯的成功，需要你自己点亮心灯，用最适合自己的方式，脚踏实地、按部就班地向目标攀登；需要你以自尊、自立、自强、自信的心态对待未来，奋发图强、拼搏向上；需要你在人生的每个阶段，扮演好自己的角色，尽心尽力，尽职尽责；需要你珍惜有限岁月，瞄准未来，抓住现在，把握自己，掌握生命的每一分每一秒。人生成功的秘密在于机会敲门时，你已经准备好了！请你大声对自己说：“我已经准备好了！”

心海探索

职业探索

1. 我的职业锚是：

2. 我的职业兴趣是：

3. 请你帮帮她：

宋佳是护理专业的学生。然而，她在填报志愿的时候对护理并不感兴趣，而是想报考软件专业。但是家里人听说护士这个专业比较好找工作，更何况有人学护理对全家都有好处，加上报纸上说软件工程师是吃青春饭的，过了35岁便很难发展。于是家里人帮宋佳报了护理专业。刚进大学时，她想当一名护士，因为这和她专业对口。但是她的师兄师姐告诉她护士要值夜班，很辛苦。而且她接触了护理的专业课程后，发现自己对医学类实在是提不起兴趣。因此，她认为这条路走下去遍布荆棘，更是不想再往这个方向发展。

接着，她想开网店，因为她看到自己的小学同学开淘宝店，现在发展很稳定，收入也不低。但是家里人对此一致反对，觉得她大小也算个大学生，怎么可以去开网店呢？又听人说国外护士很缺，便想让她出国。可宋佳本人对出国当护士一点兴趣也没有。接着，她决定以后去企业当白领，平时那些内科护理、外科护理等专业书籍都不爱看，专挑企业管理、商业销售类的书看。到了大四开始找工作的时候，她先往各大企业投简历，想应聘销售岗位，因为她从很多名人传记里看到企业高层领导都是从销售开始做的，于是认为做销售容易晋升、容易出人头地。结果屡次求职都失败了。她自己分析了一下，有可能是因为专业不对口，所以才被用人单位拒绝。于是，她又回到护理行业找工作，想进医院当护士，但是笔试、面试均被淘汰，求职还是没有成功。她认为可能是因为这个行业竞争太激烈，或者是因为自己只是普通的本科生，没有重点大学的帽子。她便开始随意投简历，抱着哪里要我都可以的心态求职。整个大四，她找了很多工作，做了很多选择，面试了很多单位，都没有成功。于是，她感到非常失望、焦虑，觉得自己一无是处，是个废品。为了排解焦虑、抑郁的情绪，她开始上网玩游戏，这样可以让她忘记现实生活中所有的不快。最后毕业的时候，她得知自己执业护士资格考试失利了，为了逃避就业的压力和家人殷切的目光，她跟家里说决定考研，要待业复习一年。

那么，她的问题出自哪里呢？

（1）我们来分析一下，宋佳有对自己进行生涯规划吗？

（2）宋佳为自己选择的方向正确吗？是适合自己的方向吗？

（3）宋佳的家人替她做的决定，对不对？

（4）宋佳求职失败以后行动积极不积极？

（5）请你根据宋佳的经历猜想一下，她的性格有可能是什么样的？她的面试、笔试有可能出现了什么问题？你会如何帮助她？

参考文献

[1] 范红霞 . 大学生心理健康 [M]. 北京：高等教育出版社，2014.
[2] 连榕，张本钰 . 大学生心理健康 [M]. 第 2 版 . 北京：北京师范大学出版社，2016.
[3] 张纪梅 . 大学生心理健康教育 [M]. 北京：人民卫生出版社，2010.

（韦炜、康荔）

第六章　学习心理调适

20 世纪末，珍妮特・沃斯（Jeannette Vos）和戈登・德莱顿（Gorden Dryden）在《学习的革命》一书中指出："我们今天知道的东西，到明天就会过时，如果我们停止学习，就会停滞不前。"诚然，教育的不同阶段，对学习者的要求也会有所不同。中小学生的学习在于培养学习习惯，强调基础知识的掌握；大学生的学习强调思考力；研究生的学习注重创新力。然而有部分学生进入大学之后没有认识到大学和中学的不同，依然沿用过去的学习方法，就容易产生学习上的迷惑或困难。

本章从大学学习概述、大学学习的特点与要求、大学生常见的学习困扰与调适、大学生学习策略的培养这四个主题出发，探讨作为一名新时代大学生，如何更好地适应大学阶段的学习。希望通过本章的内容帮助同学们掌握科学的学习方法，树立远大的理想目标，成为一名专业技术强、综合素质高的新时代合格大学生。

第一节　大学学习概述

一、学习概述

（一）学习的概念

随着人类社会的进步与发展，人们对学习的认识正在发生着深刻的变化。在受教育的纯粹性和独立性上，大学生业已成为特殊的社会学习群体，有别于其他学习群体。对大学生而言，学习不仅仅是指在学校里通过学校教育获得知识，还指人在生产、生活过程中，通过获得经验而产生的行为或行为潜能的相对持久的改变。所以正如孔子所言，"三人行，必有我师"，学习不再仅仅限制于课堂，不再仅仅限制于教师的传授。生活中、实践中，时时处处都有可以学习的内容。所以，对大学生而言，学习是个体通过练习或经验而导致行为比较持久改变的过程或结果，也是个体与环境之间相互作用的过程。

（二）广义的学习

广义的学习是指人和动物在生活中获得个体经验，并由此而引起行为持久变化的过程。经验有种族经验和个体经验两种。种族经验所支配、调节的行为方式和动作程序比较简单，其神经通路是固定的，仅能适应相对不变的客观环境；个体经验所支配、调节的行为方式和动作程序是较复杂的、高级的，其神经通路是暂时的，能适应变化莫测的客观环境。种族经验通过遗传为个体所具有，个体经验通过学习为个体所获得。因此，上述学习定义中所强调的是"个体经验"。

无论是动物的学习还是人的学习，都是发生在头脑里的内隐活动，人们至今仍不能直接观察到它的加工过程，所能看到的只是个体行为上的变化，所以我们只能以个体行为的变化作为判断、检验或衡量学习的唯一标志。需要注意的是，并不是任何行为的变化都意味着学习，比如疾病也能引起个体行为的变化，但这不是学习。在学习过程中，行为的变化是以经验的获得为依据的，获得经验并由经验支配、调节行为的过程才是学习。

（三）狭义的学习

狭义的学习是指人在社会生活实践中，以语言为中介，自觉地掌握人类社会历史经验和积累个体经验的过程。

人的学习以语言为中介。语言是各种事物和关系的概括化和抽象化的符号系统。语言代表一定的事物、关系、思想，并以一定的声音和形象客观存在着，从而被人们所感知。语言的这种特性使得它能够将人类认识活动的成果，即作为精神现象的知识经验物质化，使其变为可以传授和接受的对象，从而提供了人类个体掌握社会历史经验的可能性。

人的学习是自觉的、有目的的学习。人能自觉地掌握知识经验，改善知识结构，提高智力水平，加强品德修养。人能清楚地意识到自己为什么学习，应该学习什么，应该怎样学习。人还能反省自己的学习过程，改进学习方法，克服学习中的困难，提高学习效率。

人的学习是掌握社会历史经验与积累个体经验的过程。人除了和动物一样可以通过直接的方式积累个体经验外，还可以通过间接的方式继承人类社会历史经验，并将其变为自己的精神财富。人类有几千年的文明史，留下了大量宝贵的知识经验，掌握人类社会的历史经验在人的学习中占有重要地位。

二、现代学习观

传统学习观认为，学习是在一定的情境中，在教师有目的、有计划、有组织的系统指导下，学生求知并获得一定结果的实践活动。传统学习观强调教师的主导作用，学生在教师的安排、指导下进行学习，学习的内容集中在知识、技能方面。

现代学习观在继承传统学习观的基础上，突出以下理念：

（一）学习是学习者自觉主动的行为

现代学习观特别注重学习主体的需要、兴趣、性格、能力、经验、志向等内在潜质，尊重学习主体的自我选择和个性化发展。因此，现代学习观认为学习不只是对学习者的标准化、强制性的活动，更重要的是要成为学习者自觉主动的行为。

长期以来，人们对学习普遍存在着不恰当的价值取向，把学习看成“升学谋职”的手段、“升官发财”的资本。然而，在现代社会中，学习已经成为个人获得自由发展、提升生命价值的需要。只有认识到这一点，学习对人的发展意义才能真正体现出来，人在学习上的主体作用和内在潜质才能得到充分发挥。

（二）学习是学习者社会化的全部过程

传统学习观特别看重学习结果，认为有考试成绩的学习才是学习，而无考试成绩的学习不是学习。而现代学习观认为，所有通过感觉器官通向大脑的活动都是学习。德莱顿（Gorden Dryden）在《学习的革命》一书中指出：“我们所看，我们所听，我们所尝，我们所触，我们所嗅，我们所做，均为学习。”

心海导航

习近平总书记寄语广大青年

青年人正处于学习的黄金时期，应该把学习作为首要任务，作为一种责任、一种精神追求、一种生活方式，树立梦想从学习开始、事业靠本领成就的观念，让勤奋学习成为青春远航的动力，让增长本领成为青春搏击的能量。

——2013 年 5 月 4 日，在同各界优秀青年代表座谈时的讲话

青年有着大好机遇，关键是要迈稳步子、夯实根基、久久为功。心浮气躁，朝三暮四，学一门丢一门，干一行弃一行，无论为学还是创业，都是最忌讳的。

——2014 年 5 月 4 日，在北京大学师生座谈会上的讲话

我们对中国建设国际一流大学、培养国际一流人才充满自信。我们的胸襟是开放的，包容并蓄。幸福不是从天降，中国人民取得的成就是很了不起的，不要妄自菲薄，同时要自强不息。年青人在学校要心无旁骛，学成文武艺，报效祖国和人民，报效中华民族。同学们好好学吧！

——2016 年 4 月 26 日，考察中国科技大学时的讲话

现代学习观强调学习内容的广泛性，联合国国际 21 世纪教育委员会提出教育四大支柱：学会求知（learning to know）、学会做事（learning to do）、学会共处（learning to live together）、学会做人（learning to be）。之所以称其为“四大支柱”，是因为它们是支持现代人在信息社会有效工作、学习和生活，并能有效地应对各种危机的四种最基本的学习能力。

（三）学习还包括学习者的创造性学习

传统学习观重视知识经验的传承，只有接受、吸收和掌握了前人的知识经验并转化为自己的知识经验，才是学习。然而，以智力资本为特征的知识经济社会，更重视学习主体在实践活动中的创新，研究未知领域，发现新事物，揭示新规律，将人类对自然和社会的认识向前推进。

现代学习观强调学习不是被动地接受，而是能动地探究、发现和创造；强调走出课堂、学校，走近大自然，走向社会；强调不仅要“学会”，而且要“会学”；强调终生学习理念的建立和终生学习能力的培养。

第二节　大学学习的特点与要求

一、大学学习的特点

（一）教学模式多样化

大学和高中的教学模式不同，高中的教学模式更多的是教师讲，学生听，教师是课堂的中心。而大学的教学模式强调最大限度地开发学生智力和个人潜能，学生成为课堂的中心。大学

的教学模式除了一部分上课内容还有高中的“满堂灌”形式或影子，绝大部分的教学过程已经看不到高中教学模式的影子了。美国学者乔伊斯（Bruce Joyce）和韦尔（Marsha Well）归纳总结了四类大学教学模式：信息加工教学模式、人格发展教学模式、行为主义系统型教学模式、社会型教学模式。因此大学课堂的教学呈现方式也多种多样，有基于问题的教学呈现方式、基于探究的教学呈现方式、混合教学呈现方式、合作学习教学呈现方式，多采用小组讨论、案例分析、项目汇报等形式，有时还必须由学生自己来做实验或做调查、研讨来得出结论。

（二）学习方式方法不同

中学时期主要由老师课堂传授书本知识，教学方法为“填鸭”式、灌输式。大学除课堂教学信息量大外，还包含有实验、实习、讨论和社会实践活动等内容，教学方法多种多样。这些变化要求大学生学习必须具备自主性。

大学生学习活动的自主性，主要表现在自觉性和能动性两个方面。大学生的学习虽然也有老师讲课，但是在老师授课之后的理解、记忆、巩固等各个环节都必须由学生独立地去完成，这就需要有较强的学习自觉性，而不能像中学生那样由老师布置、检查和督促。另外，大学生对学习的内容有较大的选择性。中学强调升学，学习围绕高考的指挥棒转，学生学习活动主要是由教师和校方安排，学生没有多少选择余地。到了大学，虽然仍有专业的限制，但学生选择的余地很大，教师对大学生的学习内容也不加限制，相反，教师还鼓励学生广泛涉及各类知识。除必修课外，学校还开设了许多选修课，大学生可以根据自己的需要和兴趣有选择地听课、学习。此外，大学生自由支配的时间较多，有的人用来学习，有的人去打工挣钱，有的人从事自己喜爱的活动，也有的人不知如何利用这些时间。所以，在大学里你会发现，有的人忙得不可开交，有的人闲得难受。这就需要学生充分发挥主观能动性，统筹规划，合理安排自己的学习，选择适合自己的学习方法，以便在有限的时间内获得较高的学习效益，否则就会不得要领，忙乱不堪，或是浪费时间，收效甚微。

（三）学习内容具有专业性

中学的学习主要由语文、数学、英语、政治、历史、物理、化学、地理、生物等学科组成，属于基础教育。因此中学同一届的学生虽然分属各班，但学习内容是相同的。大学生是按国家需要培养的高级专门人才，从一入学就有一个专业定向的问题。因此，专业性是大学学习的一个显著特点，大学学习实际上是一种专业学习，不同的专业在课程设置、教学内容、教学安排和培养目标上存在很大的差异。每个大学生都必须学习自己的专业，掌握一定的实践技能，加强培养自己的职业专业素质。大学的专业学习有一个显著的特点，就是对学习内容广度和深度的要求比较高，学生不仅要学习基础知识，还要了解本领域高精尖的理论和最新的科研成果，不仅如此还要拓展自身知识面，注意学科之间的相互交叉和渗透。大学生对自己的专业是否有兴趣会直接影响学习热情，进而影响整个学习面貌与学习效果。

（四）学习具有探索和研究性质

大学生的学习具有研究和探索的性质。大学教师既是教师，也是科研工作者。大学是知识创新的基地，大学教师把自己的研究成果与国内外本学科的最新研究成果和发展动向介绍给学生，激发他们的创造热情，培养他们的创造能力。学生的思维也不能局限于死记硬背，而要向博采众长、确立个人见解的方向转变。学会用知识解决实际问题、撰写学术论文与专题调查报告，学习科学发现和发明的方法及创新过程等，这是大学学习最重要的特点。大学生应逐步养成良好的科研习惯，积极参与学术报告会、讨论会和教师的科研项目，有能力的学生还可以自行尝试科学研究。

二、大学学习的要求

（一）树立正确的学习目的

人的行动都具有目的性，目的对行动有激励和引导的作用，学习也是如此。树立正确的学习目的是大学生学习过程中重要的一环。所谓学习目的，是一个人对学习的社会意义和作用的自觉认识和追求，是其理想志向在学习生活中的具体体现。学习目的支配着一个人学习过程中的努力方向，赋予他的全部学习活动以内在的动力，因而对成才具有十分重要的意义。

大学生的学习目的具有多样性，总体而言，当代大学生的学习目的可以归纳为五个方面；分别是：追求科学真理，承担社会责任，回报父母期望，谋求幸福生活，实现个人价值。学习是一个漫长且辛苦的过程，肩负着祖国和人民重托的当代大学生要从自己的历史使命和责任出发，树立起为实现中华民族的伟大复兴而努力学习的崇高目的，并以此协调自己的动机体系，统帅自己的思想、感情和行动，其学习活动才能受到强大的激励，从而获得持久而稳定的效果。

（二）培养优良学风

部分大学生面对大学的学习时没有树立端正的态度，体现为学习的自制力不强、自觉性不高。学习的自制力不强，表现为在学习过程中常常随心所欲、做事懒散拖沓，遇到困难就打退堂鼓。自觉性不高体现在容易受到他人的干扰和影响，学习主要依靠他人的引导、督促才能完成。

大学阶段培养自身优良的学风是学会学习的重要体现。学风是指学习方面的风气，它包括学习态度、学习毅力、学习风格等内容，它是人们的学习品质和道德素质的体现。一个学生的学风是他的整个精神风貌和人格特征在学习过程中的体现和反映，树立了优良的学风又会反过来进一步丰富他的精神世界，推动他的人格朝着更加健全和完善的方向发展。因此，自觉培养优良学风是大学生成才的重要保证，同时也是大学生自我人格塑造的一项重要内容。大学生是未来的高级专门人才，学习活动将和我们终身相伴。党的十九大提出“办好继续教育，加快建设学习型社会，大力提高国民素质”的新要求。学习型社会包括各种形式的继续学习，而继续学习是一种时间分散、需要长期坚持并主要依靠自觉的学习。从这个意义上说，大学生应当自觉培养优良学风，良好的学习风气与习惯必然能成为个体一生中的一笔宝贵财富。

（三）掌握科学的学习方法

对大学生来说，大学学习不仅包括对专业知识、专业技能的学习，更重要的是对学习方法的学习。掌握良好的学习方法能受益终生，笛卡尔说过：“最有价值的学习是关于学习方法的学习。”有效的学习方法可以使学习达到事半功倍的效果。因此，掌握科学的学习方法是大学学习的首要任务。

学会学习首先要把握学习的一般规律。“预习—听课—复习—测验”是学习周期中的四个基本环节。在学习过程中充分做好课前预习，专心进行课中听讲，课后主动复习并查阅相关资料，及时地进行总结和巩固，这样才能在考试中立于不败之地，才能将学习获得的知识融会贯通，运用到实践中去，并进一步提升自己学习的能力。

学会学习要求大学生能够合理安排时间，使效能最大化。在倡导“低碳”的今天，合理安排时间就是学习领域内最大的“低碳”。大学生不仅应该注重课堂学习，应该充分参与丰富多彩的第二课堂生活之中，因为课余生活是增长知识和才干的重要途径。大学生课余活动可以分为以下几种类型：文体娱乐类、学术研究类、实践服务类。例如运动会、迎新晚会属于文体娱乐类的活动，专题讲座、报告等则属于学术研究类，大学生“三下乡”服务、志愿者活动则属于实践服务类的活动。大学生应该根据自己的发展目标、个人特长、兴趣爱好合理安排自己的时间，科学安排自己的课余活动。大学生安排课余活动需要注意以下几个方面：第一，课余活动的安排应达到促进个人德智体美劳全面发展的目的；第二，课余活动的安排应适合本人特点；第三，课余活动的安排应遵守充实而适度的原则，不要和学习主业相冲突而本末倒置。

学会学习还要求大学生学会科学用脑。我们在学习过程中要注意避免因学习时间过长、学习强度过大而给我们带来的一些负面影响。例如，有些学生非常注重学习，舍弃了娱乐放松的时间甚至连休息时间也投入到学业之中，由于休息时间不足，影响了第二天学习效率。还有一部分学生没有注重学习的效率、缺乏科学的学习方法，以致做了很多无用功，学习效率低下并因此产生很大的压力，造成学习疲劳。学习疲劳表现在心理层面就是注意力分散，记忆减退，思维迟钝，情绪烦躁、易怒、忧郁等；表现在身体上就是腰酸背痛、肌肉痉挛、眼球发胀发疼、疲倦等。所以大学生应该注意科学用脑、劳逸结合，顺应生物节律，养成生活有规律的好习惯，积极地锻炼身体，这样才能更好地提高学习效率。

心海探索

时间四象限

过程：

1. 生活中不同事项，其难度不同，耗费时间也不相同，请根据真实情况罗列以下几件事所花费的时间。

（1）堆积了好多脏衣服没洗，快没衣服穿了；

（2）三周后有计算机等级考试；

（3）参加各种部门协会的活动，完成相应任务；

（4）舍友们邀请你下午外出逛街 / 运动 / 远足；

(5) 长期以来你所坚持的一项活动，如阅读、运动、艺术等；

(6) 周一英语小测，需要背诵两篇课文；

(7) 图书馆借的书马上就要到期了；

(8) 辅导员打电话让你马上去办公室找他；

(9) 完成你所制定的学习计划；

(10) 同学/朋友找你聊天；

(11) 喜欢的电影/剧集/动漫/综艺节目更新了；

(12) 网络购物/微信/QQ/微博/游戏等活动。

2. 请谈谈这一天准备以怎样的顺序完成哪些事情，并阐述这样安排的原因。

3. 请根据“重要”与“紧急”两个维度将上述12件事划分到四个象限之中。

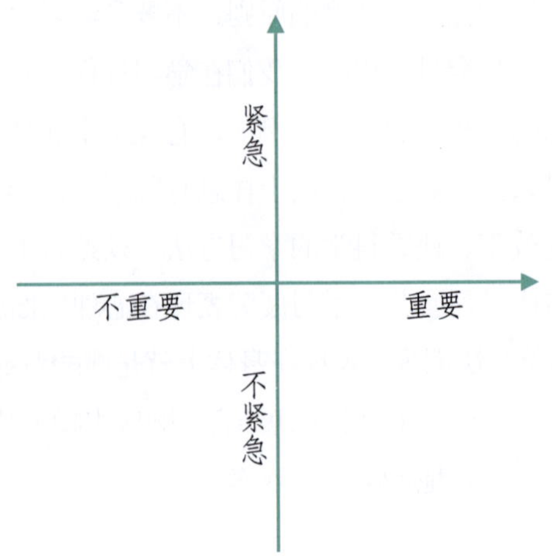

4. 观察步骤1的排序，你通常优先处理哪个象限的事务？忽视了哪个象限的事务？这种处理的方式是否合理？

5. 你认为这四个象限事务处理原则分别是什么？

重要又紧急：

重要不紧急：

紧急不重要：

不重要又不紧急：

心海链接

时间管理秘诀

人的一生两个最大的财富是你的才华和你的时间。才华越来越多，但是时间越来越少，我们的一生可以说是用时间来换取才华。如果时间一天天地流逝，而才华没有增加，那就是虚度了时光。所以，我们必须节省时间，有效率地使用时间。如何有效率地利用时间呢？下面几点建议也许能够帮助到你：

第一，把握“要事为先”的原则。著名时间管理专家德鲁克（Peter F. Drucker）说：“重要的事情先做，其他的事情根本不用考虑。”因此，每天醒来首先挑出最重要的三件事，即当天必须要做完的事。每天的工作和生活都有忙不完的事，想要面面俱到最后只能面面俱失。我们唯一能够做的就是分清轻重缓急，要明白急事不等于重要的事情。每天除了办又急又重要的事情外，一定要注意不要成为急事的奴隶。有些急但是不重要的事情，你要学会放弃，要学会恰当地拒绝他人。有时候重要的事情是困难的，但是请不要担心，个人效率教练夏尔·保罗说：“你会发现，你用来担心和计划的时间与你实际从事该任务所花的时间几乎是一样的”。

第二，记录时间，知道你的时间都用在哪里。挑一个星期，每天记录下每30分钟做的事情，然后做一个分类（例如：读书、准备GRE、和朋友聊天、社团活动等）和统计，看看自己在哪些方面花了太多的时间。要想改变与提高就必须先理清现状找到问题的关键。每天结束后，把一整天做的事记下来，每30分钟为一个单位（例如10:00—10:30散步，10:30—11:00阅读，11:00—11:30午餐，等等）。当天晚上分析你的时间分配，思考可以如何更有效率地安排你的时间？是否存在无意义活动占太大比例的现象？有没有方法可以增加效率？要知道，我们的一生是由一分一秒构成的，这些细小的瞬间就决定了我们人生的质量，想要过一个好的、有价值、有意义的生活就得规划好我们的每一天。

第三，化整为零。如果一个重要的事情需要花很长的时间，而生活中恰好难以找到大块的空余时间，那么最好的方法就是每次花15~30分钟或者更短的时间从事该项目。如果你做了前文所述的时间统计，你一定发现每天有很多时间流失了，例如等车、排队、走路、搭车等，可以用来背单词、打电话、日程安排等。无论当前的生活自己忙还是不忙，你可以事先计划好要利用碎片时间做哪些事，到你有空闲的时候有计划地拿出来做。

第三节　大学生常见的学习困扰与调适

一、学习动机不当

（一）学习动机不当的表现

相信不少学生有过这样的体验，有时候恨不得立即完成手头的任务，特别是这项任务能使我们更接近某些期望的目标的时候，如周末抓紧完成作业就可以和朋友参加聚会。有时候，特别是面对那些自己不愿意，却被周围人认为是我们“应该”做的事情的时候又会很拖延，例如不喜欢学习某一门课程却又为了学分不得不学习的时候。努力、放弃、拖延等行为背后的决定因素就是动机，动机是一种激发、引导、维持并使行为指向特定目标的力量，指向学习的动机就叫作学习动机。学习动机影响学习效率。适度的学习动机能提高学习效率，但过弱或过强的动机都会降低学习效率。

学习动机过弱的表现：1. 思想层面无明确的学习目标和学习计划，抱着得过且过的心态混日子，不考虑将来的前途问题，更遑论远大的理想与信念；2. 在学习活动中拖拉散漫，缺乏组织纪律性，例如旷课、迟到、早退、课上从事与课程无关事宜、作业抄袭、考试作弊等；3. 在日常生活里钟情于吃喝玩乐情而荒废学业，浪费自己的大好时光却无动于衷，常常通过沉迷游戏、小说或在网络世界中寻求精神寄托。

学习动机过强的表现：1. 期望过高，由于对自身缺乏合理的认识，制定的目标远远超过了自身的实际水平，长期无法达成目标不仅挫伤学习的积极性，甚至导致自卑、抑郁等心理问题；2. 把学习的效用夸大化，存在比较极端的信念，不合理的夸大化的信念会使人产生巨大的心理压力，常伴随着学习焦虑和考试焦虑等现象，例如这门课程没学好会挂科，挂科可能会留级，甚至拿不到毕业证，没有毕业证就找不到好工作，没有好工作就无法成家立业，这辈子就毁了，结论是这门课没学好那么将来的人生就毁了。

心海链接

动机与需要

为了更好地理解动机，我们要向内观察自己，关注我们的需要。需要是一种激发我们寻求满足的紧张状态。动机是需要的内在表现。著名心理学家马斯洛（Abraham H. Maslow）认为我们的需要由低到高分为五个层次。只有在基本需要得到相对的满足之后，人们才能体验到高层次的需要。这五个层次的需要分别为生理需要、安全需要、社交需要、尊重需要、自我实现需要。越高层次需要得到满足的人越少。

马斯洛认为，低层次未能满足的需要具有强大的紧迫性。一旦满足了给定的需要等级，人们就比较容易被上一层次的需要所激励。马斯洛还指出，我们只能相对地满足自己的需要。他曾经做过统计，一般人的生理需要的满足程度只能达到 85%，安全需要达到 70%，社交需要达到 50%，尊重需要达到 40%，而自我实现的需要仅达到 10%。因此人总是不断努力来满足需要。更为重要的是我们不会满足于达到一种稳定和谐的状态。相反，一旦我们在生理上和心理上达到相对满足后，成长需要会激发我们更高的动机。这就解释了为什么成功人士很少满足于过往的成绩。

（二）学习动机调适

耶基斯（Yerks）和多德森（Dodson）研究发现，动机强度与工作效率之间呈现一种特定的函数关系，动机过弱或动机过强都会使工作效率下降，各种活动都存在一个最佳的动机水平。学习任务难度较小时，可适当提高学习动机；学习任务难度较大时，应适当降低学习动机。如图 6-1 所示：

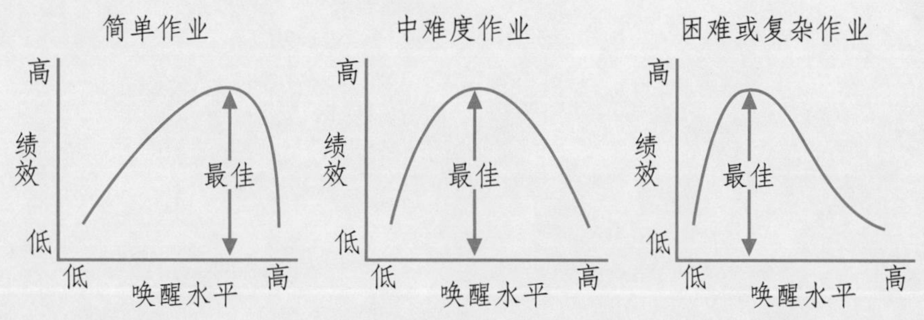

图 6-1　动机与工作效率的关系

同时，动机可分为外部动机和内部动机。外部动机是由个体所从事的活动以外的刺激诱发而产生的动机。活动本身并不能给个体带来直接的满足，但通过这种活动得到的收获令个体满足。例如，学生为了避免教师的批评而努力学习，或者为了获得奖学金而学习。内部动机指个体对所从事的活动本身有兴趣而产生的动机。美国哈佛大学心理学教授布鲁纳指出，内部动机是由三种内驱力引起的，一是好奇的内驱力，即求知欲；二是好胜的内驱力，即求成欲；三是互惠的内驱力，即需要和睦共处协作活动。

大学阶段的学习不应当仅仅受外部动机驱使，否则当外部动机难以被满足时，学习的动力也就随之消失。内部动机更持久、更有利于保持你对学习的热情。激发内部动机的方法有很多，可以尝试将书本所学到的知识运用于实践，获得成就感；也可以给自己定下若干小目标，挑战自身能力；当然还可以呼朋唤友，在知识的海洋里翱翔，相互促进共同成长，这何尝不是一种乐趣呢？

心海探索

学习再体验

过程：

1. 选取目前正在学习的1~3个科目，并将科目的名称、学分、用途、难度、满意度、努力程度、收获等内容填写在下方的表格内。

学科1：

学分	
用途	
难度	
努力度	
收获	
满意度	

学科2：

学分	
用途	
难度	
努力度	
收获	
满意度	

学科3：

学分	
用途	
难度	
努力度	
收获	
满意度	

2. 寻找与自己喜好学科相同的人形成知音小组。每个小组都上台分享自己对于这门学科的理解，可以从以下几个方面进行分享：

（1）具体谈谈这门课吸引你的原因，可以是某个瞬间、课程的某个具体内容、个人的经历等。

（2）你认为这门课开设的意义、用途是什么？

（3）这门课让你有哪些具体的收获，希望达成怎样的目标？

（4）对于喜欢和不喜欢的科目，你的学习行为与学习效率有什么不同？

（5）与高中相比，大学的学习动力是什么，有怎样的学习目标？

3. 聚焦你不满意的学科，准备做出怎样的应对或改变，包括学习动力、投入程度等，并记录下来。

二、学习怠惰心理

（一）学习怠惰心理的表现

怠惰指懈怠，懒惰，不勤奋。“怠惰”一词语出《商君书·显令》：“怠惰之民不游，费资之民不作。”主要形容人们懒惰不上进的状态。大学生的学习倦怠反映了大学生消极的学习心理，指的是当学生对学习没有兴趣或缺乏动力却又不得不坚持学习，因此感到厌烦，从而体验到一种身心俱疲的心理状态，行为上表现为消极对待学习活动。连榕等人将学习倦怠的表现划分为情绪低落、行为不当、成就感低等三个方面。情绪低落，反映大学生由于不能很好地处理学习中的问题与要求，表现出倦怠、沮丧、缺乏兴趣等情绪特征；行为不当，反映大学生由于厌倦学习而表现出逃课、不听课、迟到、早退、不交作业等行为特征；成就感低，反映大学生在学习过程中体验到低成就的感受，或指完成学习任务时因能力不足导致的学习能力上的低成就感。

学习怠惰程度较轻的大学生能维持正常学习，但是没有自发明确的学习目的，学习的行为缺乏坚持性和主动性，学习的动力不是来自大学生个体的内部主观因素，而是来自外部的原因，例如为了应付考试而学习。这部分学生平时的学习遵循实用主义的态度，考试考什么就学什么，超过考试范围的就不予理睬，属于典型的为学习而学习，为考试而学习。学习始终不能进入积极主动的状态，从而对学习总是采取一种敷衍和应付的态度，信奉“学不在深，及格就行，60分万岁，多1分浪费”。

学习怠惰程度严重的学生把混文凭作为读大学的终极目的，对学习没有任何兴趣。无心听课，不记笔记，不做作业，甚至干脆放弃学习，迟到、早退甚至旷课成为家常便饭。大学里的宝贵时光都用于吃喝玩乐、刷剧聊天、网络游戏、谈情说爱等活动上。这部分学生由于平时根本不学习，只能期待期末考试之前任课老师划重点、划范围。为了考试能够通过可以不择手段，在考场上夹带纸条、小抄，甚至雇佣枪手代考。

（二）学习怠情调适

1. 树立正确的人生观、世界观和价值观

大学生学习怠惰产生的原因，从根本上来说，是大学生没有树立正确的人生观、世界观和价值观，没有确立远大的学习目标。大学生如果不能建立积极的行为模式，不能使自己的学习处于积极状态，就会丧失学习的能量，形成一种消极、懈怠的思想状态，被消极情绪所笼罩。敬爱的周恩来总理曾多次强调要“活到老、学到老、改造到老”。大学生只有拥有正确的世界观、人生观、价值观，学习怠惰才会从根源上得到解决。可以从以下几方面树立正确的“三观”：首先，认真学习世界观、人生观和价值观的相关基本理论，从思想上提高觉悟，认识树立正确的世界观、人生观、价值观的重要意义；其次，积极参加社会实践，在实践中加强锻炼。比如参加志愿者活动、参加社区实践活动等实际行动，把自己的知识、信念和理想融入自己的日常生活之中，加深对世界、对社会、对人生的感性认识，“积小善以成大德”。最后，树立终身学习的观念，不断改造自己的世界观、人生观、价值观。

2. 激发专业的学习兴趣和热情

关于专业选择这件事，有的同学是因为喜欢而选择，但往往大多数学生是因为选择而喜欢。这也告诉我们专业兴趣通常并非一蹴而就，而是需要在大学生活中有意识地培养。研究表明，兴趣的形成与发展，大都经历了无趣—有趣—乐趣—志趣的过程。对于报考专业与录取专业相符的大学生而言，他们是幸运的，大学的学习尽可以大量阅读文献，拓展知识面，培养专业素养。对于被调剂专业的同学也不必感到沮丧，可以主动采取措施来培养自己对所学专业的兴趣。例如，可以积极参加专业相关的实践活动，实践活动有助于激发同学们的学习兴趣和增强自身专业能力。在实践中加深对专业知

> **心海探索**
>
> **坚持到底**
>
> 过程：
>
> 1. 全班同学按体操队形站立，每个人抬起双臂，伸直向胸前平举，身体不准晃动，坚持5分钟，看谁能坚持到最后，谁能够挑战自我坚持更长时间。
>
> 2. 若中途有学生实在无法坚持，请面向班级同学真诚地说：“我实在坚持不了，我放弃”。
>
> 讨论：
>
> 1. 请畅谈对本活动的感想。
>
> 2. 你曾发现自身的潜力吗？这是一种怎样的体验？

识的印象，在轻松愉悦的氛围之中获取知识。

“这个世界从来都不缺少美，而是缺少发现美的眼睛。”发现所学学科之美，也许你就会爱上这门学科。世界上不少著名的成功者的兴趣都是经过转移和调整的。马克思原先爱好的是诗歌，歌德原来喜欢的是美术，发明电报的莫尔斯原来是个画家。由此可见，同学们完全有可能将自己的兴趣转移到自身所学专业上来。

三、学习自卑心理

（一）学习自卑心理的表现

大学里有部分学生因为知识基础较差、学习能力偏低，长期以来因学习成绩不佳存在自卑心理，来到大学后在学习过程中难免会遇到一些困难，进一步加深自卑封闭心理。还有一部分大学生认为家庭条件、自身才能等方面不如其他同学，在课堂上不敢积极发言，课后不敢向老师和学长请教，不愿意参加学校组织的各项学习竞赛，久而久之在学习方面缺乏信心。调查显示，39% 的大学生在学习过程中存在一定的自卑心理。自卑在心理学上指自我否定，主要是低估自己的能力，觉得自己各方面不如他人，主要表现为自我怀疑、自我贬低、自我鄙视、自我责备、自我逃避、自我放弃。自卑心理是阻碍学习进步的大敌，是学习者消极对待学习活动的行为反应模式。学习者一旦产生这种病态心理，必然出现厌学、倦学、逃学的负面情绪，主要表现为在情感上抵触、厌烦学习，在态度上消极对待学习，在行为上主动远离学习。

（二）学习自卑心理的调适

克服学习自卑心理最重要的是提高对于学习的自我效能感。自我效能感是指个体对自己能否成功地进行某一活动的主观判断，与自我能力感是同义词。自我效能感不仅影响大学生的学习活动的选择、学习的努力程度和学习活动中的情形，而且影响学习任务的最终完成情况。增强自我效能感的前提是要学会接纳自我：一是客观评价自己的优缺点、所读学校和专业优劣势，不要盲目地与周围同学或以前的同学进行横向和纵向比较；二是尽快走出过往考试失败的阴影，正确认识高等教育的特殊性及其重要意义，认识到通过大学期间的努力可以有更加光明的前途。另外，增强学习的自我效能感，可以通过形成适当的预期来实现。虽然设定难度较低的学业目标可能会比较容易取得进步获得满足感，但与此同时也难以了解自己解决挑战性任务的能力；反过来，如果一开始就设定难度太大的任务，往往会导致失败，而失败的结果会降低学生的自我效能感和学习动机。因此，只有当任务具有一定的挑战性而又并非无法完成，并且个体能从任务完成过程中获得有关自己能力的信息时，才能增强自我效能感。

老子云：“胜人者力，自胜者强。”产生自卑心理的大学生要把参照物从他人身上转移到自己身上，自己和自己比较。只要能够在学习中战胜自身内在的主观障碍，那么每个人都是胜利者。把自己的目标定为自己的今天比昨天表现得更好，要争做对国家尽忠、对父母尽孝、对单位尽责、对他人尽心的新时代大学生，要争做阳光、大气、善良、感恩的新青年，要争做忠诚、团结、实干、创新的奋进者，要争做插上理想和毅力翅膀的追梦人。

中国原子能事业奠基人钱三强（节选）
——严谨治学，敢于质疑

1946年夏，钱三强正在法国巴黎大学居里实验室做研究。在参加英国皇家学会举行的纪念牛顿诞辰300周年庆祝会时，他注意到，报告中的一张照片清晰地记录了核乳胶研究原子核裂变实验的径迹。在展示二分裂变碎片径迹时，投影中突然出现了一个三叉形状的径迹，报告人未作解释，与会专家也没有提出异议。

当时国际上一般认为，原子核分裂只可能分为两个碎片，为什么照片上会出现三叉形状？钱三强默默将这个问题记在心里。

回到巴黎，钱三强立马请来助手开展裂变实验，妻子何泽慧也加入了团队。因为长时间集中注意力观测，钱三强时不时会头痛，身体也因为姿势固定僵化，周身各部位酸胀，或像针刺一样难忍。一向不叫苦的他开玩笑说："这确实是一种需要一点毅力的工作。"

1946年11月18日，钱三强领导研究小组整理出第一篇关于三分裂的实验报告。短短两页纸的报告，附注了5例三分裂径迹照片和翔实的测量数据，均指向一个结论：原子核裂变可能一分为三。

这篇题为《俘获中子引起的铀的三分裂》的文章很快引起国际关注，紧接着，钱三强夫妇的研究成果再次震惊世界：他们给出了四分叉形状的径迹，提出四分裂存在的可能性。

这一系列工作被他的导师约里奥·居里夫妇称作第二次世界大战以后，居里实验室第一个最重要的工作。虽然有权威科学家的肯定，但当时多个国家的核物理实验室并不买账。他们不相信一个名不见经传的研究组能够推翻前人的结论，在核物理领域做出如此重要的发现。

英国科学家费瑟就是其中之一。他看到关于四分裂的报道后，致电钱三强，表示想到巴黎实地看一看。钱三强原原本本向他和团队展示了详细的径迹测量、分析和回归计算方法。结果费瑟和他的团队回到英国后，自己做实验，只找到了足够多的三分裂径迹，没有四分裂。1947年，他发文否定了钱三强的结论。

一些不同的声音并没有动摇钱三强对自己工作的判断。随着三分裂、四分裂被更多人发现，国际科技界认可了这对中国年轻人的贡献，钱三强和何泽慧被誉为"中国的居里夫妇"。

1947年，钱三强在法国科学界已经站住了脚，同事都以为他一定会继续留在法国。怀着建设祖国的愿望，1948年5月，钱三强夫妇抱着刚刚半岁的女儿告别老师，远涉重洋返回故土。新中国成立后，他参与了中国科学院的组建工作，为中国原子能科学事业的创立、发展奠定了基础。1999年，钱三强被追授“两弹一星功勋奖章”。

《人民日报》记者 喻思南
来源：中国军网．传承·大力弘扬科学家精神｜中国原子能事业奠基人钱三强——严谨治学，敢于质疑 [N/OL].（2020-12-01）[2022-07-28]. http://www.81.cn/rw/2020-12/01/content_9945326.htm.

心海探索

识别你的优势

过程：

1. 每个人最大的成长空间在于其优势领域，要多花时间把自己的优势发挥到极致，而不是花很多时间去弥补劣势。很多同学总是放大自己的劣势，忽略自己的优势。其实，从统计学的角度来说，十全十美或一无是处的人属于凤毛麟角，大部分人都有自己的优势。你的优势是什么，你知道吗？请你把它们写下来。

我的优势是：

2. 请你通过回答以下问题试着回顾和描述自己能做的事情，总结相应的优势：

（1）别人认为我什么最出色？

（2）我自己最拿手的是什么？

（3）详细描述你做过的最得意的一件事，包括事情的概况、当时遭遇的困难、采取的解决办法、最终的结果，以及在这件事中体现了你的什么能力。把思考的结果写下来，并与班级同学分享。

3. 请试一试下面介绍的几种识别自己优势的方法。

（1）不假思索的反应：没有经过相关的教育与培训，在某些方面却能力出众。譬如流行歌手郑智化不识五线谱，但却创作出了不少颇受欢迎的歌曲。有销售天赋的人，天生就可以很快拉近和陌生人的距离，并且容易与别人保持良好的关系。如果缺乏这方面的能力，绞尽脑汁也未必有好的效果。

（2）学得快：从小到大，你与同班同学接受的都是同样的课程与教育，但科目不同，大家的学习能力也有不同，学习成绩相差很大。

（3）渴望：你经常希望运用这些能力去做事情。譬如你擅长写作，可能就会想从事文字编辑工作或作家；你对数字很敏感，就想做财务。

（4）满足：运用这些能力以后，你会很开心，很有成就感。譬如运用出色的沟通能力与表达能力，你在学校完成了一次重要的晚会主持工作，你肯定会兴奋不已。

4. 运用以上方法，你对自己的优势是否多了一些了解？如何在学习和未来的工作中发挥你的优势？请把你的感悟写下来。

心海链接

多元智力理论

人们最擅长学什么以及最适合的学习方法并不相同。例如，有的同学喜欢边听音乐边写作业，有的同学喜欢在安静的环境下学习；有的人上午学习效率高，有的人则需要夜深人静时才能集中精神。学习者在完成学习任务时表现出一贯的、典型的、独具个人特色的学习策略和学习倾向就是学习风格。在不同风格的背后，起决定作用的是人的智力类型。

传统的智力理论认为人类的认知是一元的，个体的智能是单一的、可量化的，但是哈佛大学教育学教授霍华德·加德纳从解决问题方式的角度提出了多元智力的理论。他把人的智力分为8种，分别是语词智能、自然智能、内省智能、人际智能、身体动觉智能、音乐智能、视觉空间智能、数学－逻辑智能。该理论认为，不存在单纯的某种智力和达到目标的唯一方法，每个人都会用自己的方式来发掘各自的大脑资源，这种为达到目的所发挥的各种个人才智才是真正的智力，造就了人与人之间的不同。没有人能够学会需要学会的一切东西，更有效的成功之道是选择适宜自己的方式，在自己最擅长和喜欢的智力领域学习研究。各种智力类型擅长的学习方式如表6-1所示：

表 6-1 多元智力类型与优势特点

智力类型	擅长
语词智能	有很好的听觉能力，喜欢阅读、写作，对名称、时间、地点的记忆能力强，喜欢讲故事。用听和说的方式学习效果最好。
数学－逻辑智能	喜欢研究图形和关系，喜欢完成有一连串指令的工作。通过把知识分类，利用抽象思维找到一般规律的学习效果最好。
视觉空间智能	喜欢通过阅读、看视频和观察的方法学习。喜欢形象思维，通过阅读书本，特别是做标识的形式学习效果最好。
音乐智能	对声音很敏感，学习的时候喜欢周围有声音刺激例如听音乐，喜欢声调和节拍。通过优美的音乐旋律学习效果最好。
身体动觉智能	运用四肢和躯干的能力，表现为能够较好地控制自己的身体，对事件能够做出恰当的身体反应。适合身体操作、协调的学习方式。
人际智能	与人相处和交往的能力，表现为觉察、体验他人情绪、情感和意图并据此做出适宜反应的能力。通过叙述、分享和参与合作的形式学习效果最好。
内省智能	认识洞察和反省自身的能力，喜欢独处，能意识到自己的优缺点和各种感觉，有创造性思维，喜欢反思，独立学习的效果更好。
自然智能	认识世界、适应世界的能力，是一种在自然世界里辨别差异的能力。通过自己直接观察和体验的学习效果最好。

四、考试焦虑

考试焦虑是大学生中较常见的焦虑形式。考试焦虑是由于担心考试失败或渴望获得更好的分数而产生的一种忧虑、紧张的心理状态。考试焦虑在考试前数天就可能表现出来，随着考试日期的临近而日益严重。例如，一位有严重考试焦虑的大学生在咨询中讲到，自己在每一次考试，特别是比较重要的考试之前，都会做一些关于考试情境的梦，并且在梦里感到极度焦虑，醒后仍心有余悸，倍感疲惫。在复习过程中也是紧张不安，总担心自己考砸了。这种焦虑情绪在考试开始时最为明显。焦虑情绪严重影响了他的考试成绩，而成绩不好又使其担心失败的心理加重，从而在面临下一次考试时，焦虑反应更加明显，由此陷入恶性循环，一遇到考试就产生严重的焦虑情绪。

（一）考试焦虑的表现

在认知方面，表现为过分关注考试的成败。一方面是认知过载，过分重视考试结果，考好了会怎么样，考差了会怎么样，使心理负担过重；另一方面是认知缺陷，焦虑情绪使记忆力下降，注意力集中在考试的成败上，难以集中在学习活动上。正是由于认知过载造成认知缺陷。

在情绪方面，出现一些过强的情绪反应。考试焦虑最常见的情绪反应有紧张、不安、担心、忧虑、恐惧等，严重时还伴随着一系列的自主神经症状，如有的学生出现心跳加速、呼吸加快、恶心呕吐；有的人出虚汗、脸色苍白、手心发凉；有的人坐立不安，需要经常变换姿势，手颤抖，不能正常地答卷；还有个别人一进考场就想上厕所。上述这些都属于焦虑的典型症状。

在行为方面，最常见的不良行为是逃避。这是考试焦虑者错误的自我保护机制。例如，某些学习成绩不好的学生，不是把时间和精力放在学习上来提高学习成绩，而是把时间和精力花在消遣娱乐、谈情说爱上，试图以学习之外的活动，转移因学习压力给自己带来的焦虑与不安。

（二）考试焦虑的原因

1. 学业表现不佳。或是由于学习能力不强，或是由于精力投入不足，又或是由于学习方法不当，致使该学习的东西没有学会，该掌握的知识没有掌握好。面临考试时，心虚、怯场，担心考试不及格，从而引发考试焦虑。

2. 自我评价较低。有的同学虽然学习能力不弱，但自我评价较低，总认为自己能力不行、自己不如别人，总担心考试失败，缺乏自信心，充满自卑感，从而引发考试焦虑。

3. 考试期望过高。有的同学对考试成绩的期望值过高，远远超过自己的实际能力，由于力所不及，给自己增加了很大的心理压力，心理负担过重容易引发考试焦虑。

（三）考试焦虑调适

1. 改变不合理认知

合理情绪疗法理论认为，引起人们情绪困扰的并不是外界发生的事件，而是人们对事件的态度、看法评价等认知内容，因此要改变情绪困扰不是致力于改变外部事件，而是应该改变认知，通过改变认知进而改变情绪。因此，大学生应该意识到不恰当的自我认识和评价是造成考试焦虑的关键，要形成正确的考试认知，明确考试只是衡量学习效果的手段之一，考试成绩不能全面反映一个人的学习能力和知识水平，更不能决定一个人的前途和命运，不要把考试成绩看得太重。在日常的考试中应积极主动地通过理智和意志来控制和调节情绪。

2. 调整抱负水平

考试期望值过高，心理压力过大，容易引发考试焦虑。因此，首先应降低过高的考试期望值，根据自己一贯的学习成绩，确立一个比自己平时成绩略高一点的期望值。这样既有利于发挥自身的潜力，又有利于防止考试焦虑。

其次，要学会恰当地估计自己的能力，既相信自己的能力水平，又能实事求是。要看到自己的实力，相信自己的实力，回忆往日的成功经历有助于提高自我评价，克服自卑心理，以良好的心态面对考试。重视学习的过程而不是考试的结果。

3. 认真学习和复习

大学阶段应该致力于提高自身的学习能力、改进学习方法，投入更多的时间和精力把该学的知识学好，充分地复习巩固，做到举一反三、触类旁通。俗话说“打铁还需自身硬”，有了应对考试的实力，可以有效地克服因心虚、怯场而引发的考试焦虑。这是克服考试焦虑最根本、最有效的措施。平时学习做到刻苦勤奋，考试时就会“艺高胆大”，充满信心；考前全面复习，尽量熟悉考试题型、要求、时间、地点等，做到心中有数，胸有成竹。

4. 劳逸结合

科学用脑，讲究方法，注意营养，劳逸结合，睡眠充足，维护神经系统的正常机能，保证充沛的精力、清醒的头脑和良好的身心状态，是缓解考试焦虑的有效途径。

心海探索

考试焦虑程度测试

如果你想了解自己是否有考试焦虑，以及这种焦虑的程度如何，是否严重到了影响自己考试成绩和神经功能的地步，请你认真完成下面的这个测试。本测试共有33项描述，请根据自己的实际情况打分，与自己的情况“很符合”记3分，“较符合”记2分，“较不符合”记1分，“很不符合”记0分，完成后将各项得分相加获得总分。

1. 在重要的考试前几天，我就坐立不安了。
2. 临近考试时，我就拉肚子了。
3. 一想到考试即将来临，身体就会发僵。
4. 在考试前，我总感觉到苦恼。
5. 在考试前，我感到烦躁，脾气变坏。
6. 在紧张的温课期间，常会想到：“这次考试要是得到个坏分数怎么办？”
7. 越临近考试，我的注意力越难集中。
8. 一想到马上就要考试了，参加任何文娱活动都感到没劲。
9. 在考试前，我总预感到这次考试将要考坏。
10. 在考试前，我常做关于考试的梦。
11. 到了考试那天，我就不安起来。
12. 当听到开始考试的铃响了，我的心马上紧张地急跳起来。
13. 遇到重要的考试，我的脑子就变得比平时迟钝。
14. 看到考试题目越多、越难，我越感到不安。
15. 在考试中，我的手会变得冰凉。
16. 在考试时，我感到十分紧张。
17. 一遇到很难的考试，我就担心自己会不及格。
18. 在紧张的考试中，我却会想些与考试无关的事情，注意力集中不起来。

19. 在考试时，我会紧张得连平时记得滚瓜烂熟的知识都回忆不起来。
20. 在考试中，我会沉浸在空想之中，一时忘了自己是在考试。
21. 在考试中，我想上厕所的次数比平时多些。
22. 在考试时，即使不热，我也会浑身出汗。
23. 在考试时，我紧张得手发僵，写字不流畅。
24. 考试时，我经常会看错题目。
25. 在进行重要的考试时，我的头就会痛起来。
26. 发现剩下的时间来不及做完全部题目，我就急得手足无措、浑身大汗。
27. 如果我考了个坏分数，家长或教师会严厉地指责我。
28. 在考试后，发现自己懂的题目没有答对时，就十分生自己的气。
29. 有几次在重要的考试之后，我腹泻了。
30. 我对考试十分厌烦。
31. 只要考试不记成绩，我就会喜欢进行考试。
32. 考试不应当在现在这样的紧张状态下进行。
33. 不进行考试，我能学到更多的知识。

评分：

若总分为 0~24 分属“镇定”，说明你能以较轻松的态度对待考试。若分值很低，说明你对考试毫不在乎。

若总分为 25~49 分属“轻度焦虑”，说明你面临考试时有点惶恐不安，但这是正常的。轻度焦虑会有助于考试成绩的提高。

若总分为 50~74 分属“中度焦虑”，说明你面临考试时心情过于激动，焦虑感过高，难以考出实际水平，并可能影响心身健康。

若总分为 75~99 分属“重度焦虑”，说明你在考试前很长一段时间内会感到焦虑、恐惧，复习效率降低，睡眠和饮食受到影响，可能会导致一些心因性疾病。考试时往往会“怯场”，严重影响学习水平的正常发挥，对心身健康很不利，有必要求助于心理咨询或心理治疗。

若焦虑程度处于中度或重度，就要引起重视，可求助于家长、教师和心理咨询师。

心海探索

缓解焦虑大作战

过程：

1. 你曾经经历过考试焦虑吗？考试焦虑是一种怎么样的体验？你是如何应对考试焦虑的？

2. 请全班同学组成小组，通过头脑风暴法发掘可以避免或克服考试焦虑的方法。每一位成员必须说出一种以上的方法，并记录下来。

3. 听完其他组关于克服考试焦虑的建议之后，对你有什么启发?

第四节 大学生学习策略的培养

一、学习策略概述

学习策略是指学习者为了提高学习效率和学习质量，有目的、有意识地制定有关学习过程的计划与方案。目前学者一般认为学习策略是指学习者在学习活动中有效的学习程序、规则、方法、技巧及调控方式。学习策略的目的就是帮助学习者控制学习的信息加工系统，以便有效地储存和提取信息。就学习策路的本质而言，由于学习策略是一种策略性知识，它储存在长时记忆中，包括信息加工流程所有环节使用的方法和技术，如注意、精细加工、组织编码等。其中，复述、精细加工和组织编码是对信息进行直接加工，在加工过程中使用的方法和技术等属于认知策略；而对信息加工的控制过程则控制着信息的流程，监控与指导个体认知过程的进行，属于自我监控策略。由此可见，学习策略既参与信息加工又对其进行控制。

二、常用的学习策略

（一）有效的复习策略

1. 及时复习，一鼓作气

进入大学以后，随着课程量逐渐增多和内容难度逐步提高，要求学生记忆的内容也就越来越多，专业性越来越高，难度也越来越大。许多学生不懂得科学地进行记忆，导致遗忘现象非常普遍和严重，经常出现“记不住”现象。因此，他们深感苦恼，以至于有不少学生怀疑自己记忆力是不是越来越差，甚至怀疑是不是罹患什么疾病。

其实，心理学研究表明，进入大学阶段的个体正处于记忆的黄金时期，这时的记忆功能非常活跃，记忆力非常好，记忆力下降的情况是少之又少的（除非身体健康问题的影响）。另外，科学实验证明，正常人脑的记忆储容量高达 1012 ~ 1015 比特（一个信息量单位叫 1 比特）。这个数字表明人的记忆力具有巨大的潜力。

德国心理学家艾宾浩斯（Hermann Ebbinghaus）最早对记忆中的遗忘现象进行系统的实验

研究。他以自己为被试，以无意义音节为记忆材料，发现在学习后的不同时间段内，记忆的保持水平是不同的。刚学完时保持量最大，在学后的短时间内保持量急剧下降，然后保持量逐渐稳定地下降，最后达到稳定水平。这条曲线常常被称为遗忘曲线。两千多年前，孔子也说过“温故而知新，可以为师矣”，所以及时复习非常重要。

2. 分散复习，事半功倍

集中复习是指集中一段时间进行重复性的强化复习，与集中复习相对的是分散复习。分散复习是指在复习过程中把需要掌握的资料，分散在几个相隔不太长的时间内不断地复习，到记熟为止。有研究表明，分散复习的效果不论在记忆的持久性还是记忆的准确性上都要优于集中复习。

不少学生反映在复习过程中最大的问题是记不住，记了前边忘了后边；有的学生很用功，把书从头到尾翻一遍，到头来只记得开头和结尾，慢慢地就丧失了复习的信心。这其中的原因在于学习和回忆之间受到其他刺激的干扰。比如前边学习的内容干扰后面学习的内容，叫作前摄抑制；如果后来学习的内容干扰前边学习的内容，就叫作倒摄抑制。

在一项实验中，被试被要求识记四个无意义音节表。分析被试对每个音节表的遗忘情况，发现被试对第一个音节表（即首先识记的）遗忘量最少，第二个音节表次之，第三个音节表又次之，对第四个音节表遗忘得最多。这一结果表明，在对无意义材料的识记中，前摄抑制是造成遗忘的重要原因之一。至于对有意义的材料的识记，由于联系较多，较易分化，受前摄抑制的影响可能较少。

后学习的材料对先学习的材料的保持和回忆起干扰作用称为倒摄抑制。倒摄抑制受前后两种学习材料的类似程度、难度、时间的安排以及识记的巩固程度等各种因素的制约。

在先后学习的材料完全相同时，后来的学习即是复习，不会产生倒摄抑制。在学习材料由完全相同向完全不同逐步变化时，倒摄抑制的作用也随之逐渐变化：开始时抑制作用逐步增加，材料的相似性达到某一程度时，抑制作用最大；此后抑制作用便逐渐减低，直到两种材料完全不同时，抑制作用就非常小了。

前摄抑制和倒摄抑制一般产生于学习两种不同但又彼此类似的材料时。但是，在学习一种材料的过程中也会出现这两种抑制现象。例如，识记一个较长的字表或一篇文章，一般总是材料的首尾容易记住，不易遗忘，而中间部分则常常识记较难，也容易遗忘。这是由于识记材料开始部分只受倒摄抑制的影响，识记终末部分只受前摄抑制的影响，而在识记中间部分时则同时受这两种抑制的作用。

综上，为了使记忆巩固，在组织学习活动时，应当考虑到复习材料之间的相互影响。尽量使前后相邻接的学习活动在内容方面有所区分，这样更有助于得到较好的学习效果。

3. 多感官协同参与复习

心理学研究表明，参与收集信息的感官越多，获得的信息就越丰富，所学的知识也就越扎实。多种感觉器官协同参与记忆，要比一种感觉器官孤军作战单独记忆的效果好。这种多感官协同活动，提高感知效果的作用叫协同定律。

心理学研究发现，人从不同感觉器官得到的信息记忆效果也不相同。一般来说，人类通过语言形式从听觉获得的知识能够记住 15%，从视觉获得知识能够记住 25%。但是如果把听觉和视觉结合起来，就能记住从这两个感官通道所获得的知识的 65%。也就是说，把视觉和听觉协同起来一起发挥作用，记忆效果远远好于单独运用它们所获得的结果。只靠上课听讲，遗忘得最快。有效的学习，与其用耳听，不如用眼看，更不如眼看口读，最好还是亲身去做。将看到的、听到的书本的理论与现实生活结合起来，并利用理论分析说明复杂多变的社会现象，获得的收获会更大，对所学知识的理解会更加深刻。

（二）精加工策略

精加工策略是一种将新学知识与既有知识联系起来，从而增加新信息的意义的深层加工策略。精细加工策略可以帮助学习者将其已经知道的知识和要学习与记忆的知识联系起来。通过对材料进行精细加工，学生可以建构起材料的意义并沿着过往记忆的线索存储新信息。需要注意的是，精细加工和复述策略的区别在于复述只是单纯的重复，而精细加工是结合已有的知识去理解，并且在原有材料的基础上增添新的信息，结合新旧信息进行加工。常用的精加工策略如下：

1. 位置记忆法。位置记忆法是指学习者在头脑中创建一幅熟悉的场景，在这个场景中确定一条明确的路线，在这条路线上确定一些特定的点，然后将所要记的项目全都视觉化，并按顺序与这条路线上的各个点联系起来。

2. 缩略词法。是将识记材料的每条内容简化成一个关键性的字或字母，然后形成一个缩写词或者一个句子，变成自己熟悉的事物，从而将材料与过去经验联系起来。

3. 语义联想。通过联想，将新材料与旧知识联系在一起，赋予新材料以更多的意义。要在理解的基础上，把旧知识当作“衣钩”来“挂住”新材料。

4. 生成性学习。生成表象和类比，如图形、图像、表格和图解等，以加强深层理解。比如学习了《苏州园林》之后，自己画出苏州园林的景象。

5. 做笔记。俗话说“好记性不如烂笔头”，在学习过程中借助笔记可以有效地控制认知加工过程，保持较高的学习专注度，提升学习的掌控感和兴趣。做笔记通常包括做记号、留批注、摘抄、思维导图等方式。对于关键信息可以用笔勾画出来，最好用多色的荧光笔进行勾画，增强视觉冲击力进而加深印象。同时还可以将自己的学习感悟和想法以旁批的形式写在材料的空白处。将书中的重点内容和自己特别感兴趣的部分摘抄到笔记本上，并做好摘抄记录也是一种很好的学习方式。应用思维导图的方式则将大篇幅的学习材料凝练出主要的框架结构和基本重点，并以此为指导，拓展相关的知识要点。做笔记需要视觉、触觉等多个感官协同参与，既能帮助学习者深入思考、精细加工学习材料，也有助于提高记忆效果，减少遗忘。

（三）组织加工策略

大学的专业学习内容纷繁复杂，评判学习效果不能只看掌握知识的数量，更重要的是能否掌握整个知识结构。要形成知识结构需要不断建构新旧知识之间的内在联系，搭建知识的结构与框架，将各科目之间零散孤立的知识整合为一个整体。组织策略是指对相关内容进行归纳整理的过程，整合所学新知识之间、新旧知识之间的内在联系，形成新的知识结构。常用的组织策略有列提纲、利用图形和表格、归类策略等，具体如下：

1. 列提纲。列提纲就是将所要学习材料的要点列成纲，以促进对材料掌握的一种学习策略。

2. 利用图形和表格。学习之后，可以将学习材料归类整理，将主要信息归纳为不同水平或不同部分，形成一个系统结构图。流程图可用来表现步骤、事件和阶段的顺序，它一般是从左向右展开，用箭头连接各步。网络关系图可以图解各种观点是如何相互联系的，一般主要观点位于网络关系图的正中，支持性的观点位于主要观点的周围。

3. 归纳策略。运用归纳的方法对材料的特征或类别进行整理。例如把掌握的英语单词进行归类，分为学习、生活、社交、娱乐、体育等类别，使之便于记忆。归纳策略有利于将新旧知识相互联系，构成一个整体，形成一个结构，是行之有效的学习方法。

心海探索

康奈尔笔记法

康奈尔笔记法又叫作5R笔记法，是康奈尔大学的研究人员总结出的一种有效的笔记方法。这一方法适用于讲授或阅读课，特别适用于听课笔记。这种方法是记与学、思考与运用相结合的有效方法。笔记分为主栏、回忆栏和思考栏三部分，样式如图6-2所示。感兴趣的同学可以选择一两门课尝试该笔记方式。

<table>
<tr><td colspan="2">课程名称：　　　　　　　　任课教师：
章节：
上课时间：</td></tr>
<tr><td>主栏：</td><td>副栏：</td></tr>
<tr><td colspan="2">思考栏：</td></tr>
</table>

图6-2　康奈尔笔记表

康奈尔笔记具体方法如下：

1. 记录（Record）：在听讲或阅读过程中，在主栏内记录有意义的论据、概念等内容。

2. 简化（Reduce）：下课后尽可能及时将这些论据、概念简明扼要地概括并记录在副栏（可称为回忆栏）。

3. 背诵（Recite）：把主栏遮住，只用副栏中的摘记作为提示，尽量完整地用自己的语言复述课堂上讲过的内容。

4. 思考（Reflect）：将自己的学习感想、意见、经验体会等内容，与讲课内容区分开，记录在思考栏。

5. 复习（Review）：每周花10分钟左右时间，快速复习笔记，主要看副栏，适当看主栏。

使用康奈尔笔记法之后，你有怎样的体验或思考？请记录下来。

需要注意区分精加工策略和组织加工策略。精加工策略是把新信息与头脑中原有的旧信息建立联系，使新信息更有意义，从而促进对新信息的理解和记忆的深层加工策略。组织加工策略是整合所学新知识之间、新旧知识之间的内在联系，形成新的知识结构。组织加工策略的实质就是将材料由繁到简、由无序到有序进行处理的一种学习方法。

参考文献

[1] 陈建 . 大学生心理健康教育 [M]. 北京：北京理工大学出版社，2011.
[2] 黄希庭，郑涌 . 心理学导论 [M]. 北京：人民教育出版社，2015.
[3]JOYCE B，WELL M，CALHOUN E. 教学模式 [M]. 荆建华，等译 . 北京：中国轻工业出版社，2002.
[4] 李庶泉，耿润 . 大学生心理健康教育 [M]. 天津：南开大学出版社，2015.
[5] 连榕，张本钰 . 大学生心理健康 [M]. 第 2 版 . 北京：北京师范大学出版社，2016.
[6] 彭聃龄．普通心理学 [M]．北京：北京师范大学出版社，2003.
[7] 梁宁建 . 心理学导论 [M]. 上海：上海教育出版社，2011.
[8] 王水仙，陈海波，董晓薇 . 大学生心理健康教育 [M]. 长春：吉林大学出版社，2014.

（周　曦）

第七章　自我认识与整合

在希腊德尔菲神庙阿波罗神殿门前有一句箴言：认识你自己。现代心理学认为，我们所了解和认识到的自己，可能只是冰山的一角，只占自己非常小的一部分。对大学生而言，通过不断地问自己“我是谁”，扩大对自我的认识，学会接纳自我、整合自我，从而更好地促进心理健康与自我成长。

本章从“什么是自我”开始，首先介绍自我的概念、分类以及自我的发展，其次展现大学生常见的自我偏差，最后聚焦大学生的自我认识与自我整合。

第一节　自我的概述

一、自我的概念

自我（self），主要是指对自己身心活动的觉察，即自己对自己的认识。

二、自我的分类

（一）从形式上划分

从形式上划分，即从知、情、意三方面进行分析，自我由自我认知、自我体验和自我调节（或自我控制）三部分构成。

1. 自我认知

自我认知是自我意识中的认知成分与首要成分，也是自我调节控制的心理基础。自我认知是主观自我对客观自我的认识与评价，是自己对自己身心特征的认识，它包括自我感觉、自我概念、自我观察、自我分析、自我评价等。

自我认知主要涉及的是“我是一个什么样的人”类似的问题，如我是一个女孩、我是一个高高瘦瘦的人、我是一个积极向上的人、我是个好人等。

2. 自我体验

自我体验是自我意识在情感方面的表现，是主体对自身的认知而引发的内心情感体验，是主观的我对客观的我所持有的一种情绪体验，如自信、自卑、自尊、自满、内疚、羞耻等都是自我体验。

自我体验主要涉及“我是否对自己满意”“我是否喜欢自己”等类似的问题，往往与自我认识、自我评价有关。当个体对自我的认识与评价是消极的，个体容易体验到消极的情绪，如自卑、羞耻、内疚等；当个体对自我的评价是积极的，个体容易体验到积极的情绪，如自信、自尊、自我价值感等。

3. 自我调节

自我调节是自我意识的意志成分，主要表现为个体对自己的行为、活动和态度的调控，包括自我检查、自我监督、自我控制等。自我检查是个体在头脑中将自己的活动结果与活动目的加以比较、对照的过程。自我监督是个体以其良心或内在的行为准则对自己的言行进行监督的过程。自我控制是个体对自身认知、情绪、行为等心理活动的主动掌握。

自我调节主要涉及的是“我该如何调节自己的行为”“我该如何成为我想成为的人”等类似的问题。

自我认知、自我体验、自我调节三者相互作用、相互影响。如个体对自我的认知是“我是一个不怕挫折、勇往直前的人”，当遇到困难时，个体对自我有清晰的认识，能够调节自己的行为，克服困难，最终战胜难题，个体体验到激动、开心、自信等积极情绪，而这积极的体验与成功的经验会强化个体对自我的认识。

（二）从内容上划分

从内容上划分，自我可以分为生理自我、心理自我、社会自我。

1. 生理自我

生理自我指个体对自身躯体的认识以及对躯体感受的觉知，包括个体对自己的躯体、形体、容貌、年龄、健康状况等生理特质的认识，以及在每一个当下对生理感受的体验，是个体在生命早期最初和最重要的自我部分。如果个体在其生命的早期，得到敏感的、合适的照顾，个体则能够整合躯体的感受和经验，否则，躯体的体验也可能被否认、被解离、被扭曲。

当个体对生理自我有着不客观的认识，不能接纳生理自我，容易产生消极情绪，如对容貌的评价过低，产生过度焦虑，容易陷入自卑的情绪，或做出过度整形的行为等。

2. 心理自我

心理自我指个体对自己的稳定的心理特征的认识，包括智力、兴趣、爱好、气质、性格等，以及在与社会、他人互动过程中对自我的感受、情绪和行动的觉察和理解。

对自我的心理特征有客观正确的认识，有助于大学生更好地进行职业规划、自我调节。

3. 社会自我

社会自我指个体对自己在社会生活中所担任的各种社会角色的认识，包括对各种角色关系、角色地位、角色技能和角色体验的认识，以及对与他人互动过程中的自我品质的认识和体验。

个体在不同的阶段，有不同的社会自我。对自我的各种社会角色的清晰认识，有助于个体承担起自己相对应的责任与义务，从而更好地立足社会，获得成长。

（三）其他划分

1. 主体我和客体我

自我分为主体我（I）和客体我（me），主体我是作为认知者的我，起观察者、评价者和调节者的作用；客体我是作为主体认知的对象的我，充当被观察、被评价和被调节的角色。如我认为我是胖的，前一个我是作为观察客体的我，即主体我，后一个作为被观察的我，是客体我。

2. 理想我和现实我

理想我是我们根据社会和重要他人的期望，在自己头脑中塑造的自我形象，如我希望大学毕业之时，我是一个活泼开朗的人。现实我是实际生活中现实的知识、经验、能力、关系等构成的真实的自我。当理想我与现实我有一定的差距，并且个体通过努力，可以成为理想我，那么这样的理想我能够激励个体积极向上。

3. 过去自我、现在自我、将来自我

过去自我、现在自我与将来自我表现为，我是稳定的存在，在时间轴上是连续、一致、统一的，过去有据，未来可期。

三、自我的发展

自我意识作为人类特有的一种复杂的心理现象，从出生起要经历从无到有，从不完善到逐步完善，直到成熟的发展过程，大约需要经过 20 多年的时间。

（一）自我意识萌生时期

现代心理学研究通过让婴幼儿在镜子前，观察婴幼儿是否产生自我指向行为或者自我指向行为是否增多为标志来确定婴幼儿自我意识的发展。刚出生的婴儿是没有自我意识的，不能区分自己和外界事物的差别，生活在主客体未分化的状态，例如：他经常吮吸自己的手指头，就像吮吸自己母亲的乳头一样津津有味，因为他把母亲当作他自己的一部分。

哈特（Hatter）的研究表明，婴幼儿在 9 ~ 12 个月左右，开始出现主体的我，婴幼儿会将自己作为主体，改变动作，从而引起镜中动作的变化；12 ~ 15 个月的时候，婴幼儿能够能把自己的动作和动作对象区别开来，主体我得到了进一步发展；15 ~ 18 个月，婴幼儿在镜子前能够摸摸自己鼻子上的红点，开始发展客体我；18 ~ 24 个月，婴幼儿逐渐学会用代词“我”来代表自己，客体我得到了进一步发展。

3 岁左右的婴幼儿，自我意识得到了新的发展，主要表现有三点：①出现了羞愧感与疑虑感。当做错了事时，婴幼儿会感到羞愧；当碰到矛盾时，婴幼儿会感到疑虑。②出现了占有欲和嫉妒感。婴幼儿看到自己喜欢的东西，就想独自占有，不愿与人共享；如果母亲对其他婴儿表现出关心和喜爱，他会产生强烈的嫉妒感。③第一人称“我”使用频率提高，许多事情都要求“我自己来”，开始有了自我独立的要求。应该说，3 岁左右的婴幼儿的自我意识已经有了一定的发展，但其行为仍然是以自我为中心的，即以自己的想法解释外部世界，并把自己的想法和情感投射到外界事物上去。

（二）自我意识形成时期

从 3 岁到青春期这段时期，是个体接受社会化影响最深的时期，也是角色学习的重要时期。个体在家庭、学校、社会中游戏、学习、劳动，通过模仿、认同、练习等方式，逐步形成各种角色观念，如性别角色、家庭角色、伙伴角色、学生角色等，并能有意识地调节控制自己的行动。虽然个体也积极关注自己的内部世界，但他们主要依据别人的观点去评价事物、认识他人，对自己的认识也服从于权威或同伴的评价。

这一时期，他们开始能意识到自己在人际关系、社会关系中的作用和地位，能意识到自己所承担的社会义务和享有的社会权利等。角色意识的形成，标志着个体的社会自我概念逐渐形成。因此，这段时期是个体获得、形成和发展社会自我的时期。

（三）自我意识的发展时期

从青春发育期到青春后期大约 10 年时间，是心理自我的发展时期，自我观念渐趋成熟。进入青春期以后，个体的视线由外向内转移，开始关注自己的内心世界和内心体验，开始去思考“我是谁”“我是个怎样的人”等问题。

处在青春期的个体，无论生理、认知或情绪等方面，都有很大变化，如性的成熟、逻辑思维和想象力的发展、感受性的敏感，都是自我意识发展的基础。这一时期，个人的自我意识具有以下特点：①自我意识分为主体我和客体我，因而个人就能从自己的观点出发，认识和考量自己的心理活动；②个体能够透过自我去认识客观世界，即由自我的观点来认识事物而不是从他人的观点去考量事物；③个体价值体系的发展和理想自我的活动，总是与自我观念的发展相联系。这个时期，个体常常强调自己个性特征的重要性，以及认定自己追求的目标对于自己的重要性。由于自我意识的发展，处于该阶段的个体要求独立、自主的意识更加强烈，更想摆脱成年人的影响束缚。

一般地讲，这个阶段的个体自我意识的发展，经历着一个特别明显而典型的分化、矛盾和统一的过程。而自我明显的分化，意味着自我矛盾冲突的加剧，即主体我与客体我、理想我与现实我的矛盾斗争加剧。这些自我的不同方面不能统一，自我形象便不能确立，自我概念也不能形成。于是个体表现出明显的内心冲突，甚至有一定的内心痛苦和激烈的不安感。他们对自我的评价常常是矛盾的，对自我的态度常常是波动的，对自我的控制常常是不自觉、不果断的。常常表现为他们可能忽而只看到自己的这一方面，又忽而只看到自己的那一方面；时而能时而又不能较客观地评价自己；时而肯定自己，时而又否定自己；时而感到自己什么都行，时而又感到自己特别幼稚；时而步入憧憬境界，对自己的现实缺乏意识，时而又厌恶自己年龄增长，反而对那令人留恋的童年津津乐道；时而对自己充满自信，时而又感到自己无能，对自己不满，等等。

（四）自我意识完善时期

如果说青春期是自我意识迅速发展并趋向成熟的阶段，那么青年期之后个体的自我意识则是完善和提高阶段。即主体我与客体我、理想我与现实我经过激烈的矛盾和斗争，重新实现统一的时期。这种统一是在新的水平与方向上的协调一致，使主体我与客体我尽可能一致、现实我努力符合理想我的要求。当然，矛盾斗争的结果有两种可能性，一种是积极的结果：形成新的真实的自我统一，个体信心增强、努力奋斗、积极向上、朝气蓬勃，有利于自身发展，成为四有好青年；另一种消极的结果：个体形成歪曲的自我统一，或自卑、或自负，影响自身的成长和发展。

自我意识的形成和发展的过程，正是一个人人格成长的过程，忽视了每一阶段的健康成长，都会给人带来终生的遗憾。

心海链接

自我同一性

心理学家埃里克森认为，自我是人格中一个相对强大、独立的部分，执行着许多建设性的功能，其根本作用是建立人的同一性和满足人控制外部环境的需要。在他看来，个体的整个生命周期可以分为8个发展阶段，每一个阶段都会遇到特定的危机，或者人格发展上的转折点，每一个阶段也都有特定的心理任务。当个体克服处理好这些危机后，才能顺利进入下一个阶段。

比如，青少年时期可能是人的一生中最困难的时期。在这一时期，如果青少年对于“我是谁”“我的过去、现在及未来是什么样的”等问题有更好的认识，则能够较好地获得同一性。他们能独立决定个人价值观和宗教问题，理解自己是怎样的人，并接受和欣赏自己。如若青少年在这一阶段不能形成良好的同一性，他们就会出现角色混乱。在寻找同一性的过程中，青少年会加入各种小团体、小社团，为自己设置各种目标，甚至尝试退学，不停地换环境等。而进入成年初期后，个体则要面临下一个挑战：确立亲密关系。年轻人寻求着一种特殊的关系以发展亲密感，如若失败，则会面临情感孤独。

表7-1 埃里克森的人格发展阶段理论

时　期	大致年龄	危　机
婴儿期	0~2岁	信任对不信任：如果父母这时候给予婴儿足够的爱，婴儿会产生基本的信任感。
幼儿期	2~4岁	自主性对羞怯和怀疑：父母在对儿童的行为进行一定限制的同时，也给予儿童自主选择的权利，可以更好地培养儿童的自主性，使其可以决定做什么和不能做什么。
儿童早期	4~7岁	主动性对内疚：这个时期儿童的活动更加丰富，父母给予儿童肯定，能使得儿童的主动性增加。
小学期	7~12岁	勤奋对自卑：这个时期属于小学阶段，主要活动为学校学习，可以在学习中培养勤奋感。
青少年期	12~18岁	同一性对角色混乱：若青少年在该时期，对于“我是谁”“我该怎样适应社会”“我未来怎样发展”等问题有更好的认识，则能促进同一性的形成。
成年早期	18~25岁	亲密对孤独：该时期个体面临着与他人建立亲密关系的任务，该任务的顺利完成，能够有效地避免孤独感。
成年期	25~50岁	繁衍对停滞：这时期的主要任务是建立家庭和事业。
老年期	50岁及以后	自我完善对失望：当前面阶段顺利渡过后，回忆自己的过去，会有完善感。

第二节　常见的自我意识的偏差

正确客观地认识自我，对个体的认知、情绪及行为表现有较大影响。如果个体对自身的主观认识与周围他人对自己客观评价差距过于悬殊，会使个体与周围的家人、朋友、同学、老师等之间的关系失去平衡、产生矛盾，长期以来，将对个体在人际关系、个人成长等方面造成不利影响，影响个体心理健康。对于大学生而言，常见的自我意识的偏差可以从自我认知、自我体验、自我调节三个方面来看，主要体现在以下几方面：

一、自我认知的偏差

随着自我意识的不断发展，大学生没有了高考的压力、没有了父母的管束，有了更多充足的时间和机会，逐渐的越来越多关注自我，通过不断的尝试，不断的体验，更好地认识自己。适度的自我关注、自我分析有利于大学生正确、客观地认识自己，有助于正确地意识到自己的行为和做法，从而及时适当地调整自己的不当行为，克服自己的不足。但若大学生有过强的自尊心、自信心、优越感和独立性，过于关注自己，就比较容易出现过分以自我为中心的现象。过分自我中心的人，往往想问题和做事情都从“我”出发，不能进行客观地思考和分析问题，颐指气使，盛气凌人，这样容易导致他们无法客观认识自我。同时，因为以自我为中心，也不容易去理解到他人的行为与反应。因此，在建立友谊、亲密关系等方面容易出现更多的矛盾，人际关系也会受到一定的影响。

对于这部分大学生而言，日常生活中多听听他人的意见，学会自我反思，学会从他人的角度出发看待问题与理解他人，从而更好地自我成长。

从众行为是指在群体的舆论压力下，个体放弃自己的个人意见而与大多数人保持一致的自我保护行为。著名心理学家所罗门·阿希（Solomon E. Asch）在1956年进行了从众现象的研究，结果表明至少有三分之一的被试会从众，有三分之二的人至少有过一次从众行为，因此从众是一种普遍的心理现象。而有些大学生自我意识较为薄弱，独立性缺乏，不清楚自己想要的是什么，遇到事情没有主见，随波逐流，缺乏自己的世界观、人生观、价值观，表现出过分的从众倾向。

对于这部分大学生而言，需要多了解自己、认识自己，明确自己的内在需要，建立自己的内在规则，从而更好地生活、学习、人际交往等。

二、自我体验的偏差

自卑是一种对自我的否定，对自己缺乏正确、客观的认识。通常，每个个体或多或少都对自己的某些方面有过不满意，即自卑的体验。心理学家阿德勒对自卑感有特殊的理解，指以一个人认为自己的能力或自己的环境和天赋不如别人的自卑观念为核心的潜意识欲望、情感所组成的一种复杂心理。他认为自卑并不是坏的情感，而是每个人在追求更加优越的地位和更加美好的人生过程中必然出现的心理反应，自卑虽是反复失败的结果，但也是驱使人变得优秀的力量。适度的自卑感能让人更有动力去改变自己、超越自我，但过度自卑感容易造成从对某个方面的不满泛化到对整个自我的不满和否定，目光总盯着自己的缺点、不足和失误，忽略自己的优点与长处，不敢轻易去做自己想做的事情，畏首畏尾，随声附和，缺乏独立主见，一遇到有错误的事情就归因于自己，或者过分补偿，拒绝接纳自我。

有过度自卑感体验的大学生，在日常生活中多关注自己的优点，发掘自己的优势，勇于尝试与挑战，不怕犯错，遇到事情客观的进行归因。若是自己有哪些方面的不足，具体地归于某个方面，而不归于是自己这个人的不足。

自负是一种自我膨胀，过度的自信。大学生有强烈的自尊心和荣誉感，好胜、好强且不甘落后，这是正常且常见的，但如果不把握好“度”的问题，就会物极必反，容易产生自负体验。过度的自信容易让人缺乏自我批评，看不到自身的缺点与不足，不允许、不接受他人的批评，唯我独尊，自我中心，盛气凌人。这类个体遇到事情容易认为自己是对的而把错误都归于他人身上，把自己的意志强加在别人身上，容易与他人产生冲突与矛盾，很难维持一段深厚的友谊等。过度的争强好胜与自信也容易导致个体变得虚伪做作和装腔作势，为了追求人际交往中他人对自己言行和人格的尊重，千方百计掩饰自己的缺点和短处，不惜一切手段维护自己“面子”，自尊心逐渐转化为虚荣心。

对于有自负感的大学生，在生活、人际交往中，多听取他人的意见与反馈，学会自我反思，勇于接纳与承认自己的不足，毕竟人无完人，每个人都有自己的缺点。

实际上，自卑和自负是紧密联系的，有强烈自负感的人在内心深处往往是极度自卑的。过度的自负心理和自卑心理都会影响大学生的人际关系、心理健康与人格成熟，是不容忽视的自我意识的偏差，是自信的误区。

三、自我调节的偏差

放纵是指个体不能克制自己的情绪、约束自己的行为，“跟着感觉走”。虽然大学生在自我调节上具有自觉性、主动性，但自我调节能力还有待

心海导航

直面大战大考，坚定“四个自信”（节选）

党的十八大以来，习近平总书记反复强调要坚定中国特色社会主义道路自信、理论自信、制度自信、文化自信。2019 年末至 2020 年初新冠肺炎疫情暴发，是新中国成立以来，在我国遭遇的传播速度最快、感染范围最广、防控难度最大的一次重大突发公共卫生事件。疫情发生以来，在以习近平同志为核心的党中央集中统一领导下，全国上下齐心协力、众志成城打响了一场疫情防控的人民战争、总体战、阻击战，再次彰显了中国共产党领导和中国特色社会主义制度的显著优势。正如习近平总书记曾指出的那样，“当今世界，要说哪个政党、哪个国家、哪个民族能够自信的话，那中国共产党、中华人民共和国、中华民族是最有理由自信的。”中国特色社会主义是中国共产党领导中国人民在改革开放 40 多年的伟大实践中干出来的。

来源：周铁根．直面大战大考 坚定“四个自信” [N]. 新华日报，2020-03-17（16）．

提高。在大学生活中，由原来父母与老师的管控、没有太多自由的状态，一下子变成了没人管、时间很多的状态，一方面，有些大学生容易过度地放纵自我，沉迷于游戏、小说等；另一方面，一些学生在追求上进时，往往会遇到一些挫折与困难，在过去遇到难题有老师和父母的帮忙，现在需要自己学习去面对、解决。有些大学生容易情绪波动，在困难面前望而生畏、自我放弃、退缩，缺乏毅力、恒心和决心，情感上易于冲动，对待问题容易偏激和情绪化，往往缺乏理性，自我控制能力不足，虽然在羡慕他人在某方面成绩优异时会提醒自己努力，但是过程中稍有挫折或困难便放弃。对自己的将来抱着走一步看一步的态度，没有具体的奋斗目标，整日沉于游戏玩乐或不切实际的幻想期望中，无所事事，过于放纵自己。

对于过度放纵自己的大学生，一方面，在日常生活中要有意识地培养自己抗挫折的能力，遇到困难时要提醒自己：我能行，我一定可以克服的，从而一点点地提高抗挫折的信心与能力；另一方面，逐渐培养规划生活的能力，日常生活需要一定的目标与计划，避免无所事事、游手好闲。

逆反心理也是大学生自我意识发展中的一种非理性的产物。逆反是指个体在生理基本成熟、心理迅速走向成熟而未真正达到成熟的时候，渴望在思想上、行动上乃至经济上尽快独立，从而具有很强的独立意识和批判精神，强调个人意志的心理状态。逆反心理的实质是为了寻求独立、寻求自我肯定，为了抵抗和排除在他们看来压抑自我的那种外在力量，从而保护逐渐形成的较弱的自我，这是青春期阶段心理发展的必然要求。正因为如此，青春期被称为第二反抗期，它具有双重性，一方面是独立意识，另一方面是不能确切地把握反抗而表现出逆反心理，一般表现为：不分正确与错误、精华与糟粕，一概排斥，其感情成分很大，不加思考地拒绝和对抗，有时只是为了反抗而反抗。逆反的对象主要是家长、老师以及社会宣传的观念和典型人物等外界权威，其结果是阻碍了学习新的或正确的经验，不利于大学生的健康成长。

对于存在过度逆反行为的大学生，在日常生活中要注重自我觉察，时常反省自己的行为，用理智战胜冲动，逐渐形成正确的价值观、人生观、世界观，对于他人的观点能够从正反两方面去看待，能够将他人观点与自我的价值观进行对比，从而吸取精华反对糟粕。

大学生在自我意识发展过程中出现的种种偏差或缺陷，是由他们的身心状况和时代特点所决定的，是其心理发展尚未成熟的表现，是正常且普遍的。但面对这些偏差和缺陷必须加以调整，只有这样才能促进大学生自我意识的统一，促进心理的发展成熟，从而走向成功。

第三节　认识自我的途径

老子曰："知人者智，自知者明。"另有古人曰："人贵有自知之明。"对于现代的我们来说，虽然学习了很多的文化经验、科学知识，但对于自我却知之不多。这是因为人对自己的心理不能像量血压、身高一样有一个客观尺度，即使是心理测量也较难百分之百的准确衡量，而且人对自身的认识往往缺乏一定的积极性和坚持性，容易产生当事者迷的情况。

孔子有言："吾日三省吾身。"常常自我观察、自我反省，能够更加准确、全面、客观地了解自己，大学生可以尝试从以下几方面认识自我：

一、通过自省认识自己

自我观察和分析个体的性格、认知、能力体现在学习、工作、生活的各个方面。有意识地观察自己在生活中遇到挑战、成功、挫折、矛盾冲突等不同情境时的内心活动，描绘自己的情绪、情感体验，评价自己的个性特征和行为表现等。

对于大学生而言，通过积极参加实践活动和社会交往，在实践中充分认识自己、发展自己，给自己多创造一些从不同角度、不同层次全面认识和评价自我的机会。例如：在参加社会实践活动过程中，尝试观察自己，看看自己遇事有什么样的情绪反应、生理变化等；问问自己，是否喜欢这项实践活动，观察自己的行为与内心的需要是否一致等，从而更好地在参加社会实践活动时认识自己是怎样的一个人。通过在不同的场合、情境中不断地停下来反省自己，从而构成了对自己的全面认识，能够清楚地认识到自己在什么样的情境下是怎样的一个人，认识到自己如何能够更好地满足自我的内在需要，更好地生活学习。

心海探索

猜火车

过程：

1. 在"冰淇淋"图形的位置中写出描述自己的三个关键词，然后，逐一感受这些关键词，给相应的"冰淇淋"涂上能够代表自己感受的颜色；

2. 在"小火车车厢"中，写出现在，你认为在父母、亲戚、一般朋友、密友、恋人、普通同学、陌生人眼中的自己是什么样的人，并根据你认为这些人对自己的感受将相应的"小火车车厢"涂色。

心海探索

自画像

过程：

1. 在空白处上画一幅自画像，“自画像”可以是形象的肖像画，也可以是抽象的比喻画（例如动物，或者自己生活中的场景），但是这幅自画像必须能代表你自己。

2. 自画像画好之后，请在画像空白处写下自己心中的“我”，即用一些形容词描述自己。例如外向、内向、开朗乐观、安静、随性等能形容自己个性的词语或短句。

二、通过他人了解自己

唐太宗李世民说过："以铜为镜，可以正衣冠；以史为镜，可以知兴衰；以人为镜，可以知得失。"人们通常会通过他人的言行举止、衣着外貌等来认识和评价他人，在这个过程中也学会了像认识他人一样地认识自己。

他人是自我的一面镜子，他人的评价有助于我们认识我们被自己忽略的一面，他人的反馈可以帮助我们形成对自己更为客观、完整、清晰的认知。同时，我们也不能过度在乎他人的评价，他人的态度、评价、反馈等有时难免偏颇，因为在评价他人时，常常是从自己的既有框架出发，受自己的价值观、人生观、过去经验等的影响，容易形成主观判断，与对象真正的样子不一致。因此，这就需要我们多用几面"镜子"，学会观察和分析大多数人对自己的态度，从而更加客观地认识和评价自己，用理性的心态面对他人的评价是走向成熟的表现。

三、通过集体了解自己

社会心理学家费斯汀格（Leon Festinger）提出了社会比较理论，该理论假设：人们有想要知道自己真实样子的需要，可以通过将自己和他人进行比较来满足这种需要。社会环境中群体成员提供了大量的参照物，个体在与他人的比较中逐渐形成对自己的认识和评价。当个体发现对自我的评价和条件相仿的他人一致时，就加强了自我评价的信心，提高了安全感；相反，如果发现有差距，内心会觉得受到了很大的威胁。

那么，为了获得客观准确的信息，应当如何与他人进行比较？首先，将行为的前提条件和结果一起比较，弄清真正的原因；其次，将可变因素纳入比较范围，激励自己进一步发展；再次，选择和自己条件相似的人比较，避免盲目自信和不必要的自卑。通过观察自己在宿舍、班级、社团、学校等集体中的位置和作用，认识自己的性格特征、能力的差异；观察自己在公共生活中的举止表现来认识自己为人处世、解决问题、社会适应等方面的能力。

人的一生是在不断成长变化的，认识自我是一场永恒的探索之旅。处在自我意识迅速发展阶段的大学生，更应该积极主动地去认识自我、塑造自我、完善自我，从而按照社会发展规律和时代要求，把自己培养成社会所需要的人才。

虽然我们知道自我认识的重要性，但当我们开始踏上自我认识的旅途时，还是会发现困难重重：

首先，我们不太习惯停下来，有意识地自我认识。每当有空的时候，我们会做各种各样的事，比如聊天、听音乐、做运动、玩手机等，不太习惯停下来，关注自己的呼吸以及内在。

其次，在自我反省的时候，我们会受到自己原有的认知模式的限制。比如，自卑的人无法正常看待自己的优点，在自我反省时，常常会出现诸如"不够聪明""不够漂亮""不自主""不灵活"等带有评判性质的杂音，自己会感觉厌烦。这时，应反思你对自己这些批评是否熟悉，从哪里获得、是否完全属实、自己是否认同，这样便能接近更真实的自己。

最后，当下遇到的一些尚待解决的问题、过去的生活以及经历中有过的创伤，都可能使我们感受到情绪困扰，从而使自己要么无从了解自我的真实感受，要么陷入情绪的漩涡，无法自拔。

心海探索

让纸条飞一会

过程：

1. 全体同学原位不动，将自己的姓名写在横线上，然后在纸的中央写上描述自己的关键词，用一个图形将这些关键词框起来，然后把书本传给班级里的其他同学。

2. 收到他人的书本后，请你在上面写下你对他/她的印象，尽可能通过一件事情具体、客观、真实地描述他/她，之后将纸条传给下一位同学。

3. 进行若干次传递后，将书本物归原主。

4. 收到自己的书本后，看看他人的评价是否与你对自己的认识一致？若有不一致，思考该如何理解这样的不一致。

姓名：________________

心海导航

坚持自我革命（节选）

党的十九届六中全会通过的《中共中央关于党的百年奋斗重大成就和历史经验的决议》（以下简称《决议》），深刻总结了中国共产党百年奋斗的十条历史经验，“坚持自我革命”就是其中之一。坚持自我革命，揭示了百年大党风华正茂的基因密码，对于我们在新时代新征程上进一步增强自我革命的思想自觉和行动自觉，确保党在新时代坚持和发展中国特色社会主义的历史进程中始终成为坚强领导核心，具有重大而深远的意义。

《决议》指出：“先进的马克思主义政党不是天生的，而是在不断自我革命中淬炼而成的。”我们党的伟大不在于不犯错误，而在于从不讳疾忌医，积极开展批评与自我批评，敢于直面问题，勇于自我革命。党的伟大自我革命引领伟大社会革命，成为中国革命、建设、改革不断从胜利走向胜利的根本保证。新时代党的自我革命鲜明体现在全面从严治党力挽狂澜，从根本上扭转了管党治党宽松软状况，校正了党和国家前进的航向，解决了党和国家事业发展带有全局性、根本性、方向性的问题。

历史已经证明并将继续证明，勇于自我革命是我们党最鲜明的品格，也是我们党最大的优势，正是在毫不懈怠的自我革命中，我们党努力消除一切损害党的先进性和纯洁性的因素，形成了党长期执政条件下实现自我净化、自我完善、自我革新、自我提高的有效途径。党历经百年沧桑更加充满活力，其奥秘就在于始终坚持真理、修正错误。自我革命精神是我们党永葆青春活力的强大支撑。

来源：陈家喜．坚持自我革命”[N]．**人民日报**，2021-12-30（07）．

总而言之，自我认识的旅途是孤独的，尽管我们可能会遇见一些志同道合的旅伴，相约结伴同行，或者能够找到心理咨询师等人对我们提供一些切实有益的指导和帮助，但在绝大部分的时间里，我们要学会忍受孤独、未知，以及惶恐不安，从而到达风景迥异的下一站。

第四节　自我整合的方法

自我整合的意思是，使自我的不同维度、内容、面向都更加完整地发展，并综合、联结，从而成为一个整体的过程，也是建立在对自我清晰的认识的基础之上的自我提升和发展。

个体若是能够很好地进行自我整合的话，自我将是灵活、完整、和谐的，个体可能会体验到统一、连续。反过来说，如果个体不进行自我整合，那么自我可能是僵化、分裂、混乱的，个体可能会感受到分裂、疏离。

一、做梦

英国精神分析学家比昂（Wilfred Ruprecht Bion）认为，梦是精神对心理碎片进行整合的过程。做梦是人的本能心理活动，只要保证充足的睡眠时间，在一夜的睡眠觉醒周期中，大概有 4 ~ 5 次的快速眼动睡眠期，在这期间被唤醒，个体往往能够报告清晰的梦。因此，做梦可以算是促成自我整合的最原始、最简单、最方便、最经济的方法了，没有之一。

对于大学生而言，在日常生活中，保证充足的睡眠，能够进入梦境，有利于更好地促进自我整合。

二、正念、冥想

"正念之父"乔·卡巴金（Jon Kabat-Zinn）认为：正念是带着全然的觉知，有意识地与每个当下持续地观照，不带评判地观察自己的内在心理活动。卡巴金说，正念是一种广大、无限、宽阔、直率的觉察与存在，是人类本身具有的一种非概念性的知晓能力。

在现实生活中，我们总是根据自身的习惯去思考、去感受、去行动。通过正念、冥想练习，我们则有机会对自我的内在心理活动进行有意识地观察，从而有机会真实地观察到自己思考、感受、行动的模式，从而提升自我认识。只有在反复地自我观察的基础之上，我们才能与内在的体验之间保持一定的距离，从而促进情绪的调节与释放。只有反复积累自我观察的经验，我们才能使自我得到充分的发展，从而使自身行动的改变成为可能，并在此基础上使自我的不同部分得到更好的整合。

正念、冥想练习，是促进自我整合的非常重要的手段，是需要经过系统的学习或在专业的指导下进行。而在现实生活中，个体可以通过有意识的自我观察，来促进自我理解、自我整合。比如：可以有意识地停下来，在空闲的时间、安全的空间，借助纸笔，对自己的所思、所感、所采取的行动等，进行简洁的记录，并时常对这些记录进行回顾和反思。在这个过程中，很重要的是提醒自己：不要陷入对自我的评判，从而陷入自我厌弃的情绪而无法自拔。

三、心理咨询

如果个体经历过明显的创伤，或者在自我认识、人际交往等方面存在明显困难时，受过去的创伤回忆以及现实情绪困扰的影响，自我整合将成为一件特别困难但却迫切的事情。此时，个体可以求助心理咨询，在专业人士的帮助和陪伴下处理过去的回忆和现实的情绪，从而进行自我探索与自我整合。

心海链接

从罗杰斯的理论理解自我整合

人本主义心理学的代表人物卡尔·罗杰斯（Carl R. Rogers）提出自我实现的概念。罗杰斯认为，自我实现是个体先天就具备的潜力与趋势，每个人都有朝向健康和创造性成长的潜能，只需要提供最佳条件就够了，如同一颗种子的生长，外界只需提供充足的阳光与水分、肥沃的土地、适宜的温度等，种子就能够生长成原本该成为的那棵大树。个体出生之后，通过与环境的互动，比如用嘴唇去啃、去咬、去吮吸，用手去摸、去感知，通过口腔黏膜满足探索世界的冲动，逐渐区分出哪些是我的，哪些是非我的，从而有了自我概念。当个体开始有自我概念后，自我实现的趋势就被启动了。

刚出生的婴儿能够凭借自己的主观体验来评价他的经验，这个过程被称为有机体的评价过程，婴儿知道哪一些体验对自己来说是舒服的、愉悦的，就想要追求得更多；哪一些体验是不喜欢的、不舒服，就想要回避。比如婴儿喜欢见到妈妈的笑容就开心的笑，不喜欢身体上饿了、冷了等不舒服的感觉就通过哭来表达。罗杰斯认为，个体在成长的过程中，如果能根据有机体评价过程来判断自己想要的是什么、喜欢的不喜欢的是什么，付出行动，个体就能够趋向于自我实现。

然而，个体还有一种重要的需要，获得积极关注的需要，即被爱、被喜欢、被认可的需要。因为父母都是不完美的，绝大多数人在不知不觉中，都只能在满足了父母的期望和条件时，才能得到他们的爱和认可。这些条件，就是价值条件。

个体为了赢得父母的爱，会牺牲自己的有机体评价过程，并逐渐将价值条件内化到自我结构中，成为自我概念的一个部分。个体内化的价值条件越多，其真实经验被扭曲得越大，离自我实现就越远。

当个体的真实经验与内化的自我概念发生冲突，产生不一致时，则个体就会产生焦虑、抑郁、烦躁等自我失调的表现，或者表现出某些适应不良的行为。在心理咨询或治疗过程中，心理咨询师或治疗师提供无条件积极关注、共情同感、真诚和一致，也就是成长的最佳条件，帮助个体将原本不属于自我概念的部分去掉，帮助个体减少价值条件，使其重新信任他们的机体评价过程，使得真实经验与自我概念得到整合，从而使个体重新趋于自我实现。

四、有意识地关注呼吸

研究表明，有意识地关注呼吸，可以促进大脑的整合，从而使自我得到更好的整合。另外，我们的身体经常提示我们当下的情绪讯息，或者帮助我们表达经历过的情绪体验。因此，有意识地连接自己的身体，倾听身体的信号，也是促进接纳情绪、自我整合的有效方式。有意识地关注呼吸、连接身体，往往需要专业人士的指导。在运动的过程中，往往也需要配合呼吸进行，因此，运动锻炼是既能关注到呼吸，又可以连接身体的、促进自我整合的有效方法。

心海探索

有意识地关注呼吸

过程：

请你根据指导语，进行5分钟的有意识关注呼吸的练习。指导语如下：

请你找一个安静、舒适、放松的环境，无论坐着还是躺着都可以，如果你是坐着，请保持脊柱直立，全身放松的状态，接下来，我们将进行5分钟的有意识关注呼吸的练习。

请你将注意力放在你的呼吸上，可以是鼻孔上，感受吸入、呼出空气的温度、湿度，可以是你的胸腔，感受胸腔的起伏，可以是你的腹部，感受呼吸时腹部的变化，若是胸腔或腹部的变化不明显，你也可以将你的一只手放在胸腔或腹部上，去感受呼吸时的变化。

你不用去想象呼吸的场景，不用去数呼吸的次数，不需要刻意的控制你的呼吸，只需要自然地吸气、呼气即可，你需要做的只是将注意力放在你的呼吸上，观察此时此地的呼吸，活在每一次呼吸的当下。

有时候，你可能发现注意力从呼吸上飘走了，这是正常的，你无须责怪自己怎么走神了，只需要温柔地提醒自己，我的注意力飘走了，然后轻轻地将注意力拉回到呼吸上，继续关注呼吸。就这样不停地将注意力拉回来放在呼吸上即可。

五、积极想象、沙盘游戏、曼荼罗创作

心理学家荣格提出积极想象：当我们全神贯注于头脑中的一幅图景的时候，它就会开始变化起来，各种细节的涌现使意象不断丰富起来。于是，当我们专注于一幅内心里的图画，并小心地不去扰乱事件的自然流动,我们的内在会在不知不觉中会自动产生一系列完整故事的意象。

积极想象意味着主动接近内心的各种意象，遵循意象自身固有的生命，以其自身的逻辑进行发展。通过这样的方式，我们可以与这些有生命的意象进行直接的沟通，并积极地与内在的自我进行对话，从而更好地亲近内在的自我，促进自我的整合。

沙盘游戏，是这样一种心理咨询方法：来访者在咨询师的陪伴下，利用沙盘、模具、沙子等创作属于自己的作品，并在咨询师的引导下，根据自己的作品讲述故事，在不知不觉间表达自己的冲突，与自己的潜意识进行对话。

曼荼罗是一种圆形或正方形的对称的图形，圆形象征着完整、圆满。曼荼罗创作过程中，需要创作者关注曼荼罗的中心点，当注意力涣散之后，重新提醒自己注意中心，使内在的意象在创作过程中自由浮现。曼荼罗创作需要个体配合呼吸，绘制一些重复的线条，并进行涂色，可以使个体获得内在平衡与整合。

心海链接

从荣格理论理解自我整合

心理学家荣格曾每天画一些圆圈来表达一些意象，这些发自内心而画的圈，使他能够面对内心的混乱，平静下来，并找寻到自己。这些自发绘制的圆圈是曼荼罗，这种同心圆在东方十分常见，与神圣性有关，支撑着人静思、打坐。荣格观察到这些意象是如何随自己的内心状态而变化的。他认为，这些圆圈是人内在的精神发展的轴心，是隐秘而普遍的，被称作自性。荣格认为："自性代表着这个人的整体目标，是他的整体性与个体性的实现，而且不管他愿意与否。"

自性是一个理解起来颇有难度的概念，荣格认为自性是整体人格的中心，自性主导精神发展的所有阶段。自性是我们在生命中总是朝向，却从未抵达的东西。自性是一个空的设置，意味着存在一个不可认识之物要去认识。

自性是个体的精粹，比自我的范围广泛得多，自性意味着我们身上的所有矛盾都是潜在统一的，积极—消极、男性化—女性化、身体—精神等等。因此，需要对自我内在矛盾的部分进行区分、再认识，使之有分化地发展，并最终将其整合。自性概念约等于西方的神，或者东方的道。自性的象征有圆形、圆圈、方形、岛屿、孩子等。

在荣格的心理分析理论中，"自性化"所要表达的是一种过程：一个人最终成为他自己，成为一种整合性的、不可分割的，但又不同于他人的发展过程。如同个体的身体发展会依照一定的规律渐次展开、进行，个体的心理发展也同样会追求自身潜能的完整实现。

自性化一般而言，就是每一个个体的养成及塑造历程，也是与集体心理不同的个体的心理发展。所以，自性化是一个差异化过程，目标是发展个别人格。荣格认为，自性化意味着个体完全地体现自己，实现个体人格的整合与发展，意味着接受与集体的关系，又实现自己的独特性。

自性与自性化过程是荣格分析心理学的核心层面，包含着中国文化的深远影响。

心海探索

曼荼罗彩绘

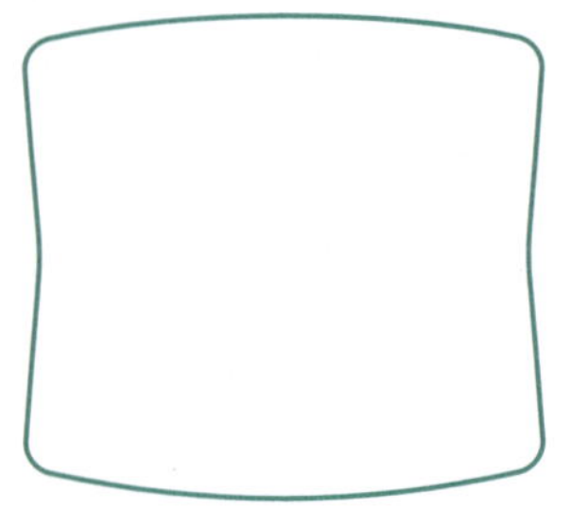

过程：

1. 看着自己手中的曼荼罗图纸，感受自己当下的情绪，选用一种颜色代表此刻的心情。

2. 根据自己的内在的感受，在曼荼罗花中涂色。

3. 绘画完成后，与他人分享绘画过程。

4. 再次感受当下的情绪，选择一种颜色代表此刻的心情。

心海探索

“我是谁”

过程：

认真地写出20个关于“我是谁”的句子。尽可能尝试从不同的角度进行书写，如现在的我、过去的我、将来的我，生理自我、心理自我、社会自我等。

我是______________________________。

我是______________________________。

我是______________________________。

我是______________________________。

我是______________________________。

我是______________________________。

我是______________________________。

我是______________________________。

我是______________________________。

我是______________________________。

我是______________________________。

我是______________________________。

我是______________________________。

我是______________________________。

我是______________________________。

我是______________________________。

我是______________________________。

我是______________________________。

我是______________________________。

我是______________________________。

整体上，除了做梦之外，自我整合的方法实施起来都有一定的难度，大家可以根据各自的需要，选择适合自己的方法，在日常生活中有意识地进行自我整合，在遇到困难时，及时向专业人员（心理老师、心理咨询师等）寻求帮助。

参考文献

[1] 伯格．人格心理学 [M]. 第 8 版．陈会昌，等译．北京：中国轻工业出版社，2014.
[2] 戴朝护，等．大学生心理健康 [M]. 第 2 版．北京：北京大学出版社，2017.
[3] 丹尼尔・西格尔．第七感 [M]. 黄珏苹，王友富译．杭州：浙江人民出版社，2013.
[4] 高岚，申荷永．沙盘游戏疗法 [M]. 北京：中国人民大学出版社，2012.
[5] 乔・卡巴金．不分心：初学者的正念书 [M]. 陈德中，温宗堃译．北京：中国华侨出版社，2014.
[6] 林崇德．发展心理学 [M]. 第 2 版．北京：人民教育出版社，2008.
[7] 玛塔・提巴迪．我们头脑里的导盲犬 [M]. 倪安宇译．北京：北京联合出版有限公司，2020.
[8] 瞿珍，等．大学生心理健康 [M]. 上海：华东理工大学出版社，2018.
[9] 申荷永．荣格与分析心理学 [M]. 北京：中国人民大学出版社，2012.
[10] 王晋，等．大学生心理健康 [M]. 北京：北京大学出版社，2008.
[11] 威廉．心理治疗中的依恋 [M]. 巴彤，等译．北京：中国轻工业出版社，2014.
[12] 夏小林，等．大学生心理健康 [M]. 杭州：浙江大学出版社，2011.

（黄雷晶）

第八章　人格的培育

人格是一个人总体的精神面貌，它不仅受生物与遗传因素的影响，更离不开社会环境的影响。家庭、学校的环境对大学生人格的形成与发展的影响更为直接。人格与健康之间关系密切，决定着个体的心理过程，即认知、情绪情感、意志，也影响人类的健康和行为。因此，培育健康的人格对大学生具有较为重要的意义。

第一节　人格概述

心海探索

三分钟的自由

过程：

1. 我们常常说“生活不易，渐失本心”，那么我们的本心是什么呢？此时此刻你最想做什么呢？

2. 请同学们利用3分钟的自由时间，在这段时间内，大家可以做任何想做的事情，但3分钟后一定要回到座位上坐好。

3. 未能按时回到座位的同学需要接受一些小的惩罚（惩罚方式按照教室的游戏习惯进行）。

4. 请完成以下问题：

（1）游戏开始前，你最想做的是什么？

（2）在这个时间段内，你是否做到了自己最想做的事？如果没有，是为什么？

（3）做完这个活动，你有什么感受？

美国心理学家高尔顿·奥尔波特（Gordon Allport）曾说：“人的鲜明的特征是他个人的东西，从来不曾有一个人和他一样，也永远不会再有这样的一个人。”这句话和中国俗语“人心不同，各如其面”的意思基本一致。现实生活中每个人的心理千差万别，有人性格内向，有人活泼开朗；有人胆小怯弱，有人勇敢坚毅。即使面对同一问题，个人的表现、应对也不尽相同。心理学家究其原因时，聚焦在了“人格”上。

一、人格的含义

曹雪芹在《红楼梦》中描写了四百多个人物，每个人物各具风采。黛玉的忧郁与智慧、宝玉的多情与叛逆、宝钗的自制与圆滑、湘云的活泼与爽快、凤姐的泼辣与奸诈、探春的刚毅与精干、迎春的懦弱与温顺、惜春的冷漠与疏离、妙玉的清高与孤傲、元春的贤德与哀怨，袭人的奴性与忠诚、晴雯的抗争与刁蛮、平儿的善良与周全、尤三姐的刚烈与痴情……这些人与人之间既非生理特点，又不表示能力高低的不同，就属于人格差异。人格是个体身上最具色彩的闪光点。人与人的不同正因为人格的不同。

什么是人格？“人格”（personality）一词起源自古希腊语“persona”，最初是指戏剧演员在演出时所戴的面具，与我们京剧中的脸谱类似。现代心理学沿用persona的含义，其意为人格，有两个意思：一是一个人在人生舞台上所表现出来的种种言行，二是一个人因遵从社会文化习俗的要求而做出的反应。人格所具有的“外壳”，就像舞台上根据角色的要求而戴的面具，反映出一个人的外在表现。一个人由于某种原因而不愿展现的人格成分，即面具后的真实自我是人格的内在特征。

在心理学中，人格经常与“个性”互用，含义是一个人在社会化或适应环境的过程中，在遗传、环境、成熟、学习等因素交互作用下形成和发展起来的思想、情感及行为的特有统合模式或系统的独特反应方式。日常生活里我们所说的人格包含了许多含义，如道德意义上的人格、法律上的人格。在现实生活中，我们也能觉察到周围人的不同，有人勤奋、有人懒惰、有人英勇、有人懦弱、有人急躁、有人沉稳，等等。

心海链接

人生的较量

人生的较量有三个层次：最低层次的是技巧的较量，其次是智慧的较量，最高层次的较量则是人格的较量。

美国心理学家特尔曼（L. M. Terman）对智力超常儿童进行几十年追踪的研究，通过比较80个男性被试中成就最大的20%和成就最小的20%两组人群，发现两组人的明显差别在于他们个性意志品质的不同。成就最大的一组在个性心理品质，如进取心、自信、不屈不挠、充满激情、想象丰富、敢于质疑等方面明显优于成就最小的一组。此研究证明，有了相当的知识和能力，不一定就能取得事业的成功、成为对社会有用的人，还有如何运用知识和能力去做事的问题，这其中很重要的因素就是人格。

二、人格的特征

人格的特征主要表现在整体性、稳定性、独特性、社会性。

（一）人格的整体性

人格的整体性是指人格虽有多种成分和特质（如能力、气质、情感、情绪、意志、认知、需要、动机、态度、价值观、行为习惯等），但在真实的人身上并不是孤立存在的，而是密切联系的。人格特质依据一定的内容、秩序与规则组合成一个有机完整的动力系统。人格的整体性表现在人格的内在统一性上，人格的统一性是人格健康的标志。一个失去了人格内在统一性的人，其行为就会经常由几种相互抵触的动机支配，出现“多重人格”或“双重人格”。

心海链接

五因素人格模式

全球研究者经过半个世纪的努力，在20世纪末对五因素人格模式（Big Five personality model，简称Big Five）中五个维度的认识逐渐趋向一致，各维度的描述性特质归纳如下：①外倾性：正面表现为健谈，好表现，面部表情丰富，并喜欢做出各种姿势；果断、好交友、活泼、富有幽默感；容易激动，好刺激，趋向于好动，乐观。负面表现为沉默寡言、呆滞。②宜人性：正面表现为善于为别人着想，似乎总是在与别人互动；富于同情心，直率，体贴人。负面表现为充满敌对情绪、不友好，给人不信任感，缺乏同情心。③责任感：正面表现为行为规范、可靠、有能力、有责任心；似乎总是能把事情做好，处处让人感到满意。负面表现为行为不规范、粗心、做事效率低、不可靠。④情绪性：正面表现为情绪理性化，冷静，脾气温和，满足感，与人相处愉快。负面表现为自我防卫，担忧；情绪容易波动，易产生负面情绪，还易产生非理性的想法，难以控制冲动，在压力状况下比他人表现差。⑤开放性：正面表现为对新鲜事物感兴趣，尤其是对知识、各种艺术形式和非传统观念的赞赏；勤于思考、善于想象，知识丰富，富于创造性。负面表现为自我封闭、循规蹈矩，喜欢固定的生活和工作模式，不善于创造性思考。

（二）人格的稳定性

人格的稳定性是指那些经常表现出来的特点，是一贯的行为方式的总和。人格的稳定性主要表现为两个方面：一是人格的跨时间的持续性，二是人格的跨情境的一致性。由许多个性特征组成的人格结构相对稳定，在行为中恒常、一贯的表现。这种稳定性具有跨时空的性质，即通过个体人格、各种情境刺激在作用上获得等值，产生个体行为上广泛的一致性。但是这种稳定性是可变的、发展的，而不是刻板的。这是因为各种人格特征在某个人身上整合的程度（如稳定性）不同，一个人可能具有相反性质的特征，在不同情境中可反映其不同的方面；暂时性地受情境的制约，表现出来的并非个人的稳定特性。

人格的稳定性源于孕育期，历经出生、婴儿期、童年期、青少年期、成人期和老年期。随着年龄的增长，儿童时代的人格特征往往变得日益巩固。由于人格的稳定性，通常可以通过人格特征的描述推论一个人一生的人格状况。

人格具有可塑性，可随着现实环境的变化而变化。正在形成中的儿童的人格还不稳定，容易受到环境影响而发生变化。成年人的人格比较稳定，但对个人具有决定性影响的环境因素和集体因素也有可能改变其人格特性，如移民异地、严重疾病等有可能影响某些人格特征的变化，如自我观念、价值观、信仰等的改变。

（三）人格的独特性

人格的独特性是指人与人之间的心理和行为是不相同的。在日常生活中，我们随时随地可以观察到每个人的行为都异于他人，每个人各有其能力、爱好、认知方式、情绪表现和价值观。尽管不同的人可以有某些相同的个别特征，但其整体人格不会完全相同。奥尔波特指出，人的鲜明的特征是他个人的东西，从来不曾有一个人与他一样，也永远不会再有这样一个人。人格结构组合的多样性，使每个人的人格具有自己的特点。人格千差万别，千姿百态，正所谓“人心不同，各如其面”。

（四）人格的社会性

人格的社会性是指社会化把人这种动物变成社会的成员，人格是社会的人所特有的。社会化是个人在与他人的交往中掌握社会经验和行为规范，从而获得自我的过程。通过社会化，个人获得了从外部装饰到价值观和自我观念等的人格特征。人格既是社会化的对象，也是社会化的结果。人格的社会性并不排除人格的生物性，人格也受到个体生物性的制约。人格是在个体遗传和生物性的基础上形成的。人的自然生物性不能预定人格的发展方向，然而它却是构成人格的基础，影响人格发展的方向和方式，影响着某些人格特征形成的难易。

因此，人格是个人各种稳定特征的综合体，显示出个人的思想、情绪和行为的独特模式。这种独特模式是在先天遗传素质的基础上，通过社会活动和社会交往，在社会化的过程中逐渐形成的。

三、人格的构成

人的心理结构包括心理倾向性和心理特征两大部分。人格的心理倾向性主要包括需要、动机、兴趣、理想、信念、世界观等；人格的心理特征是指人们在各种心理活动过程中，经常、稳定地表现出来的心理特点。其中性格具有核心意义，最能表征人格差异。

1. 气质

气质主要受先天因素的影响。气质是指个体表现在心理活动的强度（如情绪的强弱、意志坚韧的程度）、速度（如知觉速度、思维的灵活程度）、稳定性（如注意集中时间的长短）和灵活性等方面的一种稳定的心理特征。这种特征既决定了个体心理活动的动力特征，又给每个人的心理活动蒙上了一层独特的色彩。人的气质有很多特征，根据不同的组合，可分为不同的类型，气质类型的理论基础主要有希波克拉底（Hippocrates，公元前 460—前 377）的气质类型学说和巴甫洛夫（Pavlovian）高级神经活动类型学说。

（1）希波克拉底的气质类型学说：古希腊医生希波克拉底很早就观察到人有不同的气质。他认为，人体内有四种体液：黄胆汁、血液、黏液和黑胆汁。他进一步认为，气质取决于人体内的四种液体，即黄胆汁、血液、黏液、黑胆汁的混合比例，并以何种体液占优势而将人的气质分为胆汁质（体液中黄胆汁占优势）、多血质（体液中血液占优势）、黏液质（体液中黏液占优势）、抑郁质（体液中黑胆汁占优势）。由此提出了有关气质类型的最早学说。后来心理学上都习惯把气质类型分为胆汁质、多血质、黏液质和抑郁质四种类型，并把它们确定为气质的基本类型而沿用至今。

①胆汁质：这种气质类型的人反应速度快，具有较高的反应性与主动性。这类人情感和行为动作产生得迅速而且强烈，有极明显的外部表现：性情开朗、热情、坦率，但脾气暴躁，好争论；情感易于冲动但不持久；精力旺盛，经常以极大的热情从事工作，但有时缺乏耐心；思维具有一定的灵活性，但对问题的理解具有粗枝大叶、不求甚解的倾向；意志坚强、果断勇敢，注意力稳定而集中但难以转移；行动利落而敏捷，说话速度快且声音洪亮。

②多血质：这种气质类型的人行动具有很高的反应性。这类人情感和行为动作发生得很快，

变化得也快，但较为温和；易于产生情感，但体验不深，善于结交朋友，容易适应新的环境；语言表达具有感染力，姿态活泼，表情生动，有明显的外倾性特点；机智灵敏，思维灵活，但常表现出对问题不求甚解的倾向；注意力与兴趣易于转移，不稳定；在意志力方面缺乏忍耐性，毅力不强。

③黏液质：这种气质类型的人反应性低。情感和行为动作进行得迟缓、稳定、缺乏灵活性；这类人情绪不易发生变化，也不易外露，很少产生激情，遇到不愉快的事也不动声色；注意力稳定、持久，但难以转移；思维灵活性较差，但比较细致，喜欢沉思；在意志力方面具有耐性，对自己的行为有较大的自制力；态度稳重，好沉默寡言，办事谨慎细致，很少鲁莽行事，但对新的工作较难适应，行为和情绪都表现出内倾性，可塑性差。

④抑郁质：这种气质类型的人有较高的感受性。这类人情感和行为动作进行得都相当缓慢、柔弱；情感容易产生，而且体验相当深刻，隐晦而不外露，易多愁善感；往往富于想象，聪明且观察力敏锐，善于观察到他人不易察觉的细微事物，敏感性高，思维深刻；在意志方面常表现出胆小怕事、优柔寡断，受到挫折后常心神不安，但对力所能及的工作表现出坚忍的精神；不善交往，较为孤僻，具有明显的内倾性。

（2）巴甫洛夫高级神经活动类型学说：巴普洛夫认为高级神经活动具有兴奋和抑制两个基本过程。这两个基本过程又具有三个基本特性，即强度、平衡性、灵活性。神经过程的强度是指大脑神经细胞经受长时间的、强有力的兴奋和抑制的能力。基本神经过程的平衡性，即兴奋过程和抑制过程强度上的相互关系。灵活性是指兴奋过程和抑制过程相互交替的容易程度和速度。这三种基本特性的不同组合构成了动物高级神经活动的不同类型。其中最常见的是以下四种类型：①强、不平衡兴奋过程占优势型；②强、平衡、灵活型；③强、平衡、不灵活型；④弱、抑制过程占优势型。

总之，气质主要是先天形成的。每种典型的气质类型都有其独特的一面。在现实生活中，每个人都有自己相对独特的气质类型，但有时候却并没有那么明显，大多数人属于中间型或两种及三种类型的混合型。

2. 性格

性格主要受后天因素的影响。性格是一种与社会相关最密切的人格特征，是一个人对现实稳定的态度和与之相适应的习惯化了的行为方式的总和。性格表现了人们对现实与周围世界的态度，对自己、别人、事物的态度。一个人对现实的稳定的态度决定了他的行为方式，而习惯化了的行为方式又体现了他对现实的态度。性格是在社会生活实践中逐渐形成的，一经形成便比较稳定。性格的稳定性并不是说它是一成不变的，性格也具有可塑性。性格是在生活实践中形成的。个人生活环境如果发生了重大变化，势必会使他的性格发生显著变化。

性格类型是指某些性格特征的独特结合。由于性格的复杂性，划分的标准不同等因素，性格类型的划分迄今尚无共识，这里介绍几种有代表性的分类。

（1）内倾型与外倾型

荣格认为在与世界的联系中，人的精神有两种态度。一种态度为内倾（或称内向），另一种为外倾（或称外向）。内倾是指心理能量转向内部，具有一种主观倾向，按自己对客观事物的认识来活动；外倾则是把心理能量向外部转换，从而使人指向外在客观事物，其心理活动主要由外界和自身的关系引起和支配。内倾型的人注重内心活动，好沉思、善内省、孤僻寡言、反应缓慢、多愁善感。外倾型的人性格开朗、活泼、热情、自信、善交往、勇于进取、适应力强。几乎每个人都有内倾和外倾两种态度，纯粹的外倾型或内倾型的人并不多见，往往以其占优势的倾向确定性格类型。

（2）场独立型和场依存型

美国心理学家威特金（H. A. Witkin）根据人的认知风格的不同把人的性格分成场独立型和场依存型两类。

场独立型的人往往倾向于更多地利用自身内在的参考标志，主动地对信息进行加工，这类人的社会敏感性差，对他人不感兴趣，不善社会交往，比较喜欢独立地发现问题和解决问题，不易受次要因素干扰，受暗示性也较少，活动中易于发挥自己的能力，比较有创造性，善抓住问题的关键，灵活运用知识解决新问题。场依存型者常处于被动、服从地位，缺乏主见、受暗示性强，这类人常对他人感兴趣，社会敏感性强，善于人际交往，社会技能高，但在认知方式上，面临新问题时，难于应付，灵活性差。

威特金强调，这两个性格类型属于一个维度的两端，每个人的性格特征都处于这个维度链条的某一点上。

（3）A 型性格与 B 型性格：A 型性格是美国心脏病专家弗里德曼（Meyer Friedman）和罗森曼（Ray Rosenman）于 20 世纪 50 年代提出，其基本特征为行事效率高，行为急促，时程安排紧凑，脾气急躁，缺乏耐心，上进心强，做事认真，常常是雄心勃勃，目标远大，措施强硬，生活常处于紧张状态，成就欲高。A 型性格被认为与冠心病的发病相关。B 型性格与 A 型性格相对应，B 型性格的人喜欢慢步调的生活节奏，性情不温不火，对工作和生活满足感强。

性格与气质都是构成人格的重要因素，二者相互渗透，相互影响，彼此制约。二者所不同的是，性格是人格中涉及社会评价的内容，更多受到社会环境的影响，体现了人格的社会属性。性格具有社会评价的意义，反映了社会文化的内涵，有好坏之分；而气质更多的受生理上和心理上的特点制约，虽然在后天的环境影响下也有所改变，但与性格相比，它更具有稳定性，变化比较缓慢，无好坏之分。

心海探索

从口头禅看性格

人们说话时总喜欢带一些口头禅，每个人的口头禅不尽相同，而通过一个人的口头禅特点就能看出这个人的性格特征。下面就来做个小游戏，看看你自己的口头禅反映出你的哪些性格吧。

过程：

以6位同学为一小组自由选择话题展开讨论，讨论时间为15分钟。其中一个人负责录音。讨论完毕后回放录音，请每位同学找出自己发表见解时出现频率最高的几个词汇。

如果出现了下面的词汇，看看它们从侧面反映出你的哪些性格。

我的口头禅是：

第一种：说真的，老实说，的确不骗你。

这种人有一种担心对方误解自己的心理，性格有些急躁，内心常有不平。

第二种：应该，必须，必定会。

这种人自信心极强，显得很理智，为人冷静，自认为能够将对方说服，令对方相信。另一方面，“应该”说得过多的时候，反映了有“动摇”心理。

第三种：听说，据说，听人说。

这种人见识虽广，决断力却不够。常用此类口头语，是给自己留有余地。很多处事圆滑的人易用此类词语。

第四种：可能是吧，或许是吧，大概是吧。

有这种口头语的人有很强自我防卫本能，不会将内心的想法完全暴露出来。在处事待人方面冷静，所以工作和人事关系都不错。也有以退为进的意味。事情一旦明朗，他们会说：“我早就估到这一点了。”从事政治的人多用这类口头语。这类口头语隐藏了自己真实的内心。

第五种：但是，不过。

有这种口头语的人有些任性，因此总是提出一个“但是”来为自己辩解，“但是”是为保护自己而使用的。这反映了说话的人温和的特点，说得委婉，没有断然的意味，不致令人有冷落感。

第六种：啊，呀，这个，嗯。

说这种口头语的人常是词汇少，或是思维慢，在说话时利用这些词作为间歇的方法而形成的习惯。因此，有这种口头语的人反应较迟钝。

四、人格形成和发展理论

研究人格的心理学家很多，人格理论的种类也很多，各有侧重点。有的理论重在探讨人格的结构，有的理论重在研究影响人格形成的条件，有的理论重在揭示人格发展的过程。

（一）心理动力学理论

心理动力学理论的创始人弗洛伊德（Freud）通过精神分析的方法研究人的潜意识动机。他认为，人格是一种动力结构，其能量来自“力比多”（libido），即欲力或性本能。

弗洛伊德指出，人格结构由本我（id）、自我（ego）和超我（superego）三部分组成。“本我”是性格中较为原始的部分，与满足生理需要相关，遵循“享乐原则”；“超我”是性格中道德和理想的部分，关注行为是否合乎社会规范，当我们的行为偏离社会规范的时候，它会引发罪恶感；“自我”在性格中扮演决策和协调的作用，既要满足本我需要，又要衡量社会可以接纳的方式和时机，遵循“现实原则”。人格就是这三种“我”相互作用的结果，通过冲突达到一种微妙的平衡。虽然心理动力学理论的解释很难实证，但是对各流派都有极强的影响，并且它创造性地提出了潜意识的作用，我们通常使用的“真我”“假我”“人格面具”等说法都是基于心理动力学理论。

（二）人格特质理论

人格特质理论的创始人奥尔波特认为，人的行为表现与稳定、本质的心理结构关系密切。该结构决定着人的行为反应方向和方式，由基本单元，即特质组成。

奥尔波特将人格特质分为两类，即共同特质和个人特质。共同特质是某一文化背景下的人们共有的特质，如“好面子”是国人普遍的心理特质。个人特质是每个人特有的特质，可细分为首要特质、中心特质和次要特质。首要特质是占绝对优势的行为倾向，几乎个体所有的行动均会受此倾向的影响，一般来说，在一个人身上只有一个首要特质，且并非每个人身上都有这类特质。中心特质具有的渗透性要弱于首要特质，并不像首要特质那样在个体行为的各种情境中都一致地表现出来，每个人身上存在的中心特质数量为 5 ~ 10 个；次要特质则指那些最不显著、最不具概括性且渗透性最弱的特征，它在个体身上体现得较少。

（三）社会学习理论

社会学习理论与行为主义的观点是一脉相承的。按照社会学习论的观点，人格主要由后天经过环境的学习所决定。环境或情境因素在决定一个人的行为方面具有重要作用。这与特质论所强调的人格稳定不变的特质及动力学派强调的人格先天的本能驱动力均有所不同。

学习主要指个体对行为所受到强化的反应。当一种行为受到外界的肯定及鼓励时，这种行为就倾向于保持下去；而当受到否定或惩罚时，这种行为就倾向于消退。社会学习理论对于人格的形成、环境的控制与改变及行为的矫正等问题都有积极贡献。但对于人体的差异，特别是生物学及其他方面因素的意义似乎重视不够。

（四）人本主义理论

作为人本主义学派主要代表人物之一的罗杰斯（Rogers）提出了人格的自我理论、自我发展和自我实现的理论。与弗洛伊德的“自我”概念不同，罗杰斯强调在人格中具有知觉、独立和积极的自我。自我观念的强弱对行为方式具有很大影响。“自我意识”作为人格的重要内容有一个从不成熟到成熟、从自发到自为的过程。这就是自我的发展。而最终激发人类向上的基本力量是自我实现——趋向完满、现实和提高的倾向。关于“自我实现”的发展道路，马斯洛用需要层次的金字塔模式进行了解释和说明。

第二节　大学生常见人格问题

大学生的人格问题主要有人格缺陷和人格障碍。对于大学生而言，每个人的成长环境、受教育的方式是不同的，每个人对人生观、价值观、道德观的理解是不同的，具体到每个人身上的人格也是不同的。大学生心理发育还没有完全成熟，人格出现一些偏差在所难免。有些大学生自认为自己的人格是正常的，可走入社会后却发现矛盾重重。因为，自我人格是需要在社会生活实践中不断地得到检验和完善的，要根据社会的要求来加以矫正和调适。因此，让大学生充分了解自身个性，找出缺陷并进行调适，有助于他们今后更加适应社会。人格缺陷的矫正可以通过学校心理咨询，甚至自己调整完善，而人格障碍则需要心理治疗，甚至借助药物治疗。

一、大学生人格发展特点

根据国内外心理学家对人格素质结构的研究，结合我国当今社会发展的现状和大学生的实际表现，当代大学生在人格发展中呈现出如下几个方面的特点：

1. 能正确认知自我

大学生首先是能自我认可，基本上能接受一切属于自我的东西，从而形成对自己积极的看法；其次是自我客体化，对自己的所有与所缺都比较清楚明确，理解现实自我与理想自我之间的差别。但伴随着“主体我”和“客体我”、“理想自我”和“现实自我”的种种矛盾出现，大学生也深受困扰。

2. 智能结构健全而合理

大学生具有良好的观察力、记忆力、思维力、注意力和想象力，各种认知能力能有机结合并发挥应有的作用。作为智力的核心成分，思维品质不断提高，达到了最佳水平。辩证逻辑思维和独立思考能力迅速发展，能够从不同的角度，用不同的方法思考问题。

3. 社会环境的适应能力较强

大学生对外部世界有着浓厚的兴趣，有着广泛的活动范围和许多爱好，人际交往范围扩大，积极参与各种形式的社会实践。同时，能容忍别人与自己在价值观与信念上存在的差别，能根据事物的实际情况看待事物，而不是根据自己的主观愿望看待事物。有不少大学生已经不再局限于校园，而是搭上“互联网 +”的快车，或成为“大众创业，万众创新”的弄潮儿，与时代社会紧密相连。

4. 富有事业心，具有一定的创造性和竞争意识

大学生能把事业看成生活的重要组成部分，在事业上有较强的进取心和责任感；具有竞争意识，具有开放性的思想观念，少有保守思想，喜欢创造，勇于创新，甘愿冒险，独立性强，富有幽默感，态度务实。

5. 情感饱满适度

大学生情感体验变得细腻深刻、丰富多彩，情绪的稳定性与波动性、外显性与内隐性并存，积极的情绪情感体验在学习生活中占主导地位。

二、人格形成的影响因素

人格是十分复杂的现象，它的形成和发展受到多种因素的制约，总体来讲，人格特质都是在遗传与环境两种因素交互作用下逐渐形成和发展的。

（一）遗传因素

遗传因素对人格的形成起着重要作用。从总体上说，人格约有40%的个体差异可由遗传来解释，而遗传的程度则随特质的不同而异。据国外研究证实同卵双生子在外向和神经质上的相关较高，我国研究也证明人格的许多特性都有遗传的可能性。通常在智力、气质这些与生物因素相关较大的特质上，遗传因素起重要作用。而在价值观、信念、性格等社会因素关系紧密的特质上，后天环境的作用可能更重要。

（二）环境因素

1. 家庭环境因素

父母是孩子的第一任教师，家庭对孩子的作用是通过父母的教养方式产生的。从小在暴力环境中长大的个体，经常会缺乏安全感，表现得十分敏感、自卑，易形成敌对的性格，并且习得用暴力的方式去解决问题；在民主宽容的家庭氛围中成长的个体，显得自信，善于探索，从容大方，易形成健全的个性品质；在过分溺爱的家庭成长的个体，易形成任性、执拗或过分依赖成人的不良品质。

2. 学校环境因素

教师对学生人格的发展起着指导定向的作用，不同管教风格下的学生呈现不同的人格特点。在专制型管教风格下，学生的依赖性加强，缺乏自主行动，但常有不满情绪；在放任型管教风格下，学生表现为任性，经常产生失败和遇到挫折；在民主型管教风格下，学生的行动积极主动，很少表现出不满情绪。

3. 社会文化因素

每个人都生活在一定的文化大背景之下，都受到某种文化潜移默化的影响，或不自觉地将自己的人格特征朝着社会文化期望的方向进行塑造。在文化的塑造功能下整个社会成员的人格结构显示出相对一致性。不同文化背景的民族有其鲜明的民族性格，这就是文化塑造功能的生动体现。

除上述因素外，自然环境、自我调控等因素在人格形成中也起着重要作用。遗传决定了人格发展的可能性，环境决定了人格发展的现实性，其中教育起到了关键作用，自我调控系统是人格发展的内部决定因素。

三、大学生常见人格缺陷

人格缺陷是相对人格障碍而言，人格障碍是一种病态，心理学上对其研究已较为充分。人格缺陷在正常人身上均有所体现，严格地说人格缺陷不是一个严谨的界定，只在通俗层面上具有意义。人格障碍的反面是人格健全，人格缺陷是人格的某些特征相对于正常而言处于亚健康状态，介于人格健全与人格障碍之间的一种人格状态。人格缺陷是一种人格发展的不良倾向，大学生常见的人格缺陷主要有以下几种。

（一）自我中心

自我中心是指考虑问题、处理事情都以自我为中心，将自我作为思考问题的出发点与归属。表现为一切以自己为出发点，目中无人，甚至自私自利，遇到冲突时，认为对的是自己，而错的是他人。自我中心的同学常会有以下不合理的观念：①我是独立的个体，想干什么就干什么，别人管不着；②我比别人优秀，他们都该听我的；③别人都应该喜欢我；④我怎么会做错什么呢，有问题的是其他人。

改变自我中心的对策主要有：

一是换位思考，建立正确合理的观念。比如，树立“我有权做我喜欢的事情，别人也同样可以做他喜欢的事情，不必事事干预他人”，“每个人的性格不同，别人可以不喜欢我”，“人和人是平等的，我跟别人都一样”等观念，用这样的观念来代替前面不合理的观念。

二是恰当地进行自我评价。反思自己的成长经历，回忆人际关系中成功和失败的地方，探寻背后的原因；进行相关的人格心理测验，增进自我了解；了解家人、朋友和同学的评价等。通过这样的途径，做到正确认识自我，既不妄自菲薄、自怨自艾，也不自高自大、目中无人。

（二）偏执

偏执的人不能正确、客观地分析形势，有问题易从个人感情出发，主观片面性大，总认为自己的见解比别人出色，轻易否定别人。听不得别人相反的意见，不理解别人的好心善意，独断专行，妄自尊大，容易失去友情，陷入孤立无援的境地。

改变偏执的对策主要有：

一是调整自我认知。偏执的人喜欢走极端，这是因为他们一贯秉持的不合理观念在起作用。如有的人认为，“被别人说服，放弃自己的观点，是无能和没有面子的表现”“人都是虚伪的，不存在真正的友情”等。要对这些不合理的观念进行改造，去除其中的极端、偏激的成分，如换成“别人的观点其实也有合理的成分，取人之所长，是为了更好地发展自己”“真诚和虚伪的人都有，只是我要寻找真诚的人进行交往”。

二是纠正敌意的心理训练。偏执的人在与人交往过程中，经常会陷入与他人争辩、冲突的情形中，因此造成人际关系的破坏。当遇到不顺心的事情时，及时提醒自己保持20秒钟的冷静，待自己心情稍稍平静后，再选择应对的办法，或暂时先离开刺激的环境，这对减轻自己的敌意和强烈的消极情绪反应是非常有益的。

（三）羞怯

羞怯主要表现为个体在遇到特殊的人或处于特殊的场合时感到内心紧张甚至恐惧，同时在行为上表现出面红耳赤、行为拘谨甚至退缩。如许多大学生不敢在公众场合发表意见，害怕与陌生人打交道，路上见到异性同学会手足无措，见到老师便会难为情，说话感到紧张等。

社交恐惧症是羞怯的极端表现。严重羞怯的个体在行为上会表现出目光游离、手足无措、肢体僵硬、说话语无伦次，本来能够顺利表达的内容因为羞怯而大打折扣。

改变羞怯的对策有：

一是增强自信心。许多羞怯者在知识才能和仪表方面并不比别人差。美国心理学家利布曼（W. Liebmann）等人的研究表明，羞怯的女大学生自以为长得不美，但不相识的男生凭借照片都认为她们与那些社交活跃的女生一样动人。因此，要正确评价自己，多看到自己的长处。

二是放下思想包袱。不要过于计较别人的议论，每个人都会说错话、做错事，世上没有完美的人和事，但即使不完美你依然很独特，因而放下思想包袱，使自己变得更洒脱。

三是要有意识地锻炼自己。胆量和能力是锻炼的结果，要敢于说第一句话、迈第一步。上课、开会时尽量坐到前排去；走路时抬头挺胸，把速度提高四分之一；主动大胆地和别人尤其是陌生人、异性、老师讲话；与人说话时，敢于正视对方的眼睛；在高兴时开怀大笑等。

（四）悲观

人生不如意之事十有八九，有些人一遇到困难和挫折，就垂头丧气，怨天尤人，甚至感到绝望，一蹶不振，这都是悲观心态的反映。任何事物都具有两面性，有的人习惯从消极的角度去看问题，总是关注自身的缺点和不足，很少看到积极的一面。在他们的眼中，世界一片灰暗，没有生气，结果也把自己变成浑浑噩噩的状态。而有的人即使身处逆境，仍然积极乐观，把每一天过得精彩。

积极乐观是改变悲观的重要对策。德国心理学家彼得·劳斯特尔（Peter Lauster）提出了改变悲观、培养乐观的 10 条建议：

1. 越担惊受怕就越遭灾祸，坚信希望和乐观能引导你走向胜利。

2. 即使处境危难也要寻找积极因素，坚信乐观让你倍增克服困难的勇气。

3. 以幽默的态度来接受现实中的失败，坚信幽默感的人有能力轻松地克服厄运。

4. 既不要被逆境困扰，也不要幻想出现奇迹，要脚踏实地、坚持不懈，全力以赴去争取胜利。

5. 不管多么严峻的形势向你逼来，你也要发现有利的条件，积小胜为大胜。

6. 不要把悲观作为保护你失望情绪的缓冲器，乐观是希望之花，能赐给人以力量。

7. 你失败了，但你要想到，你曾经多次获得过成功，这才是值得庆幸的。

8. 在你的闲暇时间努力接近乐观的人，观察他们的行为，通过观察培养起乐观的态度，乐观的火种会慢慢地在你内心点燃。

9. 要知道，悲观不是天生的，悲观不但可以减轻，而且通过努力还能转变成一种新的态度，这就是乐观。

10. 如果乐观态度使你成功了，那么你就应该相信这样的结论：乐观是成功之源。

（五）自卑

自卑是指由于一些条件的限制和认识上的偏差，认为自己在某个方面或某几个方面不如别人，从而表现出轻视自己、失去自信、畏缩的人格特征。自卑有多种表现方式，退缩或过分地争强好胜是其中最明显的两种。

改变自卑的对策有：

一是从思想上树立“天生我材必有用”的信念。心理学研究表明，成功者与失意者在智力上并没有显著差异，并不是智商高的人就一定能成功，他们之间最主要的差异表现在自我评价上。

二是调节自己的情绪。学会积极的自我心理暗示、自我激励，可以用语言对自己说“我能行”“我对未来充满信心”“再试试”等。

三是树立自信，马上行动。正确认识自己，善于根据自己各方面的条件、特长发挥自己的优势，在发展中增强自信心。积极参加集体活动，在活动中发现和发展自己的能力，唤起自己的自信心，在积极的心理状态下不断克服自己的自卑心理。

此外，猜疑、急躁、过分追求完美、懒惰、焦虑、退缩等也是大学生常见的人格缺陷表现。

四、大学生常见人格障碍

人格障碍，又称病态人格，是一种人格发展的内在不协调，是指在没有认识障碍或智力障碍的情况下，个体出现的情绪反应、动机和行为活动的异常。

人格障碍通常开始于童年期或青少年期，并长期持续发展至成年或终生。个人的内心体验与行为特征在整体上与其文化所期望和所接受的范围明显偏离，这种偏离具广泛、稳定和长期性；另外，只要在认知（感知及解释人和事物，由此形成对自我及他人的态度和形象的方式）、情感、控制冲动、满足个人需要与人际关系中存在一项异常偏离即可认定。

1. 偏执型人格障碍

以猜疑和偏执为特点，始于成年早期，男性多于女性。主要表现为：①猜疑和偏执；②对挫折和遭遇过度敏感；③对侮辱和伤害不能宽容而长期耿耿于怀；④猜忌多疑，易将别人的中性或友好行为误解为敌意或轻视；⑤明显超过实际情况所需的好斗，对个人权利执意追求；⑥易有病理性嫉妒，过分怀疑恋人有新欢或伴侣不忠，但不是妄想；⑦过分自负和自我中心的倾向，总感觉受压制、被迫害，甚至上告、上访，不达目的不肯罢休；⑧具有将其周围或外界事件解释为“阴谋”等非现实性观念，过分警惕和抱有敌意。

2. 分裂样人格障碍

以观念、行为和外貌装饰的奇特、情感冷漠及人际关系明显缺陷为特点。男性略多于女性。主要表现为：①观念、行为和外貌装饰的奇特、情感冷淡及人际关系缺陷；②性格明显内向（孤独、被动、退缩），与家庭和社会疏远，除生活或工作中必须接触的人外，基本不与他人主动交往，缺少知心朋友、过分沉湎于幻想和内省；③表情呆板、情感冷淡，甚至不通人情，不能表达对他人的关心、体贴及愤怒等；④对赞扬和批评反应差或无动于衷、缺乏愉快感，缺乏亲密、信任的人际关系；⑤在遵循社会规范方面存在困难，导致行为怪异等。

3. 反社会型人格障碍

以行为不符合社会规范，经常违法乱纪，对人冷酷无情为特点。男性多于女性。本组病人往往在童年或少年期（18 岁前）就出现品行问题。成年后（18 岁后）习性不改，主要表现为：①行为不符合社会规范，甚至违法乱纪；②严重和长期不负责任，无视社会常规、准则、义务等，如不能维持长久的工作（或学习）、经常旷工（或旷课）、多次无计划地变换工作；③有违反社会规范的行为；④行动无计划或有冲动性，如进行事先未计划的旅行；⑤不尊重事实，如经常撒谎、欺骗他人以获得个人利益；⑥对他人漠不关心，如经常不承担经济义务、拖欠债务、不抚养子女或赡养父母；⑦不能维持与他人长久的关系；⑧责怪他人或对其与社会相冲突的行为进行无理辩解；⑨对挫折的耐受性低，微小刺激便可引起冲动，甚至暴力行为；⑩易激惹，并有暴力行为，如反复斗殴或攻击别人，包括无故殴打配偶或子女；危害别人时缺少内疚感，不能从经验，特别是受到惩罚的经验中获益。

4. 冲动型人格障碍（攻击型人格障碍）

以情感爆发、伴明显行为冲动为特征。男性明显多于女性。主要表现为：①易与他人发生争吵和冲突，特别在冲动行为受阻或受到批评时；②有突发的愤怒和暴力倾向，对冲动行为不能自控；③对事物的计划和预见能力明显受损；④不能坚持任何没有即刻奖励的行为；⑤不稳定的和反复无常的心境；⑥自我形象、目的及内在偏好（包括性欲望）的紊乱和不确定；⑦容易产生人际关系的紧张或不稳定，时常导致情感危机；⑧经常出现自杀、自伤行为。

5. 表演型（癔症型）人格障碍

以过分的感情或夸张言行吸引他人的注意为特点。主要表现为：①富于自我表演性、戏剧性、夸张性地表达情感：②肤浅和易变的情感；③自我中心、自我放纵和不为他人着想；④追求刺激和以自己为注意中心的活动；⑤不断渴望受到赞赏、情感易受伤害：⑥过分关心躯体的性感，以满足自己的需要；⑦暗示性高、易受他人影响。

6. 强迫型人格障碍

以过分的谨小慎微、严格要求与完美主义及内心的不安全感为特征。男性多于女性 2 倍，约 70% 强迫症病人有强迫性人格障碍。主要表现为：①因个人内心深处的不安全感导致优柔寡断、怀疑及过分谨慎；②需在很早以前就对所有的活动作出计划并不厌其烦；③凡事需反复核对，因对细节的过分注意以致忽视全局；④经常被讨厌的思想或冲动所困扰，但尚未达到强迫症的程度；⑤过分谨慎多虑、专注于工作成效而不顾个人消遣及人际关系；⑤刻板和固执、要求别人按其规矩办事；⑦因循守旧、缺乏表达温情的能力。

7. 焦虑型人格障碍

以一贯感到紧张、提心吊胆、不安全及自卑为特征，总是需要被人喜欢和接纳，对拒绝和批评过分敏感。因习惯性地夸大日常处境中的潜在危险，而有回避某些活动的倾向。主要表现为持久和广泛的内心紧张及忧虑体验为特征，并有下列特点：①一贯的自我敏感、不安全感及自卑感；②对遭排斥和批评过分敏感；③不断追求被人接受和受到欢迎；④除非得到保证被他人所接受和不会受到批评，否则拒绝与他人建立人际关系；⑤惯于夸大生活中潜在危险因素，达到回避某种活动的程度，但无恐惧性回避；⑥因“稳定”和“安全”的需要，生活方式受到限制。

8. 依赖型人格障碍

以过分依赖为特征，主要表现为：①要求或让他人为自己生活的重要方面承担责任；②将自己的需要附属于所依赖的人，过分地服从他人的意志；③不愿意对所依赖的人提出即使合理的要求；④感到自己无助、无能或缺乏精力；⑤沉湎于被遗忘的恐惧之中，不断要求别人对此提出保证，独处时感到难受；⑥当与他人的亲密关系结束时，有被毁灭和无助的体验；⑦经常把责任推给别人以应对逆境。

9. 边缘型人格缺陷

主要表现为：①拼命努力以求不被抛弃；②人际关系既热切又不稳定，常把别人理想化或诋毁别人；③自我意识和自我意象长期不稳定；④行为冲突、具有毁灭特性；⑤频繁表现出自杀倾向或威胁和自伤；⑥情绪极度不稳定，短期内出现抑郁、焦虑、易激怒等；⑦持续地感到空虚、易生气或发怒；⑧在压力作用下，会变得偏执、抑郁或有分裂症状等。

心海导航

世界观教育

蔡元培是中国现代大学教育思想的奠基者，他奠定了北京大学精神的基础。他的教育思想虽然主要是面向高等教的，但其本质也适用于一切教育。他把人（受教育者）置于中心位置，教育的目的、出发点和归宿在于培养受教育者作为人的独立人格、自由意志，开发其自身潜在的创造能力，达到人性的全面、健康发展。他说："教育者，养成人格之事业也。使仅为灌输知识、练习技能之作用，而不贯之以理想，则是机械之教育，非所以施于人类也。"他重视对受教育者"独立不拘之精神"的培养，主张发展个性，崇尚自然，极其强调重建终极价值体系的"世界观教育"。

第三节 大学生健全人格的培育

健全的人格是大学生心理健康的基础。虽然在人格形成和发展的过程中，每一个人都要受到遗传和环境因素的制约，但我们切不可忽视个体自我修养的作用。对于大学生来说，了解什么是人格健全，怎样才能达到健全的人格，对于他们的心理健康是十分重要的。

心海导航

尊重他人，平等待人

在滑铁卢战役中大败拿破仑的英军元帅凯旋返回伦敦时，英国举办了一场相当隆重而盛大的庆祝宴会，不仅所有的士兵，还有许多名流和各阶层的人士都参加了。

晚宴开始，宾客落座，每人座前置一碗清水。这时候，竟有一位士兵端起清水喝了起来，所有贵宾都窃笑不已。这个士兵不知自己为什么会被人取笑，整张脸都涨红了。

其实这碗清水是餐前洗手用的，士兵不懂得这一礼节，这才闹出笑话。

这时，元帅端起清水："各位，这位英勇的士兵在战斗中曾被围困荒山，七天没喝到水，让我们用这碗清水来敬他一杯。"宾客一听这话，不由得对那名士兵肃然起敬，士兵这才从紧张的气氛中缓和过来。

一、大学生健全人格的标准

人格的形成是一个长期的过程，其变化一般也是渐进的，因突发的重大生活事件而导致的人格突变相对较少。大学生因其身心年龄正处于定型期，所以更要注意防微杜渐，要从小的生活习惯开始逐渐培养自己良好、健全的人格。

一般认为，健康人格应具备以下特征：

1. 和谐的人际关系

人际关系最能体现一个人人格健康的程度。人格健康的人乐于与他人交往，并与他人建立良好的关系：与人相处时，尊敬、信任等方面态度多于嫉妒、怀疑等消极态度。健康的人常常以诚心、公平、谦虚、宽容的态度尊重他人，同时也受到他人的尊重与接纳。

2. 良好的社会适应能力

社会适应能力反映了人与社会的协调程度。人格健康的人能够和社会保持良好密切的接触，以一种开放的态度，主动关心社会、了解社会：在认识社会的同时，使自己的思想、行为跟上时代的发展，与社会的要求相符合，能很快适应新的环境。

3. 正确的自我意识

自我意识是个体对自己身心状态及对自己同客观世界的关系的意识。具有健康人格的人对自己有恰如其分的评价，充满自信、扬长避短，在日常生活中能有效地调节自己的行为与环境保持平衡。缺乏正确自我意识的人常常表现出自我冲突、自我矛盾，或者自视清高、妄自尊大，做力所不能及的工作，或者自轻自贱、妄自菲薄，甘愿放弃一切可能努力的机遇。

4. 乐观向上的生活态度

积极的人生态度是人类在社会实践中获得的本质力量的表现。乐观的人常常能看到生活中的阳光，对前途充满希望和信心，对自己所从事的工作或信心抱有浓厚的兴趣，并在其中发挥自身的智慧和能力。即使在遇到困难和挫折时，也能不畏艰险，勇于拼搏。

大学生的主要任务是学习，因而对学习的兴趣如何可以反映出对生活的基本倾向。人格健康的学生对学习怀有浓厚的兴趣，表现出观察敏锐、注意力集中、想象力丰富、充满信心、勇于克服困难，通过刻苦、严谨的学习过程，获得学习的满足感和成就感。我们很难相信，对学习和生活缺乏兴趣、整天精神不振的学生的人格是健康的。

5. 良好的情绪调控能力

情绪标志着人格的成熟程度。人格健康的人情绪反应适度，具有调节和控制情绪的能力。

经常保持愉快、满意、开朗的心境，并富有幽默感。当消极情绪出现时，能合情合理地宣泄、排解、转移和升华。

心海导航

周恩来：既为真君子，又为大丈夫（节选）

中国人崇奉两种人格类型，一种是孔子所津津乐道的“君子”人格，另一种则是孟子心仪神往的“大丈夫”人格，两种人格相互映衬，又相互补充，像两道交织的光环，又像两座高耸的雪岭，吸引着孔孟后学为之趋赴。

中国历史上将“君子”和“大丈夫”人格集于一身的可谓凤毛麟角，就主要代表人物而言，古代有诸葛亮，当代则首推周恩来！

孔子对“君子”人格形象的描述角度多样，综览起来不外是温文尔雅、谨言慎行、诚实厚道、彬彬有礼。塑造君子人格的途径则为内省式的、收敛性的。与之对照，孟子设计的“大丈夫”人格形象表现为“居天下之广位，立天下之正位，行天下之大道；得志，与民由之；不得志，独行其道。富贵不能淫，贫贱不能移，威武不能屈”。相对君子来说，塑造大丈夫人格的途径则是张扬式的、开放性的。无论是君子的品格，还是大丈夫的气质，都可以在周恩来身上找到它们的影子。

诗为心声，知人论世，观诗最为切要。周恩来早年的两首诗作，最足以反映他对“君子”和“大丈夫”人格的双重倾慕。

早年周恩来在致友人的一首诗中写道：“群侪争疾走，君独著先鞭。作嫁怜侬拙，急流让尔贤”。这种退让为怀、甘愿为他人作嫁衣裳的胸襟，分明是君子人格的折射和投影。虚怀伴随着周恩来的一生。虚怀的品格辅之以临事而慎、诚信不欺，使周恩来进入了“君子”的殿堂。

1917 年，周恩来东渡扶桑，开始了他的留学生涯。行前，周赋诗一首以壮行色而明本心，他写道：“大江歌罢掉头东，邃密群科济世穷。面壁十年图破壁，难酬蹈海亦英雄。”诗中表现出的冲天豪气和执拗追求，不正是大丈夫的本色情怀吗？中外都有不少人士对周恩来投身刀光剑影的共产革命不理解，或者认为他的家庭背景和所受教育与共产革命格格不入，或者认为他抓住了一个表面动人但实质上不适用的意识形态，但不管人们是如何不理解他，周恩来都义无反顾地走上了这条路，并为之忍劳苦制嗜欲，不达目的不罢休。从这个意义上讲，周恩来又是直道而行、宁折勿弯的大丈夫。

周恩来早年便喜欢拿诸葛亮和曹操相比较。他认为诸葛亮是君子又是大丈夫。羽扇纶巾、宁静淡泊、以德服众，铸就了诸葛亮的君子人格；而叱咤风云之气、坚忍不拔之操，乃是诸葛亮之所以为大丈夫的表征。曹操人格就不如诸葛亮那般完美。在周恩来看来，曹操称得上是大丈夫，但无资格跻身君子、圣贤之林，因为曹操患有“作奸欺世”之病，以诈为利，以伪为真，予人以可讥可耻之据。周恩来仰慕诸葛亮，诸葛亮的名言“鞠躬尽瘁，死而后已”也是周恩来终身的座右铭。

周恩来的君子人格集中体现为浓烈的人情味，人们首先将他作为一个深富感情的人来看待，然后才把他当作一个共产党人来看待。周恩来有句感人肺腑的自白：“共产党员不是六亲不认的。”1939年，周恩来回到故土浙江绍兴动员抗战，特意抽空拜访了祖父周攀龙的百年堂，在不同的村落停下来去祭奠家族的坟地。按照老规矩，他对家族首脑行了三鞠躬。1941年春天，他在重庆作了一次激动人心的演讲，他说：“给了我一切的母亲的坟茔在日寇占领的浙江。我是多么希望能够马上回去给她老人家扫墓呀，这是一个献身革命献身祖国的游子可能为自己的母亲所做的最起码的事。”凡是与周恩来接触过的人，都觉得他身上有一股不可抗拒的道德力量，吸引人，感染人。

周恩来的大丈夫人格则集中体现为对理想的追求。为了理想，他可以忍受各种屈辱，也可以排斥各种利诱，更可以忍耐数不清的艰难困苦。大革命失败后，他第一个站出来组织南昌起义，另起炉灶；抗战时期身处国民党陪都重庆，财色名利，唾手可得，周恩来不为所动，而对延安的黄土地和高粱米一往情深。蒋介石为不能收买笼络周恩来感到相当的遗憾。

周恩来就是这样，既为温文尔雅的真君子，又为浩气凛然的大丈夫，他以君子人格行不言之教，以大丈夫人格做难为之事。

来源：胡长明．大智周恩来[M]．北京：中共党史出版社，2008

心海探索

给我一朵花的时间

过程：

人们常常不知如何描绘自己的人生。我们不妨来想象一株植物的一生，看看它经历过什么、会成长为什么。请同学们配合音乐，关注呼吸，放轻松，自由作画。

1. 想象你是一种植物。你的眼前出现了一颗种子，仔细看看土壤里有什么，这是什么样的种子？它落在了何处？它家周围的环境如何？它的亲人如何期待它的到来？过了多久，经历了怎样的环境、天气或其他条件的变化，这颗种子开始萌芽了？它萌芽的场景是怎样的？

它会经历怎样的成长？它的周围有什么样的植物陪伴？经历怎样的发展变化？它长成了什么样的植物？是否开花？结果？它是否有过别的归宿？

2. 给大家足够的时间，请按照种子、萌芽、成长、发展、开花、结果等顺序创作几幅连续的画作，展现这株植物的一生，可以画到植物死亡，亦可留下悬念，过程中尽可能保持安静。

3. 请按照要求完成以下问题。

（1）你的植物最后定格在怎样的生命阶段？它都经历了些什么？你想对它说点什么？

（2）在你的画作中，植物和背景分别是什么颜色的，这让你感觉如何？

（3）其他人的作品和你的有什么不同？看到别人的作品时你有什么感受？有什么想法？

（4）当他人告诉你他 / 她对你的作品的感受时，你有什么想法？有什么感受？

（5）如果再给你一个修改的机会，你是否会改变自己的作品？如果是，会改变什么？

二、大学生健康人格的培育

“种下行为，收获习惯；种下习惯，收获性格；种下性格，收获命运。”大学生正处于“人格塑造关键期”，要抓住这个有利时期，促进人格的协调发展，展现自己的人格魅力，更好地促进自己的生活、学习和自我发展。

（一）增进自我认识，优化人格整合

认识自我是改变自我的开始。人格塑造也就是为了实现优化人格，以达到人格的健全。人格整合的基本含义是：随着个体心理的成熟，人格的各个方面逐渐由最初的互不相关，发展到和谐一致状态。优化人格整合，一要择优，二要汰劣。

择优即选择某些优良的人格特征作为自己努力的目标，如自信、勇敢、勤奋、坚毅、善良、正直等可作为人格塑造的依据。汰劣即针对自己人格上的缺点、弱点予以纠正，如自卑、胆怯、抑郁、冷漠、懒散、任性、自我中心等。当然，择优与汰劣往往是同步进行的。

无论是多么健全的人，其人格品质中都有好的一方面和不好的一方面。只不过，不同的人好与不好的表现形式不一样。因此，首先应该了解自己的人格特征，然后对自己的人格品质不断进行优化。

（二）学会自我教育，保持良好心境

自我教育是其他教育和环境影响的内化和深入，是人格形成中由被动变为主动的过程。首先，要学会反省，增强自控能力。在自我教育的过程中，大学生要学会自我反省，即经常地反省自己的思想和言行。孔子曾讲过：“见贤思齐，见不贤，而内自省也。”在自我反省的过程中，要学会客观全面地认识自己和评价自己，既不要自我膨胀，也不要自我贬低；既要善于发现自己的长处，也要敢于承认自己的短处。

其次，在自我教育中，要学会保持自己良好的心境。在日常的学习生活中，应主动培养健康的生活情趣，合理调节自己的情绪，保持积极、乐观的心境。大学生要乐观地去对待生活，体验愉快生活，培养幽默感。即使遇到困难和挫折，也要从积极的一面去思考问题。即使身处逆境，也不要埋怨生不逢时，不要怪罪别人没有照顾自己，而应学会正视现实，敢于面对挑战，采取积极、进取的态度去适应环境。

（三）确定理想抱负，积极悦纳自我

人要有理想和抱负，但理想和抱负不可漫无边际。在现实生活中，有相当多的挫折是自己造成的，其主要原因之一就是自我评价和自我期望太高，预期的抱负水平超出了自己的能力而无法实现，久而久之会产生“习得性无助感”，最终放弃自己的努力。因此，应学会客观、全面地评价自我，并经常将自己的优缺点与社会的要求进行综合分析，以确定合适的抱负水平，量力而行，从而增加成功的机会，恢复自信心。

同时，人要接受自我，悦纳自我。心理学实验研究表明，自我认识同其本身实际情况越接近，个体所表现的自我防御行为就越少。同样，个体自我接受的态度与防御行为的关系也极为密切，一个不能接受自己的人，往往会对以这种或那种方式损害自己人格的一切因素都特别敏

感，这些因素也最容易引起他们的心理挫折。因此，应正确地认识自我，积极悦纳自我。

（四）参与社会实践，培养良好习惯

人的任何目标都要通过实践才能达到，大学生正处在自我意识的高度发展阶段，内心都希望独立自主，希望参与学校活动和社会实践。只有亲身参与各种社会实践活动，大学生才能加深社会认同和理解，真正增强自己的社会责任感。此外，社会是个大舞台，每个人最终都要在这一舞台上扮演自己的角色，只有到社会生活中去锻炼，才能把握好自己的角色行为，形成自己独特的人格。因此，大学生在完成好学业的前提下，应积极参与学校组织的社会学习实践和科研活动，以尽快地适应未来的社会角色。

另外，健全的人格体现在良好的行为方式中，心理学研究也证明，良好习惯的形成有助于改变人格的内在品质和结构。因此，培育健全人格的另一重要途径就是培养良好的习惯。首先要确定合理的目标榜样模式，因为榜样的力量是无穷的。在实际操作中，可模仿现实生活中具有良好个性的人，取其精华作为自己的目标或榜样，从点滴小事做起，锲而不舍，经过长期艰辛的锻炼，终能实现自己确定的健全人格的目标。

（五）充实知识心灵，扩大社会交往

培育健全人格离不开知识的支撑，尤其是有关社会与人生方面的知识。一个人的知识越广博、越精深，其人格的优化就有了更充足的精神基础。学习知识，增长智慧的过程本身也就是人格优化的过程。培根的“读史使人明智，读诗使人灵秀，数学使人周密，科学使人深刻，伦理学使人庄重，逻辑修辞之学使人善辩，凡有所学，皆成性格”，说的就是这个道理。一个内心丰富的人，当自己的情绪出现困扰的时候，他能够调用自身所拥有的资源，即自己的知识和经验储备，进行自我分析、自我调节，实现自助。

同时，人格形成和发展的过程，也是人们社会化的过程。个体在人际沟通的过程中能更好地以他人的人格特征或信息反馈为参照，见贤思齐，全面、客观地认识自身人格的长处与不足。通过人际交流，还可以从他人那里获得改善自身人格的力量或帮助。具有优良人格特征的交流对象，往往也是个人完善自身人格最直接的学习榜样。个体对人格所作的调整是否合适、到位，在很多情况下也只有在与他人的交流过程中才能得到检验。俗话说，“当局者迷，旁观者清”，在现实生活中，很多同学看不清自己的弱点和局限，不知道自己的缺点在哪里，只有通过与他人的交流，受到他人的提醒和指导，才意识到自身需要改变和发展的地方。

（六）主动寻求帮助，积累成长经验

每个人都不可避免地会遇到一些个人难以应对的问题，必须借助他人的力量才能解决。在遇到困难和挫折时，能够积极主动地寻求帮助，既是健康人格的表现，也是适应社会生活、维护心理健康的一个重要方法。因此，我们要时刻保持一个开放的心态，不要顾虑寻求他人帮助就是影响别人、打扰别人的生活。其实，在你最需要他人帮助的时候，向他们求援，就传递出了你充分信任对方的信息，对方能够提供力所能及的帮助，也会体验到成就感和满足感。

此外，个体的许多人格特征都是日积月累逐渐养成的，一个人的行为是其人格的外化，也就是说，个体日常言行积淀成为习惯就是人格。改善人格不能一蹴而就，而是必须从一件件小事做起，一步一步培育积累。一些同学对自身的弱点和毛病并非完全不知，也并非不想改变，而只是不愿意沉下心思，从小处着手，而只是幻想着有朝一日的突然改变，因此导致问题长期得不到解决。

参考文献

[1] 连榕，张本钰 . 大学生心理健康 [M]. 第 2 版 . 北京：北京师范大学出版社，2016.
[2] 马中宝，李春青 . 大学生心理健康教程 [M]. 北京：清华大学出版社，2018.
[3] 雷生珍 . 大学生心理健康教育 [M]. 北京：高等教育出版社，2012.
[4] 严玲，常雅娟 . 大学生心理健康教育 [M]. 北京：高等教育出版社，2012.
[5] 张海鹰 . 大学生心理健康教育 [M]. 北京：人民邮电出版社，2019.

（吴先良）

第九章　压力管理

习近平总书记说："青年在成长和奋斗中，会收获成功和喜悦，也会面临困难和压力。要正确对待一时的成败得失，处优而不养尊，受挫而不短志，使顺境逆境都成为人生的财富而不是人生的包袱。"本章介绍了压力的定义和特性，大学生常见压力源、压力对个体的影响以及常用的压力管理对策。

第一节　压力概述

一、压力概念

（一）压力的定义

英文压力（stress）一词来源于拉丁文 stringere，原意是"扩张、延伸、抽取"等。也有人认为 stress 一词是从古法语中的"distress"演化而来，古法语中的 distress 是指"置于狭窄和压迫之中"。因此，在中世纪英语中，"压力"这个词是以"distress"形式出现，本意是"使痛苦，使悲伤"或者表达为"引起痛苦和悲伤的事物"。"压力"最早是一个物理学的概念，也称为物理压力（physical stress）。19 世纪末开始，生理学家、心理学家、社会学家借用这个词来描述动物和人类在紧张的状态下的生理、心理和行为反应。

美国生理心理学家沃尔特·坎农（Walter B. Cannon）首先引用了"压力"这一概念，他认为压力就是外部因素影响下的一种体内平衡紊乱，在危险未减弱的情况下，机体处于持续的唤醒状态，最

> **心海链接**
>
> **一般适应综合征**
>
> **（general adaptation syndrome，GAS）**
>
> 加拿大心理学家汉斯·塞里于 20 世纪 30 年代定义的一类适应性反应：一个有机体必须寻回他的平衡或稳定，从而维持或恢复其完整和安宁。在生物体接受到压力时，为了维持它的稳定，对压力的反应可分为三个阶段：警觉期、抵抗期（或耐受期）、衰竭期。
>
> 1. 警觉期：有机体无论什么时候遇到任何一个紧张刺激都会引起躯体内部的生理生化、体内环境平衡、内脏机能的变化，即生物有机体自身会动员起来进行适应性防御。
>
> 2. 抵抗期（或耐受期）：有机体在肾上腺素分泌增加之后，就会出现心律加快、呼吸加快、血压增加、血糖含量增加等变化，以便充分动员体内的潜能应付环境变化刺激的威胁。
>
> 3. 衰竭期：紧张刺激所致的威胁继续存在或躯体仍然像存在着威胁那样进行反应，防御就会持续下去，这时机体会被其自身的防御力量所损害，导致疾病，甚至死亡。

终会损坏健康。在前人研究基础上深入研究压力的是加拿大病理生理学家汉斯·塞里（Hans Selye），他把压力定义为“躯体为了适应施加于它身上的任何需求而产生的非特定性反应”，并且压力可以分为恶性压力（distress）和良性压力（eustress）。恶性压力可以使个体产生一种不愉快、消极痛苦的体验，具有阻碍性；良性压力可以使个体产生一种愉快、满意的体验，具有挑战性，可以促使个体成长。良性压力通常来自积极的但需要个体作出适应或改变的压力事件，比如交到男女朋友、当选学生会主席等，对大多数大学生来说都可以称为积极的事件，但是它们对个体原有的习惯、责任甚至生活方式是一种极大的挑战。汉斯·塞里认为“良性压力”是可以提升个体健康和幸福感的最优程度的压力。他还认为，心理压力是人对环境刺激的一种反应，为了适应压力源的刺激，躯体会产生一系列反应，而引起压力的刺激都伴有一系列非特异性的生理学变化，人若完全脱离压力就等于死亡，过高或过低的压力对个体都是不利的。

有学者认为心理压力是某一情境使人产生特殊生理或心理需要，由此发生的不平常的或出人意料的反应。有学者认为压力是促使一个人内心产生不平衡状态的原因，是涉及威胁或危险的认知及反应。还有学者认为压力是一种环境，并将其区分为真环境（α 压力）和知觉到的环境（β 压力），认为应对压力时，不仅要减少 α 压力，更重要的是减少 β 压力。

从生理—社会—心理学取向的角度可以把压力理解为一种复杂的身心历程，它包含三大部分：第一，压力源（stressor），即任何情境或刺激具有伤害或威胁个人的潜在因素，统称为压力源，即压力来源。第二，认知评估（cognitive appraisal），即当事人认为经历的刺激或情境，对于个人确实有所威胁时，即构成压力，但如果认为是种解脱或乐趣而不是威胁时，则不构成压力，此历程即为认知评估。第三，焦虑反应（anxiety reaction），即当事人意识到自身生理的健康、身体的安全、心理的平静、事业的成败或自尊的维护，甚至自己所关心的人等正处于危险的状况或受到威胁时所做的反应，即为焦虑反应。因此，压力产生的身心历程是：压力的来源—威胁的知觉—焦虑的反应。

综上所述，我们可以把心理上的压力定义为个体面临或觉察到环境变化对机体有威胁或挑战时做出的适应性和应对性反应的过程。

（二）压力的特性

我们明确了心理压力的含义之后，不难发现心理压力具有一些基本特性：客观性、渐进性、情绪性、动力性。

1. 心理压力的客观性体现在它是不以人们的意志为转移的客观存在。只要你生活在这个世界上，不管你愿不愿意，喜不喜欢，不管你是学生，还是工人、农民或者是干部，不管你是男人还是女人，不管你生活在偏远落后的山村，还是繁华喧闹的都市，这个世界上的每个人都有不如意、不顺心的事，都会承受心理压力。我们每个人从童年到老年的整个人生历程中，都充满着心理压力。

2. 心理压力的渐进性体现在心理压力都会有一定的过程。当我们在遇到某种外界环境的刺激时，如果不加以释放和消除，心理压力就会像滚雪球一样越滚越大、越滚越沉。比如有些

> **心海探索**
>
> **压力传递**
>
> 同学们，我们是不是经常听到英文名“亚力山大”？我们现在拿这个英文名来指代什么呢？是的，指“压力山大”，我们现在就来玩一个小游戏，体会每一个人对压力的感受。
>
> 过程：
>
> 请你以一到十设想任意数值的压力值，而后以自己的手部力量，用你自己的方式向你身边的同学传递这个压力数值。相邻的同学接受到你传递过去的压力值后，站起来大声报出他感受到的压力值。
>
> 你设想的压力值是（　），而相邻同学感受到的压力值是（　）。
>
> 1.每个人感受到的压力值一样吗？为什么？你是如何传递你的压力感受的？
>
> 2.通过刚才的活动，你有什么感受和体会？你发现了什么？

大学生在学习和生活中，由于某一件事没有得到朋友或老师的认可，误认为朋友或老师对自己存在偏见。如果自己既不能正确对待，又不愿意找朋友或老师去解释，就会产生“在朋友心中无地位”“老师处事不公平”等错误认知，对朋友或老师逐渐从不理解发展到仇视、憎恨的局面，加大自己的心理压力，从而影响自己的学习和生活。渐进性特征还表现在心理压力有着由强而弱逐渐衰减的过程。比如，我们在遇到心理压力时，如果自己能正确对待，并且通过一些行之有效的方法加以释放，那么心理压力就会由沉重到轻松逐渐衰减，直到完全消除。

3.心理压力的情绪性指的是个体有心理压力时总带有情绪体验的特性。心理压力的情绪性表现是十分复杂的，有消极和积极之分。心理压力的情绪性是消极还是积极的关键要看个体的需要和认知。如果压力事件不符合人们的需要，那么心理压力带来的情绪体验通常是消极的。如果个体认为压力事件能满足自己某方面的需要，就可能产生积极的情绪体验，如探险者就乐于冒险。当心理承受力一定，压力越大，形成的负面情绪越强烈，心理越紧张，越容易出现抑郁、痛苦、惊慌、愤怒等不良情绪；反之，压力越小，心理紧张度越低，则越不容易出现负面情绪。当压力一定，心理承受力越小，则心理越紧张，负面情绪越大。反之，心理承受力越大，心理越不紧张，负面情绪也越小。当压力和心理承受力相当时，这种压力也称为适度压力或轻度压力。在适度压力或轻度压力下，个体往往能迸发出奋斗的热情，有利于意志的锻炼和能力的提高。总之，心理压力的情绪性是显而易见的。

4.心理压力的动力性指的是心理压力对个体行为的调节作用。在日常生活中，人们常说要变压力为动力。之所以能变压力为动力，是由于个体在面对心理压力时，不会无动于衷，而会采取一定的行动处理具有威胁性的刺激情境。心理压力的动力性表现为对适应行为的消极减力作用和积极增力作用两个方面。有研究表明，当个体心理压力过大时，人的理智一般难以控制，个体常表现出两种极端的行为反应，要么呆若木鸡，完全停止行动，要么兴奋激越，突然暴起攻击。在适度压力或轻度压力状况下，个体能够在理智控制下，充分发挥主观能动作用，较妥善地处理压力事件，从而也使自己的心理承受力得到增强，正向的适应性行为增多。

全面理解心理压力的特性有助于我们积极应对心理压力，有助于大学生的身心健康。

心海探索

拍七令

过程：

现在请你邀请你的同学们一起来玩一个关于压力的小游戏，请大家准备好从1到99报数，如果有人报的数含有7或者是7的倍数则必须喊“过”，然后下个人继续报数，如果有人忘了喊过或者超过3秒没有反应则必须接受小惩罚。

1. 快要轮到你报数的时候感觉如何，这种体验是压力吗？

2. 生活中还有哪些压力事件，从中选择印象深刻的一件事记录下来。

心海探索

大西瓜、小西瓜

现在请你邀请你的同学一起来玩一个关于压力的小游戏。

过程：

由任意一位同学开始，说“大西瓜”或“小西瓜”，说“大西瓜”时双手必须比作小西瓜的样子，说“小西瓜”时双手必须比作庞大西瓜的样子。相邻的下一位同学要与上一位说的相反，如前一位学生说的是“大西瓜”，下一位学生必须说“小西瓜”，以此循环反复。说的和做的必须相反，并且说的不能和前一位学生说的相同。再者，两手比出“西瓜”至少要同肩宽，将被视为“小西瓜”；两手相触的“西瓜”形状，将被视为“大西瓜”。如与上面要求不相符，均为游戏失败！

你在活动中的感受如何？这种体验会给你带来压力吗？

第二节　大学生常见压力源

一、压力源的定义与分类

压力源（stressors）是引起压力的刺激，也就是压力的原因。通常是指向机体提出适应和应对要求并进而导致充满紧张性的生理和心理反应的刺激物。

对人类来讲，有包括各种物理、化学刺激在内的生物性压力源，如不适宜的温度、强烈的噪声、机械性的创伤、辐射、电击、病毒、病菌的侵害等，也有包括来源于现实社会中经常发生的冲突、挫折、人际关系失调等在内的心理性压力源，还有包括不断变化着的政治、经济、职业、婚姻、年龄等因素在内的文化性压力源。

常见的压力源分类有：按压力源性质分类，分为躯体性压力源、心理性压力源、社会性压力源和文化性压力源；按生活事件的现象学分类，可分为工作事件、家庭事件、人际关系事件、经济事件、社会和环境事件、个人健康事件；按事件对个人的影响分类，可分为正性生活事件、负性生活事件；按生活事件的主观和客观属性可分为主观事件、客观事件。

二、大学生常见压力源

大学生是一个承载着社会、家长高期望的特殊群体，成长、成才的欲望非常强烈，但心理发展尚未完全成熟、稳定。经济和社会的发展、生活环境的变化、成长过程中遇到的问题、求职择业竞争的激烈、涉及大学生切身利益的各项改革措施的实施等，使得大学生成为当前我国社会的高压力群体。大学生压力的产生可分为内在原因和外在原因。内在原因即由于自身个体差异、气质类型等引发的压力。例如有些事对于胆汁质的人较容易克服，而抑郁质的人则容易产生压力反应。大学生的认知、性格、能力等诸多心理因素都可能成为影响大学生心理压力的因素。外在原因即大学生在实际生活中的压力来源，如日常的生活、学习、工作、意外事件等。一般而言，这部分可以分为如下几个分支：

（一）学习压力

很多大学生在中学阶段都是老师与家长的宠儿、同学中的佼佼者，都具有自信、好强、富于挑战等心理特点。可大学里强手如林，学习内容多且难度大、要求高，昔日的学习方法不一定能适应大学学习。因此学习的压力感与恐惧感油然而生，精神压力较大。还有一部分同学在进入大学以前，将大学的生活想得较为轻松、自由，认为学习已经不再是第一要务，但进入大学之后，才发现不仅授课内容多，而且作业又多又难，还有各种评奖评优的压力，因此大学生很容易产生学习压力。

（二）生活适应的压力

大学展现给大学生的是一个全新的世界，大学生所要经历的也是一种全新的生活。大学生所处的社会环境、校园文化环境、生活环境、学习环境以及人际关系方面的变化冲突，将会给大学生带来各种适应方面的压力。具体而言，首先是角色转变的压力。从高中生，转变为大学生，虽然仍然是学生，但是内涵已经发生了变化。其次是环境转变的压力，这里的环境主要是

心海探索

我的压力来源

过程：

现在让我们来探索一下自己的压力来源。请同学们回忆自己最近印象深刻的压力事件。图中的小人代表自己，请在小人的周围画上自己的压力，以大小、远近来表示压力的大小。压力的形状由自己选择，可以用仙人掌、剑、石头、气球等。印象深刻的压力事件越多越好，越具体越好。比如“学习压力”就是一个太过宽泛的词汇，应该具体一点，是英语语法薄弱带来的压力？还是英语词汇量不足带来的压力？

1. 你真正恐惧的是什么？

2. 你已经做了些什么？

3. 你还打算做些什么？

4. 你愿意分享你最近的压力事件吗？为什么愿意 / 不愿意？

指客观自然环境，也就是气候、饮食、作息时间等的转变。很多大学生是第一次背井离乡，生活习惯方面的诸多不统一往往产生巨大压力。最后是社会关系转变的压力。大学是大学生走向社会的最前线，社会上的赤橙黄绿青蓝紫都会在大学有所呈现，可以说大学是一个小社会。因此生活适应的压力成为大多数大学生要面对的问题。

（三）人际关系

大学生需要面对的人际关系，可能是一面之缘的同学、情深意切的恋人、各种活动的组织者、严肃认真的老师、宽厚无私的家长等，种种人际关系都需要以不同的方式来对待。而且相较于儿童时期，大学时期的同伴关系也发生了变化：大学生花大量时间与同伴在一起，而儿童则更倾向于和父母相处；大学生的群体行动不再像儿童一样需要大人指导；大学时期与异性交往增加；相较于儿童时期的群体，大学时期的群体更复杂也更庞大。毕竟是大家都来自不同地区，又都处于年轻气盛的阶段，因此，人际关系的压力在无形中突然增大。例如，很多学生是第一次离开家，住进集体宿舍，而舍友之间习惯、性格、风俗等不尽相同，平时难免会有点摩擦。有些独生子女在家娇生惯养，独立生活能力较低，导致与同学间矛盾重重，产生了许多心理压力。

（四）经济压力

近年来，我国城乡收入差距呈现缩小趋势，但农村居民人均可支配收入仍落后于城镇居民。经济的压力是一些贫困大学生绕不开的问题。而且，由于经济拮据，他们可能分心打工而荒废部分学业。虽然国家与学校采取了“奖、贷、勤、免、补”等措施减轻贫困学生的经济压力，但贫困带来的精神压力还是难以摆脱。

（五）就业压力

随着近年来高校扩招，大学生人数逐年增多，导致就业问题成为大多数大学生最关心的问题。当前，在日益严峻的就业形势下，很多大学生担心“毕业等于失业”，担忧自己能否得到心仪的岗位。同时，在大学生中还存在“高不成，低不就”的现象。他们对社会了解不充分，不能正确认识和评价自己，不能给自己一个较准确的定位，不能选择适合自己发展的目标，一般的岗位不愿意去，好一点的岗位又进不去，理想与现实相去甚远。还有不少大学生的心理不够成熟，心理素质不过硬，择业时往往会有沉重的心理压力。

第三节 压力对个体的影响

一、消极影响

（一）心理反应

大多数压力都会让人感到不舒服，并带来不愉快的情绪体验，生活的琐事、繁重的学习任务，日积月累会给人造成心理压迫感，导致负面情绪的产生，如焦虑、愤怒、抑郁、冷漠、恐惧等。如果不能及时消解这些负面情绪，将会导致个体心理不适，甚至造成严重的心理疾病。当愤怒的情绪占据主导地位时，个体会变得易激怒，甚至出现攻击性行为。此外，压力还会冲击个体

心海导航

一只苍蝇击倒了世界冠军

1865年9月7日，世界台球冠军争夺赛在美国纽约举行，路易斯·福克斯的得分一路遥遥领先，只要再得几分便可稳拿冠军了。就在这个时候，他发现一只苍蝇落在主球上，他挥手将苍蝇赶走了。可是，当他俯身击球的时候，那只苍蝇又飞回到主球上，他在观众的笑声中再一次驱赶苍蝇。这只讨厌的苍蝇破坏了他的情绪，而且更为糟糕的是，苍蝇好像是有意跟他作对，他一回到球台，苍蝇就又飞回到主球上，引得周围的观众哈哈大笑。路易斯·福克斯的情绪恶劣到了极点，终于失去了冷静和理智。他愤怒地用球杆去击打苍蝇，不小心碰动了主球，裁判判为击球，他因此失去一轮击球机会。路易斯·福克斯方寸大乱，连连失利。而本以为败局已定的对手约翰·迪瑞见状士气大增，信心十足，愈战愈勇，最终夺走了冠军。后来，人们在河里发现了路易斯·福克斯的尸体，他投河自杀了！一只小小的苍蝇，竟然击倒了所向无敌的世界冠军！

对自我的认识，引起挫折感和自我评价的降低，久而久之，使个体在面对学习工作时产生无力感，对生活失去控制感。

（二）生理反应

个体在压力状态下会出现一系列生理反应，主要表现在自主神经系统、内分泌系统和免疫系统等方面，例如心率加快、血压增高、呼吸急促、激素分泌增加、消化道蠕动和分泌减少、出汗等。压力状态下身体的生理反应分成三个阶段：第一阶段是警觉反应。这一阶段中，体温与血压下降、肾上腺分泌增加、进入压力状态。如果压力继续存在，身体就进入第二个阶段，即抵抗反应，这一阶段会产生大量调节身体的激素。第三阶段是衰竭阶段，压力存在太久，应付压力的精力耗尽，身体各功能突然缓慢下来，适应能力丧失，淋巴细胞减少，免疫系统减弱，易受疾病攻击，甚至身体的整个系统都会崩溃。有研究发现，学生面临考试的时候，唾液中的免疫球蛋白会减少，导致感染呼吸道疾病的概率增加。在中世纪，享有“医学之王”美誉的著名伊朗医学家伊本·西拿（Ibn Sina）曾做过一个实验。他把两只公羊分别放在两个不同的地方，提供同样的食物。第一只公羊待在平静、安稳、没有危险的草坪；第二只公羊则待在旁边关着狼群的动物馆，第二只公羊由于经常看到狼在身边窥视而整天提心吊胆，精神一直处于高度紧张的状态，不久就死了。而第一只公羊却一直生活得很好。

（三）行为反应

个体在压力状态下，常自觉或不自觉地在行为上发生改变，以摆脱烦恼，减轻不安。以下这些不良的行为性压力反应早期常可减轻人们的压力，但长远观察，常常引发不良的后果。包括：

1. 逃避与回避：这是一种常见的消极压力行为反应，这里有一个有趣的比喻，在沙漠中鸵鸟遇到危险时，常把头埋在沙堆里，以为看不见则危险不存在。大学生逃避与回避的表现有拖延、

心海链接

压力荷尔蒙

人体可对情绪、身体和精神压力做出如此匪夷所思的反应，实在是得益于肾上腺荷尔蒙分泌的作用。

在肾脏上端，有两个拇指大小的肾上腺分泌着三种关键的荷尔蒙：皮质醇、脱氢表雄酮及肾上腺素。这三种荷尔蒙被称为“压力荷尔蒙”。其中皮质醇及肾上腺素是“加压荷尔蒙”，而脱氢表雄酮则是“减压荷尔蒙”。这三种荷尔蒙不但帮助我们应付许多生活压力及精神负担，同时还帮助调节机体内许多重要的元素，诸如血糖、脑功能、肌肉运动、体液及电解质平衡等等。我们可千万不能小看它们。肾上腺是压力荷尔蒙的制造基地。

闭门不出、离校出走等。

2. 退化与依赖：个体表现出不成熟的压力应对方式，失去成人解决压力的态度和方法，退行至小孩的阶段。如，已经成年的大学生在压力状态下就地撒泼打滚，退化到孩子的反应方式等。

3. 敌对与攻击：个体出现过激的情绪反应和过激的行为，其共同的心理基础是愤怒，有时甚至出现自伤及伤人行为，如争吵、伤人、毁物、自伤等。

4. 无助与自怜：无助与自怜的心理基础常有抑郁、焦虑的成分。多见于性格孤僻、孤芳自赏、对外界环境缺乏兴趣者。表现为无能为力、无所适从、听天由命持宿命论的行为状态，无法主动摆脱不利的情境。

5. 物质滥用：某些大学生在压力状态下会选择通过饮酒、吸烟或服用某些药物的行为方式来转移痛苦，这些不良的行为方式通过负强化机制逐渐成为个体应对压力的习惯。

二、积极影响

1. 提高机体警觉性，防止意外伤害

压力是机体面临紧张情境时产生的一种自主性反应，这种自主性反应的本质是自我防御，其目的是适应环境。所以压力能够提高机体的警觉性，防止意外伤害，适应紧张情境。

2. 适度的压力是应付生活的基本条件

在个人成长过程中，压力是不可避免的，而适度的压力为大学生学会应付生活、提高适应能力提供了可能。例如，考试前的适度紧张会使大学生认识到考试的重要性，认真对待这次考试，事先做好计划和复习步骤，取得好成绩。

3. 促进个人成长

人的成长和发展就是不断适应环境压力的过程。人的一生在每个阶段都需要应付新的要求，都会面对各种不同的成长任务，因此压力是无处不在、不可避免的，也是人成长所必要的。只要能把压力变成动力，那么压力也可以成为成功道路上的加速器。

心海导航

负重的船最安全

有一位经验丰富的老船长，当他的货轮卸货后，在浩瀚的大海上返程时，突然遭遇可怕的海上风暴。水手们惊慌失措，老船长果断地命令水手们立刻打开货舱，往里面灌水，“船长是不是疯了，往船舱里灌水只会增加船的压力，使船下沉，这不是自寻死路吗？”一个年轻的水手嘟囔着。但看着船长严肃的脸庞，水手们还是照做了。随着货舱里的水位越升越高、船一寸一寸地往下沉，猛烈的狂风巨浪对船的威胁却一点一点地减少，货轮渐渐平稳了。船长望着松了一口气的水手们说：“百万吨的巨轮很少有被打翻的，被打翻的常常是根基轻的小船。船在负重的时候，是最安全的；船空时，则是最危险的。”

心海导航

压力也是动力

1964年10月16日，一声东方巨响震惊了世界——中国成功爆炸第一颗原子弹，极大地振奋了民族精神。1967年6月17日，中国成功爆炸第一颗氢弹。

从第一颗原子弹到第一颗氢弹爆炸，苏联用了6年零3个月，美国用了7年零4个月，英国用了4年零7个月，法国用了8年零6个月，而中国只用了2年零8个月。20世纪美苏冷战，中国的外部环境十分危险，对中国来说是巨大的压力。为了成功研发原子弹、氢弹，没有技术支持的中国在当时非常艰难的环境下，依靠自己独自研究，一步一步地尝试着，终于成功了。有了自己的核武器，中国才可以从当时被美国封锁式的发展中冲出，走上中国特色社会主义道路。

心海探索

雨中人

过程：

我们体会到每个人的压力感受都不一样，现在让我们用绘画的方式探索自己面对压力的态度和一般情况下的反应。请你凭第一感觉，画出在雨中的小人。在作画的过程中，请全程保持安静，不需要相互讨论，也不用观看他人的画作。在画完之后，可以把你的画作给你身边的人，让身边的同学为你的画作加上他们认为需要的补充。请注意，这个过程同样不需要讨论，让你身边的人按他们的感觉来创作吧！

1. 你的画中，周围的环境如何，请用 1 至 2 个形容词描述。

2. 你画的人，是男是女？

3. 这个人大概多大？

4. 他 / 她现在的心情如何？请用 3 个形容词形容。

5. 他 / 她在想什么？

6. 他 / 她接下来准备做些什么？

7. 画出来的人和你想画的一样吗？什么地方很难画或者画不出来？

8. 如果把下雨看作压力，雨中人的状况看作应对压力的方式，请描述雨中人的压力应对方式。比如：他面对压力的态度、他所使用的应对策略、应对的效果等。你觉得你的压力应对方式和画中人有何相似之处？

9. 你的几位同学帮你补充了什么？你有什么想法。

10. 同学帮你补充的部分给你什么感觉？

心海探索

我的压力反应

你认为在有压力的时候和无压力的时候，你的各方面状态都一样吗？压力通常会带来生理、心理、行为上的变化，你在遇到压力的时候会产生哪些变化？现在我们来探索一下自己在压力面前会有哪些感受。

过程：

请回忆最近的压力事件，体会自己压力状态下的身体感受、心理反应、行为反应，对压力相关的身体部位进行涂色。找到合适的词语描绘那些身体感受、心理反应和行为反应，写在小人的边上。

第四节　常用的压力管理对策

对大学生来说，期末考试、面试、人际关系冲突等都是诱发压力的事件。甚至当上协会会长、拿到国家级奖学金等也都是一种压力。不管是恶性压力还是良性压力，大学生都应该学习并掌握一些应对压力的策略和措施，变压力为动力。

一、预防策略

在压力到来之前可以采取预防策略。这类策略包括两个方面：一方面是防止或减少压力的出现；另一方面是积蓄自我与社会的资源，增强抵抗压力的能力，做到防患于未然。

1. 认清心理压力的普遍性

大学生要认清现实生活中充满竞争，心理压力是无处不在的，因此要采取理性的应对态度，对已经出现或将要出现的压力有一定的思想准备。

心海导航

习近平同志是一个多么坚强的人

当时插队的时候，近平这个人比较沉稳，抗压能力比较强。这个抗压，指的可不仅是生活上、体力上的压力，更是心理上所要经受的巨大压力。

近平的父亲习仲勋同志受迫害、挨批斗，被下放到河南，母亲当时也过着受审查的生活；而近平本人，成分是“黑帮子弟”，这样一来，我们知青的两大出路——征兵、招工，对他来说都几乎不可能实现。所以，他要承受着比我们几个都大得多的心理压力，也面临着比我们几个大得多的困难。

我们家里给我们寄东西、寄钱，而近平家里因为这种情况，明显对他的“支援”就比较少。但是，近平这个人不愿意对我们说他自己的一些困难，也从来不跟我们诉苦，更不抱怨什么，而是把这些事情都藏在心里不说，由此可以看得出来，近平是一个多么坚强的人，他从不向困难低头。

近平也是一个非常有主心骨的人。他有了想法，有了思路，就一定要仔细研究，一定要把事情做好。后来，他当了梁家河的村支书，带领大家建沼气池，创办铁业社、缝纫社，我一点都不吃惊。因为，我在和他一起生活的时候，就发现他这个人有一股钻劲，有强烈的上进心。

我们有时也去周围几个村的知青窑串门。那时我们闲得无聊，肚子又饿，就经常一起商议到什么地方去蹭饭。我们说：“近平，走啊，咱们去梁家塌吃他们一顿！”但是，近平不去，他就坐在那里看书，他说：“我就不去了，你们弄到吃的，给我带回点来吧。”

近平一方面是不喜欢参与这些事情，另一方面他那段时间“痴迷”在阅读和学习之中。他碰到喜欢看的书，就要把书看完；遇到不懂的事情，就要仔细研究透彻。当时，我并不觉得什么，现在想起来，一个十五六岁的小伙子，同龄人都跑出去玩耍，他还能饿着肚子坐得住，能踏下心来看书、阅读、思考，这确实需要一定的定力，需要有很强的求知欲和上进心。

来源：中央党校采访实录编辑室 . 习近平的七年知青岁月 [M]. 北京：中共中央党校出版社，2017.

2. 改变易增加压力的行为方式

大学生活中的一些压力是可以通过改变自身的行为方式来避免的。那些喜欢赶时间、没有耐心、特别爱与人竞争的大学生体验到的压力更大，也更易于受挫。因此，改变自己的行为方式，可以使感受到的压力降低。

心海导航

谷爱凌：青春对决，逆袭摘银

2022 年 2 月 15 日上午，张家口崇礼云顶滑雪公园再次见证了一场“青春对决”。在北京冬奥会自由式滑雪女子坡面障碍技巧决赛中，中国队选手谷爱凌在第三轮中表现抢眼，凭借 86.23 分获得该项目银牌。

在前一日的资格赛中，谷爱凌位列第三名晋级，让大家对她的精彩表现有了更多期待。

决赛分为 3 轮滑行，按照资格赛排名倒序出场，12 名选手以 3 轮中的最好成绩决定奖牌归属。首轮比赛，谷爱凌在道具区发挥欠佳，得到 69.9 分。最后出场的西尔达鲁发挥稳定，得到 82.06 分，暂列首位。

次轮中，前不久同谷爱凌同场竞技、在首钢滑雪大跳台拿到了一枚铜牌的格雷莫德发挥出色，在难度、完成度和欣赏性上更胜一筹，裁判给出了 86.56 分的全场最高分。谷爱凌则在道具区出现失误，摔倒在地。

面对最后一轮的压力，谷爱凌再次爆发出强劲实力。她没有受到失误的影响，在道具区和跳台区都发挥稳定，最终拿下 86.23 分，再一次站上了领奖台。

正午时分，崇礼阳光明媚，天气晴朗。谷爱凌拥有了第二只获奖运动员独享的金色“冰墩墩”。她将可爱的“冰墩墩”举过头顶，再次露出了自信美丽的笑容。

“之前大跳台项目比完后，我其实感觉有一点累。在坡障训练的时候感觉不是特别好，没有进入状态。当我面对第三滑所带来的压力时，好像忽然放松了、醒过来了，让我能够做到最好。压力越大，我反而越容易进入状态。”赛后接受记者采访时，谷爱凌谈及自己决赛前两轮的失误时这样说道。

来源：谷爱凌：青春对决 逆袭摘银 [N]. 人民日报（海外版），2022-02-16（05）.

3. 扩展应对资源

在生活中，大学生可以不断扩展自己的各种资源，如身体健康，充分的自尊、自信和自控能力，坚强的信念与乐观的态度，丰富的知识与娴熟的专业技能，自主安排时间与生活的技巧，良好的人际关系，强大的社会支持网络等。这些资源充足了，自然就能更好地应对，甚至避免大学生活中的种种压力。

二、疏导策略

当压力来临时，可以通过自我疏导和调控来降低自己的心理压力，主要方法有以下几种。

1. 以辩证的观点看待压力

发生在大学生身上的事情可能都会具有两面性。压力对大学生来说，会带来紧张、不愉快，也会带来惊讶和启迪。压力会产生消极影响也会产生积极的影响，关键在于自己要对压力有积极的认知。面对压力，应该做一个积极的思考者，寻找压力中的积极因素，以积极的方式缓解压力，使自己走出压力的困扰。

2. 运用格言警句改变自己对压力的主观感受

在遭遇压力时，可以用格言警句来激励自己。例如，某大学生连续两次都没有通过大学英语四级考试，于是他开始加倍努力，并在自己的床头贴满了各种格言警句，如“宝剑锋从磨砺出，梅花香自苦寒来”“天将降大任于斯人也，必先苦其心志，劳其筋骨，饿其体肤，空乏其身，行拂乱其所为……”“不鸣则已，一鸣惊人”，从而改变自己对心理压力的主观感受。

3. 改变目标本身或降低要求

大学生在理想目标与现实相差太远的情况下，应该意识到不能用过高的目标来苛求自己、限制自己，而是根据社会现实和自己的能力、专业，设置合理的目标，逐个实现，使自己不至于因为压力过大而迷失方向。

三、斗争策略

在压力降临时，还可以采取斗争策略。这类策略包括以下方法。

1. 觉察压力

对引起压力的事件给予积极关注，有助于冷静地分析事态的发展，客观地认识事件的前因后果，从而选取更为有效的应对措施。

2. 集中资源

当压力降临时，尽可能多地集中一切可以利用的资源，以提高应对的成效。比如，想参加学校的某项竞赛，应该充分利用现有的人力、物力与财力，最大限度地迎接竞赛。

3. 搜寻解决问题的途径

有些事情之所以会给人带来压力，是因为一时找不到解决问题的方法。面对引起压力的问题，应分析问题的实质，评估可以利用的资源，寻找切实可行的解决途径，这样或许能减少压力。例如，当学习成绩不理想时，不要急于给自己施加压力，而要分析一下这次考试失利的原因，是因为上课没有认真听讲，还是因为课后没有好好复习，然后根据原因调整自己的目标和行为，压力也就随着问题解决而释放了。

4. 实施心理放松自我训练

放松训练是行为治疗方法的一种，其特点是通过训练，有意识地控制自身的生理、心理活动，循序交替地收缩或放松骨骼肌群，使个体在内心自觉体验个人肌肉的松紧程度，以调节自主神经系统的兴奋性，改善机体紊乱功能。在放松训练的理论中，一个人的反应包含“情绪”和“躯体”两部分。如果能够改变躯体的反应，“情绪”也会随之改变。

人的意识能够操纵“随意肌肉”，间接地达到松弛“情绪”，建立轻松的心理状态。放松训练的核心在“静”“松”二字。“静”是指环境要安静，心境要平静；“松”是指在意念的支配下使肌肉放松、情绪放松。个体的自我调节、自我教育、自我完善在缓解心理压力中起决定作用。

比如埃德蒙·雅各布森（Edmund Jacobson）提出的渐进式放松法，教导人们遵循下列步骤放松肌肉：①增进对肌肉的收紧和放松的感知，②区别肌肉紧张与放松的情况，③依次从一组肌肉进到另一组肌肉。具体操作如下：找一间安静的房间，舒适地坐在带靠背的椅子上，双脚平放在地板上，闭上双眼；倾听自己的呼吸，体会空气进出自己身体的感觉；做几次深呼吸，每次呼吸要缓慢，心里默念“放松”；集中注意力在脸上，感觉你的脸或眼睛、下巴或舌头很紧张；心里描绘出紧张的样子，然后再想象紧张消失，一切都变得松弛柔软；感觉你的脸、下巴、眼睛，然后是你的舌头变得松弛，同时感到一股松弛感传遍全身；再使劲绷紧脸部和眼部的肌肉，然后感到全身都在慢慢放松；全身各部分依次做同样的练习，分别是头、颈、肩、手臂、手、腹部、大腿、小腿、脚踝、脚、脚趾；全身练习完毕，静坐5分钟；感觉眼皮轻了，再闭眼1分钟，睁开双眼。这个练习全程大约需要15分钟，最好每天做2次，每次练习后，你能发现自己的放松程度逐渐加强。

心海探索

比一比

过程：

每个人的压力应对方式都是不同的，把你所采取的压力应对方式写下来，看看有哪些优点，有哪些缺点？然后和班上同学分享，帮助大家更好地寻找到适合自己的压力应对方式。

方式方法	攻击力	对自身损耗值	效果
静坐冥想术	100	20	100

1. 有人和你使用同样的压力应对方式吗？

2. 他人的应对方式给你什么启发？

3. 在听完他人分享后，你在你自己分析的攻击力、对自身损耗值、效果方面有什么补充？

心海链接

采用运动来应对压力

心理压力会让身体分泌出大量的肾上腺素，导致动脉血管收缩、血管压力升高；如果肾上腺素继续存在于体内，就会使血液浓度增加，形成心脑血管血栓，造成心脏病或是脑血管病；心理不休息，胃也会不停地工作，如果在空腹的情况下分泌胃酸，会造成胃黏膜的损害，由此造成胃溃疡。实验证明，运动可以缓解压力，这主要和腓肽效应有关。腓肽是身体的一种激素，被称为“快乐因子”。当运动到一定的程度，达到一定的运动量时，身体就会产生腓肽效应，这种效应不仅可以愉悦神经，还可以将压力带走。

当你感受到巨大心理压力时，以下这些运动会让你身心愉悦。试试采用以下运动来应对压力吧。

1. 自己喜欢并能享受的运动：从事自己喜欢并能享受的运动项目，能产生正面的身心效果，如网球、羽毛球、足球、乒乓球、篮球等。由于是自己喜欢的运动，所以在运动时能集中精力，保持愉快的心情。心无杂念而且能专注于运动过程和动作中，其缓解压力和促进健康的效果更佳。

2. 有氧运动：有氧运动的特点是具有节奏韵律，不激烈，可持续长时间的活动。在有氧运动过程中人们不会有呼吸急促或因乳酸堆积而产生肌肉酸痛的不适现象，如快走、慢跑、舒缓的舞蹈、游泳、骑自行车、爬山等。这些运动会消耗大量的热能，能消除压力情况下产生的身体不适，使人有舒畅愉快的感觉。有规律的有氧呼吸可以增强心肺功能或摄氧能力，对缓解压力有很大的好处。

3. 伸展操：伸展操可以提神与放松肌肉。伸展是指在一个或多个关节处伸展肌肉、肌腱和韧带的活动，每个动作持续时间为 20 ~ 30 秒，可以在全身各关节由上到下或由下而上分别伸展。如果能在伸展过程中注意调息，将呼吸频率放慢，变深加长，而且集中精神于调息或被伸展的肌群，则消除紧张和缓解压力的效果更好。

4. 重量（或肌肉）训练：重量训练是指用各种方式来增强肌力和耐力的活动，也可以缓解压力或降低神经、肌肉的紧张程度。因为人的肌肉在用力收缩后，会更加放松。在肌肉收缩过程中还会消耗不少能量，加快新陈代谢，这也可以消除精神压力，有益于健康。

心海探索

华山论掌

过程：

我们经常在面对压力的时候，要么全力以赴去战斗，要么不自觉地逃跑，而这两种极端可能都有各自的缺陷，现在我们来试一试综合的办法。请你找一个同学作搭档，两人面对面站好，有一个能够双掌相抵又让双方都觉得合适的距离。当教师喊开始的时候，两个人就开始对掌推，规则是两脚不能移动，不能抓对方的手也不能靠在对方身上或者桌上，不能碰到除对方的手掌以外的任何地方。违反上述任何一条即算落败。

1. 当你面对更强壮的对手（强大的压力），你第一反应是什么？

2. 压力只能带来负面的体验吗，对于更好地适应生活、提高自我是否有益处？

心海探索

你拍我拍

过程：

人生难免会遇到压力，那么面对压力的时候怎么做呢？运动是很好的压力管理办法。我们现在就来体会运动放松的快乐。让我们一起起立吧，后面的同学双手搭在前面同学的肩膀上，用适当的力气拍打前面同学的肩膀，同时一起数节奏。数到二十，全体同学向后转，继续拍打前面同学的肩膀，同时大家一起数节奏。如此重复。

1. 当别人拍你的肩膀的时候，你感受如何？

2. 当你为别人拍肩膀的时候，你感受如何？

3. 请写下你现在的感觉。

参考文献

[1] 边素贞，黄霞．大学生心理健康教育 [M]. 北京：科学出版社，2019.
[2] 陈妮娅．大学生心理健康教育 [M]. 厦门：厦门大学出版社，2016.
[3] 陈小梅．大学生心理健康教育 [M]. 厦门：厦门大学出版社，2019.
[4]CICCARELLI S K，WHITE J N. 心理学最佳入门 [M]. 周仁来，等译．北京：中国人民大学出版社，2014.
[5] 樊富珉，费俊峰．青年心理健康十五讲 [M]. 北京：北京大学出版社，2006.
[6] 高存友，任秋生，甘景梨. 心理压力与调控 [M]. 北京：九州出版社，2018.
[7] 黄培伦. 组织行为学 [M]. 广州：华南理工大学出版社，2016.
[8] 蒋春雷，王云霞．应激与疾病 [M]. 上海：第二军医大学出版社，2015.
[9] 理查德・格里格，菲利普・津巴多．心理学与生活：第 19 版 [M]. 王垒，等译．北京：人民邮电出版社，2016.
[10] 林春梅．心理压力与健康 [J]. 民族教育研究，2001，（1）：89-92.
[11] 刘克善．心理压力的涵义与特性 [J]. 衡阳师范学院学报（社会科学），2003，24（1）：102-106.
[12] 刘新玲．寻找心理正能量，大学生心理健康漫谈 [M]. 北京：高等教育出版社，2013.
[13] 尹忠恺，肖文学．大学生心理健康教育 [M]. 北京：清华大学出版社，2012.
[14] 姚树桥，杨艳杰．医学心理学 [M]. 第 7 版．北京：人民卫生出版社，2018.

（康　荔）

第十章 情绪管理

人随时随地都会有喜怒哀乐的情绪起伏变化，人的一切活动无不打上情绪的印迹。情绪像是染色剂，使人的生活染上各种各样的色彩；情绪又恰似催化剂，使人的活动加速或减速进行。人需要的、快乐的情绪，它是获得幸福与成功的动力，使人充满生机；人也会体验焦虑、痛苦等消极的情绪，它使人心灰意冷，沮丧消沉，若不妥善处理，还可能严重危害身心。人的一生，就是这样游弋在情绪海洋中，在色彩斑斓的情绪世界里领略着人生百味。

本章从情绪概述、情绪的种类与特性以及如何管理情绪这三个角度出发，探讨如何认识自己的情绪？情绪又是如何影响我们的日常生活、学习和工作？面对当前的情绪状态，如何调节管理情绪？希望通过本章的内容学习能够帮助同学们学会呵护、调理好心情，做情绪的主人，让生命更加丰盈、饱满，促使生命之花灿烂绽放。

第一节 情绪的概述

一、情绪的概念

生活中，我们难免会有各种各样的情绪随境而生。心中愉快时，我们就会开怀大笑；心中愤怒时，我们就会横眉竖眼；心中伤感时，我们就会泣涕涟涟，这些都是情绪的表达，仿佛也是我们与生俱来的技能。但是情绪有时候也会让我们十分苦恼，一些坏情绪干扰了我们的行为与生活，也给我们带来很多负面影响。这就是情绪，无论你是否喜欢，它都与你绑在一起，伴随我们每个人的一生。

情绪是客观事物是否符合人们需要、愿望和观点而产生的主观体验，也是对现实的反映，既体现了主体对客体的关系，也反映了主体对客体的态度和观点。情绪反应带有很强烈的个人色彩，每个人因外物而引起的情绪体验都是不同的。如当你正在安静思考的时候，一声紧急的刹车声就有可能让你心生厌烦，但是换成另外一个人，他的情绪可能就不会受这种外界的干扰，还是专注于思考。情绪体验除了会有各方面的不同外，它还保持一定稳定性，也就形成我们所说的心境。《辞海》里这样解释：心境，心情也。心境之好，使人愉悦，催人奋进；心境之坏，使人颓丧，茫然无措。当一个人处于持续的健康情绪中，心境自然而平和，他的整体心理状况是积极向上的。我们与情绪朝夕相处、日日为伴，因此我们应该学会调整自己的情绪，使自己的心境保持在一个平和、极佳的状态。

二、情绪的意义

（一）情绪是生命中不可分割的一部分

从生理学的角度分析，情绪其实是大脑与身体的相互协调和推动所产生的现象，因此，一个正常的人必然是有情绪的，没有某些情绪的人反而是有缺憾、不完整的人，其人生不是有欠缺，就是痛苦至极。

（二）情绪绝对诚实可靠和正确

除非我们内心里的信念、价值观和规矩系统有所改变，否则每次面对同样的事我们都会自然地表现出同样的情绪反应。比如，你是一个对死老鼠特别反感或害怕的人，每次偶然遇上时你是否每次都会立即做出同样的惊叫、跳起来等反应呢？某人的身影，或者他说的某些话，是不是也都会激起你同样的情绪反应？

（三）情绪从来都不是问题

如果你感到不适去看医生，医生说你的额头很烫，需要做手术切除，你会觉得这个医生精神有点不正常吧？人人都知道额头很烫是身体有病的症状，可能是肠胃有毛病，也可能是感冒。症状使我们知道健康有问题，但它本身不是问题。情绪也是一样，它只是症状而已，可是绝大部分人都把情绪看作是问题本身（一个很普遍的例子是家长常常针对孩子的情绪而加以斥责，目的只是制止孩子的情绪），但情绪只是告诉我们，我们的生理或心理出现了某些问题，需要我们去处理。

（四）情绪教我们在事情中该有所学习

人生中的每一件事都能给我们提供学习怎样使人生变得更好的机会。情绪的出现，正是保证我们有所学习。每种情绪都有其意义和价值，不是给我们指明一个方向，便是给我们一份力量，甚至两者兼有。如果我们甘心被别人看低，我们便不会发奋努力；如果我们没有痛的感觉，我们便不会把手从火炉上抽回；如果我们没有恐惧，生命定会变得脆弱。

（五）情绪应该为我们服务，而不应成为我们的主人

如果情绪能被妥善运用，可以使人生变得更好。只是要“运用”它，必须先使它臣服，受你驾驭。情绪是生命的一部分，就像我们的手与脚、过去的经验、累积的知识和能力等，是为我们服务。可惜的是，今天有很多人陷入了迷惘苦恼中不能自拔，成为自己情绪的奴隶，而不是驾驭自己情绪的主人。这种情况是可以扭转的，有很多技巧可以帮助每一个人成为自己情绪的主人。

（六）情绪是经验记忆的必要部分

我们的大脑在把输入的信息储存为记忆时，判断这些信息的意义是这个过程中最重要的一环，称之为“编码”程序。这个程序其实是把输入的信息与已有的过去记忆比较整合后得出的模糊意义，经由我们的信念、价值观和规矩系统做一次过滤，所得出的意义才能纳入我们的记忆系统做长期储存。这份意义必有一份感觉并存。没有此等感觉的，便是没有做或者未做好“编码”程序。何以见得？你少年时在学校曾经熟读的那些书的内容，现在还记得多少？相反，小学三年级时被老师要求在教室门外罚站的经历，却永世难忘。那便是因为前者未做好“编码”工作，而后者做好了。如果你仍能背诵《长恨歌》那么长的唐诗，那是因为每一句诗都曾深深地触动你的情绪。因此，情绪是记忆储存的必要部分。

（七）情绪就是我们的能力

自出生至今，你肯定掌握了很多能力，在很多事情上，你或有自信、勇气、冲动，或是冷

静、轻松、优悠，或具备坚定、决心，又或富有创造力、幽默感，抑或敢冒险、灵活、随机应变……细想下，你会发觉所有这些能力都是一份感觉，一份内心里的感觉。即使有知识、技能和其他的资源能帮助你，使用这些资源的原动力，仍是这份内心里的感觉。没有这份感觉，我们即使具备了这些资源也不会去用，用了也用不好。

三、情绪的来源

科学研究表明，人的大脑中枢的一些特殊的原始部位明显地决定着人的情绪。但是，人类语言的使用和更高级的大脑中枢又影响和支配着比较原始的大脑中枢。影响人的情绪和行为的主要是人自己的思维。另外，有专家指出：遗传结构只是在很小程度上决定着你是倾向于安静还是倾向于激动。而年幼时的经验和当时周围人的情绪则诱发着你的情绪萌芽。各种生理因素（如疾病、睡眠缺乏、营养不良等）可能使你变得容易激动。但是，对大部分人来说，这些因素并不能决定我们能否免受焦虑、愤怒和抑郁之苦。

任何生活中的变动，大至超越了人能力所能处理的大事情，小至扰乱了个体平衡状态的小事件，都会是刺激人产生“情绪”的来源。这些或可预测或不可预测的刺激，都使我们产生或大或小的“情绪”。那么具体来说情绪的来源有哪些呢?

（一）重要的生活变动

生活方面突然的变动是造成“情绪”的主要来源之一。这些变动是我们较难有效加以处理的，甚至有时还会造成我们身体上的不适或疾病。例如，我们自然期待自己能突然中了 200 万元特等奖，但随之而来的变化，如换一部新车、计划一次旅行等虽也令我们感到愉快，但却也会造成我们日常生活的重大变动，使我们必须面对新的生活需求以及新的环境要求。还比如亲人突然亡故、夫妻离异、牢狱之灾、个人生病或者受伤、失业、退休等等，都会引起情绪的波动。

（二）生活中的小困扰

我们的生活中不可避免地充满了各种不同的小挫折。例如，正在使用电脑却突然停电，辛苦整理的资料不翼而飞；又或者穿着一身漂亮新衣参加年终酒会，却不小心沾上一点酱油等等。这些小困扰累积起来，无疑会成为破坏健康的情绪来源。

（三）灾变事件

灾变发生不仅对伤残的受害者来说是一件重大的情绪事件，对现场目击者、前往救援的人、该地区医院的工作人员、受害者的亲友及从各种媒体听闻这事件的人来说，都会感受到或大或小的情绪。

（四）长期的社会性情绪来源

现今会造成情绪的社会事件，主要来自生活空间过度拥挤、经济衰退、社会安全危机、环境污染等。从精神病院的住院人数、婴儿死亡率、自杀率、酗酒致死率及心血管方面的患病率或多或少升高的情况来看，当今时代的确存在较多的情绪现象。这些问题不仅是科学技术上的问题，而且也是心理上的问题。要解决这些社会事件所造成的情绪问题，单靠个人微薄的力量是不够的，需要借助整个社会的共同努力。

四、情绪对生活的影响

人的情绪都是在生命成长的过程中不断演化和发展而来的。产生某种情绪并执着认定该情绪是对自己的伤害时，大脑就会将这次的经历像种子一样存储在心智中，形成人的生命程序，在日后的生活中持续产生影响。如果情绪未能得到及时的化解，情绪种子就会随着时间的推移以及人在生活中的种种遭遇而不断地发生变化，每当出现类似的感觉或情景时，情绪就会作用于人的生活，产生不同的影响。

（一）情绪影响人的行动力

积极的情绪可以提高人体的机能，能够形成一种动力激励人去努力，并在活动中能够起到促进的作用。消极情绪会使人感到难受，抑制人的活动能力，活动起来动作缓慢、反应迟钝、效率低下，而且会减弱人的体力与精力，在活动中易感到劳累、精力不足、没兴趣。

（二）情绪影响智力

情绪积极、乐观的儿童的智力水平要比情绪悲观、忧郁的儿童的智力水平高。智力水平不只体现在智商（IQ）上，而且体现在记忆、思维、创造、想象等众多方面。在学习中，应该保持一种积极的情绪，做到“乐学”，这样会提高学习效果。因为，积极良好的情绪有利于人的智力的发展，而消极的情绪不仅对提高学习成绩没帮助，而且会影响学习的效果。

（三）情绪具有传染性

情绪不仅影响个人的生活，也会影响身边人的生活。我们根据自己的经验可以知道，情绪具有传染性。当一个人情绪不好的时候，周围的人都会受到影响，大家先是感到心里不痛快，接着不知不觉中传染上坏情绪，继而又把坏情绪传给别人。比如你早上出门坐出租车，下车时司机找零找给你一张假币，你后来才发现，心情一下就变得很糟，到公司脸色还没缓过来；跟你打招呼的同事就会想你是不是对他有意见，他心里有气，转身就把气撒在正好进门的快递员头上；快递员没头没脑地被人训斥，很不服气，骑着摩托车在路上也就没那么礼貌了，拐弯时抢行一步；一辆轿车躲避不及撞上前面的车，两位轿车司机开始互相指责。

心海链接

笑是良药

1. 笑声护士

据美国芝加哥《医学生活周报》报道，美国一些大型医院和心理诊所已经开始雇用“幽默护士”。她们陪同重病患者看幽默漫画并谈笑风生，以此作为心理治疗的方法之一。幽默与笑声，帮助不少重病患者或情绪障碍者解除了烦恼与痛苦。

笑声一般都是为人们所喜欢的，每个人都不愿意看到朋友愁眉苦脸。最新的医学研究发现，笑口常开可以防止传染病、头痛、高血压，可以减轻过度的精神压力，因为欢笑可以增加血液中的氧分，并刺激体内免疫物质的分泌，对抵御疾病的侵袭大有帮助。而不笑的人，患病概率较高，而且一旦生病之后，也常是重病。笑能使肌肉松弛，对心脏和肝脏都有好处。如果生活中没有时间去慢跑，我们可以每天多笑一笑，甚至哈哈大笑几十次，以调节身体状态，增进健康。

耶鲁大学心理学教授列文博士说："笑表达了人类征服忧虑的能力。"笑往往又是人欢乐的一种表达，之所以欢乐，是人体在生理上产生了某种愉悦的缘故。赶紧笑起来吧。

2. 笑的妙用

名医张子和曾采用笑的妙用治愈了一个人的怪病。当时有个官吏的妻子，精神失常，不吃不喝，只是胡叫乱骂，不少医生使用各种药物治疗了半年也无效。张子和则叫来两个老妇人，在病人面前涂脂抹粉，故意做出各种滑稽的样子，这个病人看了大笑起来。第二天，张子和又让那两个老妇人做摔跤表演，病人看了又大笑不止。后来张子和又让两个食欲旺盛的妇人在身边进餐，一边吃一边对食物的鲜美味道赞不绝口，这个病人看见她俩吃得津津有味便要求尝一尝。从此她开始正常进食，怒气平息，病全好了。

著名科学家法拉第年轻时，由于工作十分紧张，导致精神失调、身体非常虚弱，虽然长期进行药物治疗却毫无起色。后来一位名医对他进行了仔细的检查，但未开药方，临走时只说了一句话："一个小丑进城胜过一打医生！"法拉第对这句话仔细解读，终于明白了其中的奥秘，从此以后，他经常抽空去看马戏、滑稽戏与喜剧，经常高兴得开怀大笑，愉快的心情使他恢复了健康。

3. 欢笑诊所

据说现在每天早上，在印度孟买的大小公园里，可以看见许多男女老少，一遍又一遍地哈哈大笑，这是在进行"欢笑晨练"。印度的马丹卡塔里亚医生开设了150家"欢笑诊所"。人们可以在所里学到各种各样的笑，开怀大笑，抱着胳膊会心微笑等等，以此来治疗心情压抑等心理疾病。

4. 笑能拯救生命

加利福尼亚大学的一位教授，40多岁时患上了胶原病。医生说，这种病康复的可能性是五百分之一。他按照医生的吩咐，经常看滑稽的文娱体育节目，有的节目使他捧腹大笑，有的节目使他从心底发出微笑。他除了看节目，平时还有意识地和家人开开玩笑。一年后医生对他进行检查，发现指标开始好转了。两年以后，他身上的胶原病竟然自然消失了。为此，他写作了一本《五百分之一的奇迹》，书中提出："如果消极情绪能引起肉体的消极化学反应的话，那么，积极向上的情绪就可以引起积极的化学反应。爱、希望、信仰、笑、信赖、对生的渴望等等，也具有医疗价值。"中外许多心理学家、运动学家认为，一般性的笑，能使隔、咽喉、腹部、心脏、两肺，甚至连肝脏都能得到一次短暂的运动。捧腹大笑，它还能带动手臂和两腿肌肉的运动。当笑停止之后，脉搏的跳动会低于正常的频率，骨骼肌也会变得非常松弛。

5. 装笑也管用

美国一广告公司的部门经理弗雷德工作一向很出色。有一天，他感到心情很差。但由于这天他要在开会时和客户见面谈话，所以不能有情绪低落、萎靡不振的神情表现。于是，他在会议上笑容可掬，谈笑风生，装成心情愉快而又和蔼可亲的样子。令人惊奇的是，他的这种心情装扮却带来了意想不到的结果。随后不久，他就发现自己不再抑郁不振了。

美国心理学家霍特指出，弗雷德在无意中采用了心理学的一项重要规律，假装有某种心情，模仿着某种心情，往往能帮助我们真的获得这种心情。

有些人通常在情绪低落的时候避不见人，直到这种心情消散为止。这么做果真是好办法吗？多年来，心理学家都认为，除非人们能改变自己的情绪，否则通常不会改变行为。当然，情绪、行为的改变也不是说变就变、想变就变的"瞬间"现象，而是有个心理变化的内在过程。心理学家艾克曼的最新实验表明，一个人老是想象自己进入了某种情境并感受某种情绪时，结果这种情绪十之八九果真会到来。需要注意的是随着年龄、性别、职业、性格等因素的不同，情绪变化的程度和时间也不一样。情绪有了变化之后，伴随每一种情绪的外在表现，生理反应也会出现变化。研究发现，一个故意装作愤怒的实验者，由于"角色"行为的潜移默化影响，他真的也会愤怒起来，表现在待人接物、言谈举止等方面，同时，他的心率和体温（心率和体温都是愤怒的生理反应指标）也会上升。为了调控好情绪，不妨偶尔对自己的心情进行一番"乔装打扮"。

第二节 情绪的种类和特性

一、情绪的种类

我们体验过快乐、悲伤、恐惧……每种情绪都能带来不一样的感觉，带来不同的表情反应和肢体反应，以及心理感受。从生物进化的角度可把情绪分为基本情绪和复合情绪。基本情绪是人和动物共有的、不学就会的，也可以称作原始情绪。每一种基本情绪都有其独立的神经生理机制、内部体验、外部表现和不同的适应功能。虽然关于情绪的种类有很多不同的分法，但比较通用的是将快乐、愤怒、悲哀、恐惧作为情绪的基本形式。在人类社会中，这几种基本情绪也是跨越种族而被普遍理解的。

（一）快乐

快乐是个体精神上的一种愉悦，是心灵上的满足，也是个体由内到外感受到的一种非常舒服的感觉。品尝美味、欣赏艺术、参与游戏、人际交往等都可以让个体产生快乐的情绪体验。

快乐常见的表达方式就是笑，当人笑的时候总能伴随心灵上的愉悦与肢体上的敞开，而看到别人对你笑，也总能感到快乐。

（二）愤怒

愤怒不仅仅指当愿望不能实现或为达到目的的行动受到挫折时引起的一种紧张而不愉快的情绪，而如今也存在于对社会现象以及他人遭遇甚至与自己无关事项的极度反感。愤怒是一种消极的感觉状态，一般包括敌对的思想、生理反应和适应不良的行为。愤怒在人的成长过程中出现较早。出生 3 个月的婴儿就有愤怒的表现，限制婴儿探索外界环境能引起愤怒，例如，约束婴儿身体的活动、强制婴儿睡觉、限制他的活动范围、不给他玩弄玩具等，均可引起他的愤怒。

（三）悲哀

悲哀作为一种基本情绪，通常是指由分离、丧失和失败引起的情绪反应，包含沮丧、失望、气馁、意志消沉、孤独和孤立等情绪体验。悲哀程度取决于失去的东西的重要性和价值大小，也依赖于主体的意识倾向和个体特征。

（四）恐惧

恐惧是指人们在面临某种危险情境，企图摆脱而又无能为力时所产生的担惊受怕的一种强烈的情绪体验。恐惧心理就是平常所说的“害怕”，对人的身心健康危害最大的就是恐惧心理。

情绪很多时候不是单纯的快乐或者愤怒，而是不同情绪的组合，比如悲喜交加、焦虑、敌意等情绪的产生就是多个情绪的组合。这些情绪的组合叫复合情绪，不同的情绪结合，便会产生各种各样的复合情绪。人类的情绪是十分复杂，且丰富多彩的。对于情绪的研究也一直以来都是心理学认知领域研究的热点。

情绪伴随着人的一生，既是一种反应也是一种手段。在生活工作中，我们往往要处理很多事情，也会产生很多种情绪。而情绪有时候难免就会影响到我们的日常，因此情绪的有效管理显得至关重要，做情绪的主人，而非被情绪掌控，是我们需要修习的一项重要课程。

二、情绪的反应模式

情绪的反应模式是多种多样的，依据情绪发生的强度、持续的时间以及紧张的程度，可以把情绪分为心境、激情和应激反应三种模式。

（一）心境

心境是一种微弱、平静、持续时间很长的情绪状态。心境受个人的思维方式、方法、理想以及人生观、价值观和世界观影响。同样的外部环境会造成每个人不同的情绪反应。有很多在恶劣环境中保持乐观向上的例证，像那些身残志坚的人、临危不惧的人都是情绪掌控的高手。

（二）激情

激情是迅速而短暂的情绪活动，通常是强有力的。我们经常说的勃然大怒、大惊失色、欣喜若狂都是激情所致。很多情况下，激情的发生是由生活中的某些事情引起的。而这些事情往往是突发的，使人们在短时间内失去控制。激情是常被矛盾激化的结果，也是在原发性的基础上发展和夸张表现的结果。

（三）应激反应

应激反应是出乎意料的紧急情况所引起的急速而又高度紧张的情绪状态。人们在生活中经常会遇到突发事件，它要求我们及时而迅速地做出反应和决定，应对这种紧急情况所产生的情绪体验就是应激反应。在平静的状况下，人们的情绪变化差异还不是很明显，而当应激反应出现时，人们的情绪差异立刻就显现出来。加拿大生理学家塞里的研究表明：长期处于应激状态会使人体内部的生化防御系统发生紊乱和瓦解，随之身体的抵抗力也会下降，甚至会失去免疫能力，由此就更容易患病。所以我们不能长期处于高度紧张的应激反应中。

三、情绪的特性

（一）情绪的生理特性

情绪发生时，个体身体内部会出现一系列明显的生理变化，这是情绪的一个重要特点，我们称之为情绪的生理特性。

所谓“测谎机”，是根据“说谎—紧张生理反应”的原理制作的一种包括测试皮肤电、脑电波、呼吸、脉搏、血压等反应在内的多道生理仪。

（二）情绪的外显特性

当个体发生情绪时，还会出现身体的外部变化，这是情绪不同于其他心理现象的又一个显著特点，我们称之为情绪的外显特征。这种情绪的身体外部变化，就叫作表情。

表情分言语表情和非言语表情。言语表情是通过一个人言语时的音高、音响、音速、停顿等变化来反映其不同的情绪。非言语表情又包括面部表情和体态表情两方面。

表情的特点：第一，表情具有先天性；第二，表情具有后天性；第三，表情具有可控性。

（三）情绪的情景性

特定的情景产生相应的情绪，当这种情景改变后，情绪也会随之改变。当一个人获得成功时，一般会产生兴奋、欢快、喜悦、满足等情绪；当一个人遭受失败时，则可能会出现悲伤、沮丧、失望、不满等情绪。情绪种类繁多，差别细微，变化多端，复杂异常，其短暂性更为明显，瞬息万变屡见不鲜。

（四）情绪的两极性

情绪具有两极性。它首先表现为情绪的肯定和否定的对立性质，如满意和不满意、愉快和悲伤、爱和憎等等。在每一对相反的情绪中间存在着许多程度上的差别，表现为情绪的多样化形式。构成肯定或否定这种两极的情绪并不绝对互相排斥。客观事物是复杂的，一件事物对人的意义也可以是多方面的，因此，处于两极的对立情绪可以在同一事件中同时或相继出现。例如，为崇高事业而壮烈牺牲的烈士亲人，既体验着对烈士为国捐躯的崇高爱国主义的荣誉感，又深深感受着失去亲人的悲伤。革命者的坚忍性正表现在这样的体验中。

第一，情绪的两极性可以表现为积极的或增力的，消极的或减力的。积极的、增力的情绪可以提高人的活动能力，如愉快的情绪驱使人积极地行动；消极的、减力的情绪则会降低人的活动能力，如悲伤引起的郁闷会削弱人的活动能力。在不同的情况下或不同的人，同一种情绪可能既具有积极的性质又具有消极的性质。例如，恐惧易于引起行动的抑制，减弱人的精力，但也可能驱使人动员他的精力与危险情景进行斗争。

心海探索

认识情绪——我猜我猜我猜猜

过程：

1. 请老师在课前准备各种描述不同情绪的词语，比如开心、愤怒、紧张、激动等。

2. 请一位同学到班级前面，只让他一人看到讲台电脑屏幕中呈现的词语，然后以非言语的方式表现给班上的同学看，让班级同学猜测台上的同学表达的是什么情绪。

第二，情绪的两极性还可以表现为紧张和轻松（紧张的解除），这样的两极性常常在人活动的紧要关头，或人所处情景的最有意义的关键时刻表现出来。例如，比赛前的紧张情绪，和比赛结束后的紧张解除的体验，就能代表这种两极性。紧张决定于环境情景的影响、任务的性质，如客观情景所赋予的对人的需要的急迫性、重要性等；也决定于人的心理状态，如活动的准备状态、注意力的集中、脑力活动的紧张性等。一般来说，紧张与活动的积极状态相联系，它引起人的应激活动，有时候过度的紧张也可能引起抑制，引起行动的瓦解和精神的疲惫。

第三，情绪的两极性还可以表现为激动和平静。激动的情绪表现为强烈的、短暂的，然而是爆发式的体验，如激愤、狂喜、绝望。激情的产生往往与人在生活中占重要地位、起重要作用的事件的出现有关，同时又出乎原来的意料，违反原来的愿望和意向，并且超出了意志的控制。与短暂而强烈的激情相对立的是平静的情绪，人在多数情景下是处在安静的情绪状态之中的，在这样的场合，人能从事持续的智力活动。

第四，情绪的两极性还可以表现在强度上，即从弱到强的两极状态。许多类别的情绪都可以有从强到弱的等级变化，如从微弱的不安到强烈的激动，从愉快到狂喜，从微愠到暴怒，从担心到恐惧等等。情绪的强度越大，整个自我被情绪卷入的趋向越大。情绪的强度决定于引起情绪的事件对人的意义以及个人的既定目的和动机是否能够实现和达到。

以上从情绪两极性的分类中归纳了情绪某些表现形式上的特征，这些特征是从不同的侧面，又从每一侧面的两极形式加以归类的。这些从不同侧面归纳出来的情绪的表现形式，往往成为人们度量情绪的尺度，即情绪的强度、情绪的紧张度、情绪的激动程度、情绪的快感程度、情绪的复杂程度等。

心海导航

怀着正面信念生活

罗曼·罗兰曾说过：“人生最可怕的敌人就是没有坚强的信念。”每个人都可以拥有信念，引领自己创造奇迹。

一队人马在渺无人烟的沙漠中跋涉，他们已经在沙漠中走了很久。太阳热辣辣的，随身带的水已经不多了，他们随时都会有生命危险。最后，大家都走不动了。

这时候，领队的老者从背上解下一只水桶，对大家说：“现在只剩这一桶水了，我们要等到最后一刻再喝，不然大家都会没命的。”

他们继续着艰难的行程，那桶水成了他们唯一的希望，看着沉甸甸的水桶，每个人心中都有了一种对生命的渴望。但天气太炎热了，有的人实在支撑不住了。“老伯，让我喝口水吧。”一个小伙子乞求着。“不行，这水要等到最艰难的时候才能喝，你现在还可以坚持一下。”老者生气地说。就这样，他坚决地回绝了每一个想喝水的人。

一个黄昏，大家发现老者不见了，只有那只水桶孤零零地立在前面的沙漠里，沙地上写着一行字：“我不行了，你们带上这桶水走吧，要记住，在走出沙漠之前，谁也不能喝这桶水，这是我最后的命令。”

大家抑制着内心的巨大悲痛，继续出发了，那只沉甸甸的水桶在每个人手里依次传递着，但谁也舍不得打开喝一口，因为他们明白这是老者用自己的生命换来的。终于，大家顽强地穿越了茫茫沙漠。他们喜极而泣，这时想到了老者留下的那桶水，打开桶盖，里面流出的却是沙子。

很多时候，打败自己的不是外部环境，而是自己。只要一息尚存，就要追求，就要奋斗。无论你的处境是多么绝望，都要在心底保留一份信念。因为信念能使人释放出神奇的力量。只要信念还在，希望就会永存，命运终将让步。

信念是一种指导原则和信仰，让我们明白了人生的意义和方向。信念是人人可以支取，且取之不尽的；信念像一张早已安置好的滤网，过滤我们所看到的世界；信念也像大脑的指挥中枢，指挥我们的行为。

斯图尔特·米尔说：“一个有信念的人所焕发出来的力量，不低于99位仅心存兴趣的人。”这也就是信念能开启卓越之门的缘故。

15世纪中叶的一个夏天，航海家哥伦布从海地岛海域向西班牙胜利返航。

船队离开海地岛不久，天气骤然变得十分恶劣。天空布满乌云，远方电闪雷鸣，巨大的风暴从远方的海上向船队扑来。这是哥伦布在航海中遭遇的最大的一次风暴，有几艘船已经被海浪打翻了。船长沉重地告诉哥伦布说：“我们将永远不能踏上陆地了。”

哥伦布知道，或许就要船毁人亡了，他对船长说：“我们可以消失，但资料一定要留给人类。”哥伦布钻进疯狂颠簸的船舱里，迅速地把最为珍贵的资料缩写在几页纸上，卷好塞进一个玻璃瓶里并加以密封后，将玻璃瓶抛进了波涛汹涌的茫茫大海。

“有一天，这些资料一定会漂到西班牙的海滩上！”哥伦布自信而肯定地说。“绝不可能，”船长说，“它可能会葬身鱼腹，也可能被海浪击碎，或许会深埋海底。”

哥伦布自信地说：“或许一年两年，也许几个世纪，但它一定会漂到西班牙去，这是我的信念。上帝绝不会辜负生命坚持的信念。”

幸运的是，哥伦布和他的大部分船只在这次空前的海上风暴中死里逃生。到西班牙后，哥伦布和船长不停地派人寻找那个漂流瓶，但到哥伦布离开这个世界时，漂流瓶也没有找到。

直到1856年，大海终于把那个漂流瓶冲到了西班牙的比斯开湾，而此时，距哥伦布遭遇的那场海上风暴，已经过去了3个多世纪。

由此可见，正面的信念是人生奇迹的萌发点，有了它，一切都有可能。正面信念是所有成功人士心中屹立不倒的旗帜，有了它，一切奇迹都会出现。正面信念在人的精神世界里是挑大梁的支柱，没有它，一个人的精神大厦就极有可能会坍塌。正面信念是力量的源泉，是胜利的基石。

人生到底是以喜剧收场还是以悲剧落幕，是丰富多彩还是单调乏味，全在于这个人持有什么样的信念。信念就像指南针和地图，指出我们要去的方向。没有正面信念的人，就像少了马达、缺了舵的汽艇，不能前行一步。所以，在人生中，必须有正面信念的引导，它会帮助你看到目标，鼓舞你去追求并创造你想要的人生。

人生的信念，如同航船的舵手，航船没有舵手，就会在大海中迷失方向；人性的信念，如同飞鸟的羽翼，飞鸟没有羽翼，就不能展翅高飞；人生如歌，信念如调，没有调的歌永远不能成为真正的歌，没有信念的人生永远是没有意义的人生；信念，又如同梦想的翅膀，有了信念，才可以使你拨开云雾，见到光明；有了信念，才可以使你乘风破浪，驶向理想的彼岸。

信念是一缕永不黯淡的阳光，它所蕴含的能量巨大无比，有了它，人们便可以穿越阴霾，驱散迷惘，挣脱命运的桎梏，勇敢飞翔。

第三节　管理情绪

一、情绪管理的重要性

你现在的心情如何？是欢乐、烦恼、生气、担心、害怕、难过、失望或者是平静无常，还是你根本不了解自己的心情。早上起来，你也许会因为看到阳光普照而心情愉快，因为细雨绵绵而心情低落；你也许因为逃课没被点到名而高兴，又因为考试临近而焦虑担心；谈恋爱的你心花怒放，失恋的你却又垂头丧气。我们拥有许多不同的情绪，而它们似乎也为我们的生活增添了许多色彩。然而，有情绪好不好呢？一个成功的人应不应该流露情绪？怕不怕被人说你

心海导航

发脾气与钉钉子

有一个男孩脾气很坏，于是他的父亲给了他一袋钉子并告诉他："当你想发脾气的时候，就钉一根钉子在后院的墙上。"第一天，这个男孩钉下了40根钉子。慢慢地，他发现控制自己的脾气比钉下那些钉子来得容易一些，于是他开始可以控制他的情绪，不再乱发脾气，每天钉下的钉子也跟着减少了。有一天，父亲告诉他："现在开始，每当你能控制自己的脾气的时候，就拔出一根钉子。"一天天过去，男孩告诉他的父亲，他终于把所有的钉子都拔出来了。父亲拉着他的手来到后院，告诉他说："孩子，你做得很好。但看看那堵围墙上的坑坑洞洞，这些围墙将永远不能恢复成从前的样子了，当你生气时所说的话就像这些钉子一样，会留下很难弥补的疤痕，有些是难以磨灭的呀！"从此，男孩终于懂得管理情绪的重要性了。

太情绪化？其实真正的问题并不在于情绪本身，而在于情绪的表达方式，如果以适当的方式在适当的情境表达适度的情绪，就是健康的情绪管理之道。

通常因为面子、情境等场合因素所致，我们会不自觉地在他人面前隐藏真实的情绪，或者我们会将强烈的情绪转换为较不具杀伤力、震撼力的方式表现，而只让别人看到一部分真实的情绪，这都是非常符合社会规范、十足社会化的行为表现。或许我们未必完全清楚自己有这样的行为表现，但是我们确实是适宜地掌握自身的情绪，决定了合适的出现形态，在不扭曲事实的情况下，在掌控范围之内，我们作出于人、于己皆恰当的决定与行为反应。

如果我们能够明白这些行为都是经过自己选择、决定的结果，进而能为自己的情绪负责任则不必要的情绪问题便可以减少。问题是，生活中所面临的许多事对个人而言是具有威胁性的，有些大到足以引起个人内心焦虑的事，旁人看来却只是芝麻绿豆大，然而对个人而言，却可能意味着个人形象、价值感、自尊心的折损和破坏，令人方寸大乱。此时，恐怕就得费些功夫才能对情绪操控自如了。

二、接纳情绪

一般而言，我们会将情绪简单分为正向情绪和负向情绪，即爱的反面是恨，喜悦、高兴的反面是难过、沮丧。然而，有些人却过度夸大情绪的负面影响，产生对情绪的迷失。例如，如果你认为对别人生气就表示你不喜欢他或者认为表达生气就表示不尊重或者没有爱。所以当父母对你生气而大骂时，你可能就会全盘否定他们对你的关爱；或者父母的某些做法令你不高兴时，你可能会觉得有很深的罪恶感，觉得自己不应该这样等等。其实爱恨是可以并存的，所有正向与负向的感受都可以同时存在，情绪只是反映出我们内在的感受，并没有好坏之分，每种情绪都有它独特的价值，如果仅仅为了某种情绪而忽略其他情绪，我们就无法完整地体验生活。

此外，我们对情绪还存在错觉，认为可以选择性地去掉一些情绪，可以完全不生气或者完全不难过，可以永远快乐。实际上当我们压抑情绪时，就累积了一些紧张，压制了我们感受快乐与爱的能力。情绪的能力是整体的，只有自由地体验各种情绪，才能感受更多流畅的情绪。就如纪伯伦所说："悲伤在你心中切割得愈深，你便能容纳更多的快乐。"当你快乐时，深察你的内心吧。你将发现，只有那曾使你悲伤的，正给你快乐。当你悲伤时，再深察你的内心吧。你将明白，事实上你正为曾使你快乐的事物哭泣。

有些人在面对情绪时，完全被情绪所控制，当负面情绪产生时，就任由情绪控制他们的一切思想、感受和行为。影响层面小一点的包括个人心情不愉快、生活功能受到限制，影响层面广泛一点的包括人际关系出现问题，更严重的是他们可能因一时冲动，做出严重的举动，造成生命、财产的损失，后悔莫及。另外，有些人则是对负面情绪感到害怕、恐惧，担心自己若感受到生气、愤怒、悲伤、沮丧、紧张、焦虑等情绪，情况会更加糟糕，甚至会发生无法预测的后果，因而就极力压抑、控制自己的情绪；但是，没有表现出的情绪，并不表示没有情绪，所以原本被引发的情绪仍会间接地影响自己或者人际关系等。也有些人不满于负向情绪的控制和预防，他们认为情绪是非理性的，所以一个理性成熟的人不应该表现出自己的情绪。他们不允许自己处在负面的情绪中，拼命告诉自己"要理性，要控制情绪""我不应该焦虑，焦虑只会让我表现得更糟""我不应该流泪，眼泪只会侵蚀我的斗志""我不能生气，生气代表我是一个不能把情绪管理好的人"。因此，他们塑造自己成为有修养的人，预防可能会引出负面情绪的情境。然而如果我们一味地否认、压抑或控制负面情绪，我们将失去适当地反映真实情绪的能力，所以也将无法真实感受到快乐等正面情绪，而变成一个单调无情绪的人。

其实，当我们失去感受负面情绪的能力，也就失去感受正面情绪的能力。然而许多人却很排斥负面情绪的发生或存在，除了因为它带给人们不愉快的感受之外，也因为它会使我们其他方面的运作和表现受到影响。然而排斥并不能防止这些负面情绪的出现，只是徒增自己适应上的困难而已。所以有效管理情绪的方法，绝不是压抑或控制，而是学习接纳情绪，允许自己有情绪，然后通过适当的方法加以表达或解决。

因此，不要因为自己表达了愤怒而觉得自己不好，你有权愤怒。当你愤怒时，请你这样想：最好能够控制，但是我不一定总能做到。我情愿不伤害别人，但是如果发生了，我也能承受。最好在我有道理的时候愤怒，但是我也有权做错事，我喜欢被人接纳，但是我不可能让所有的人喜欢我。

三、管理情绪的方法

情绪本身并无是非、好坏之分，每一种情绪都有它的价值和功能。因此，一个心理健康的人不否定自己情绪的存在，而且会给它一个适当的空间允许自己有负面的情绪。只要我们能成为情绪的主人，不是完全让它左右我们的思想和行为，就可以善用情绪的价值和功能。

在许多情境下，一个人应该泰然接受自己的情绪，把它视为正常。例如，我们不必为了想家而感到羞耻，不必因为害怕某物而感到不安，对触怒你的人生气也没有什么不对。这些感觉与情绪都是自然的，应该允许他们适时适地存在，并缓解出来。这远比压抑、否认有益多了，接纳自己内心感受的存在，才能谈及有效管理情绪。

至于管理情绪的方法，就是要能清楚自己当时的感受，认清引发情绪的理由，再找出适当的方法缓解或表达情绪，我们可以归纳成为以下三部曲。

第一部：WHAT——我现在有什么情绪?

由于我们平常比较容易压抑感觉或者常认为有情绪是不好的，因此常常忽略我们真实的感受，因此，情绪管理第一步就是要先察觉我们的情绪，并且接纳我们的情绪。情绪没有好坏之分，只要是我们真实的感受，我们要学习正视并接受它。只有当我们认清我们的情绪，知道自己现在的感受，才有机会掌握情绪，也才能为自己的情绪负责，而不会被情绪所左右。

第二部：WHY——我为什么会有这种情绪?

我为什么生气？我为什么难过？我为什么觉得挫折无助？找出原因我们才知道这样的反应是否正常，找出引发情绪的原因，我们才能对症下药。

第三部：HOW——如何有效处理情绪?

情绪控制是对情绪的更紧密的把握，自觉地维护情绪平衡。特别是对消极情绪，要迅速有效地纠正过来。

最近，美国密歇根大学心理学家南迪·内森的一项研究发现，一般人的一生平均有十分之三的时间处于情绪不佳的状态，因此，人们常常需要与那些消极的情绪作斗争。

情绪变化往往会在我们的一些神经生理活动中表现出来。比如，当你听到自己失去了一次本该到手的晋升机会时，你的大脑神经就会立刻刺激身体产生大量起兴奋作用的“正肾上腺素”，其结果是使你怒气冲冲，坐卧不安，随时准备找人评评理，或者“讨个说法”。

当然，这并不意味着你应该压抑所有的情绪反应。事实上，情绪有两种：消极的和积极的。我们的生活离不开情绪，它是我们对外面世界正常的心理反应，我们所必须做的只是不能让我们成为情绪的奴隶，不能让那些消极的心境左右我们的生活。

消极情绪对我们的健康十分有害，科学家们已经发现，经常发怒和充满敌意的人很可能患有心脏病。哈佛大学曾调查了 1600 名心脏病患者，发现他们中经常焦虑、抑郁和脾气暴躁者比普通人高三倍。

因此，可以毫不夸张地说，学会控制你的情绪是你生活中一件生死攸关的大事。以下是改善情绪的几条妙方：

1. 别急，慢慢来 + 正面思考

当我们面临千钧一发的紧急状况时，往往心中只想着赶快完成它，而遗忘了我们自己的样貌，可能是慌张、紧绷的，有时还会对别人怒目相向，甚至说出伤害性的话语，造成人际关系的不良影响。而事后再回想的时候，就算感到后悔，双方的裂痕却已不易修补，所以，下次面临同样的状况时，你可以试着告诉自己“别急，慢慢来”“就算结果不尽如我意，至少我已经学到了不同的经验”诸如此类的积极想法，它会很神奇地舒缓紧绷情绪，让你作出正确的判断和反应。同理可证，遇到失败或挫折的时候，正面思考的力量对自己情绪的安稳也很有帮助。

2. 倾听 + 承认自己的错误

想做个高 EQ 的人，学习倾听别人的话语是第一要务。认真倾听别人的观点和意见，让别人觉得受到尊重，而且，当发现自己错误的时候，勇敢地面对它，绝对是 EQ 指数向上跳跃一大步的指标。

3. 沟通，再沟通

凡事有起有落，当与别人的意见相左的时候，试着不厌其烦地沟通，充分表达出自己的想法（但不是用攻击性的语言），如果状况还是“卡住”，那么就坦诚地面对与接受当下的困境，相信会有雨过天晴的时候，而你也一定会有所学习和成长。

4. 观察 + 凡事多思考

在面对不同人、事、物的当下，记得给自己预留一些空间，不要太快做决定（除非是一定要这样做或者你确定这样做比较有利），所以，你可以告诉自己或对方：“谢谢你的提议，我会仔细思考”“这个提议很好，值得考虑，请给我一些时间思考”，让对方感受到你重视他的意见，同时也知道你真的需要时间。凡事多观察，你会有不一样的发现；凡事多思考，你便不至于做出让自己后悔的决定。

5. 慎选好朋友

人生中有许多事由不得人，也许你很难量身定做一个默契十足的好上司，但是对于该和什么样的朋友往来，你有绝对的主导权，睁大眼睛，选择真正对你知无不言、可以患难与共的朋友吧！在你情绪即将失控的时候，他们会是你很好的刹车与润滑剂，同时更是你提升 EQ 的好帮手。

6. 表达明快而果断

试着用最精练简洁的词句表达你的意见想法。模糊不清、拖沓的表达不仅会混淆了自己想说的事情，让接收的一方一头雾水，也会惹得自己心烦意乱。你可以事先拟好草稿或是用条例式的方式陈述，还有自己先私下多演练几次也很重要。

7. 理性 + 就事论事

我们常犯的毛病是容易人事不分，一面对他人的批评就直觉地以为别人和自己过不去，结果往往导致自己的反应过度，或觉得内心受到伤害。而一个 EQ 高手是不会让他人有这种感觉的。你可以学习以较理性、就事论事的态度来处理事情，以“我”的讯息来告知对方你对事件的看法，如“对于 × 事，我的感受是什么”，而非“你怎么这么做，事情都被你搞砸了”。

8. 如果被拒时，不要恼羞成怒

当你的提议被否决时，记得人际关系第一要务——“倾听”，先耐住性子听听对方的解释，也许对方有不同的考虑，可以进一步讨论，千万别马上板起脸回敬一句：“那没什么好说的了。”当你表现得像只刺猬时，别人也不会对你太和善。

9. 不要妄自菲薄 + 自信

对自己有自信，也是提升 EQ 指数的法宝。如，当一个你甚有好感的异性婉拒你的邀约时，别一口咬定是“你”的原因（如太胖、不漂亮），也许他真的有事，或是有其他不方便的原因。所以试着别太小题大做吧。

10. 判断事物的轻重缓急

生活中要处理的事实在多如牛毛，有些无关紧要的小事，不妨看开些或先将它摆在次要处理的位置；而要将重心放在急迫而深具影响力的任务上，因为通常琐事最是折煞人的，相信大家一定都有类似的经验。事情开始堆积，心情自然不会太好，此时如果能稍加分类，判断适宜的处理时效后再着手进行，对于情绪上的稳定可是有惊人的效果呢。

11. 专心 + 万全准备

在执行一项活动或任务之前，一定要有充分的准备，而在开始倒计时的关键时分，将全副心神放在活动重点上。如果觉得紧张，试着想象活动将十分圆满地结束，它会让你稍微镇定，且专注在流程细节上，成功完成任务的概率也会相对提高。

12. 直接表达需求

“你不说我怎么知道？”相信这句话应该不陌生吧。没有人能完全了解别人的心思而做出符合他期待的事情，包括你和我都一样。因此，如果你期待人们都具备读心术，可以准确无误地知晓你的需求，那么这样的期待恐怕会为你带来挫折与失望。不妨试着主动直接表达自己的需求，让别人知道可以怎么做，解除你们之间的沟通障碍就已成功地跨越了一大步。

13. 避免无止境的抱怨

如果你内心有所怨，找个好朋友吐吐苦水，然后把它抛在脑后吧。高 EQ 的人并不会将怨气藏在心里，更不会总是带着抱怨。因为抱怨往往只会引起更多的抱怨，最后让你深陷其中。

心海探索

释放你的情绪

过程：

1. 全班同学开展头脑风暴，想想心情不好时，有什么方式能释放自己的情绪，可以暂时不考虑后果的做法。

2. 这些方式中哪些是无损的，哪些是有损的？

3. 哪些方式是合理的情绪缓解方式？

心海导航

面对重大生活事件，情绪稳定很重要

早在《黄帝内经》中就有对情志的描述，无论任何情绪，只要过度都会对人的整体健康产生影响。简单来说，过度忧思会影响健康已被大部分人认同，但是过喜一样会影响健康却鲜有人知。喜则气缓，喜乐过度可导致心气涣散，神不守舍，轻则可见心悸、失眠，重则可见心神不安。所谓“怒伤肝，喜伤心，悲伤肺，忧思伤脾，惊恐伤肾”，我们不仅平时需要关注自身情绪问题以及情绪变化，在面对重大生活事件时，更要保持情绪稳定。

按照现代医学的观点，如果人一直感到紧张，身体将会持续处于备战状态，长此以往会出现内分泌紊乱、免疫力下降，陷入焦虑甚至恐慌状态而无法自拔。免疫力下降又会增加患病的概率，可见情绪与躯体健康关系密切，尤其是患有一些基础疾病的人。

所以说，面对重大生活事件时，忽视和过分恐慌都会产生负面影响，而保持情绪稳定就非常重要。然而，在危急时刻能够保持情绪稳定并不是依赖我们的本能就能实现的，必须通过后天努力才可能做到。

遇到危险就会紧张、害怕，这是本能，从容不迫、能够保持情绪稳定是后天锻炼出来的能力。如果没有提前思考，在突然遭遇危机事件或重大生活事件时就很有可能会自动启动原有的应对方式，就会被紧张和恐惧包围。当已经处于极端的焦虑和恐慌时，就比较难意识到自己的情绪是否已经过度，大部分人都会认为自身情绪是基于事件本身正常的反应，即便体验到了不适也会归因于事件，而不会认为是自己的情绪过度。假设能意识到是自身情绪过度，结果也不会有太多差异，因为已经非常紧张、恐惧了，再给自己下命令不要过度焦虑、不要慌张，无论对谁都几乎是不可能完成的任务。

没有人能天生做到临危不惧、应对自如，所以这剂心理疫苗不仅需要“接种”，还应提前“接种”，到需要时才能迅速起作用。

参考文献

[1] 蔡秀玲，杨智．情绪管理 [M]. 安徽：安徽人民出版社，2001.
[2] 陈浩．做情绪的主人 [M]. 北京：中国华侨出版社，2010.
[3] 冯晓．别输在情绪掌控上 [M]. 广东：广东旅游出版社，2001.
[4] 李中斌，等．情绪管理 [M]. 大连：东北财经大学出版社，2015.
[5] 王福顺．情绪心理学 [M]. 北京：人民卫生出版社，2018.
[6] 文熙．做自己的情绪掌控师 [M]. 北京：中国华侨出版社，2018.
[7] 易君如．情绪控制 [M]. 北京：海潮出版社，2001.
[8] 张萌．管理好情绪 [M]. 长春：吉林文史出版社，2019.

（林珠梅）

第十一章　人际沟通培养

如果你有一种思想，我有一种思想，我们彼此交换后就有两种思想，甚至思想发生碰撞，还可以产生出两种思想之外的其他思想。一位哲人说过："快乐与别人分享，快乐就增加一倍；而痛苦与别人分担，痛苦就减轻了一半"。沟通的过程，使人生真正变得丰富多彩，使人有限的生命走向无限。

人际沟通是人与人之间的一种互动，是协调一个集体关系，形成集体合力的纽带，是一个集体成长和社会发展的需要。本章节将介绍人际沟通概述、沟通的重要性和基本原则以及沟通能力的培养三个主题，以帮助我们提高对自己和他人的认识，对他人有更完整的认识，对自己有更深刻的认识，才可能实现自我完善。人们只有通过相互的沟通，才能产生相互影响，相互了解，才能达到行动上的协调一致，实现共同的活动目标。

第一节　人际沟通概述

一、人际沟通的概念

沟通，源于拉丁文 communis，意为共同化，《大英百科全书》解释为"用任何方法，彼此交换信息"。人际沟通一般是指人与人之间的信息交流过程。其过程就是人们采用言语、书信、表情、通信等方式彼此进行的事实、思想、意见、情感等方面的交流，以达到人与人之间对信息的共同理解和认识，取得相互之间的了解、信任，形成良好的人际关系，从而实现对行为的调节。人际沟通具有以下特点：

1. 人际沟通不同于两套设备间的简单的"信息传输"，其中每一个个体都是积极的主体。在沟通过程中，信息发出者必须判定对方的情况，分析他的动机、目的、态度等，并预期从对方的回答中得到新信息。因此人际沟通的过程不是简单的"信息传输"，而至少是一种信息的积极交流。

2. 人们之间的信息交流不同于设备之间的信息交流，沟通双方借助符号系统相互影响。人与人的交流产生的沟通影响是以改变对方行为为目的，也就是一个沟通者对另一个沟通者的心理作用。

3. 作为信息交流结果的沟通影响，只有在发送信息和接受信息的人掌握统一的编码译码系统的情况下才能实现。这个法则用一般的话说，就是要使用双方都熟悉的同种语言说话。

4. 人际沟通可能产生完全特殊的沟通障碍。这些障碍与某些沟通渠道的弱点以及编码译码的差错无关，而是社会性的和心理性的障碍。

二、人际沟通的要素

所有的人际沟通都是由发送—接受者、信息、渠道、反馈、噪音和环境等要素构成的。

（一）发送—接受者

由于人与人之间的信息交流是一种双向的互动过程，所以，发送者和接受者只是相对而言，这两种身份都能够发生转换。例如，甲和乙是进行人际沟通的双方，当甲发出一个信息给乙时，甲是沟通的发送者，乙是沟通的接受者；乙收到甲发来的信息后也发出一个信息（反馈信息）给甲，此时甲是沟通的接受者，乙是沟通的发送者。

在沟通过程中，发送者的功能是产生、提供交流的信息，是沟通的初始者，处于主动地位；而接受者则是被告知观点或被迫改变自己的立场、行为的人，处于被动地位。发送者和接受者这种地位对比的特点对于信息交流有着重要影响。

（二）信息

信息是由一个发送—接受者所要分享的思想和情感所构成的，由于不同的人有着不同的“符号—信息”系统，接受者的理解可能与发送者的意图存在偏差。在一种认知体系中，符号是指代一定意义的意象，可以是图形图像、文字组合，也可以是声音信号、建筑造型，甚至可以是一种思想文化、一个时事人物。

所有的沟通信息都是由语言符号和非语言符号组成的。其中，语言符号用于表示某一个特定事物或思想，如“椅子”代表一件物品；非语言符号是我们不用词语而进行沟通的方式，如面部表情、手势、姿势、语调等。

（三）渠道

渠道也称媒介，是信息经过的路线，是信息到达接受者的手段。语言符号可以有口头和书面两种形式，每一种又可以通过多种多样的载体进行传递。口头语言可以通过面谈、演说、布告、文字、投影、电子邮件等进行传递。非语言符号通过人的眼神、表情、动作和空间距离等来进行人与人之间的信息交流。

（四）反馈

反馈是指接受者把收到并理解了的信息返回给发送者，以便发送者对接受者是否正确理解了信息进行核实的过程。反馈可以让沟通的参与者知道他们所分享的思想和情感是否按照他们计划的方式发送出去，能够让双方真正地把握沟通的有效性，有助于提高沟通的准确性，减少出现误差的概率。因此，为了检验信息沟通的效果，反馈是必不可少和至关重要的。

（五）噪音

噪音是影响发送者准确解释信息和接受者准确理解信息的障碍。噪音发生在发送者和接受者之间，它分为外部噪音、内部噪音和语义噪音三种形式。

1. 外部噪音

外部噪音是指来源于环境的阻碍接受和理解信息的各种因素。例如，和亲密的朋友推心置腹地交谈时，周围突然发出的高声呼叫。

2. 内部噪音

内部噪音是指来自沟通主体身上的阻碍因素，如注意力分散、存在某些信念和偏见等。

3. 语义噪音

语义噪音是指由于沟通的信息符号系统差异所产生的阻碍因素。人的个体差异往往会导致内在的信息符号代码系统不能与他人的完全一致，因此也就在客观上留有产生系统噪音的可能性。

（六）环境

环境是沟通发生的地方，能对沟通产生重大的影响。正式的环境适合于正式的沟通。例如：礼堂是演讲和表演的好地方，但对于交谈并不理想。人们经常根据沟通目的选择沟通地点，因为不同环境下的沟通效果是不一致的。例如：许多年轻人喜欢在大排档用餐，因为他们喜欢热闹，在那种嘈杂的环境中谈天说地，不用顾及很多；在高档酒楼里用餐并与他人进行沟通，虽然比较舒适，但要顾及餐桌礼仪，远不及在大排档自由。

三、人际沟通的类型

按照不同的分类标准，人际沟通可以分为多种类型，这里简要的介绍其中的几种类型。

（一）言语沟通和非言语沟通

按照人际沟通使用的符号系统，人际沟通可分为语言沟通和非语言沟通。

言语沟通是沟通可能性最大的一种沟通，它使人的沟通过程可以超载时间和空间的限制。语言作为社会人群已经形成高度共识的符号系统，每个字词的声、形、符号，都已经被赋予了一定的意义。因此，人们一方面可以用它来指称事物，描述内心状态；一方面又可以通过它的声、形等物化形式使其他人能够觉察并理解。这样，语言成了人与人之间进行沟通的桥梁。一个人如果缺乏语言能力，如哑巴不会说话，盲人无法识字或出国不懂外语，那么与人沟通的过程就变得十分困难，有些沟通则根本无法实现。

非言语沟通的实现有三种方式。第一种方式是通过动态无声性的目光、表情动作、手势语言和身体运动等实现沟通；第二种方式是通过静态无声性的身体姿势、空间距离及衣着打扮等实现沟通；第三种方式是通过非语词的声音，如重音、声调的变化、哭、笑、停顿等来实现的。

非言语沟通可以交流大量关于感觉、情绪和态度的信息。这些有关内部状态的信息以声音质量、眼神交流、面部表情、手势、身体运动和接触的方式表现出来。因此，非言语表达常常被称作“情绪语言”。

（二）双向沟通和单向沟通

按照信息传递的有无反馈信息划分，人际沟通可以分为双向沟通和单向沟通。

双向沟通是指具有反馈信息的人际沟通，如两个人之间的对话，双向沟通具有信息内容更为准确，有利于联络感情、增强信息接收者的信心、信息传递速度较慢等特点。

单向沟通是指没有反馈信息的人际沟通，如电视台播音员和观众之间的沟通。单向沟通具有接受者面广，信息传递速度快、不易进行反馈、容易形成误解等特点。

（三）正式沟通和非正式沟通

按照人际沟通的渠道，人际沟通可以分为正式沟通和非正式沟通。

正式沟通是指在一定的组织机构中通过明文的渠道进行信息的传递与交流。例如：上级向下级下达指示、发送通知，下级向上级呈送材料、汇报工作，定期和不定期的会议等。

非正式沟通是指除正式沟通渠道之外的信息传递与交流。非正式沟通是人们以个人身份进行的人际沟通活动，如人们私下交换意见、讨论某人或某事、传播小道消息等。

（四）直接沟通和间接沟通

按照对媒介的依赖程度，人际沟通可以分为直接沟通和间接沟通。

直接沟通是指人类运用自身固有的手段，无需沟通媒介即可进行的人际沟通，例如谈话、演讲、上课等。直接沟通是人际沟通的主要方式。

心海探索

密码传递

过程：

1. 全班同学分成两队，排成两排，并全体向后转。

2. 每队第一名同学上讲台领取本组的一句通关密码（可以是对一小段事件的描述）。

3. 教师喊“开始”之后，第一名同学拍一拍第二名同学，示意这名同学转身并将本组的通关密码轻声用语言描述传递给第二名同学，尽量不要让其他同学听到，传递完成后第一名同学转身向前。第二名同学拍第三名同学的肩膀，将密码传递给他。

4. 依次传递，由最后一名同学上台将接收到的信息写下来，同时教师公布答案。

5. 通过计时，信息传达准确且用时最少的一方获得胜利。

讨论：

信息传递过程中存在哪些困难，以及正确传递信息时有哪些内心感受。

间接沟通是指除了依靠传统的语言、文字外，还需要信件、电话、网络等媒介才能进行的人际沟通。尽管间接沟通在人际沟通中的比例不是很大，但这种沟通方式日益增多，它大大拓展了人际沟通的范围，让远隔千里的两个人可以通过电话、信件等像面对面一样地交流信息。

第二节　沟通的重要性和基本原则

一、沟通的重要性

（一）生理需求

沟通非常重要，沟通的存在与否会对生理健康产生很大影响。有极端的例子显示，沟通甚至可以成为生死攸关之事。美国参议员约翰·麦凯恩曾经是一名海军舵手，他在越南北部被俘虏后，被单独监禁了六年。他描述战俘们如何借由轻轻敲击墙壁、费力拼出单词的方式创造出一套秘密代码，以便传送信息。麦凯恩描写了囚犯之间冒着风险仍保持和其他人沟通的情形：“暗地里沟通的处罚是很严重的，有一些战俘因为在这一过程中被发现而遭到严厉的拷打，身体和心灵都遭受了极大的创伤。虽然每个人都很害怕再次遭受酷刑，但在单人囚室中听见隔墙传来的轻敲墙壁的声响时，他们仍会对监狱人员说谎。极少有人能够长时间地不与人沟通。残酷的拷打或刑罚都不如孤独那般令人难以忍受，断绝与其他人的联系，退守到沉默中对我们而言，这等同于死亡。”

也有其他囚徒描述了由社会隔离带来的惩罚效应。前新闻记者特里·安德森（Terry Anderson）回顾了他在黎巴嫩七年的人质经历后，断然说道：“我宁愿与最糟糕的人相处，也好过没人陪伴。”对于囚徒来说，沟通与生理健康之间的联结勿庸置疑。

相比之下，在沟通中创造出积极关系的生活更健康。一个人每天仅需短短十分钟的交往就能改善记忆力，增强智力功能。与他人交谈还可以减少孤独感和与之而来的疾病。能经常从爱人那里听到甜言蜜语的人，他们的应激激素水平往往更低。

这样的研究结果证明了拥有令人满意的人际关系的重要性。当然，每个人需要与人亲近的次数并不相等，沟通的质与量应该是同等重要的。关键的是，对于我们的健康而言，人际沟通不可或缺。

（二）认同需求

沟通的重要性绝不止于维持生存而已，它也是我们认识自己的方法，事实上还是唯一方法。我们对自我的认同源自我们和他人的互动，我们是动人的还是丑陋的，精明的还是笨拙的，这些问题的答案并不会从镜子中照出来，而是由他人对我们的回应决定的。

如果被剥夺了与人沟通的权利，我们将无从得知自己是谁。一个非常戏剧性的例子就是“阿韦龙的野孩子”，一个在童年时期从未和人类接触过的男孩的真实故事。1800 年 1 月，这个小男孩在法国一个村落的菜园中偷挖蔬菜时被人发现。他的行为举止完全不像人类，也不会说话，只会发出一些奇特的哭叫声。他不仅缺乏社交技能，而且更值得注意的是，他缺乏身为人类的自我认同。正如作家罗格·沙图克（Roger Shattuck）所写，“这个男孩没有任何身为人类的自觉，他完全意识不到，自己是个和别人有联结的人。”直到给予他慈爱的“母爱”之后，小男孩才开始转变，开始意识到自己身为一个人。

就如阿韦龙的野孩子，我们是在别人诠释我们的过程中才逐渐明白了自己是谁。我们在童年时期所接收到的信息最为牢固，他人的影响会贯穿我们一生。

心海导航

大力弘扬全人类共同价值

党的十九届六中全会通过的《中共中央关于党的百年奋斗重大成就和历史经验的决议》提出，弘扬和平、发展、公平、正义、民主、自由的全人类共同价值。全人类共同价值是习近平主席 2015 年在出席联合国成立七十周年系列峰会期间首次提出的，日益得到国际社会广泛认同。全人类共同价值的提出，体现了中国共产党对人类进步事业的探索与贡献，具有重大理论和现实意义。

当今世界正经历百年未有之大变局，进入新的动荡变革期，人类面临前所未有的挑战。习近平主席以深邃的历史眼光和博大的天下情怀，深入思考“建设一个什么样的世界、如何建设这个世界”等关乎人类前途命运的重大课题。习近平主席指出：“我们应该大力弘扬和平、发展、公平、正义、民主、自由的全人类共同价值，共同为建设一个更加美好的世界提供正确理念指引。”我们党把握世界发展大势，顺应时代发展潮流，坚持守正创新，坚持把马克思主义基本原理同中国具体实际相结合、同中华优秀传统文化相结合，充分吸收和合理借鉴人类社会创造的一切优秀文明成果，创造性提出全人类共同价值，阐明了全人类共同的价值追求。习近平主席强调：“我们要本着对人类前途命运高度负责的态度，做全人类共同价值的倡导者，以宽广胸怀理解不同文明对价值内涵的认识，尊重不同国家人民对价值实现路径的探索，把全人类共同价值具体地、现实地体现到实现本国人民利益的实践中去。”在全球性挑战此起彼伏的今天，任何国家都难以独善其身，世界各国需要团结合作。全人类共同价值反映不同国家、不同民族、不同文明发展的最大公约数，为推动人类进步事业增添了新的精神动力。

把全人类的意志和力量凝聚起来应对共同挑战、开创美好未来，需要共同价值的引领，推动各国在彼此尊重中共同发展、在求同存异中合作共赢。习近平主席指出：“和平与发展是我们的共同事业，公平正义是我们的共同理想，民主自由是我们的共同追求。”和平、发展、公平、正义、民主、自由这几大价值贯通了个人、国家、世界多个层面，蕴含着中华文化讲求协和万邦、天下大同的优秀传统，体现着新时代中国对人类文明发展和前途命运的深入思考，寄托着各国人民对美好生活的共同期盼。全人类共同价值超越意识形态、社会制度和发展水平差异，契合时代发展潮流，为构建人类命运共同体提供价值基础。

全人类共同价值是人类社会实践的产物，也是人类交流交往的结果，汇聚了人类文明进步的精神力量。习近平主席强调：“世界是丰富多彩的，多样性是人类文明的魅力所在，更是世界发展的活力和动力之源。”非黑即白不是地球真实的颜色，对立对抗更不符合人类文明发展潮流。中国坚守和弘扬全人类共同价值，是为了以文明交流超越文明隔阂，以文明互鉴超越文明冲突，以文明共存超越文明优越，建设持久和平、普遍安全、共同繁荣、开放包容、清洁美丽的美好世界，体现了平等、互鉴、对话、包容的文明观。中国呼吁弘扬全人类共同价值，从不把自己的价值理念强加给他国，而是尊重各国人民自主选择发展道路的权利，坚持以真诚对话消弭隔阂与误解，以兼容并蓄实现共同进步，携手绘就人类历史的宏伟画卷。全人类共同价值得到国际社会广泛理解和支持，其影响正在持续扩大。

我们要把弘扬全人类共同价值作为一项十分重要的工作，针对国际社会共同关切，突出重点、完善策略，加大力度、拓展广度，凝聚起不同国家人民的共同追求和最大共识，更好发挥全人类共同价值的导向和引领作用，努力画出世界最大同心圆。深入宣传中国率先垂范、积极践行全人类共同价值的行动和成效，深入宣传中国主张、中国智慧、中国方案造福世界的成功实践。

道阻且长，行则将至；行而不辍，未来可期。只要我们坚定不移站在历史正确的一边，站在人类进步的一边，高举和平、发展、合作、共赢的旗帜，坚守和弘扬全人类共同价值，就一定能够广泛团结世界上一切进步力量，共同推动历史车轮向着光明的前途前进。

五洲传播出版传媒有限公司党委书记、董事长 董青

来源：人民网．大力弘扬全人类共同价值（思想纵横）[Z/OL]．（2022-02-22）[2022-07-28]. http://dangshi.people.com.cn/n1/2022/0222/c436975-32356854.html

（三）社交需求

沟通除了可以帮助我们诠释自我之外，也可以提供我们和他人之间重要的联结。专家已经证实沟通可以满足我们的社交需求，这些社交需求包含娱乐、感情、友谊、休闲和控制等。

研究显示，有效的人际沟通与快乐之间具有很紧密的联系。在一份参与者超过 200 名大学生的研究中，研究人员发现最快乐的 10％的大学生都认为自己拥有丰富的社交生活。同时，这些非常快乐的人，跟其他同学在睡眠时数、运动量、看电视时数、宗教活动、喝酒量等可观测项上并没有差别。另一份研究显示，女性认为“社交性”对于生活满意度的贡献大于其他任何活动，包括放松、购物、吃东西、运动、看电视或玩电子游戏等。此外有报告说，拥有有效沟通技巧的已婚夫妇要比新婚夫妇更幸福，而且这项发现在不同的文化中都得到了证实。

正是因为与他人的联结如此重要，一些理论学家主张，积极的关系也许是每一种文化中生活满足感和情绪幸福感唯一的，也是最重要的来源。

（四）实现目标

在满足社交需求及塑造我们的自我认同之余，沟通还是达成工具性目标最好用的方法。工具性目标是指让他人按照我们的方式去表现。有些工具性目标非常基本：与发型设计师说你只需要稍微修剪发尾，与家人协商家事的责任义务，说服水管工人现在就到你家来修理破掉的水管。沟通就是可以用来达成这些目标的工具。

二、沟通的基本原则

要想有效地沟通，除了需要具备良好的文化素养和语言表达能力外，还需要掌握一些基本的原则。所谓基本原则，有两层含义：一是这些原则对于任何人都适用，任何希望在人际沟通中获得成功的人，都可以运用它们；二是这些原则是其他沟通技巧的基础，如果违背这些原则去追求表面的技巧，多半不会奏效。所以，人际沟通的基本原则是指说话、行事的准则。

（一）尊重的原则

美国社会心理学家马斯洛在1943年发表的《人的动机理论》中提出了著名的需求层次理论，其中尊重的需求属于人们第四层次的需求。尊重的需求包括自我尊重的需求和获得别人尊重的需求。人们一方面要感到自己的重要性，另一方面也必须获得他人的认可，包括他人给予尊重、赞美、赏识和承认地位。

被尊重是人的本质需求，人们渴望被肯定、受到称赞，就像哲学家杜威说的那样，人类本质里最深远的动力就是“希望具有重要性”。既然我们如此渴望尊重，那毫无疑问，尊重是人际沟通的首要原则。

在人际沟通中，人们只有学会尊重，才会有真正意义上的沟通。玫琳凯化妆品的创始人艾施女士特别重视沟通和人际关系，这是她从实际工作中得到的启发。没创业前，艾施为了同公司的副总裁握手，足足排了三个小时的队，当终于轮到她时，她注意到副总裁同她握手、打招呼时，眼睛却瞧着自己身后，看等待接见的队伍还有多长。艾施后来回忆说，一想起那件事就伤心。今天的艾施成为被人们敬仰的人，她总是尽力使每个人感到自己的重要与被尊重，这也是她成功的秘诀。美国哈佛大学前校长查理·爱略特曾说过：“生意上的往来，并无所谓的秘诀。最重要的是，要专注眼前同你谈话的人，这是对那人最大的尊重。”好的企业文化就是使员工感到被重视、被尊重。

尊重是不分对象的，学会善待每一个人，有时你会得到意外的收获。尊重是一种涵养，无论对方的地位和身份如何，尤其对弱者和身处逆境的人更要尊重。尊重是相互的，只有尊重他人，才能赢得他人的尊重。

在沟通中实现尊重，还可以采用含蓄的暗示。暗示是为了保全他人的自尊和面子，可以成为他人行动的动力。人们在接受暗示时，已经感受到了尊重，就会主动帮你达到你期望的结果。暗示可以让人心甘情愿地和你沟通。

不是所有的沟通都能达成共识，观点冲突、意见相左是常有的事。我们要学会尊重差异，不要马上就否定对方的观点，智者千虑尚有一失，我们更应时常抱着谦虚的态度对事对人。甚至在必要时，我们可以示弱，做个陪衬，突出一下他人，这也是对他人的尊重。

（二）理解的原则

沟通不仅是信息的传递，更是对信息的理解和把握，准确地理解信息的意义才能实现良好的沟通。理解又是人际沟通的润滑剂，凡事一被理解就顺畅了。我们常说理解万岁，懂得理解别人的人，他的沟通能力一定强，一定受人欢迎。

促进理解的最佳方式是站在对方的角度看问题。当你不知道他人的想法和需要时，你不妨换位思考，设身处地地想一想。因为人的想法和需要，往往是由他的身份和所处的位置决定的。在人际沟通中，凡事要多几次“如果我是他”，那么你就不难理解对方的做法了，这样比较容易赢得他人的信任和好感。多站在对方的立场上考虑问题，还会避免很多误解和摩擦，也才容易达成共识。

儒家传统思想倡导的“矩之道”与这种看问题的方式有近似的地方。所谓“矩之道”是指如果你不希望自己的上级采用某种方式对待你，那么你也就不要采用这种方式对待你的下级；如果你不希望你的下级采用某种方式对待你，你就不要采用这种方式对待你的上级。对同事，对父母兄弟，对任何人，都可以以此类推。《大学》记载曾子的话说：“所恶于上，毋以使下；所恶于下，毋以事上；所恶于前，毋以先后；所恶于后，毋以从前；所恶于右，毋以交于左；所恶于左，毋以交于右。此之谓絜矩之道。”

孔子提倡与人交往时应该遵循一定的规则，《论语》中有“己所不欲，勿施于人”。《中庸》记载“施诸己而不愿，亦勿施于人。君子之道四，丘未能一焉，所求乎子，以事父，未能也；所求乎臣，以事君，未能也；所求乎弟，以事兄，未能也；所求乎朋友先施之，未能也。”曾子所提倡的“矩之道”和孔子所说的“君子之道”“己所不欲，勿施于人”，实际上与我们所说的“站在对方的角度看问题”一脉相通。从伦理学的角度来看，这是一种善良的品德，是一种关爱他人、与人为善、高尚的处世方式。同时，也是一种行动策略，是一种人际沟通的原则。

古今中外得到宠信的佞臣，多半精通这种策略。他们靠这种方法揣摩君王的心理，顺着君王的喜好办事，因此能博得君王的欢心。只不过他们利用这种方法是为己谋私利，而在现代人际交往中运用这种方法，则是为了创造和谐的人际关系。

（三）赞美的原则

不吝啬赞美和鼓励，你会得到更多的朋友。人们除吃饱穿暖和必要的安全保障外，还渴望被人重视；通过赞美和鼓励，人们能获得这方面的满足。即使是那些负责最不起眼工作的人也渴望得到别人的肯定。

无论是谁，都会有某些值得称赞的优点。我们可以通过赞美使他人感到快乐而不给我们自己造成任何损失，既然如此，我们为什么不这么做呢？富兰克林始终遵循一个处世原则：不说别人的坏话，只说别人的好处。

赞美和鼓励，目的是帮助别人发现自

心海导航

赞美的力量

一次，一位女教师在课堂上问一个小女孩：“假如有一个小朋友非常聪明，我们该用什么话来表达对他的喜爱呢？”小女孩怯怯地站起来，红着脸，好半天才支支吾吾地说了一句：“就是，就是……”然后怯怯地低下了头，等待着女教师的批评或责怪。可是并不像她想象中的那样，女教师一边示意坐下，一边笑着地夸奖她：“好，回答得很好！老师听懂了，你的意思是说这位聪明的小朋友太可爱了，可爱得简直无法用语言表达。”于是，小女孩笑了，心里甜滋滋的，从此爱上了语文课。后来，这名小女孩长大以后，毫不犹豫地报考了师范院校，最终成了一名优秀的语文老师。

是的，这就是赞美的力量！它如春风雨露，可以催开最美的花朵！学会赞美吧。在许多时候，赞美可以点石成金。谁会赞美，谁就能点亮美好人生的希望。

身的价值，获得一种成就感。它与讨好、献媚、貌合神离不同，稍微细心一点，就可以分出什么是真诚的赞美，什么是虚假的奉承。要使赞美有效应该注意以下几点。

1. 赞美必须出自真诚

有些人知道赞美在人际沟通中的作用，于是遇到任何人，不管是不是值得赞美，一开口就是一大堆风马牛不相及的夸赞之辞。这种赞美纯粹是一种虚伪的奉承，没有一点内在的真诚。被赞美的人听到这样的赞美，不但没有一点愉快的感觉，反而会感到浑身不自在。言不由衷的夸奖，一般会给人留下虚伪的印象，只会增加对方的戒备心理。

2. 赞美应该有独到之处

有一些赞美是人们常用的，例如，称赞别人看起来比实际年龄显得更小、长得漂亮、有领导能力等。这类习惯性的赞辞，虽然也可以用，但用得多了效果并不好。有时甚至会让人觉得说话的人只不过是完成一个习惯性的交往程序，其实对自己并没有真正了解。所以，要想使赞美真正起作用，就应该尽量使自己的赞美新颖一些，与对方有可能经常听到的赞美有所不同，因为新鲜的东西更能引起人的重视。要想做到这一点，就必须对你要赞美的人细心观察，发现他不易为常人所发现的优点。

3. 赞美要找准时机

当有很多学生在场的时候，如果你赞美一位年轻的教师活泼好学，肯定会让对方尴尬；当对方的上司在场的时候，如果你夸奖他具有领导才能，不但会使被赞美者无所适从，而且还有可能引起其上司的不快。所以，赞美要选准时机；否则，即使你很有诚意，也可能造成负面的效果。一定要在最合适的场合表达你由衷的赞美。

4. 要针对对方的好恶进行赞美

有些人最关心自己的内在修养，别人对他外表的过分称赞，反而会使他感到是暗示他涵养不够。因此，你一定要洞悉对方的喜好，让他听到自己渴望听到的评价。

5. 让赞美显得自然

赞美别人的时候，无论是开诚布公地直接赞美，还是委婉含蓄地由衷称道，都应该让自己的话显得自然，千万不要矫揉造作。赞美是为了使对方感到高兴，如果你的用词没有把握好分寸，就达不到使对方愉悦的效果。因此，直接赞美时最好不要使用过分的言语，应力求准确、得体，尽量显得优雅大方。使用含蓄的方式时，则应该表达清楚，切忌支支吾吾、犹豫不定，否则会让人感到你缺乏诚意。

6. 不妨试一试背后赞美的方法

当面赞美立竿见影，能够在很短的时间里得到对方的欢心，这是人们最常用的方式。但是，孙子兵法讲究虚实结合、奇正相生，在赞美别人的时候，除了来用正面直接的方式外，不妨试一试背后赞美的方式。背后的评价更能体现人们内心的真实想法。因此，当人们知道一个人在背后赞美自己的时候，就会感到更加高兴。不必担心背后的赞美别人听不到，“世上没有不透风的墙”，退一步说，即使你的赞美传不到他本人的耳朵里，别人也为你在背后夸奖人而增加对你的敬重。

7. 有时沉默也是一种赞美

除了将你的赞美付之于语言之外，有时沉默也是一种美。如果你希望与某人建立良好的关系，而恰巧别人都在当面指责这个人，那么你的沉默就有可能赢得他的好感，这种情况并不少见。

当然，除了以上的几种赞美方法之外，你还可以在实际生活中发现更好的赞美方法。重要的是，你必须使你的赞美具有成效。

（四）真诚的原则

日本著名电器企业松下电器公司的创始人松下幸之助有句名言：“伟大的事业需要一颗真诚的心与人沟通。”松下幸之助正是凭借这种真诚的人际沟通艺术，驾轻就熟于各种职业、身份、地位的客户之中，赢得了他人的信赖、尊重和敬仰，使松下电器成为全球电器行业的巨头。有人做过一个统计：从描述人品的词语中选出你认为最重要的几个，真诚被排在了第一位。崇尚真诚是时代的主旋律。既然真诚是人心所向，在沟通中我们更应该坚持它。沟通最基本的心理保证是安全感，没有安全感的沟通是难以发展的，只有抱着真诚的态度与人沟通，才能使对方有安全感，觉得你可信，进而引起情感上的共鸣。真诚去沟通，会达到意想不到的效果，一个人尽管不善言辞，但有真诚就足够了，没有什么是比真诚更能打动人的。真诚不仅表现在语言上，更体现在行动上，沟通也是一种行动。

心海导航

真诚的力量

20岁的小李从技校毕业后，在一家机械公司当推销员。他很珍惜这份工作，工作起来很卖力，半年内与3位客户做成了生意。之后，他发现他们公司卖的设备比其他公司同样性能的设备价格更高，纯真的小李深感不安。他想，订货的客户如果知道了，对他会心生怀疑的。于是，他逐个去拜访了客户老老实实地说明了情况，承诺以后会以优惠的价格交易，如果客户不满意，也可以解除合同。小李这种真诚的态度，使大家深受感动，没有一个人毁约，小李的客户不但没有少，反而越来越多。真诚具有惊人的魔力，它像强力的磁石一般具有无比强大的吸引力。

（五）宽容的原则

宽容是一种胸怀、一种自信、一种修养，也是一种人生境界。给予理解、尊重差异，不轻易把自己认为“正确”或者“错误”的东西强加于他人。虽然我们有不同意别人的观点或做法的时候，但应该学会尊重别人的选择，给予别人自由思考和选择的权利。宽容会带来自由，胡适先生曾说过，如果大家希望享有自由的话，每个人均应采取两种态度：在道德方面，大家都应有谦虚的美德，每人都必须持有“自己的看法不一定是对的”的态度；在心理方面，每人都应有开放与兼容的雅量来接纳与自己不同甚至相反的意见。换句话说，采取了这两种态度以后，你会容忍我的意见，我也会容忍你的意见，这时大家都享有自由了。

宽容是建立良好人际关系的法宝。清末著名商人胡雪岩，钱庄生意兴隆时，那些在他落魄时不见踪影的朋友纷纷现身，请求投资或重修旧好，对此，胡雪岩一概没有拒绝。这种宽容大气带来了人气，人气就是面子，面子就是本钱。

心海导航

六尺巷

在清朝康熙年间，有个大学士名叫张英，有一天他收到一封家书，说家里人为了争三尺宽的宅基地，与邻里发生了纠纷，要他利用职权，疏通关系，打这场官司。张英阅信后，坦然一笑，挥笔写了一封信，并附诗一首："千里来书只为墙，让他三尺又何妨？万里长城今犹在，不见当年秦始皇！"家人接信后，主动让出三尺宅地。邻居见了也自觉让出三尺地，结果成了一条"六尺巷"。"让他三尺又何妨？"此举避免了邻里剑拔弩张，对簿公堂，化干戈为玉帛，被传为佳话。

（六）互动的原则

沟通是双方互动的，不是一方的事情，需要双方共同参与。有传递有反馈，有说有听，才有双方意见的交流，双方才能在来来回回的互动中达成共识。那么，如何实现互动呢？共享说话权力是互动的前提。在与他人交谈时口齿伶俐固然是件好事，但是用之过度，独自一人滔滔不绝地大发议论，可就不识趣了。谈话是不该一个人唱独角戏的，每个人都有表现的本能欲望。所以，共同支配谈话的时间对沟通尤为重要。尽可能长话短说，言简意赅，给别人说话的时间，听听别人的意见，既是对对方的尊重，也会让自己有所收获。美国前总统克林顿就说过，他在倾听别人谈话时能学到很多东西。还有在交流时，不可只谈论自己，更不可自我吹嘘，这种炫耀会影响你的形象，必要的神秘感反倒会增加你的魅力。

沟通从"你"开始。不要只顾谈论自己，尤其在众人聚会的场合里，最糟的莫过于将所有话题集中在自己身上。尽可能用"你"

心海导航

双赢的秘诀

将自己的愿望变成对方的愿望，就能达到双赢。威森的工作是为一家画室推销草图。他经常去拜访一位著名的服装设计师，设计师从不拒绝接见，但也从来不买他的东西。威森经历一次次失败后，改变了思路。他把未完成的草图，带到设计师的办公室。"如果您愿意的话，希望您帮我一个小忙。"他说，"这是一些尚未完成的草图，能否请您告诉我，我们应该如何把完成它们才能对您有所帮助？"设计师默默地看了那些草图一会儿，然后说："把这些图留在我这里几天，然后再回来见我。"三天以后威森又去了，他获得了设计师的一些建议，取了草图回到画室，按照设计师的意思把它们修饰完成。然后，这些草图全部被接受了。

做每个句子的开头，这样会立刻抓住听者的注意力，同时能得到他人正面的回应。

要想得到对方的反馈，需要有一定的策略。美国总统罗斯福的方式很简单，他就是在与人接触的前一个晚上，花点时间研究一下对方的背景，于是一见面，共同的话题就源源不断，谈话自然让对方兴趣盎然。在这种氛围中，沟通就能更顺畅。

第三节 沟通能力的培养

一、高校大学生人际沟通存在的主要问题

梳理现有研究文献，结合大学生管理的工作经验，可以发现当前大学生存在沟通能力低下等一系列问题，如以自我为中心，缺乏团队协作意识。高校大学生在人际交往过程中往往以自我为中心，习惯从自身的立场出发去分析和处理各种问题，较少去顾及别人的感受，容易在人际交往中逐渐孤立化，产生人际交往障碍。人际交往水平普遍不高。目前高校大学生中的“90后”“00后”群体大多是独生子女，表现在交往的主动性较差，表达理解能力、人际融合能力、解决问题能力等方面不足，在人际交往中处于被动地位。部分大学生存在某些人际交往的心理障碍。人际交往网络化、虚拟化，网络在给大学生带来学习、工作、生活便利的同时，也使得不少高校大学生过度依赖于网上的交流，造成现实生活中人与人之间面对面交流的机会急剧减少，这不仅使高校大学生在人际交往中缺乏安全感，容易产生不信任，还易于造成高校大学生在人际交往中的心理冷漠，缺乏归属感。人际交往功利化倾向严重。这表现为大学生在人际交往中带有一定目的性地与人交朋友，这种人际交往的功利化倾向不仅容易损害人与人之间的友谊，易造成人情的冷漠，不利于高校大学生的身心健康。

我国目前高校学生的人际沟通存在的问题主要表现为以下两个方面：

（一）理解能力差

在与人交际的过程中，我们不仅要表达自己的意见，还需要倾听对方的表述，理解对方。高校是一个大环境，来自不同地域、不同民族，性格不同、态度不同的校友在一起生活，这需要我们运用自己的理解能力，分析、概括对方说的话，理解别人表达的意思。而现在的高校大学生在交流中只有听的动作，没有理解的过程，不能概括对方的思想并从中筛选有用的信息，沟通往往没有效率。此外，高校学生现在以“90后”“00后”为主要人群，大多经济条件较好，或者是独生子女，在人际交往中常以自我为中心，忽视对方的感受，把自己的主观预想强加在别人身上，导致谈话出现不愉快。而且，大学生这个年龄易出现急躁、武断、受挫能力差等问题，更容易造成误解，产生矛盾。当矛盾出现的时候，如果不具备良好的人际交流能力，就会使矛盾加深，进而失去一个或者多个朋友。

（二）表达能力差

高中毕业后的大学生越来越依赖电子产品。越来越多的人使用手机或者电脑上的网络交流软件和别人进行交流，减少了日常生活中与人面对面的交流，口头表达能力和口语组织能力渐渐退化，在现实交往中往往出现词不达意或者语言逻辑混乱等问题，不能清楚地表达自己。另

外，很多大学生患上了手机成瘾症，无论吃饭、学习、走路，甚至在与别人聚会的场合，也总是手机不离手，刷网页、玩游戏、看视频，这些在他们眼里都要比与人交往有趣和有意义得多，他们不与身边的人进行沟通，不愿意去处理现实中的人际关系，导致身边朋友逐渐疏远自己。除此之外，有些学生由于性格内向或者自卑心理，不敢在众人面前表现自己，说话总是断断续续、逻辑混乱，别人因无法理解他们进而直接忽视他们。

心海探索

大学生沟通能力测试

过程：

请你就以下问题认真地问问自己，回答“是”或“否”。

1. 你真心相信沟通在组织中的重要性吗？
2. 在日常生活中，你在寻求沟通的机会吗？
3. 在公开场合，你能很清晰地表达自己的观点吗？
4. 在班会等场合中，你善于发表自己的观点吗？
5. 你是否经常与朋友保持联系？
6. 在与别人沟通的过程中，你都能清楚地传达想要表达的意思吗？
7. 你能自行构思，写出一份报告吗？
8. 对于一篇文章，你能很快区分其优劣吗？
9. 在一般情况下，经常是你主动与别人沟通还是别人主动与你沟通？
10. 你觉得你的每一次沟通都是成功的吗？
11. 觉得自己的沟通能力对工作、学习有很大帮助吗？
12. 喜欢与你的同学或朋友一起进餐吗？
13. 在休闲时间，你经常阅读书籍和报纸吗？
14. 在与别人沟通过程中，你是处于主导地位的那一方吗？
15. 你觉得自己的沟通方式得到周围人的认可吗？

评分：

回答“是”得 1 分，回答“否”不得分。

得分为 10 ~ 15 分，说明你是一个善于沟通的人；

得分为 6 ~ 10 分，说明你协调、沟通能力比较好，但还有待改进；

得分为 6 分以下，说明你的沟通能力有些差，你与团队之间的关系有些危险。

心海导航

建设和谐校园

建设社会主义和谐社会要求建设和谐校园，和谐校园的建设需要创造和谐的人际关系。人际沟通是人的基本需要之一，良好的人际沟通能力也是当代社会对人才发展的基本要求。对于大学生而言，良好的人际交往能力不仅可以提高大学生的学习效率，而且也有助于大学生个性的发展和健全人格的培养，促进大学生的身心健康，高校思想政治教育工作也需要关注大学生的人际交往能力培养。

大学生在中学时期由于生活环境的相对单纯和狭窄，不需要为日常的衣食住行担忧，他们的任务只是学习，通常的交往对象只有家长、老师和同学以及为数不多的亲朋好友。在这样的环境下，他们很少也不需要同外界环境有过多的接触，加上中学生身心发展的限制，其人际交往与人际沟通能力相对就比较低。而大学生则要开始慢慢踏入社会，走上工作岗位，从“自然人”变为“社会人”，从学生变为“职业人”。因此，对于大学生这一群体而言，与自己、与他人、与社会进行思想、感情、信息交流，人际沟通能力就显得尤为重要。现阶段，我国大学生的年龄一般在 18 ~ 23 岁，正是个体的人生观、价值观和道德观形成与稳定的关键时期，也是个人自我意识迅速发展的时期。他们为发现自己的内心世界而感到好奇或不安，有的会产生孤独感及对孤独的恐惧，于是产生了对人际交往与沟通的强烈向往与热切渴求。沟通既能给大学生带来幸福和欢乐，也能造成苦恼与悲伤；沟通既能促进大学生之间的友谊，也能导致人际间的冲突和矛盾。只有沟通能力的增强、沟通方式的得当，才能对大学生个性的丰富、互助交流起到推动作用，对于他们形成美好理想、崇高的人生追求也具有特殊的意义。

二、培养人际沟通能力

我们在和别人进行沟通的时候，不仅可以让别人了解自己，也可以以此为镜反观我们自己，了解自己的需要和梦想。良好人际关系的建立，需要我们从各方面锻炼自己，克服各方面的心理问题，培养良好的人际沟通能力，使自己能够更好地适应环境、适应生活。

根据对人际沟通的认识，要培养一个人的沟通能力需要做到以下几点：

（一）培养良好的表达能力

沟通是个体之间以一种共同、可理解的方式分享想法、信仰、思想和情感的过程。常言道：“与君一席话，胜读十年书。”谈话是沟通信息，获得间接经验的最好形式，也是表达感情，增进友谊的重要手段。表达能力是指人们用有声语言、书面语言及肢体语言来综合表述个人的见解、主张、思想、观点，充分展示个人形象、风格、个性和思想内涵，形成与外在的良性沟通与交流的一种能力，是人的综合素质的重要组成部分。它主要以口语表达能力、文字表达和非语言表达能力为展示窗和主体表现层，以听力理解能力、阅读检索能力、逻辑思维能力和心理反应能力为“准备室”和储备层。较强的综合表达能力是一个人综合能力的重要组成，它能为人带来精神气质的良性改变与人格魅力的不断提升，对一个人充分展示个性才华，表现自我，推销自我，与他人和谐相处，赢得良好的交际关系和人际资源，形成健康的心态，塑造完整的人格，增强社会认可程度和帮助事业成功具有重要作用。

人生活在语言世界中，语言是人存在的家园，每个人都有表达的本能和欲望。然而并不是每一个人都能够清晰、完整、有条理、言简意赅地把自己的思想和观念表达出来。表达能力是人在沟通过程中传递信息、表达信息、增进共识的能力，是评判沟通能力最基本的标准。个人的观点和想法要为人理解就有赖于他的表达能力。善于表达，要求表达的内容要清楚明确，表达的方式要恰当，幽默和风趣。一个人表达能力的好坏直接决定着其沟通效果的好坏，也直接显示了一个人沟通能力的高低。良好的表达能力使得个人能够清晰地、形象生动地、流利地表达自己的思想和观点；而一个人的表达能力强，则直接体现出他的知识水平高、语言素养好、逻辑思维能力强，能够使人正确的理解自己并获得别人的赞赏，从而增强自己与他人沟通的自信心并与人建立良好的沟通关系获得充足的人际资源。口头表达能力强，需要广博的知识做后盾，但是很多时候，表达能力弱并不是因为内心不明白、文化程度不高，而是因为底气不足，自信心不强，人们应当克服羞怯心理，积极参加演讲、对话和讨论活动，珍惜在观众面前发表见解的锻炼机会，临场经验多了，表达能力也就会自然好起来。

培养大学生过硬的综合表达能力对形成较强的职业综合能力，提高个人整体素质使其充分适应社会及用人单位需要，成功就业具有重要作用。

（二）培养良好的性格和品质

一个品质好、能力强、具有某些特长的人更容易受到人们的喜爱。人们欣赏他的品格、才能，因而愿意与之接近，成为朋友。所以，若想要更友好、更融洽地与他人相处，就应充分健全自己的品格，施展自己的才华，表现自己的特长，使自己的品格、能力、才华不断提高。

性格因素是影响人们能否成功地进行人际交往的重要因素，许多人的人际交往障碍来源于其不良的性格特征，如情绪无常，放纵自己，行为怪异，冷淡、自私、太过敏感等。因此，我们应该培养良好的性格，学习一些人际交往的技巧。在日常生活中，学会豁达与开朗，要与人为善。另外待人要真诚热情，一般情况下，交往双方总是先接受说话的人然后才会接受对方陈述的内容。因此，对人讲话时，态度应真诚，要避免油腔滑调，高谈阔论，哗众取宠，垄断话题，否则会使人感到不愉快。实事求是，态度热情，往往给人一种信赖感，亲近感，这有利于交往的继续深入；反之，如果言不由衷、转弯抹角，态度冷淡，则给人一种虚假、冷淡的感觉，交往很难再深入下去。

有的人以为通过衣着打扮做出吸引人的姿态就能够让别人喜欢自己，其实一个人美好心灵品质的魅力远大于外表魅力，一个内心存在着贪婪、妒忌、怨恨、高傲及自私思想的人永远没办法吸引别人。要培养自己的良好品质，有两样必不可少：高尚的思想道德修养和健康的心理素质。高尚的思想道德修养使人宽容、诚恳，往往体现在能够客观地认识自己，认识他人，认识自己与他人之间的关系，拥有较强的判断是非的能力等等。我们要多参加社会活动，因为人需要社会这个后视镜才能真正认识自己，进行自我教育，不断剖析自己，反省自己，修正自己，发挥自己的优势，克服缺点，在看到别人的错误后，引以为戒。心理素质就是一个人承受挫折、应对心理危机、克服性格缺陷的能力。拥有健康心理素质的人懂得微笑，不吝惜同情，保持幽默乐观；反之，就会出现自以为是，以自我为中心，不愿听从他人的意见，或者唯唯诺诺，缺失信心，自私冷漠的胆小鬼。对于这两种不健康心理，我们要采取各种方法进行自我引导，以维护我们的心理平衡。所以，加强自我内在修养，会使你的个性更具有魅力，更迷人，使人受益终生。

（三）正确认识自己

自我认知是对自己的洞察和理解，包括自我观察和自我评价。自我观察是指对自己的感知、思维和意向等方面的觉察；自我评价是指对自己的想法、期望、行为及人格特征的判断与评估。自我认识是个人在思想之上的对于环境的反应。

在社会生活中，我们要经常把自己与他人进行比较，检查自己的言行是否要妥当。但在与别人比较时，应注意标准，客观的比较，既不能以己之长去比他人之短，更不能以己之短去比他人之长，另外也不能以偏概全。如果对自己的认识和评价不符合实际，夸大了自己的缺点、短处，看不起自己的优点、长处，则只会使自己在别人面前丧失信心，增加自卑感。相反夸大了自己的优点长处，看不到自己的缺点短处，也会使自己觉得高人一等，产生目中无人的感觉。人类有“拙”的本能，人们不愿意将自己的不足暴露在他人的面前，甚至自己也不愿去承认和面对，潜意识里我们会将自己的弱项或缺陷掩盖起来，但这种掩盖实际上是把自己的眼睛蒙上，容易失去提升自己的机会，也会错失别人提供帮助的机会。“金无足赤，人无完人”，在交往中，要善于发现自己的优点长处，肯定自己的成绩，懂得欣赏自己；“尺有所短，寸有所长”，交往中也要善于看到自己的短处和不足，明确自己的差距，学会剖析自己。学会了客观公正地认识自己、评价自己，既能增强自己的自信心，克服自卑感，又避免狂妄自大，抑制自己的高傲感。

此外，每个人在建立自己人际交往圈和人际交往的原则的时候也要根据自己的情况。一方面要从自己的内心出发，不应该为了交往而去交往，这样的交往会十分生硬，因为人和人的交往也是人和人心灵的交往，如果内心有违的话就很难维持这个交往的环境，反而会使交往双方别扭，适得其反；另一方面要从自己的实际条件出发，比如你的交际圈子的人要主流上与你的条件、价值取向相似，才可能发展得更好，一个重情一个重利的两个人是不容易相处的。

（四）扩充自己的知识储备

人际交往的过程中，我们除了聊一些生活事情之外，还会闲谈生活、哲学、情感等，我们需要和不同类型的人进行沟通，便于协调人际关系。每个人都有不同层次、兴趣的朋友，而且喜欢和优秀的人交流。当一方提出不同类型的话题的时候，另一方要对该话题做出反应，然后双方能进行愉快的交流。因此我们要不断扩充自己的知识面，关注国际、社会的动态，掌握生活中的常识，培养更多兴趣，对科学、文化等方面也有所涉猎，塑造良好的自己，可以自信地和对方交流，表达自己的见解和想法，让别人更加了解自己、喜欢与自己交流，进而认识到更多的朋友，建立良好的人际关系，提高自己的人际交往能力和沟通能力。增长知识的方法有很多，例如阅读自己感兴趣的书籍、报刊，观赏影视作品等。另外，在阅读图书或观看视频时，我们还可以观察里面人物的谈话方式和行为举止等，进行礼仪的学习。

（五）对网络有正确认识

网络给人们打开了眼界的窗口，提供了大量丰富的信息资源。网络首先扩大了人际交往圈子，为特殊时期人与人之间传统社交受阻时提供了解决办法的（如非典疫情时期、新冠疫情时期）。其次，它为个体宣泄情绪提供了良好途径，电脑网络的匿名性特点为网民不良情绪的及时释放和网民之间的情感帮助、心理支持提供了新渠道。网络还能普及心理健康知识，提供专业心理援助。

然而，网络也有很多负面影响。网络社会提供了一个独特的“虚拟”环境，人与人的交往不是面对面的、实实在在的交往，而是“人机交往”，任何网络交流方式都允许参与者以多重身份、虚假身份来登陆，人人都可以在网络中成为“隐形人”，其身份、行为等都能够得到充分隐匿。有一大部分网络对人际关系的联结作用，是建立在隔离的前提下。网络世界的隔离和虚幻大大降低了人与人之间正常交际沟通所应有的信任度，此外还可能导致自我封闭。网络把每个人都关在自己的小天地里，最终形成一个冷漠的世界。比如有些人成为电脑迷、“网虫”后，日夜迷恋于电脑而不再与人直接接触，除上网外几乎不再考虑别的事，性格也变得越来越孤僻，甚至心理状态也发生病态变化。此外，虽然网络可以拉近朋友之间的距离，但是相对于没有网络之前，人与人之间进行的面对面交谈，这种交谈除实现信息交流之外没有情感交流，通过网络传递的信息，只是不带情感的符号。所以互联网会割断人际交往真正意义上的社会交往，对现实的社会关系具有阻碍性。我们知道了网络是把双刃剑，给我们带来惊喜的同时也给我们带来了警示。我们需要明确它的正面和负面作用，加强网络自律意识，端正自己态度，合理地利用网络，不要把网络的虚拟世界和现实弄混，把它作为一个提升自己人际交往能力的工具，最大限度地发挥它的积极作用，使网络为自己所用，而不是被网络控制。

（六）学习人际交往的技巧

我们要使用文明语言和平易近人的姿态，让自己的人际关系得到好的发展。要学会尊重别人，认真倾听别人的话语，在谈话过程中需要注意别人的表情和动作、眼神、语气，据此组织自己的话语。在不同情境下、面对不同对象时，需要根据自己的身份而进行不同的应对。例如在课堂上学生和老师沟通，学生就要尊敬老师、尊重课堂，不随便开玩笑，规范自己的言行，寻找恰当的话题与教师展开交流。这些都是技巧，可以通过学习和训练来掌握。

每个人都需要依赖人际关系，我们需要和很多人进行交流，共同完成任务。我们担任不同的角色，会和不同专业不同背景的人相互交流，分享自己的想法，借助其他人（包括教师和同学）的帮助，通过群体活动来改善自己与人交往的技能和积累处理人际关系的经验。然而生活中有很多不善沟通的人，他们的交际圈子一般就只局限于同学、家人、同事，交流的内容也都比较少、形式比较单一，很少有冲突，这使得他们在偶尔说一些不恰当的话，做一些不合宜的事时，也大多能够被原谅，时间久了，沟通能力就愈发变差。针对这样的情况，我们要做到有意识地参与集体活动，多结识朋友，在交往过程中锻炼自己的交往技巧；同时，通过阅读学习一些与人交往的技巧类的相关知识，选取自己需要的内容“对症下药”。如果你的情况比较严重，甚至还可以去参加一些专门的训练课程或训练营，在专业人士的帮助下，逐步提高自己的交往技巧。对在校大学生来说，种类繁多的社团活动就是很好的选择。社团活动为大学生丰富业余生活，特别有助于大学生人际交往能力的提高，为大学生今后步入社会奠定基础。在活动中，学生既是组织者又是参与者，在活动的策划、组织和开展的过程中，既要跟同龄人进行思想交流与碰撞，又要跟学校相关部门的领导老师协调工作，从而使自己的交往能力得到锻炼和提高。我们鼓励大家多去进行大胆的接触，通过学习及时改进，在与他人的沟通中变得得心应手，建立积极健康的人际关系。

心海探索

我的人际财富

过程：

1. 首先在画面的中央画一个正方形代表自己。

2. 然后以这个正方形为中心，在正方形的周围画圆，每个圆代表给你带来正向能量的人，圆形离正方形越近代表对方与你的关系越亲密或者正向的影响越大。在正方形的周围画三角形，每个三角形代表你身边给你带来负能量的人，三角形离你越近代表对方对你的负面影响越大。

3. 圆形中离你最近的那个人是谁？你最感谢他 / 她对你做的什么？

4. 三角形中离你最近的那个人是谁？你希望他 / 她怎么做？

参考文献

[1] 李东 . 高品质的人际沟通 [M]. 北京：社会科学出版社，2018.
[2] 吕路军，李林，金世佳 . 人际沟通 [M]. 延吉：延边大学出版社，2016.
[3] 麻友平 . 人际沟通艺术 [M]. 北京：人民邮电出版社，2020.
[4] 章志光 . 社会心理学 [M]. 北京：人民教育出版社，2008.

（林珠梅）

第十二章　大学生网络心理

网络作为一种新型的信息传播和人际交往的工具，对大学生的学习、生活和心理健康产生了巨大的影响。网络被形象地比喻为“双刃剑”，在给大学生网民带来积极作用的同时，也不可避免地产生了一些负面效应。如何发挥网络的积极心理效应，控制和减少其消极作用，帮助大学生养成健康文明的网络习惯，具有重要的现实意义。

第一节　大学生网络心理概述

随着互联网技术的发展，网络展现出了其他信息载体无法替代的特征，特别是近年来移动互联网的普及，更是使网络成为大学生学习和生活不可或缺的一个重要部分。

一、大学生上网情况分析

国家统计局发布的《2020 年国民经济和社会发展统计公报》显示：我国上网人数达到 9.89 亿人，互联网普及率达到 70.4%。高校大学生已经成为网络社会的主体。那么大学生上网都做些什么呢？有关调查和研究表明，青年大学生上网主要有以下几种情况：

（一）获取信息

互联网如同一个信息的聚宝盆，应有尽有。这些取之不尽、用之不竭的多彩信息赋予了网络无穷魅力，很多大学生正是把互联网看作一个庞大的信息库，而经常上网来寻奇觅宝的大学生通过网络查询下载各种学习资料、搜索阅读国内国际新闻、跟踪政治经济文化娱乐热点。

根据中国互联网络信息中心（CNNIC）发布的《2015 年中国青少年上网行为研究报告》显示，大学生群体使用搜索引擎的比例达到 86.6%；大学生对网络新闻的关注度较高，达到 74.5%。网络传播信息的高效性、及时性，符合大学生追求时效和喜欢猎奇的心理。网络信息的丰富性和开放性符合大学生对知识信息的渴求心理。网络使大学生实现了“手指轻轻点，世界尽在眼前”的梦想，真正做到了“足不出户知天下”。

（二）交流沟通

QQ、E-mail、BBS、微信、微博等几乎是每一个大学生耳熟能详的词，根据《2015 年中国青少年上网行为研究报告》显示，大学生对即时通信、微博、电子邮件、论坛 / BBS 的使用率都较高，92.4% 的大学生使用即时通信，37.6% 的大学生拥有微博，34.5% 的大学生拥有电子邮箱，18% 的大学生有论坛 / BBS 上交流。

（三）网络娱乐

偏重网络娱乐应用是我国大学生网络应用的特点之一。在课余时间，上网听音乐、看电影、看电视剧、浏览电子书籍、玩网络游戏成为大学生的重要娱乐活动。根据《2015 年中国青少年上网行为研究报告》显示，大学生对网络音乐、网络视频、网络游戏的使用率分别为 80.2%、75.4%、66.5%。

（四）商务交易

在其他年龄段网民使用相对较浅的商务类应用上，大学生表现非常活跃。电子购物方便快捷，深受追求时尚的大学生喜爱。《2015 年中国青少年上网行为研究报告》显示，截至 2015 年，约 89.1% 的大学生有过网络购物行为。随着越来越多的学校和考试机构开通网上支付功能，学费和各类资格考试的缴费都可以通过更为便捷的手段进行，网上支付在大学生群体中的使用情况较为普遍。

心海链接

如何做到不让网络交往代替与人的实际交往？

1. 自我节制：网络时代更需要具有理性自律和人文关怀双重人格魅力的人。大学生只有充分认识了这一点，才能在潇洒地展示自身网络本领的同时，充分考虑人与社会的良性互动，科学利用互联网，收拢个人放纵的意志欲求，以理性取代任性，以道德化的网络正常运作取代肆意践踏网络资源的行为，这些都需要大学生至善的自我约束和控制意志。

2. 尽力融入：过度沉溺于网上交往容易导致现实人际交往的冷漠。大学生要克服这种冷漠、孤独的心理状况，打开闭锁的心灵，积极投入到现实世界中，与身边的同学、朋友发展友谊与爱情，体验到真实世界生活的多姿多彩和温暖关怀，摆脱冷漠与孤独的困扰。塑造健全人格，发展良好的人际关系。

二、大学生上网心理

大学生为什么如此热衷于追随网络？其背后必然隐含着各种心理需求，从整体上了解大学生的上网心理，对于开展大学生网络心理健康教育至关重要。研究表明，大学生上网心理既有积极的一面，也有消极的一面。

（一）积极的心理需求

1. 强烈的求知欲与好奇求新心理

互联网以其信息快、内容新、手段先进等优势极大地吸引了大学生的好奇心，引起了他们的特别关注和兴趣，激发了他们学习和掌握网络知识和应用技能的欲望。

2. 渴望自由平等与张扬个性

网络平等自由的氛围适应了当代社会中对自由、平等呼声最高的大学生群体。在网络这个虚拟空间里，人人都是平等的，种种现实社会的限制基本消失，只要参与进来，任何人都是互联网的“主人”。当下，很多大学生在网络上开辟自己的虚拟空间，通过博客等平台发表自己的观点，满足了自己的张扬个性的需要。

3. 追求开放性与多元性

网络是一个开放的信息源，各种文化、思想、观念在这里百家争鸣。这就为大学生追求开放多元的文化、观念提供了平台。在这里，大学生可以汲取多方的智慧，博采众长，拓宽视野，培养辩证全面的思维方式。

4. 寻求归属感与爱的愿望

根据马斯洛的需要层次理论，人人都有归属感和爱的需要，大学生渴望与人交往，获得他人的理解与支持。网络上电子邮箱、各类聊天工具、各种网络社区提供了便捷的交流平台，不仅提高了交流的便利性，也扩大了交流的空间，满足了大学生对归属感与爱的心理需求。

（二）消极的心理需求

1. 猎奇心理，追求感官刺激

很大一部分大学生上网的目的是猎奇，即追寻一种在现实生活中难以了解，通过正当渠道难以获得的奇艳信息，并借以获得感官刺激。他们往往会出于好奇或冲动的心理刻意去寻找一些色情、暴力的信息。

2. 急功近利心理

网络信息的丰富与快捷使许多大学生把上网当作通往成功的捷径和有利条件。在他们的眼里，网络就是商机，网络就是生财之道。同时，一定程度上的社会误导（包括网络上基于商业目的的信息误导）也使大学生对“成功”的理解产生了偏差。于是，电子商务、留学资讯、成才捷径、求职之路就备受部分大学生的关注。他们渴望凭借这些信息省一些力气，走一步先棋，成为网络时代的成功人士。

3. 随意发泄心理

许多大学生希望为所欲为，而在现实生活中，大学生的一言一行都要受到约束，而网络的匿名性和隐蔽性为他们提供了一个相对安全的屏障，在这里他们可以相对随便发表自己的“高见”，抒发自己的爱与憎，表达自己的思想信仰。一些道德观念淡薄的学生则借此随意发泄私愤、不满等，甚至对他人恶语相向，进行人身攻击。

4. 逃避现实的解脱心理

“不如意事常八九”，大学生在学习生活中难免遇到学习上、感情上、人际关系上的挫折和危机。同时，复杂的社会生活也会使思想相对不成熟的青年学生感到难以应对。部分学生在现实中受挫时，往往愿意到虚幻的网络空间去倾诉，互联网成了他们逃避现实、寻求自我解脱的一个良好的渠道和环境。

5. 虚拟的自我实现心理

人人都希望成功，追求自我价值的实现，虚拟网络可以成为大学生实现自我的一个理想王国。在网络上，大学生可以享受到网络特有的平等、自由、成功、刺激的感觉，学习与就业的压力、社会与家长的期待造成的心理压抑与孤独在网络上一扫而光；他们可以突破社会及他人对自己行为的非议，轻松地实现自小就有的侠客梦、富翁梦，可以在模拟战争中指挥千军万马，搏杀疆场……

6. 焦虑心理

一方面，由于网络技术的迅速发展，大学生担心自己的知识更新赶不上网络的发展，从而被新技术淘汰而产生心理焦虑；另一方面，网上人际关系的不确定性与隐匿性，内容庞杂无序、良莠不齐，讯息比较过时等缺陷使大学生上网者无所适从，在连连“碰壁”之下产生焦虑心理。

心海探索

真实与虚拟的对比

过程：

1. 同学们闭上双眼，全身放松，均匀呼吸，平稳心境，做想象训练。首先，想一想真实的自我在现实生活中厌恶的行为，比如不喜欢被别人偷拍、不喜欢被别人泄露隐私、不喜欢被人编造谣言等。在想象中要注意体会这些行为一旦发生，会给自己心情带来的负面影响，体会那种不舒服的感觉。至少要想出5条，然后慢慢睁开眼睛，记下刚才想到的内容。

真实的自我在现实生活中厌恶的行为：

2. 接着，再次闭上双眼。想象在网络世界中，在虚拟的环境里，真实的自我是否对上述某种或某些在现实生活中曾经厌恶的行为给予了"宽容"，甚至有时还直接参与了该行为，并乐此不疲。比如，习惯于传别人的照片，喜欢传播未经证实的消息，等等。在想象中要注意体会这样活动时的情绪特征，体会那种"好玩""快感""刺激"的感觉。然后慢慢睁开眼睛，记下刚才想到的内容。

3. 然后，对比这两部分内容，反问自己：为什么会出现这种反差？为什么在现实中厌恶的，在虚拟中反而喜欢了呢？找出使自己产生心理变化的原因，把它写下来。

4. 你认为这种反差是否合理？它是否表明人格的分裂？是否需要修正自我在虚拟世界的行为方式，或者调整其在现实世界的认知模式和活动？为什么？

5. 最后，谈谈现实与虚拟之间的张力关系，以及如何在实际生活中把握二者间的尺度。

第二节　大学生常见网络心理问题

大学生正处于心理发展的“断乳期”“危险期”“关键期”，网络对大学生的心理健康的影响更为直接、激烈和深刻。大学生使用网络导致的心理问题已经成为高校在新形势下面临的严峻课题，它如同一只拦路虎横亘在大学生成长的道路上，影响着大学生的快乐成长。临床实践发现，大学生长时间在网上聊天或玩网络游戏，沉浸在虚拟世界中难以回到现实生活容易导致各种心理问题。德国心理学家贝尔特·维尔特认为：“如今人们的日常生活越来越多地与虚拟的数字生活结合在一起。这带来的一个危险因素是，人们常常会被越来越多地‘拉’出现实世界。”“如果虚拟世界和现实世界的区别太大的话，就容易给人带来压力。”贝尔特·维尔特还认为，那些长期进行在线聊天，或者沉迷于网络游戏并满足于在游戏中扮演英雄形象的人“回到现实将会感觉非常苦涩，感到失望，有心理压力。某些人可能由于这些压力而变得易怒或者富有攻击性，最终出现极端行为”。

所谓大学生网络心理问题，主要是指大学生因长期沉溺于网络游戏、网络聊天、网络不良视频等出现的心理异常症状，严重时甚至导致自残、自杀或者攻击他人的意念、行为的心理和精神障碍。大学生网络心理问题的实质是大学生现实心理问题突显，是大学阶段现实的心理发展困境的累积表现。当现实的心理需求得不到满足，大学生就会通过虚拟的网络宣泄自我，从而获得心理上暂时的满足。同时，由于人的心理发展是由量变到质变的连续发展的过程，大学生不断通过网络寻求到暂时的快乐和心理的解脱，其满足感吸引着他们沉迷于网络，而且这种满足会产生传导效应，直接延伸到现实生活中。当这种延伸成为一种习惯时，就会不由自主地成为他们心理需求的惯常态势，让他们相信网络是一个可以避风的港湾，并错误地认为网络可以帮助他们解决现实的心理困境，其结果导致大学生网络心理解脱和现实的心理困境相互交织在一起，严重地制约了大学生正常的心理发展。因此，有必要通过有效的方法和途径针对大学生网络心理问题进行疏导，使大学生快速走出因上网导致的心理发展困境，预防大学生的网络心理疾病，促进大学生心理的健康发展。

一、大学生常见网络心理问题

近年来，大学生因长时间沉溺于网络而导致旷课、挂科过多，甚至有学生因此退学的现象屡见不鲜。同时，长期处于网络虚拟环境中，容易罹患网络性心理障碍，出现网络行为偏差，严重影响了大学生的身心发展。

（一）网络成瘾

网络成瘾，又称网络依赖或者网络成瘾综合征（internet addiction disorder，简称 IAD），是指在无成瘾物质作用下的上网行为失控，由网络操作时间失控难以自拔，沉溺于网络世界而导致个体明显的社会心理功能损害。

网络成瘾是因个体反复过度使用网络导致的一种精神行为障碍，表现为对使用网络产生强烈欲望，突然停止或减少使用时出现烦躁、注意力不集中、睡眠障碍等，从而导致心理、社会功能受损，并严重影响正常的学习、工作、生活，甚至影响整个家庭，乃至整个社会的发展。

青年大学生群体是网络成瘾的易发群体之一。据新加坡《联合早报》报道，通过美国广播公司的网页发放并回收 17251 份有关使用网络情况的问卷调查显示，有 5.7% 的受访者已成了“上网瘾君子”。

目前，国内外网络成瘾者集中使用的网络内容不尽相同，我国 80% ~ 90% 网络成瘾者集中在网络游戏成瘾上。网络成瘾青少年网民集中的 12 ~ 18 岁年龄段，网络成瘾发生率为 1.33% ~ 20.8%。同时，《精神疾病诊断与统计手册》第五版中提示，亚洲国家、年龄在 12 ~ 20 岁的男性，是网络游戏成瘾发病率最高的群体。

心海链接

大学生网络成瘾主要类型

大学生网络成瘾主要有网络游戏成瘾、网络交际成瘾、网络信息收集成瘾、网络色情成瘾、网络制作成瘾等类型。

1. 网络游戏成瘾：沉迷于网络设计的各种游戏中，或与计算机对打，或通过互联网与网友联机进行游戏对抗。

2. 网络交际成瘾：利用各种聊天软件以及网站开设聊天室长时间聊天。

3. 网络信息收集成瘾：强迫性从网上下载无关紧要的或者不迫切需要的信息，并以堆积和传播这些信息为乐趣。

4. 网络色情成瘾：迷恋网上的色情音乐、图片以及影像。

5. 网络制作成瘾：编写程序下载使用各种软件，追求网页制作的完美性或沉溺于编制程序。

心海链接

大学生网络成瘾自救

拒绝网瘾，关键在自己。试一试，下面的方法哪一个更适合自己？

1. 自我提醒法：将上网的好处和坏处分别列在一张对称的纸上，按程度轻重排好顺序，每天做思想斗争 10 ~ 15 次，每次 4 ~ 10 分钟，尤其是在瘾发时。也可以将好处和坏处分别贴在显眼的地方，如电脑上、卧室里、门上。每天多时段内默念出或大声对自己念上网的坏处，战胜自己关于上网不合理的观念。

2. 自我暗示法：如果又有了沉迷网络的念头时反复自我暗示，如“不行，现在应该学习，等周末再说”“我一定能行”“我一定能戒除”，每当抵制住了诱惑，认真学习，度过了充实的一天后，就进行自我鼓励，如“今天我又赢得了一次胜利，继续坚持，加油”。这样不断强化，形成良性刺激，加强自己的意志，使上网的欲望得到抑制。语言暗示既可通过自言自语，也可将提示语写在日记本上或贴在墙壁上、床头上，以便经常看到、想到，鞭策自己专心去做。

3. 厌恶疗法：给左手腕带上粗的橡皮筋，当自己有上网念头时立即用右手拉弹橡皮筋，橡皮筋回弹便会产生疼痛感，转移并压制上网的念头。拉弹的同时要提醒自己，网瘾有危害。

4. 想象满灌法：想象自己上网成瘾后的种种极端后果，如被大家看不起，被别人羞辱，对不起自己的父母、亲人等，想象自己长时间上网后萎靡不振的颓废样子，使自己厌恶“现实自我”的形象，并用“理想自我”激励自己。

5. 转移注意法：在其他活动中寻找快乐，比如听一些优美抒情的音乐，去运动场跑步、打球，做些上网以外的业余活动。

6. 规范生活法：改变紊乱的生活节奏，重新规范每天的作息时间，无特殊情况不打破规律，并在最易出现上网行为的时间段安排不同的活动，让更多更有意义的活动充实自己的生活，感受生活的乐趣和意义。

7. 系统脱敏法：与家人或好友指定总体计划，由家人或好友监督实施，在两个月内逐步减少上网时间，最终达到偶尔上网或不上网。如原来每天沉迷网络 12 小时以上，则第一周减为 10 小时，第二周 8 小时，第三周 6 小时，第四周 4 小时。自己若能按计划执行则由家人、朋友或是自我给予奖励。做不到时则予以惩罚。

8. 放松训练法：在运用系统脱敏法的过程中，为应对戒除网瘾出现的紧张、焦虑、不安、气愤等不良情绪，采用肌肉放松法、想象放松法、深呼吸放松法以稳定情绪，振作精神。

9. 主动寻求他人的帮助：心理咨询师或心理医生可以帮你走出网络成瘾的泥沼，回归到正常的现实生活中来。

10. 树立远大的理想：很多大学生之所以沉迷于网络是因为缺失了理想。“明其志，方能知所赴”，大学生必须树立远大的理想，合理规划大学生涯，树立明确的奋斗目标，时时鞭策自己，激励自己奋发前行，才能更好地把握未来。

心海探索

上瘾的危害

过程：

在第一张卡片上写下自己父母或亲人的某种成瘾行为（比如打麻将上瘾等），然后指出这种习惯的不良之处，说明自己不喜欢这种习惯的原因，提出改正这种习惯的建议。

成瘾行为	成瘾表现	危　害	不喜欢的原因	改正建议

在第二张卡片上写下你最不喜欢自己染上的一种成瘾行为（比如酗酒成瘾等），然后指出这种习惯的不良之处，说明自己不喜欢这种习惯的原因，提出避免染上这种习惯的准备措施。

成瘾行为	成瘾表现	危　害	不喜欢的原因	预防措施

在第三张卡片上写下你最不喜欢异性的某种成瘾行为习惯（比如女性吸烟成瘾、男性网游成瘾等），然后指出这种习惯的不良之处，说明自己不喜欢这种习惯的原因，表明你是否愿意和具有该种习惯的异性做朋友甚至男女朋友，也就是你会和有这种习惯的异性交往到什么程度。

成瘾行为	成瘾表现	危　害	不喜欢的原因	愿意交往程度

通过上述活动我们可以发现，同学们普遍反感某些成瘾行为习惯。而网络成瘾与此相似，它也有足够的害处。通过对各种成瘾行为习惯的总结，我们可以加深对网瘾危害的认识和理解。

（二）网络畸恋

当今时代，网聊、网恋、网上同居、网婚是大学生在网上活动中最感兴趣的主题之一，甚至于网恋成了高校的时尚，有的大学生网恋的对象还不少。许多大学生在现实生活中性格内向、不善言语、情感表达方式不当，常会把现实中的情感转移到网络世界，在这里他/她能自由地表达自己的情绪和情感，从中得到安慰、关爱、自尊等。

的确，也有网上情人真的变成现实生活中的情人，并且相处得不错，那是因为双方在网上交流的时候没有戴多少面具，因而见面以后双方觉得差距不大，在网上尚且可以爱上抽象的形象，在网下自然也就容易接受真实的人了。但是，并不是每段网恋都会以美好结局而告终，更多的结果是“见光死”。

另外，长时间对网络的依恋，往往会导致大学生情感的异化，一方面不利于大学生健康情感的发展，增加学生在情感上的随意性和虚假性，降低大学生对爱情的崇高感和责任感；另一方面，容易导致他们在现实的人际交往中更加冷淡、麻木、自闭，会使他们更加感到孤独、寂寞、空虚和无助。沉迷于网恋的大学生，既荒废了学业，又使自己的身心受到伤害。最可悲的是，网络是十分虚幻的，易于被不法分子利用，大学生一不小心就会上当受骗，势必会影响自己的情绪，并且将这些情绪带到平时的学习和生活中，给心理造成不可磨灭的影响，甚至产生轻生厌世的心理和行为。

心海链接

网恋八项注意

网络本身只是一个媒介，而以它为平台衍生出来种种故事，无论是悲是喜，都非网络之过。成功网恋必须符合媒介本身的特征——真实。以此为交友媒介的大学生，也必须领会它的种种规律，记住八项基本原则。

注意之一：双方距离最好不超过 100 千米；

注意之二：不要开门见山发出见面要求；

注意之三：直接探听姓名住址电话的别深交；

注意之四：见面前最好经过电话沟通；

注意之五：做好最坏准备；

注意之六：别为追求完美让感情无疾而终；

注意之七：见面地点别选太僻静的场所；

注意之八：第一次见面行为一定要谨慎。

（三）网络孤独症

网络孤独症主要是指上网者本希望通过网络获取信息、休闲娱乐、开展人际交往来提高或改善自我，排解寂寞心情，但上网未能解除孤独，甚至加重了孤独，或反而因为触网而引发孤独感的不良心理状况。

大学时期正是大学生心理趋于成熟的时期。此阶段，他们特别需要别人的理解，愿意向别人倾诉自己的思想，以便通过别人的理解与安慰调节压抑的情绪，缓和心理压力。但在现实生活中，因为性别、地域、经历、家境等的不同，大学生相互间的交流会有一些无法回避的障碍。特别是一些性格内向或者自卑的大学生，不愿意或者不善于与他人交往。当网络走进他们生活的时候，他们惊喜地发现网络给他们提供了一个安全的交流平台。由于网络的虚拟性和隐蔽性等特点，网络社会中的人际关系大大突破了现实生活中人的社会阶层、地位、职业、性别等差异，交流时可以不为言词的不妥而负责或感到难为情。

在网上还可以隐蔽真相和真心，可与他人自由平等地交谈各种话题，还可以体会一呼百应的成就感。于是一些学生便青睐网上交往这种匿名、隐匿性别和身份的形式，常上网向网友发泄自己的不良情绪，排解忧虑，讲自己的“心情故事”，与陌生伙伴侃侃而谈，这时他们觉得心情得到一定的放松，从网友那里得到了一定的心理支持。可当他们从热烈火爆的网上交往气氛中退下来、回到平静单调的现实生活时，发现自己面对的依然是深深的孤独。

因为，网络交际与现实生活中人际交往的方式不同，网络的人际交往是通过人机对话来实现的，与现实生活中的人际交往相比，它掩盖了许多非语言符号等丰富的内容，存在情感深层交流不足的缺陷。人与人之间的交往 80% 的信息通过非语言方式（身体语言）如眼神、姿势、手势、表情等传达的，只有善于解释这些身体语言才能了解对方的心思，交流才能顺畅进行。而对于试图借助网络排解自身孤独的大学生来说，网络能给予他们的只能是冷冰冰的键盘、鼠标和显示器。所以，通过网络排解孤独抑郁，无异于“隔靴搔痒”。

心海链接

走出网络孤独，融入现实世界

1. 积极参加集体活动：参加学生社团或心理成长团体，参与学校班级组织的各项活动，广交现实中的朋友，减少对网络群体的依赖。从现实生活中体验到愉悦感使生活变得充实、有趣、有意义，从而降低从网络环境中寻求满足的内驱力，避免空虚寂寞。

2. 增进现实交流，提高人际交往能力：每天抽出一定的时间与同学进行现实交流，内容要聚焦于有意义或大家感兴趣的话题，可以讨论学习、畅谈理想、规划未来，积极体验交流心得，不断提高人际交往技能，获得现实归属感与满足感。

3、培养多种兴趣爱好：兴趣是与人积极愉快的情绪相联系的心理倾向，使我们轻松、快乐，并自愿参与其中。

4. 加强体育锻炼：加强体育锻炼，如快步走、慢跑、爬山、游泳等，这些有氧运动有助于健体强心，可以宣泄情绪、放松身心、激发自信、增强意志。

（四）网络欺诈与犯罪

由于网络的隐匿性以及个人自我角色混乱、自我膨胀无度，一些人认为，在网络世界里不需要对自己的行为负责，将自我凌驾于法律之上，无视道德的存在，不忌伤害别人，甚至违法犯罪。大学生网络犯罪主要表现有以下几种类型：

1. 破坏或非法侵入网络信息系统

具体包括未经授权对计算机数据进行增减、篡改和修改；攻击计算机网络，包括利用短时间内发送大量的电子邮件，致使网络系统不能正常工作甚至是瘫痪。

2. 制作和传播计算机病毒

部分大学生观念幼稚，具有极强的表现欲望，在这种心理的支配下，有些大学生利用计算机编程程序进行计算机病毒的编制，或者故意将计算机病毒等恶意破坏性软件或者数据文件进行销售或者传播，致使短时间内计算机病毒的蔓延，这种网络犯罪对计算机网络系统所造成的危害性极大。

3. 非法获得钱财

通过各种手段获取他人银行账号和密码，获取钱财；或者对目前很多软件以及网络游戏中账户以及虚拟财产进行窃取。这里所说的账户和虚拟财产包括腾讯、MSN 等软件中的虚拟货币、网络游戏中的账户、虚拟货币以及其他的电子货币，这些虚拟货币虽然只能在网络上使用，但是依旧属于公民的私有财产，对这些虚拟货币进行窃取，依旧属于犯罪行为。

4. 网络色情犯罪

指利用网络传播或制造色情信息。由于很多大学生社会阅历浅，对各种信息的分辨能力较差，对于一些带有诱惑性的反动信息或者是色情信息，很容易就会被吸引进去，甚至进行主动传播或者制作。

心海导航

大学生网络犯罪的防范

1. 学校方面

第一，学校应加强思想政治教育、网络道德教育和法律教育，使学生知法、懂法、守法，树立责任意识，学会合理利用网络，从根本上减少网络犯罪行为。

第二，促进大学生融入学校生活，引导大学生建立健康积极的人际关系。大学生违法犯罪行为的出现实际上是情绪发泄的一种极端表现，是不适应学校生活的心理表现。通过改善周围的环境可以有效防止和遏制违法犯罪行为。

第三，加强对高校网络的监管。采取各种有效措施，对校园网进行规范，对校园网中的不良信息进行堵截和删除，并且建立其网络预警系统，对大学生上网行为进行有效的管理和监督。同时，对不良的网络行为进行警告。

2. 社会方面

第一，完善网络犯罪的立法。只有从法律上明确了网络犯罪的性质，明确哪些行为属于网络犯罪并应该给予什么样的处罚，才能够对大学生的心理形成强制。

第二，树立网络道德风尚，指引大学生心理健康发展。即使是在网络时代和虚拟社会中，社会也有责任弘扬优良的文化传统，宣传正确的意识形态，树立良好的道德风尚，指引大学生在面对各种冲突时选择正确的方向，形成全社会对网络犯罪的道德批判。

第三，净化网络环境，抵御网络犯罪行为。政府应通过技术手段，加强对网络的建设和管理，阻止和防范大学生网络犯罪行为。

第四，健全网络安全体系，提高犯罪侦查技术，增加犯罪心理恐惧感。不仅国家应当加强管理力度，普通用户也应加强自我保护。此外，还需要尽快提高网络犯罪的侦查技术。一旦网络犯罪的破案率提高，必然会对潜在的网络犯罪人造成心理压力。

二、大学生网络心理问题成因

引起大学生网络心理与行为问题的因素是非常复杂的，既有客观因素，也有主观因素；既与网络的特性对大学生的影响有关，又与大学生自身的心理特征相联系。

（一）个人原因

高校学生正处于趋向成熟的年龄，是一个希望与困惑同在、成熟与单纯交织、智慧与幼稚混合的年龄，他们有着丰富的网络知识，愿意接受新鲜事物，学习能力强，喜欢探索。但是，由于缺乏一定的引导和教育，一些心理承受能力低、性格内向、交往能力欠缺的学生，在面对现实中的困扰后，容易采取逃避、退缩的态度，过分迷恋网上交友，形成“网络孤独症”；而意志薄弱、自我控制能力不强的人，则容易浏览不健康网站，导致“网络成瘾综合征”或“网络性爱痴迷症”；甚至有的大学生道德意识薄弱，为满足一己私欲，私自篡改他人主页，盗取他人账号，做出网络犯罪行为。

（二）家庭原因

在应试教育下，有的家长一味追求学生的学业成绩，忽视孩子的情感、心理等需求，对网络严格控制，而没有合理疏导，导致孩子没有形成对网络的正确认识。也有的家长由于条件不允许，缺乏对孩子的监管，使孩子把网络作为寻求心理慰藉和情绪发泄的“快乐世界”。有部分大学生在入学前就有不同程度的网瘾，甚至出现翘课现象，这成为学校教育十分棘手的问题。

（三）学校原因

大学时期学习模式的改变，是导致网络行为、心理问题出现的又一重要原因。相比于中学时期的强制、有明确指导性的学习模式，大学时期的学习方法和生活环境发生较大变化，大学的日常生活完全需要自理，生活与学习的独立性与心智的不成熟和不稳定性必然会对大学生提出严峻的考验与挑战，从而给部分缺乏自我约束力的学生提供了上网的便利条件，形成了对网络的依赖，直至网络成瘾而不能自制。

因此，网络不良行为的治理还较为困难。学生对此要有清醒的认识，要自觉提高思想觉悟，增强自我约束力，并配合学校探讨治理良方，共同创造良好的育人环境。

（四）社会原因

由于网络的无国界、无地域性，网络已成为真正意义上的全球性虚拟社会系统。面临这个全球性的社会问题，世界各国目前都还缺乏真正有效的运行和控制手段，文化和法律的差异也导致网络偏差行为难以掌控。加上不法商贩受利益驱动，鼓动、诱惑青年学生在色情、暴力、迷信等网站驻留，使学生由“网虫”变成“盲虫”甚至“害虫”，造成难以挽回的损失。当前，如何营造风清气正的社会网络环境任重道远。

心海探索

克服网瘾训练

过程：

（一）DIY 防沉迷系统

请同学们组织开展一次具有规模的问卷调查，掌握当前青少年学生网络使用的基本形势，统计数据，总结情况，得出结论，进而有针对性地制订自己的防沉迷计划。调查对象的范围要广，采取抽样的概率计算方式，节省成本。调查统计内容可参考下列表格。

网络性别分布表		
受访人员性别分布	男性	女性
占受访人数的百分比		

网络学历分布表					
受访人员学历分布	中学以下	中学	高职高专	大学本科	研究生
占受访人数的百分比					

网络年龄分布表				
受访人员年龄分布	15 岁以下	15 ~ 18 岁	18 ~ 25 岁	25 岁以上
占受访人数的百分比				

网络时间分布表					
平均每天上网时间	1 小时以下	1 ~ 2 小时	3 ~ 4 小时	5 ~ 6 小时	6 小时以上
占受访人数的百分比					

网龄分布表					
网　龄	1 年以内	1 ~ 2 年	3 ~ 4 年	5 ~ 6 年	6 年以上
占受访人数的百分比					

上网场所分布表					
场　所	家里	寝室	教室	公共场所	其他
占受访人数的百分比					

上网目的分布表					
目的	搜索引擎	收发邮件	即时通讯	网上游戏	网上招聘
占受访人数的百分比					
目的	网上购物	网络聊天室	网上教育	电子杂志	网上校友录
占受访人数的百分比					
目的	博客（Blog，网络日志）	论坛 /BBS/ 讨论组等	个人主页空间	征婚、交友、社区俱乐部	短信息 / 彩信服务
占受访人数的百分比					
目的	在线音乐收听及下载（在线广播）	在线影视收看及下载（在线电视）	网上预订（酒店、票务、挂号等）	金融（包括银行、网上炒股）	网上销售（包括网上推广、网上拍卖）
占受访人数的百分比					
目的	网络电话（包括网上 IP 电话、PC to Phone)	电子政务（网上投诉、网上审批、网上监督等）	文件上传下载（不包含音乐、影视下载）	获取信息（产品服务查询、工作信息查询、医疗健康服务查询、政府信息查询等）	其他
占受访人数的百分比					

主要网络活动分布表					
主要活动	浏览新闻	搜索信息	聊天讨论	游戏娱乐	收发电子邮件
所用时间					

通过以上的调查统计，同学们已经了解了当前青少年学生网络世界的基本概况，可以以此为参照系，区分合理与不合理的成分，客观科学地分析形势，为自己制订一个简易的、便于操作的防沉迷系统。

我的上网计划			
每周上网的时间		每天上网的时间	
上网的主要活动			
上网的主要目的			
如果上网超时，我将怎么办			
如果在既定上网时间之外还想上网，我将怎么办			
我会进行哪些非网络活动项目			

（二）告别“瘾君子”

沉迷网络是现在诸多青少年学生存在的问题，在一定意义上，网瘾严重而不能自拔的人也可以称作“瘾君子”。由于缺少目标和规划，自由时间过多，大部分学生处于迷茫和困惑的阶段，网络就成为他们打发无聊时间的方式，游戏成为他们获取成就感的途径。由此，网络成瘾毁了一些学生的美好未来。

网络成瘾是指个体反复过度使用网络导致的一种精神行为障碍，表现为对网络的再度使用产生强烈欲望，停止或减少网络使用时出现戒断反应，同时可伴有精神及躯体症状。网络成瘾者总是长期反复使用网络，其目的并不是学习和工作。他们对网络的使用有强烈的渴望或冲动感；减少或停止上网时会出现周身不适、烦躁、易激怒、注意力不集中、睡眠障碍等戒断反应；他们会为达到满足感而不断增加使用网络的时间和投入的程度；他们很难控制使用网络的时间，即使知道网络使用的危害性后果，仍难以停止；他们会因使用网络而减少或放弃其他兴趣、娱乐或社交活动；他们将使用网络作为一种逃避问题或缓解不良情绪的途径。

让我们告别“瘾君子”，做回曾经的那个阳光健康的自我吧！

1. 励志“一言堂”：请找出一句能够砥砺自我意志的格言、谚语作为座右铭，如毕达格拉斯的“不能制约你自己的人，不能称之为自由的人”。时时用座右铭来激励自己、鞭策自己，战胜沉迷于网络的“魔障”。

2. 恶果“拼盘”：搜集近年来青少年学生因网瘾而导致的负面事件，比如烟台某高校的一名学生沉迷网络游戏而长时间一动不动地待在电脑前，导致整个人精神萎靡，身体十分消瘦，被迫休学回家，不久猝死在家中。同学们尝试着搜集相关资料，并进行分类整理，制作成表格，以此分析网瘾的危害。此外，在完成表格后，把你搜集的案例讲给同学、老师听，共同谈谈网瘾的危害性。再对每个案例进行分析，想想有什么办法可以避免此类事件的发生，把你的想法写成书面材料发布在微博 / 微信朋友圈上。

表格可参考以下两种形式：

时间	地点	事件概况描述	评论

网瘾的危害	案例搜集			
	时间	地点	人物	事件过程
影响学习				
影响身体健康				
影响意志品质				
影响人际关系				
影响注意力等基本能力				
对道德感的影响				
导致行为失范				

3. 对号入座：请同学们按照网络成瘾分类，查找自己是否存在某种类型的成瘾特征。如果有，要立刻保持警惕，着手实施调整和治疗。在查找完之后，再填写下表，从日常现实活动中找出几种替代项目，来替换网络成瘾的项目，使“瘾”欲通过代偿活动得到满足或释放。

网瘾项目	自选替代项目
网络游戏	
网络聊天	
网络交友	

搜集信息	
网络购物	
微博、论坛	
观看色情、暴力内容	
网上赌博	

4. 心动不如行动：同学们要戒除网瘾，不能单纯停留于网络，而要学会采取多种辅助手段。通过网络活动本身的调整与其他多种丰富活动的补充，综合协调，共同把网瘾根治。

（1）源头“防瘾”：选择健康的网络环境。事物变化是由内外因共同作用的结果，网瘾也不例外，选择健康的网络环境有助于防范网瘾于未然。

具体措施：

（2）有的放矢：上网之前定目标。每次上网前，请列出你的上网目标，并将之按重要性给予紧迫性排序。要完成的具体任务列在纸上需要花几分钟，但这几分钟可为我们节省许多时间，有助于养成良好的网络习惯。

具体措施：

（3）计时开始：上网之前限时间。上网前，仔细观察列出的任务清单，粗略估计在网上操作所用的时间，有效控制任务进度。如果我们大约需1小时，就在半小时后用不同的方法提醒自己。

具体措施：

（4）走回现实：积极参与实践活动，不仅体现自身能力，还能锻炼自己，一举两得，两全其美。

具体措施：

（5）“新欢”代“旧爱”：寻求替代爱好。兴趣是最好的老师，它带有明显的倾向性，吸引着我们的目光，引导着我们的行动寻找新鲜、有趣、快乐的现实体验来取代网络虚拟的刺激，挖掘自我优势，找准自身的亮点，打造理想自我，驱除网络诱惑。

具体措施：

第三节 大学生网络健康与网络文明

过度使用网络导致高校学生网络成瘾的现象日益严峻，已有研究表明，网络成瘾不仅会降低青少年学业成绩、睡眠质量，增加抑郁、焦虑等情绪困扰及孤独感并导致人际交往受阻，还会导致吸烟、酗酒、攻击等不适应性行为，甚至增加自杀风险。

网络应用不当虽然会给大学生的成长与发展带来很大的问题与障碍，但网络不是洪水猛兽，网络的问题需要合理分析，宜疏不宜堵。大学生是时代的弄潮儿，需要充分认识这些问题，学会合理运用网络，做网络的文明使者。

一、加强自我管理，合理规划上网

网络是一把双刃剑。作为网络主体的大学生，如何有效地利用网络，尽量地避免其危害，应该如何加强自我管理？特别是遇到网络问题时应该如何应对？

（一）学会合理规划网络时间

网络虽然已经是我们现代社会获取信息不可缺少的手段与途径。但目前网络学习并不能代替现实中的学习与实践，网络学习的片断性和真伪混杂性并不能代替日常的系统性。因此，大学生应加强时间管理能力，能够合理地规划和利用自己的时间。利用网络的时间应该是在每天正常上课与学习之外的时间，用在网络上的学习、娱乐的时间应该张弛有度，不能以牺牲其他日常行为活动为代价。只有懂得合理规划和有效利用，网络对于大学生的生活和学习才能够利大于弊，真正起到促进大学生发展与成长的作用。

（二）学会高效获取网络信息

在计算机和互联网技术日益成熟的今日，人们在网络信息资源的利用方面，正在向着途径多样性、内容丰富性和应用广泛性等方面全面发展，而低成本的信息发布模式和身份鉴别的缺失导致了信息的良莠不齐，因此，学生必须充分发挥理性的主观能动作用，对所接触的信息进行批判分析，并将其纳入自己的思想体系当中，在这个过程中，深入的独立思考是最有价值的工具。同时，获取信息的技巧也是需要下大功夫的。

（三）认识网络信息组织的局限性

超级链接是网络信息浏览的基础，它将所有的信息组织成一张巨大的信息网络，带来了在信息间跳转的自由度；但与此同时，它和知识吸收的快餐化趋势共同导致了知识的碎片化，造成了许多同学看上去知识很丰富，却缺乏将知识统合在一起的能力，或者说，知识缺乏体系性。赫拉克利特也曾说：“他们看见了，但他们不明白。”必须意识到一点：知识背后的“灵魂”难以形式化，更难以用网络的形式进行传播。

坦诚地说，要求大学生学会“健康地”使用网络并不是一种恰当的提法。因为网络技术还在日新月异地发展，新的技术手段正不断拓展使用网络的可能形式。与此同时，人的需要的满足方式也在新的网络条件下被找寻出来。正如台式电脑时代的网络使用方式不同于平板移动时代，5G 时代的人际交流不同于电子部件时代，事实上，并没有一个恒定不变的“健康的”的上网方式。所以，适合自己当前的现状，能帮助自己达到人生目标，获取生命意义的网络使用方式就是“健康的”的网络使用方式。

二、健康利用网络，防治网络成瘾

（一）预防网络成瘾的方法

网络的世界性发展已经势不可挡，而且已在全世界范围内成为一种新世纪的生活方式。正大踏步跨入信息新时代的大学生应该十分认真地思考一下如何安排自己的网络使用时间。如果你觉得网络吸引力太大，自己抵抗力太小，那么以下的五条具体建议可以帮助你预防网络成瘾。

1. 端正认知

不要把上网作为逃避现实生活问题或者消极情绪的工具。借“网”消愁愁更愁，当你N小时后下网的时候，问题仍然在那儿，“逃得过初一，逃不过十五”。

更重要的是，你的上网行为在你不知不觉中已经得到了强化，不需要几次，用网络来逃避现实的大学生就会像巴甫洛夫的狗一样，依靠条件反射记住铃声会带来食物，记住上网能带来忘忧。许多大学生一旦手机离手，就会变得焦躁不安，打开游戏画面，就会兴奋不已。网络成瘾也会这样一步步向你靠近。要知道，网络只是人生的组成部分，是一种补充。利用网络沉溺来逃避现实问题，是本末倒置，玩物丧志。

2. 丰富自己的业余生活

除了按部就班地上课、自习之外，一定要多参与运动或娱乐，要么打打球、要么跑跑步、要么到郊外游玩，或与同学多交流与沟通。目的是避免陷入“非上网不可”的怪圈、陷入“除了上网，没有其他娱乐活动可做”的泥潭。因此，在大学期间，大学生在学好专业知识的同时，多培养自己的兴趣爱好，丰富自己的业余生活，多交良师益友，这是一件非常有价值和意义的事情。

3. 上网之前先定目标

每次花两分钟时间想一想你要上网干什么，把具体要完成的任务列在纸上。不要认为这个2分钟是多余的，它可以为你省10个2分钟，甚至100个2分钟。而且使用网络要扬长避短，尽量避免其负面效应，特别是不要沉溺于网上娱乐或游戏，尽量拒绝接触网上的色情和暴力内容。

把闹钟定40分钟，到时间看看你的进展如何，及时调整自己的计划和速度，告诉自己，一定要在规定的时间内完成，准时下网。学会管理时间，不仅对预防网络成瘾有巨大的帮助，而且对大学生的学习与将来的发展也有积极的意义。

4. 加强合理饮食与体育锻炼

在日常的学习生活中，要注意多吃胡萝卜、鸡蛋、瘦肉、水果等富含维生素A和蛋白质的食物，每天都要留出运动的时间。运动不仅可以锻炼身体，而且可以磨炼人的意志，对情绪的调控也具有良好的作用。运动可以让人变得更加具有活力，用积极的人生态度应对学习、生活中的各种问题。

心海导航

什么是“人肉搜索”？

“人肉搜索”是利用人工参与，通过其他人来搜索自己搜不到的东西，更加强调搜索过程的交流和互动。“人肉搜索”最初发源于“猫扑网”，当某人需要解决一个问题，就在猫扑发帖并许诺一定数量的虚拟货币“Mp”作为酬谢。很快，有人看到这个帖子后，就会去用搜索引擎来寻找问题的答案，然后争先恐后地把找到的答案回在帖子里面“邀功”。最后，提问题的人得到了答案，回帖者得到了Mp。这也就形成了所谓的“人肉搜索”引擎的机制。这种信息搜索方式，一方面弥补了原有的单向性搜索方式的缺陷，体现了集体智慧的力量；另一方面也出现了借助这种搜索方式窥探、泄露他人隐私的过激现象，成为网络暴力的一种表现形式。

（二）治疗网络成瘾的方法

如果很不幸，你已经患有网络成瘾，怎么办呢？除了借助一些外在的监督提醒、心理辅导等方法外，主要还是需要加强自我管理。

1. 制定一份行为契约

行为目标包括在规定的时间范围内所要达到的程度、标准以及相应的强化。例如，平时按时上课、上自习，周末合理使用网络游戏时间；若违反，就不得接触网络。

2. 合理安排时间

首先，从不准逃课开始，也许上课效率不高，但首先要保证自己按时坐在教室里。其次，课余时间要积极参加其他社团活动，多与人交往，加强沟通能力。

3. 获取社会支持

接受生活中亲人、同学、朋友等的监督。例如，一方面和寝室的同学约定每天晚上7：00上图书馆自习，另一方面远离仍然沉迷于网络的同学与朋友。

4. 学会自我暗示和鼓励

可以通过自我暗示来影响自己的行为。一旦有想玩电脑的念头时，反复自我暗示：“不行！绝对不行！我不该玩电脑！我的任务是学习！”每当成功抵御了一次网络的诱惑后，马上进行积极的自我鼓励：“今天不错，坚持就是胜利！”

5. 适当安排奖励和惩罚

若完美地完成戒网计划，奖励自己一顿美餐或选购一件自己喜欢的东西；如果没有完成，可以增加体育锻炼的量或推迟一个本来要满足的愿望作为惩罚。可请同学、朋友或家长监督，保证奖惩实施。

三、预防网络道德失范，践行网络文明使者

网络文明是以网络为基本空间，以优良的精神风貌、价值观念、道德行为、人际关系和文化氛围等为基本内容所呈现出的一种新型文明。那么，如何预防网络道德失范，做到文明上网呢？

（一）加强网络法制建设与监管力度，创建文明的网络环境

由于网络信息传播具有随意性、虚幻性、匿名性、扩大性等特点，要想建设文明的网络环

心海导航

网络道德基本规范

网络道德有其自身的标准行为规范，这些规范对于纠正网络行为，树立正确的网络理念有着重要的意义，希望大学生能够遵照执行。

1. 不利用网络去伤害他人。
2. 不做出浪费网络资源的行为。
3. 不窥探别人的文件。
4. 不利用网络进行偷窃。
5. 不利用网络做伪证。
6. 不使用或拷贝未购买的软件。
7. 不沉迷于网络游戏等网络成瘾行为。
8. 不盗用别人的智力成果。
9. 应慎重考虑你所编的程序的社会后果。
10. 应该以深思熟虑和谨慎的方式来使用计算机。
11. 在网络上要诚实可靠。
12. 禁止未经许可通过任何手段获取他人的资料。
13. 在网络上要尊重他人的版权和专利。
14. 在网络上要尊重知识产权。
15. 尊重他人的隐私权，不应散布他人的个人隐私资料。
16. 不应恶意攻击任何网站的服务器。
17. 不能在网上传播任何病毒。
18. 不干扰别人的计算机工作。
19. 在网络上不应有歧视别人的言行。
20. 不浏览不利于身心健康的不良网站。
21. 不做出对他人有任何伤害的欺诈行为。
22. 不在网上对他人进行人身攻击，不制造和散布任何不良言论。
23. 不应未经许可而使用别人的计算机资源。

境，必须有健全的法律、法规和监管制度作为保障，随着网络的不断发展，我国也相继出台了许多网络管理的相关法律法规，从网站建设管理、网络文化管理、网络信息传播管理到信息安全管理等。当代大学生在学习运用网络的同时，应该学习网络应用相关的法律知识，增强网络法律意识，提高抵御网络犯罪的能力，自觉维护良好的网络环境。

（二）加强网络道德素养，提高网络道德水平

大学生求知欲强，渴望从各种渠道了解社会，最真实、最全面地进入他们渴望已久的成人世界，而网络信息的丰富性、多元性恰好满足了他们这种独自获取知识信息的心理需求。而一些长期在父母小心“呵护”下成长的学生，通过互联网完全“摆脱”现实生活中道德舆论的束缚，摆脱“好孩子”的名誉所带来的压抑，使其本身中“恶”的一面得以加倍释放。于是，平时怕说错话的内向学生，可以在网络中夸夸其谈，甚至现实中从不敢出口的污言秽语也可以在网络中肆无忌惮地使用。更有甚者走上网络违法犯罪的道路。

因此，加强大学生的网络道德素养教育，提升他们的网络道德水平，有助于提高他们对网络行为的自我反思与约束，也有利于优秀网络文化的形成与传播。在日常的教育与引导过程中，要让大学生清楚，一个高素质的文明网民应具有公德心、自我约束力、明辨是非的能力。大学生要养成慎独的道德习惯和道德观念，养成高尚的“网德”，指导与监督自己的网络行为。

（三）宣扬积极网络文化，做网络文明的使者

大学生是社会文化的重要继承与传播者，是社会发展的巨大推动力量。大学时代不仅是学习专业知识、提高创造能力的时期，在不断学习、提升自身能力的同时，当代大学生更应该培养自身的社会责任感和社会奉献精神，培养自己高尚的道德情操，在运用网络的过程中，作为积极文化的传播者，形成文明上网、文明建网、传播文明网络信息的习惯与自动化行为，成为一名文明的网络文化传播与继承者。

参考文献

[1] 纪文博，陶然 . 儿童和青少年网络成瘾现状及影响 [J]. 中国实用儿科杂志，2014，29（07）：501-505.
[2] 连榕，张本钰 . 大学生心理健康 [M]. 北京：北京师范大学出版社，2016.
[3] 马中宝，李春青 . 大学生心理健康教程 [M]. 北京：清华大学出版社，2018.
[4] 邱美玲，柯晓扬 . 大学生心理健康教育 [M]. 南京：江苏教育出版社，2012.
[5] 张海鹰 . 大学生心理健康教育 [M]. 北京：人民邮电出版社，2019.
[6] 中国互联网络中心 . 2015 年中国青少年上网行为研究报告 [R/OL].（2016-08-13）[2022-07-28]. http://www.cac.gov.cn/2016-08/13/c_1121534382.htm.

（吴先良）

第十三章　依恋概述

依恋是个体在其生命早期与重要他人之间形成的亲密的情感联结,深刻影响着个体的自尊、人际关系、情绪调节。本章介绍了依恋相关理论、依恋类型及判断，依恋与自尊、人际关系及情绪调节的关系，依恋对个体亲密关系、代际传递等的影响。

第一节　依恋理论

一、依恋理论概述

根据依恋理论之父约翰·鲍尔比（John Bowlby）的说法，在这个世界上，我们的生命从摇篮到坟墓，都围绕着各种亲密的依恋展开。所谓的依恋，是指在成长过程中，婴儿通过与其主要的照顾者之间的互动，形成的特殊的情感关系。婴幼儿逐渐依恋很多人，包括他们的父亲、祖父母等主要照顾者、哥哥姐姐，或者其他人。然而，对于婴儿来说，第一个重要的依恋关系通常产生于她 / 他和母亲之间，因为在大多数文化中，母亲都是主要照顾者，尤其在生命的最初几年。

不同于大众观点，婴儿对母亲的依恋并不是从出生起就即刻发生的。一开始，婴儿并没有表现出对妈妈的特别偏好，婴儿是渐渐地在与妈妈的互动中产生情感的联系。到 6~8 个月时，婴儿开始对妈妈的陪伴表现出强烈的偏好，而且在妈妈离开时表示抗议。这是分离焦虑的体现，提示母婴之间已经建立了依恋关系，分离使他们感觉到情绪上的不安。分离焦虑在大约 14~18 个月时最为强烈，然后又逐渐开始减弱。

为什么婴儿逐渐发展出对母亲的特定依恋呢？目前的观点认为，由于人类进化出了超大的大脑，所以每个人在出生时都是“早产儿”。人类婴儿在出生之后很长时间内，都是十分弱小的，本能地需要与其照顾者保持身体的亲近，婴儿喜欢接近其依恋对象（通常是母亲），向依恋对象哭泣、微笑、黏附、呼唤，还会主动爬向他们，这是他们与生俱来的技能。另外，婴儿也会将依恋对象作为“安全港”，总是要回到母亲身边待上片刻，“加加油”，然后再开始下一轮探索活动。在婴儿面对危险情境和受到惊吓时，会逃向作为“安全港”的依恋对象，以确保安全，获得安全感。

婴儿本能地与照顾者保持身体的亲近，这不仅是为了促进、维持情绪上的安全，更重要的是确保婴儿能够存活下来。婴儿在身体照护及情感安抚等方面，都需要仰赖成年人的照顾，这种基本的生存需要就是依恋的需要。根据鲍尔比的观点，依恋需要是基本的、天生的、与进化有关的需要，如同对食物和性的需要一样，根植于人类的生物性。依恋需要在人的整个生命历程中都会持续存在，是健康的象征而不是病理性依赖的发展。对亲近、安全感、舒适感和关心的需要，是成年人的依恋需要，成年人需要与特定的他人形成亲密关系，并在这样的关系中持续满足这些需要。

心海导航

《祖国 · 母亲》

王新良

睁开眼啼哭
亦或，闭着眼微笑
都是因为那一束光能投进现实
然后照亮心灵
几千年里那个平凡而又伟大的词汇
总能给人以温暖和希望
母乳源于滚滚江河
那轻抚的手是河边的柳枝
江畔的稻花
那稚嫩的面孔
在臂弯环成的小船里
醒了睡，睡了醒
摇摇晃晃的梦里
没有激流险滩的颠簸
只有一个值得信赖和依靠的怀抱
那一束光
是太阳照亮葵花的笑脸
是春风摇曳乳燕的呢喃
纵使没有语言的哼唱
简单的旋律也闪着爱的光
仓颉造就的文字
在甲骨上皴裂如符咒
在钟鼎上弯曲如蚯蚓
在石鼓上镂刻如蝌蚪
在锦帛上游走如龙凤
在纸笺上端庄如日月
从甲骨钟鼎到篆隶行楷
千年文明衍化沉淀的精华
不过是
从乳牙缝隙里的含糊不清
到眼含热泪脆生生喊出的那个名字
这个名字如一道光
镀亮山川河流
融入民族血脉
在每一个十月来临时
喷薄成漫天飞扬的旗帜和赞歌

来源：王新良.祖国 · 母亲[N]中国青年报，2019-07-04（04）.

二、依恋的类型

鲍尔比的同事玛丽 · 安因斯沃斯（Mary Ainsworth）设计了“陌生情境实验”，来研究年幼婴幼儿的依恋类型。在这个精心安排的实验室程序中，婴儿需要面对多次分离和团聚的一系列情境。比如，婴儿在家长在场的情况下玩玩具，然后一个陌生人进入房间，之后家长离开，再回来，再离开，再回来。研究者会仔细监控婴儿对于家长离开与归来的反应，以评价依恋质量。

安因斯沃斯发现 3 种依恋类型：安全型依恋、焦虑 – 矛盾型依恋、回避型依恋。

大多数婴儿表现为安全型。婴儿会把他们的母亲当作一个安全基地，他们敢于离开这个安全基地去探索世界，当妈妈在场时，他们安心地玩耍；当妈妈离开时，他们变得明显的不安；当妈妈回来后，他们很快就平静下来。安全型的婴儿显示出灵活的能力，既能自由探索，又能被联结所安慰。安全型的婴儿一般比较快乐和自信。

有一些婴幼儿则表现出一种焦虑 – 矛盾型依恋模式。即便妈妈就在身旁，他们仍显得焦虑；

当妈妈离开时，他们过度反抗，妈妈的回归也不能使他们特别安心，别的大人更不易让这些婴儿安静下来。他们还害怕陌生环境。这部分婴儿看上去已经完全放弃了探索，而宁愿选择联结，因为他们不仅一直忧心忡忡地关注妈妈在哪里，而当与妈妈重聚时，他们会表现得难以接受妈妈的安慰，或者很愤怒，或者很被动，这些婴儿被称为矛盾型或抵抗型。

第三类被称为回避型依恋，他们很少寻求与妈妈的接触，看起来相当疏远、冷漠，当妈妈离开时他们也不感到难过。他们表面上看起来十分冷静，但实际上，在分离场景中，他们的心率加快，而且其皮质醇水平、身体分泌的主要压力荷尔蒙，都明显高于安全型婴儿。这部分婴儿看上去完全放弃了联结，宁愿选择探索。他们不仅在妈妈离开的整个过程中一直不停地探索，而且当与妈妈重聚时也选择回避她，继续自己的探索。

母亲的行为影响母婴之间究竟出现何种依恋类型。若母亲能敏锐、准确地解读孩子的需求，并及时做出情感回应，则婴儿可能是安全型的。若母亲有时能够回应婴儿的需求，有时又不能，也就是说她的在场和回应是不可预期的，则婴儿会采取夸张的方式表达自己的需求，以获得母亲的关注和回应，这样的婴儿是焦虑－矛盾型的。若母亲主动地拒绝婴儿联结的需求，则婴儿只能放弃联结的渴望，在痛苦的时候不再渴望通过他人的安抚而获得情绪的平衡，这样的婴儿可能是回避型的。

三、成人依恋类型的判断

首先尝试查明并测量三种成人依恋类型的是刊登在《洛基山新闻》上的一项调查。其中一个问题是要求答题者标明，以下三种描述中哪一种与自己的情况最接近：

——我很容易与人接近，信赖他们/让他们信赖我是件开心事。我不怎么担心被抛弃或害怕别人离我太近。

——与别人接近让我不安，因为我很难完全相信和依靠他们。有人对我太亲近时我会紧张，爱侣想让我更亲近一点我也有点不自在。

——我想让人亲近我，可别人不情愿。我常担心我的伴侣不是真的爱我或者想离我而去。我想和另一个人完全融为一体，可这个愿望有时会吓跑别人。

第一种情况描述的是安全型依恋的成人，第二种是回避型的成人，第三种是焦虑－矛盾型成人。尽管样本不一定具有科学性，但结果发现，答题者中56%属于安全型，25%属于回避型，19%属于焦虑－矛盾型，这与后来美国的全国大样本调查结果类似。

玛丽·梅因（Mary Main）认为个人的依恋工作模式会通过叙事、话语、想象及行为的特征模式流露出来，根据这些，她设计了成人依恋访谈，在研究中向成年人提出问题，让他们回想和反思他们和自己父母及主要照顾者的关系，包括对丧失、拒绝和分离的体验。该访谈已经被证明是评价成人期依恋的有效工具，就像陌生情境实验能够评价婴儿期依恋一样。

成人依恋关系分类独立于任何一种特定的关系，实际上反映的是被访谈者当前最主要的“在依恋方面的心理状态”。成人依恋关系访谈注重的不是被访谈者说出来的内容和字词，而是被访谈者在访谈过程中流露的情感和形式，因此，不能单纯靠访谈的内容结果来判断成人依恋关系的类型。

心海链接

成人依恋关系访谈提纲

1. 你在家里都有什么人与你一起住?

2. 当你还是孩子的时候，你和父母及主要照顾者的关系如何? 从你能记得的最早的时期开始，试着描述一下你与他们的关系。

3. 请用5个形容词或短语，来描述你童年时和父亲或母亲的关系，我会把它们写下来，然后，我会一个一个地问你，是什么样的记忆或体验让你选择它们。

4. 那时候，父母及主要照顾者中的哪一位让你觉得更亲近，为什么?

5. 童年时，当你感觉到痛苦，你会做什么? 然后会发生什么? 你能告诉我一些当你心情烦乱、身体受伤、生病时候的具体事件吗?

6. 你能形容一下你最早和父母及主要照顾者的分离吗?

7. 童年时，你觉得自己被拒绝过吗? 你当时做了什么，你觉得父母及主要照顾者在当时意识到他们拒绝了你吗?

8. 你的父母及主要照顾者威胁过你吗? 若有，是为了管教你，或只是在开玩笑?

9. 你认为总体上，你早期的经历怎样影响了你成年后的性格? 你觉得它们在哪些方面阻碍了你的发展?

10. 你觉得为什么在你童年的时候，你父母及主要照顾者会那样做?

11. 在你童年的时候，有没有其他成人和你很亲近，就像父母及主要照顾者一样?

12. 在你童年的时候，或者成年以后，你是否曾经丧失对自己来说特别亲密的人?

13. 在你的童年和成年以后，你和父母及主要照顾者的关系有没有发生很多变化?

14. 对你来说，目前你和父母及主要照顾者的关系怎样?

心海链接

不同依恋类型的典型模式

安全型依恋

母亲(或主要照顾者)温暖、稳定，能够敏锐地对孩子进行情感回应。婴儿哭泣时会迅速回应。婴儿将母亲当作安全基地，乐于对外界进行探索。在三类婴儿中安全型依恋的婴儿哭得最少，最能配合母亲，也最容易接受离开怀抱。在陌生情境实验中，安全型依恋的婴儿难过时积极寻找母亲，与母亲团聚时也与她保持身体接触，很容易被安抚下来。

到了6岁，安全型依恋的儿童和父母在一起时温暖又热情，乐于与父母进行有意义的交流，对和父母进行身体接触会感到舒适自在。

在学前阶段，安全型依恋的儿童容易交到朋友，在集体里受欢迎，面对压力时既灵活又有韧性，和小伙伴待在一起的时间较多，有健康的自尊心。在小学阶段，安全型依恋的儿童能与伙伴建立亲密的友谊，即使到了更大的集体里也能和原来的朋友保持着良好的关系。老师也能以温暖、实事求是、与孩子年龄相适应的方式对待他们。

对于安全型依恋的儿童而言，无论是正面或负面的感受和记忆都很容易体会和想起。能以平衡的视角看待父母。即使童年时曾有过不安全型依恋的历史，现在已经对伤痛和愤怒释怀。

安全型依恋的父母通常会养育出安全型依恋的孩子。

回避型依恋

母亲（或主要照顾者）往往在情感上疏远或排斥孩子，讨厌孩子“要求这要求那”，为孩子表现出独立的样子而感到高兴。

回避型依恋的婴儿接近一周岁时，几乎不再向母亲寻求身体接触，说不准什么时候就会对母亲生气，被母亲抱在身上时无动于衷，但被母亲放下时常常感到难过。在陌生情境实验中，回避型依恋的婴儿难过时会回避母亲，看起来对她毫不在意。

到了6岁，与父母的互动是生硬的、中性的、不热情的。不与父母进行温暖的身体接触。

在学前阶段，回避型儿童经常发怒，表现出攻击性，违抗他人，因而可能会被小伙伴孤立和讨厌。回避型依恋的儿童总是围着老师转，但痛苦时却会退缩。老师对回避型儿童则会逐渐变得控制欲强、容易生气。在小学阶段，回避型依恋的儿童没有亲密的朋友，或是与朋友的关系中带有强烈的独占性和嫉妒心，往往不能融入集体。

回避型依恋的儿童往往会成长为漠视型成人，认为爱和联结都无足轻重。他们往往将父母理想化，但真正的记忆却与之不符，即便有沉思自省，其程度也相当肤浅。

回避型依恋的父母通常会养育出回避型依恋的孩子。

焦虑－矛盾型依恋

母亲（或主要照顾者）常常喜怒无常或混乱无序。母亲（或主要照顾者）一般会关注孩子，但却很难跟孩子的情绪同步，对孩子的恐惧会给予最强烈的情感回应。

焦虑－矛盾型依恋的婴儿频繁哭泣，黏人，要求多，常常生气，会因为短暂的分离而难过，对和母亲之间的联系长期感到焦虑不安，很少对外界进行探索。在陌生情境实验中，分离结束后难以平静下来，会在同一时间里既发怒又寻求安抚。

到了6岁，焦虑－矛盾型依恋的儿童和父母在一起时依然会既寻求亲密感，又怀有敌意。他们会有意装出可爱的样子讨好父母，在与母亲分开时，可能会担心她。

在学前阶段，焦虑－矛盾型依恋的儿童烦躁不安，很容易因焦虑而崩溃。他们行为幼稚，过分依赖老师，并可能受到同伴欺凌。老师会逐渐变得放任他们，给他们找借口，把他们当作婴儿来溺爱。在小学阶段，焦虑－矛盾型依恋的儿童无法很好地适应于同伴和集体，进入更大的集体后则很难和原来的朋友保持良好的关系。

焦虑－矛盾型依恋的儿童成长为执着型成人，仍然陷在与父母有关的愤怒和伤痛里难以自拔，无法正视自己在关系中需要承担的责任，害怕被抛弃。

焦虑－矛盾型依恋的父母通常会养育出焦虑－矛盾型依恋的孩子。

心海探索

我心中的风景

过程：

1. 两人一组，关注自己的呼吸，安静地坐3~5分钟。

2. 在两人之中，一人提问，一人回答。问题如下：

（1）一般情况下，当你产生比较不舒服的情绪时，你会向谁倾诉？效果如何？

（2）如果不得不独自面对，你会做些什么来排解自身的情绪？

（3）你是否会尝试想象自己处在一个安全的环境？

（4）现在试着描述一下，在你的内心让你感觉安全又舒适的环境是什么样子的？请放慢速度，务必一边描述，一边想象。如果感觉够放松，你可以试着慢慢闭上眼睛。保持平静地呼吸。（负责提问的一人请放慢提问的语速）

（5）你想到了什么？

（6）你感受到什么？

（7）试着画出你内心的风景。

3. 保持15分钟后，交换角色。

4. 两人分享自己在探索内心的风景时的收获或困惑。

讨论：

分享自己内心的风景，谈谈探索过程中的想法、疑惑、感受和体会，以及对于自我的发现。

第二节 依恋与自我

一、依恋与自尊

人类婴儿是极具脆弱性和依赖性的生物。由于人类女性骨盆狭小，婴儿出生时还没有配备成熟、完备的神经系统，去应对出生之后来自身体的、情绪的以及来自子宫之外环境的各种挑战。为了生存，他们需要鲍尔比所说的“强壮而（或）智慧的”他人的保护。除了身体存活，婴儿还需要依恋对象来帮助他们形成并保持有关自我的稳定的自尊感，俗称自信心。

婴儿的绝对依赖意味着要适应依恋对象，除此之外别无他法。婴儿有着特异的力量和脆弱性，他们必须适应也必将适应。当然，对于足够好的依恋对象而言，他们会将心比心，反过来也去适应婴儿，实证研究发现，婴儿与照顾者之间的依恋关系是彼此共同创建的。安因斯沃斯的研究本质上记录了婴儿发展出来的各种适应策略，用来获得依恋对象的保护，这种保护是婴儿与依恋对象在相互亲近的过程中产生的。

婴儿对依恋对象的自动适应无疑是生存所必需的，也是一种本能。新生儿刚刚出生就具有脑干控制的各种反射，这些反射启动了依恋过程。另外，依恋更多的则是被安全感的需求所驱动的。

由于婴儿还没有能力产生自己的安全感，他需要依恋对象的帮助来应对自己的困难情绪。在这个互动过程中，婴幼儿发展出一贯的自我意识，并形成自尊调节能力。当婴儿从早期照顾者那里获得的是一致的鼓励和信任的体验，那么他们关于自我的这些信念就会得到强化：我可以安全地探索世界，我可以勇敢地迎接生活中的种种挑战，我是安全的、有能力的、重要的。而如果在这段时期，照顾者给婴幼儿留下的印象是行为不一致且不可预测的，这给婴幼儿留下了心理创伤，感觉自己被忽视或者导致情感退缩，他们往往缺少一种重要的自我意识，即：我在与世界的相互作用中，是安全的、有影响力的、重要的。

在这一时期，婴幼儿也开始形成对于自身天赋与局限的初步观念，这将进一步影响他们的自尊调节。父母及主要照顾者应恰当地给予孩子反馈，为孩子所能做到的事情感到激动，既不会过度夸张也不会不予重视。照顾者若是对婴幼儿的需求不敏感，没有给予相应的反应，或是缺少对他们的情绪反馈，就会使婴幼儿一次又一次地失望，在此后的生活中，他们往往会遇到更多自尊调节方面的极端问题。到了成年时，他们极度依赖别人的意见来显露他们的自尊，他们会常常徘徊于对自己能力的过度自信与根深蒂固的自卑感之间，他们没有办法依靠自己进行自我肯定和自尊调节。

二、依恋与人际关系

依恋理论认为，要理解成人的人际关系与浪漫行为，需要从很早的童年经历开始。也就是说，婴儿与其主要照顾者的依恋状况影响到孩子在成人后与重要他人建立有价值的依恋关系的能力。

我们与最早期的依恋对象之间的关系体验，形成了每个人内在的依恋的“工作模式”，形成一系列有关他人将如何对待我们的期望。鲍尔比这样解释：“一个不受欢迎的孩子不只觉得自己不受父母及主要照顾者欢迎，而且相信自己基本上不被任何人欢迎。相反，一个得到爱的孩子长大后不仅相信父母及主要照顾者爱他，而且相信别人也觉得他可爱。”如果在生命早期，我们有一个可获得的、有回应的依恋对象，我们更有可能在成年期也期望他人是可获得的、可预期的且有回应的。反过来说，如果我们在依恋需要上遭到拒绝或感到失望，我们就可能试图回避依恋，屏蔽依恋的需要，并努力完全依靠我们自己。如果，我们的依恋对象不可预测，有时候有回应，有时候很疏离，或如果我们的依恋对象要求我们反过来照顾她/他，我们也会变得对依恋感到焦虑，甚至可能被这种焦虑所缠绕，常常害怕被抛弃，总要寻找一个能帮助我们的人。

> **心海探索**
>
> **跟着感觉走**
>
> 过程：
>
> 1. 每位同学在班级内找到一位熟悉的伙伴作为自己的搭档，形成2人小组。
>
> 2. 请4~5组同学搭档上台，每组中一人戴上眼罩面对观众站立，另一人站在其身后，打乱顺序。
>
> 3. 面向观众的同学，可根据手的触感、搭档发出的声音等，猜测站在自己身后的是谁。
>
> 讨论：
>
> 1. 你对搭档有多熟悉，你对他的关注有多少？
>
> 2. 你会有意识地关注他人吗？为什么？

一旦和依恋对象建立起联结，婴幼儿便开始培育信任，信任开始于最初的二人关系中。婴儿的需求若是能得到主要照顾者及时、敏感、有效的回应，婴儿就能够逐渐发展基本的信任感，学会积极地预期他的生理和情感的需求，并可以依赖他人获得舒适与安全的环境。反之，若婴儿的需求无法得到满足，或经常性地体验到挫败，他则可能形成这样一种根深蒂固的观念：这个世界是不安全的，他人是不可信任的。缺乏信任，也就无从体验依赖和亲密感。

婴幼儿在关爱和具有一贯性的养育条件下，随着前额叶的成熟，他会开始在内心刻画对给予他帮助的主要照顾者的印象，认识到即使看不到主要照顾者，他们也没有消失，而是永久独立地存在着。这种能力称作客体恒常性。即便拥有了客体恒常性，婴幼儿对他人依然持有不成熟的观念，比如，他不一定明白，一个人是可以既有优点又有缺点的。如果他们感觉愉快，他们会认为对方是一个好的照顾者，如果他们心情不好，则认为对方是一个坏的照顾者。直到两三岁的时候，婴幼儿才会对主要照顾者形成稳定持久的印象，他们才能理解，人既有好的一面也有坏的一面，也就是拥有了客体恒常性，即便他们自己的需求没有满足，也能对客体保持这种稳定的印象。只有在与主要照顾者的互动中，积极经验占主导时，客体恒常性的能力才能得到发展，个体才能采用一种更加整合的方式看待他人，才具有对他者形成更细微、更立体的观点的能力。反之，如果婴幼儿被溺爱或者被忽视，就会为了维持对照顾者的积极情感而继续将好坏明确分离开来。

婴儿期的依恋关系体验，不仅是了解他人的时期，也是婴儿发展一贯的自我意识和形成自尊调节能力的关键时期。如果婴儿从主要照顾者那里体验到的是具有一致性的鼓励和信任，他们就会获得这样的信念：他们可以安全地探索世界，可以勇敢地迎接生活中的种种挑战。

心海导航

吴孟超：以心灵温暖心灵（节选）

“一个好医生应该眼里看的是病，心里想的是人”

2009年8月，一个晚期肝癌、肝硬化、肝腹水病人来看吴孟超的门诊。他告诉吴老说，之前已经辗转多家医院均被拒绝收治，“你这里是我的最后一站。”

面对心理负担沉重的患者，吴孟超拉着病人的手说：“生病不可怕，关键是要保持好心态。不用急，我给你开张住院证先住下来，咱们一起努力，争取让你早日康复。”

病人离开后，助手不解地问：“吴老，这个病人不能手术，用药等其他治疗手段也没有太大意义，咱们的病床又那么紧张，干嘛还把他收进来？”

“我也知道把他收进来做不了太多，可是他已经被多家医院拒之门外了，如果我们再不收他，他肯定会绝望，说不定会做出傻事来。”吴孟超看了一眼助手说，“我们既要看病，更要救人。”

安徽一位姓许的老年病人，身患肝癌已至晚期，因多方求医早已倾家荡产，为了不再拖累家人，他孤身外出并吩咐家人：“你们不必找我，我就是死，也要死在外边，不会再让你们遭穷。”后来，这位病人到了上海，在马路上遇到好心人，经指点来找吴孟超。吴孟超一边看病，一边与老人聊起了家常，并吩咐医生将病人收治住院。

第二天，吴孟超就赶到病房探视。老许微睁半醒半睡的双眼，看见一位身着白大褂，面容慈祥的老医生在自己的床边弯下身子柔声细语地问候，又蹲下来仔细察看导尿管，然后抚摸着他又黑又瘦又粗糙的双手。老人做梦也没有想到，这么细心为自己诊治病情的人，竟会是大名鼎鼎的肝胆外科专家吴孟超教授。吴老走后，邻床的病人告诉老许，刚才来的医生就是吴孟超。老许惶恐不安起来，连晚饭也吃不下了。吴孟超闻讯后再次来到病人床边，一边耐心细致劝说病人，一边拿起勺子给病人喂稀饭，二两稀饭足足吃了半小时。

后来老人的两个儿子闻讯赶到上海，闻听父亲的治疗情况，感动得热泪长流。

“为医之道，德为先。”吴孟超说，“从医这么多年，我时时记住老师裘法祖教授讲过的一句话——‘医术有高有低，医德最是要紧。’”

“医本仁术，医学是一门以心灵温暖心灵的科学。医生之于病人乃子女视于父母，其首要不在于手术做得如何流光溢彩，名响四方，而在于如何向病人奉献天使般的温情。”吴孟超常用这个道理教育自己的学生，要求他们以博大的心去爱护病人，传送爱心。

几十年来，冬天查房时，吴孟超总是先把手在口袋里捂热，然后再去接触病人的身体。每次为病人做完检查之后，他都顺手为他们拉好衣服、掖好被角，并弯腰把鞋子放在他们最容易穿上的地方。他还要求护士必须用松节油细心地擦掉病人换药后胶布在皮肤上留下的印痕，不许留下任何痕迹……而每年的年初一上午，吴老也总会来到病房，将新年的第一声祝福送给住院病人。“这对医生而言仅仅是举手之劳，却能带给病人很大的温暖。”吴孟超说。

“做医生在品格上至少要具备三种精神，也就是无欲无求的献身精神、治病救人的服务精神、求实求是的科学精神。”这是吴孟超教授发自内心的呼唤，也是他几十年从医做人的准则。

“跟病人握手是一种技巧，也是一门艺术”

美国医学人文学家刘易斯·托马斯曾这样说过：“触摸和谈话曾经是诊病的主要方式，现在完全被各种仪器取代了，唯有‘最好的医生’才会继续做着这两件事。”吴孟超便是这样一位医生。

凡是看过吴孟超门诊的病人，都会对他那特殊的打招呼方式留下深刻印象。看见病人坐下，他会笑呵呵地紧紧握住病人的双手，有时还拍拍病人的肩膀。外人乍一看，还以为他在接待一位多年不见的老朋友。

“哪里人呀？”“做什么的？”“家里几口人呀？”看病先看人，几句家常话聊下来，吴孟超才慢慢开始查看病人以前的检查报告。如果需要病人做进一步检查，他还会亲自为病人拉上屏风上的布帘，把双手搓热，轻轻摁住病人的腹部，轻声询问病人疼不疼。做完检查，他依然不会忘记弯腰把病人的鞋子摆到最适于病人下床的地方。然后，才一笔一笔地仔细开单子。如果需要做B超检查，他必定会亲自陪着病人到B超室。

对于这种特殊的打招呼方式，手术室护士长程月娥曾求教过吴孟超。“老爷子”告诉她，跟病人握手，用双手，是一种技巧，也是一门艺术，至少可以有三个作用：一是可以展示医生对病人的关心，让病人心里感到踏实；二是肝病患者一般都伴有一定程度低烧，双手一握，对病人的发烧程度，自己也能掌握个八九分；三是双手一握，顺势可以把手滑到病人的脉搏上，给病人切脉，有助于病情判断。

人物小传：吴孟超（1922年8月31日—2021年5月22日），福建闽清人，著名肝胆外科专家，中国科学院院士，中国肝脏外科的开拓者和主要创始人之一，被誉为“中国肝胆外科之父”。

《文汇报》记者 陈青
来源：中国科学网．【文汇报】吴孟超：以心灵温暖心灵 [N/OL].（2011-04-26）[2022-07-28]. https://www.cas.cn/zt/rwzt/wumengchao/mtbd/201106/t20110610_3285312.html.

心海探索

我的默片

过程：

1. 每4位同学组成一组。

2. 每人安静地回忆自己生命中对自己影响很深、很大的一个人。试着去回忆自己和这个人之间发生的、留在你记忆深处的一个故事。慢慢地回味、丰富这个故事的场景，以及你所能回想起来的细节。

3. 在小组中，按照指定的顺序（可以事先约定1~4号），轮流做主角。

4. 作为主角的个体，既是“默片”的主角又是默片的导演，需要在表演时比较快速地介绍故事的场景，指定其余3位“演员”按自己的要求参与故事的演出（既可以沉默地表演，也可以使用台词）。

5. 每组4人共同参与彼此的“默片”演出。

讨论：

1. “我的默片”的故事梗概（可以在班级全体同学面前进行表演）。

2. 在表演前后，我的感受是否发生变化？如果有，是什么样的变化？

3. 我对于我的故事（即我生命中的重要他人对我的影响）有什么样的想法。经过表演后，我的想法有没有发生变化？

三、依恋与情绪调节

虽然婴儿从出生起就在体验情绪，但他们不知道这些情绪是什么，又该如何调节。通过与主要照顾者的互动，他才明白这些问题。婴儿通过非言语的交流传达着想要被安抚、被喂食或者睡觉等需要，通常引起照顾者一系列无意识的协调而合拍的回应。在这个过程中，照顾者需要通过婴儿的行为读懂他的情感状态与需求，然后表现出一系列的言语、行为，做出协调的回应来与婴儿匹配。例如，当婴儿哭泣，照顾者可能会走过来，微蹙眉头，轻轻地抱起婴儿，检查他的尿布，同时问他“宝宝哪里不舒服”。此时，婴儿也在学习、读懂照顾者的反应，了解自身的情感和需求状态。在这种以非言语的交流为主导的互动过程中，婴儿逐渐了解、整理、调节他们的内在状态，不会过度情绪化，发展出对情绪的理解和包容能力。

对于焦虑－矛盾型的婴儿来说，在其生命早期，其主要照顾者并不能一致、协调、敏感地回应其情感需求，以致他逐渐学会夸张地表达自己的需求与情感，以获得预期的关注和回应。而对于回避型婴儿来说，其主要照顾者在情绪上是不可获得的，他们对身体接触感到不安，当婴儿伤心时倾向于退缩，由于婴儿的情感需求与表达都不会唤起照顾者的回应，婴儿逐渐学会下意识地抑制自身的情感与联结的需要，抑制自身对情绪的体验和觉察，以使其免于面对被拒绝的可能和痛苦。

综上所述，婴儿期的依恋关系体验影响到个体的内在工作模型，该模型持续作用直到成年以后，仍会影响着个体对于人际关系的期待，对他人的基本信任感、对他人的理解，以及对自我的理解，自尊的调节，对自身情绪的理解、调节和表达。婴儿期的依恋类型能够预测成年期的人际关系与亲密关系表现。

安全型依恋的成人一般比较有安全感，认为世界是安全的，对他人也比较容易产生信任，他们认为整体而言自己是有能力、值得被爱的，对关系比较乐观。在亲密关系中，他们懂得在需要的时候及时寻求亲密，也相信在关系中自己能够得到安慰与照顾。总体上，他们更能容忍与处理复杂的情绪，也更容易得到安抚。

焦虑－矛盾型依恋的成人对自己的能力和魅力没有信心，常常担心被抛弃。在亲密关系中，一方面，他们一般习惯性地寻求亲密，以证明自己是有价值的、被爱的；另一方面，他们对于“被抛弃”的讯息过度敏感，容易患得患失，他们对同伴的爱缺少安全感，过于苛求对方，有时候显得比较强势，容易放大自己的痛苦情绪，且不容易接受安抚。

而回避型依恋的成人一般会淡化情绪，否认自身的依恋需求，他们怀疑那些说爱她/他的人，害怕离他们太近会受到伤害。这一类型的人往往会关闭自己对于亲密关系的渴望，不太依赖别人，往往将别人看作危险而不是情感慰藉的来源。

第三节　依恋的影响

一、依恋类型对亲密关系的影响

辛迪·哈赞（Cindy Hazan）与菲利普·谢弗（Phillip Shaver）的研究着眼于成人之间的亲密关系（即爱情）与婴儿期依恋关系之间的相似性。我们已经知道了，婴儿与照顾者之间的联结或者依恋出现在生命最初的一年。根据安因斯沃斯的研究结果，父母及主要照顾者不同的养育风格，以及早期依恋关系的不同质量，大部分婴儿可以被分为三种类型：多数婴儿发展出了安全型依恋，有一些婴儿在与照顾者分离的时候会非常焦虑，呈现出焦虑－矛盾型依恋，还有一些婴儿具有回避型依恋的特征，他们从未与照顾者建立良好的联结。

心海链接

不同依恋类型的成人在亲密关系中的体会

安全型依恋的成人可能会有这样的表达：我觉得接近他人挺容易的，依赖他人或者让别人依赖我都令我觉得很舒服。我不会经常担心被抛弃或者担心别人跟我太亲密。

回避型依恋的成人可能会这样表达：不知道为什么，我与别人接近的话会觉得不舒服，我很难相信他们，也很难让我自己依赖他们。别人跟我太亲密的话我会觉得紧张。常常当我对自己跟伴侣的亲密度感到舒服时，伴侣却希望我能跟她/他更亲密。

焦虑－矛盾型依恋的成人可能会这么表达：我觉得别人不愿意跟我接近到我所期望的程度。我经常会很担心伴侣并不是真的爱我或者不想和我在一起。我希望跟别人完全融合在一起，但这种欲望有时会把别人吓跑。

哈赞与谢弗认为，恋爱是一个依恋的过程，也就是说人们在成年期的亲密关系会遵循婴儿期的依恋模式。其理论认为：如果个体小时候的依恋风格属于焦虑－矛盾型依恋，那么他们在成年期的恋爱关系中将会带有更多焦虑与矛盾的特征。换言之，人们在成年期的恋爱关系中重新经历了他们早年与父母的关系。

哈赞与谢弗初始的调查为他们的理论提供了证据。他们发现成人的恋爱关系也能被分为与婴儿期的三种依恋模式相平行的三种类别。

安全型的成人（在被试中占56%）与人接近更为容易，并将自己的恋爱关系描述为值得信任的，很少担心自己会被抛弃，离婚率较低。在焦虑－矛盾型的成人（在被试中占19%）中，他们全身心投入的爱情总伴随着被拒绝的担忧，并认为其恋爱关系是反复无常的，常伴有显著的嫉妒。回避型的成人（在被试中占25%）发现他们难以与人接近，并感觉他们的恋爱关系中缺乏亲密与信任。研究显示，个体的依恋模式是相当稳定的。证据也显示，个体在婴儿期的依恋关系一定程度上会塑造他们成年期的亲密关系。

哈赞与谢弗认为，人们在成人时期的恋爱关系跟他们婴儿期的依恋类型是很相似的。婴儿时期的依恋类型分为三种，亲密关系中对应的三种成人依恋风格也是三种。

有关成人期依恋类型的研究在20世纪90年代中期出现了指数增长。与最初的理论一致，研究显示，相比焦虑－矛盾型依恋或者回避型依恋的个体，安全型依恋的个体拥有更为坚固、满意、独立、适应良好以及更为长久的亲密关系。此外，不同依恋风格的人在关系中的思考、感受和行为方式也不同。例如，焦虑－矛盾型的成人会更多地描述他们亲密关系中体验到的强烈的情绪高峰或低潮。他们认为与伴侣之间的冲突更多，并且这些冲突会带来极大的应激，最终对双方关系产生消极的影响。与上述内容对应的，依恋关系中的焦虑会提高过度保证寻求，即焦虑－矛盾型个体会不断地向伴侣寻求自己值得被爱的保证。

依恋风格与个体的性互动模式也有密切的联系。安全型依恋的人对于和性相关的事通常会感到比较自然，在性活动中会更乐意向伴侣表达爱意，他们对性方面的探索也更为开放，但较少接受随意的性行为。相反，高焦虑－矛盾型依恋的人会更倾向于通过性行为来降低他们的不安全感，他们更可能接受自己并不情愿的性行为，安全性行为比率则更低。拥有高回避型依恋模式的人会更倾向于进行随意的性行为，并企图加深同伴对自己的印象，他们也更可能将性作为操纵伴侣的手段。

二、依恋的代际传递

依恋是孩子与其主要照顾者之间的一种情感联结。依恋关系一旦形成便趋于稳定，会在儿童的自我发展、社会化和情绪发展过程中起到非常重要的作用。研究表明，依恋模式存在代际传递现象，也就是说：根据父母或者主要照顾者依恋相关的心理状态可以预测婴儿与父母及照顾者之间依恋关系的安全性。

多年来，科学家通过各种方法试图了解依恋风格的代际传递性。如果一位父亲对他的父母是不安全型依恋，那么他的儿子对他也会是不安全型依恋吗？艾伦·苏劳夫（Alan Sroufe）做了一项研究，对研究对象的母亲进行了访谈，了解她们的依恋史。苏劳夫说："关于小时候她的母亲在照料她时，混乱、不确定的整体程度如何，提供给她的关爱、滋养总体有多少，以及在她心目中，她的母亲是否是一个自信、能干的母性形象，等等。我们根据她的回答，在结构化量表上一一打分。如果她觉得母亲称职，她就会体贴自己的婴儿，婴儿也就会对她产生安全型依恋。"根据从这些访谈中提取的信息，富有经验的研究者能大致准确预测孩子是否属于安全型依恋。

在这些依恋的代际因素研究中，最有影响力、最深入、最复杂的是玛丽·梅因的研究。梅因的成人依恋访谈围绕受访父母的早期关系提出了一系列尖锐问题，如：家庭状况细节、对自己父亲和母亲的描述、父母在自己童年时期感到难过或生病时会做些什么、分离与丧失的经历、被拒斥的感受、怎么看待自己和现年 6 岁的这个孩子之间的关系，等等。这个 30 ~ 90 分钟的访谈，除了探寻受访者的早期依恋经历，更重要的是评估他或她现在对于亲密依恋关系的

心海探索

你我同频

过程：

1. 请与班级中与你关系比较近的人组成 2 人一组。

2. 在教室里找一个比较安静的、不受打扰的空间，两个人面对面地站立，鞋尖相对但不要碰到。

3. 简短的目光交流之后，确定一人为引导者，一人为追随者。

4. 引导者自由呼吸，追随者观察对方的肩膀，模仿对方的呼吸，找出稳定的频率。然后，引导者加速呼吸的频率，追随者试着跟随并配合。接着，引导者试着放慢呼吸的频率，追随者跟随并配合。

5. 引导者尝试把重心从左脚移到右脚，自然呼吸，追随者跟随。

6. 引导者转动肩膀，自然呼吸，追随者跟随。

7. 引导者自然呼吸，随意、缓慢地增加一些简单的身体动作，追随者跟随。

8. 互换角色练习。

讨论：

1. 在这个互动过程中，你是否遇到困难？

2. 维持动作与呼吸频率的一致是否让你感觉情感上与伙伴的联结更紧密？

3. 如果是，把你的感受告诉小伙伴。

4. 如果不是，想一想，是什么让你无法体会到更和谐、亲密的感觉。

看法与感受。然而，梅因评判成人依恋风格并不是简单地依据过去发生了什么、没发生什么，而是对受访者关于早期依恋及目前依恋的回答，以及它们对受访者的意义，进行多方面的细致分析，包括二者的一致性、回忆的品质、愤怒程度等。与其说是访谈，不如说是一套心理评估、一场成年人的陌生情境实验。

梅因划分出三种与依恋相关的心理状态——成人依恋模式，分别与安因斯沃斯的三种儿童依恋类型对应。第一类“安全依恋型”成人，常常会用“清新生动的语言”描绘出一幅可信的家庭画面。通常来说，他们口中的父母至少有一方为幼年的他们提供了安全港，不过在这类人的印象里，童年也并非无忧无虑。这些成年人能够客观地看待父母的优缺点，并能举出令人信服的例子来佐证自己的说法。他们的沟通风格清晰而坦率，这说明他们能够领会访谈者的意图，而且能提供足够的信息以形成有效的答案。聊到依恋话题时，他们能从容地表达自己，展现自己的依恋关系。

有些安全型的成年人早期有过不愉快的依恋历史，如今似乎已经释怀，至少他们现在已经能够平心静气地谈论过去，分析那些负面经历曾经带给自己的影响，并不时显露出对父母行为的原谅和理解。这些安全型的成年人为人父母之后一般不会欺骗自己，他们愿意依靠他人，也能够平衡地看待自己在关系中的角色，他们能意识到自己与父母有许多相似的地方，而且不全是优点，同时，他们普遍承认亲密关系在其人生中的重要性。这些人的孩子在陌生情境实验中，绝大部分被评估为安全型依恋。

而第二类“漠视依恋型”成人，似乎不能或不愿正视依恋问题。他们回答问题时十分防备，不做过多解说，而且对小时候的记忆不太清晰。他们好像不喜欢自省，也不觉得自省有用。其中有些人显示出潜在的敌意，似乎在说“你为什么要让我挖掘那些东西？”或者“这个访谈简直太蠢了！”谈及自己的父母，他们的态度含糊不清，常常用很理想化的词去描述。但当访谈者要求他们举例说明时，他们的描述中又会泄露出一些负面的回忆，与他们之前的评价不符。

一位父亲说自己的母亲“很好”，但是后来又提到母亲经常醉酒、咒骂他。被问及这种经历对他造成的困扰时，他回答说：“完全没有，它让我变得强大。”这种故作坚强的回答是漠视依恋型成人的典型表现，要么弱化早期伤害对自己的影响，要么将它说成是自身品格的根基。这些漠视依恋型成人也可以被称作回避依恋型。他们不禁让人想起，鲍尔比数十年前研究中，幼年与家人长时间分离，后来变得对关爱与伤痛都无感的孩子，以及在陌生情境实验中哭喊着寻找母亲，但母亲归来时又转身无视，仿佛毫不在意她的孩子。与那些回避依恋型儿童一样，这些回避依恋型成人似乎通过一系列防御机制，屏蔽了一些重要的内心感受，这样他们就不会再感受到被拒斥的伤痛以及对爱的渴求。而这些漠视依恋型成人的孩子，有 3/4 都属于回避型依恋。

梅因将第三类成年人命名为“执着于早期依恋型”。这类人看上去就是长大后的焦虑 - 矛盾型儿童。谈起幼年的伤痛与愤怒，他们记忆犹新，好像二三十年前的情绪至今仍在涌动。他们往往会说，自己小时候拼命讨好父母，经受了无尽的愤怒与失望，而且作为孩子的自己却反而在尽力照料父母，亲子角色好像颠倒过来了。他们讲述时回忆混乱，前后不一，就像他们一直没弄清楚自己身上到底发生了什么，无法将其整合成一幅完整的图景。他们好像还沉浸在对父母的那种感受里，在回忆时，婴儿般的情绪四处漫溢。有时他们怒不可遏，似乎在怨恨中迷失了自我，以至于忘了自己正在接受一次正式访谈。而他们的孩子，绝大多数都对他们产生了焦虑－矛盾型依恋。

梅因的研究并没有告诉我们，这些成人为什么会是安全依恋型，或者是不安全依恋型。我们也不可能知道，梅因访谈中的安全依恋型成人小时候对其主要照顾者是否是安全型依恋。我们甚至不能肯定，梅因对成人依恋的探索是否达到了安因斯沃斯对儿童依恋的探索深度。我们应该牢记一点，即陌生情境实验评估的是关系，而成人依恋访谈的重点是个体，且明显是在评估其心理结构。总的来说，父母及主要照顾者的依恋类型会影响个体的依恋类型。

三、依恋关系的塑造

虽然人们不可能准确地说出他们生命中的头三年经历了什么，但是他们每一天与周围世界的互动、与他人的关系，会将这段历史展现出来。那么，这种相对稳定的依恋类型，在人的生命中，是否有发生改变的可能性？

首先，在作为婴儿被抚育、成年后缔结婚姻（或恋爱）等过程中，婴儿天生的依恋需求、另一方的联结渴望，极大程度地唤醒了个体关于依恋的需求。在面临人生中极大挑战时，个体很有可能借此修正甚至改变自身的依恋关系模式，这就是所谓爱的疗愈作用。

另外，在心理咨询（或心理治疗）中，个体与心理咨询师的互动方式，与其婴儿期与主要照顾者之间的非言语互动方式，有非常高的相似性。因此，咨询师可以通过密切注意来访者与自己互动并引发自身情绪的方式，仔细聆听他们对现在关系的描述，获得关于他们依恋类型的重要线索。另外，在新的关系中，咨询师需要及时、敏感、协调地回应来访者的需求，来访者与咨询师之间形成了一种全新的、类似于安全型依恋的关系。在这种关系中，通过咨询师漫长的互动和陪伴，个体的情绪伤痛得到了有效的处理，依恋关系的创伤得到修复和疗愈，个体就有机会从全新的视角看待个人的历史与依恋经历，重新获得了情绪调节和自尊调节的能力，个体的安全感可能由此提升，自我的能力和价值得到了肯定，焦虑－矛盾型或回避型依恋有可能转变为安全型依恋。

心海探索

“礼物”冥想

温馨提醒：冥想练习可以使你感觉安全、放松。你可以找一位亲近的朋友或爱人，帮你轻声、缓慢地朗读以下冥想词，或者自己找一个安静的地方，朗读并录下这段冥想词，并在需要的时候聆听：

先深呼吸，然后再吐气，吐气的同时将身体里的紧张释放出来，重复做几次。注意，也要试着把你所有的情感释放出来。倘若你的脑海中还留有任何想法，正视它们，就如同在夏天晴朗的一天，看着万里无云的蓝天飘过几片乌云。

想象那是阳光明媚的一天，你正待在某个风景如画的地方，也许在沙滩上、也许在森林里、也许在花园中，总之是最适合你的地方。你在感受阳光照射在皮肤上所带来的阵阵温暖，你在感受一丝丝清爽的微风抚摸着你，各种色彩在眼前闪闪发光。注意叶子、草丛、花朵海浪、群鸟、走兽等这些你周围的事物，倾听你捕捉到的景象的声音，穿过树木间的阵阵风声、鸟儿的歌声、水花四溅的声音，感受你周围快乐而又富有生命力的世界。

想象着自己起床后，揭开了这个精彩世界的面纱。你正从不同的角度看着这个世界，观察你的发现。你在这个世界中不停地奔跑着，感觉到愉快弥漫在你周围并注入了你的身体。

想象着现在你找到了一块又舒适又安静的地方，坐了下来，整个身心感到无比轻松。当你抬头时，发现站在你身边的是你熟悉的朋友，他正友善地看着你，你示意他坐在自己的身旁。此时，你感觉到自己被爱和深情的温暖包围着。

你的朋友牵着你的手，你能感觉到温暖涌入身体，他说："我和你永远在一起，我就在这里爱你、支持你。"

听到这番话时，你定会感觉一切都很放心，一种你以前从未感觉到的宁静洋溢在你的周围。当你再次转向他时，你会发现一阵光芒四射的光线将你们两人包围起来。你会发现那些存在于你潜意识中的黑暗居然正不可思议地离你而去。这些光线就像兼具力量与温柔的一种神奇的药剂，当这些光线渐渐清晰时，你就会注意到朋友给了你一份礼物。

你张开双臂接受了礼物，拆开了盒子，它是怎样被包装的？它有多大？轻还是重？里面有什么呢？

生活就像一份礼物，需要你一层一层慢慢地拆开。或许拆开包装纸后，你只不过瞥了一眼里面包裹的东西。有时，生活被你想象成一份包装好的礼物。你当时的感受或许会影响到礼物包装的质量，所以，倘若看到包好的礼物只是一个皱巴巴的盒子时，千万不要泄气。因为或许最令人激动的礼物就隐藏在这样的包装下。包装并不能为你提供礼物真实模样的线索。包装也是一种礼物，一种认知的礼物。当你认识到包装代表的含义时，你就能发现掩饰于包装下的礼物。

所有你曾渴望的爱都涌向你，你所得到的比你想要得更多，你生活的世界是一个充满了爱的礼物的世界……伸出你的手，你就能够得到这些礼物。

你最想要的是什么？亲情、友爱、感激，还是真正信任的人跟你的亲近？你所认识的某个人真的会在那里等你，那是一种关心的举动还是友善的行为，还是向你表达他的慷慨？或许你可以接受你自己？或许你可以找到让你感受到自己的弱点的空间……或许你能感受到一种情感……安全……自己拥有了一颗充满爱意、善解人意的心……对你来说，最重要的是收到什么样的礼物呢？

当你拆开礼物时，你会感觉紧张。当拆开包装纸时，你会感觉激动。那里面到底是什么呢？特别想看个究竟……颜色？大小？形状？质感？这份礼物对你来说意味着什么？这份礼物是不是能改善你与自己的关系？

此时，你的朋友就站在你的身边，他会帮助你重新站起来。你感谢这位特殊的朋友给了你这份礼物，你们一同分享一个温暖的拥抱，你们紧握的双手提醒你，有人深爱着你。在你的朋友的心中，你占据着一个特殊的位置，如今你又一次徜徉在爱的关怀中。然后，轻轻地、慢慢地把你的注意力转移到周围的世界，当这些感受出现在你的潜意识里时，静静地思考一下这段经历，只需要几分钟。当然，一定要想到那份礼物以及它对于你的意义。

参考文献

[1] 伯格 . 人格心理学 [M]. 第 8 版 . 陈会昌，等译 . 北京：中国轻工业出版社，2014.

[2] CABANISS D L，等 . 心理动力学个案概念化 [M]. 孙铃译 . 北京：中国轻工业出版社，2015.

[3] KAREN R. 依恋的形成：母婴关系如何塑造我们一生的情感 [M]. 赵晖译 . 北京：中国轻工业出版社，2017.

[4] 马修・曼宁 . 康复是一场旅行 [M]. 江月译 . 长沙：湖南文艺出版社，2011.

[5] 邱美玲，柯晓扬 . 大学生心理健康 [M]. 南京：江苏教育出版社，2012.

[6] 苏珊・强森 . 爱是有道理的 [M]. 张美惠译 . 台北：张老师文化事业股份有限公司，2014.

[7] 威廉 . 心理治疗中的依恋 [M]. 巴彤，等译 . 北京：中国轻工业出版社，2014.

[8] 韦恩・韦登 . 心理学导论 [M]. 高定国译 . 北京：机械工业出版社，2016.

（刘榆红）

第十四章　爱情与恋爱心理调适

“爱情”是个美丽的字眼，是令人难以忘怀的人生体验。爱情同样拨动着大学生的心弦，令人寻觅和向往。大学生的恋爱也早已不再“犹抱琵琶半遮面”了。爱情一方面可以让大学生陶醉，更好地学习、生活，但另一方面，不成熟的恋爱心理也会带来一些负面影响，严重影响大学生的学习、生活乃至心身的健康发展。法国著名作家雨果曾说过：“人生有两次出生，头一次是降临到人间的那一天，第二次则是在萌发爱情的那一天。”

伴着青春的脚步，爱情会悄然降临。随着生理与心理的成熟，对爱情的向往与追求自然而然地在大学生的内心萌发。然而，爱的能力需要学习与培养。因此，本章节旨在引导大学生认识爱情，树立正确的爱情观，学会正确处理爱情与友谊、爱情与学业、爱情与婚姻的关系，培养和发展爱自己与爱他人的能力。

第一节　爱情概述

一、爱情的内涵

爱情似乎是一个不言自明的概念，很多人都尝试对爱情做出解释，但实质上又非常难以把握，我们无法对爱情作出一个全面的定义。基于爱情的社会属性，我们采用社会心理学中关于爱情的界定：爱情是指男女双方基于共同的生活理想，在内心中形成的双方相互接纳、相互需求、相互爱慕，并渴望对方成为自己终身伴侣的最强烈、最专一和稳定的情感关系，它是人类特有的一种高尚的精神生活。

爱情作为人际吸引的强烈形式和最高形式，也是西方社会心理学家的经典研究课题。爱情的定义有广义和狭义之分。广义的爱情是指存在于各种亲近关系中的爱，意味着人际关系中的接近、悦纳、共存的需要及持续和深刻的同情，共鸣的亲密感情。狭义的爱情是指心理成熟到一定程度的异性个体之间的强烈的人际吸引。本单元介绍的爱情专指这种狭义的爱情。

对于爱情的基本内涵我们可以从生理、心理和社会三个层面进行解读，在此我们主要强调生理和社会两个方面（心理层面的含义我们将在第二点“爱情的特点”进行解读）：

1. 生理层面

随着大学生的生理成熟，生理因素成为爱情产生的自然前提和基础。两性之间的生理差异导致彼此之间的相互吸引，推动个体产生建立亲密关系的情感需要。但是爱情高于生理层面的需要，不等于性爱。人类的爱情不像动物两性之间的亲密关系只是为了满足生理需要，它具有更加丰富的社会属性，需要遵循一定的道德原则。虽然体态、相貌等生理因素是导致双方产生吸引的重要因素之一，但是长久的爱情植根于彼此的相同或者相近的人生观、价值观、兴趣爱好、思想境界、道德修养水平等社会性的因素。

2. 社会层面

对于爱情在社会层面的解读是指爱情是一种丰富的情感体验、具有高尚的道德情感、具有丰富的社会内容。

爱情是一种丰富的审美体验，爱情过程其本质上是审美的过程。爱情产生是基于恋爱双方对对方美的认识。爱情的过程是双方对自身在外貌、语言、行为等个体美的展示，也是双方在相处的过程中持续地关心对方，严肃忠诚地对待爱情，真诚朴实地关爱对方等交互美的展示。同时，爱情得以持续不仅说明双方没有产生审美疲劳，而且说明双方对对方美的认识进行了发展和升华。

爱情是高尚的道德情感之一。爱情的道德性主要体现为恋爱双方对彼此的责任心和义务感。恋爱双方平等相待，对彼此真诚、忠贞，彼此之间坦诚相待、忠贞不渝。很多婚礼上，夫妻双方相互承诺“无论疾病还是健康，或任何其他理由，都爱他 / 她，照顾他 / 她，尊重他 / 她，接纳他 / 她，永远对他 / 她忠贞不渝直至生命尽头”，这其实就是爱情道德性的体现。

爱情具有丰富的社会内容。首先爱情的方式植根于当时当地的风土人情，也受经济和政治的制约和影响。晚清时期的爱情主要是通过父母之命、媒妁之言来实现的，辛亥革命后结婚要加盖政府公章，这些主要是受社会文化和政治因素的影响。20 世纪 50 年代的婚姻，钢笔就可以作为聘礼。20 世纪 70 年代是“三转一响”：自行车、缝纫机、手表、收音机。而现代社会聘礼呈增加趋势，这些现象体现了爱情受社会经济条件的影响。

此外，爱情的社会性还体现在人类的爱情是一种有目的、理性的交往。选择爱情对象会受教育程度、物质条件、道德水平等影响，社会内容起到了极为重要的作用。在爱情的发展过程中，精神或者社会因素是爱情永恒与不竭的动力源泉。

二、爱情的特点

1. 直觉性

直觉是指直接的感觉，即未经思维推理的直觉。对于爱情产生的类型，现代大学生不再局限于父辈日久生情的产生方式，更多地出现一见钟情的情感方式。而后者就是体现爱情的直觉性。青年期，个体已经初步具备对他人的判断标准，但是这些标准往往侧重于外在特征，如外貌、体态等生理层面的静态外部特征，和口才、文采等动态外在特征。年轻人对于他人的思想品德、性格、文化修养、生活态度、心理健康等内在特征的把握往往不够，因而在追求爱情的过程中，常常仅依据外部特征做出一见钟情的直觉判断，出现闪恋、闪婚的行为。但是，爱情的直觉性往往导致爱情的盲目性和肤浅性，因而常常出现一见钟情之后的闪电分手，也就有了闪婚之后的闪离。

2. 冲动性

冲动性是指热恋中的双方被强烈的情绪驱使产生自发无意识的、无目的的行为。作家罗兰说：“假如你记不住你为了爱情而做出来的一件最傻的事，你就不算真正恋爱过。”而恋爱双方做傻事就是爱情冲动性的体现。冲动性可以导致恋爱双方勇敢冲破外来阻力，做出令人赞叹的坚决果敢的选择，如在封建社会中男女青年为了追求自己爱情，奋起反抗封建礼制。同时，冲动性也可能导致爱情中的个体丧失理智、不计后果地感情用事。

3. 排他性

排他性是指爱情中的双方拒绝其他人向自己的爱人表示任何亲近行为的心理倾向，是爱情不同于其他类型情感的重要特点。排他性产生于恋爱中的个体对恋人忠诚的需要，能够体现彼此对待爱情的严肃态度。很多人都希望自己的恋人是只用来照亮自己的手电筒，很少有人愿意恋人还是可以照亮其他人的太阳，这就是爱情排他性的体现。但是，不能狭隘地理解爱情的这一特征，要允许对方与异性有正常的人际交往，否则就会出现自私的独占心理，从而影响心理健康。

4. 专注性

既然爱情中人们驱赶第三者，那么就需要恋爱双方对对方的高度专注。坠入爱河的人们都非常专注和投入，他们时时刻刻关注着自己的爱人，正如歌曲《我的眼中只有你》所描述的："我说我的眼里只有你，只有你让我无法忘记。度过每一个黑夜和每一个白天，在你身边守护着你，永不分离。"但是人类的社会生活非常丰富，如果过分专注于恋爱则容易影响个体的工作学习，甚至于情绪失控，正所谓"两情若是久长时，又岂在朝朝暮暮"。

三、爱情的类型

爱情是人类永恒的话题，古今中外，有数不清的文人墨客对爱情做出各种各样的描述：爱情是人类最持久的生命之火，是人生中最亮丽、最迷人的娇艳之虹，是人性中最真挚、最纯洁的情感之花，是人类最美好、最深沉的情感，是人类最富魅力的社会现象。在现实生活中，我们常常看到，沉浸爱河中的人有很不同的表现：有的平静似水，有的澎湃热烈；有的亲密无间，有的若即若离；有的天长地久，有的稍纵即逝。

（一）鲁宾的爱情态度理论

心理学家鲁宾（Rubin）在 20 世纪 70 年代关于爱情的研究，将爱情与喜欢予以区分。他认为爱情具有以下四个主要特性：1. 高度的依恋性，指双方互相亲近，形影不离，难分难舍；2. 高度关注性，互相关心，互相帮助；3. 高度信任性，完全信任对方，无保留地自我暴露；4. 高度独占性或排他性，双方互相独占对方的爱情，不准他人介入。

而喜欢只包括两个主要特性：1. 彼此间怀有同感；2. 对对方的积极评价和尊重。可见爱慕和喜欢是两种性质不同的人类亲和行为。此外，喜欢的程度往往随着交往双方互动的增加而增加，但爱慕则随着时间的持久而逐渐淡漠。这说明虽然强烈的爱是婚姻的先导，但双方若不具有喜欢的因素，如缺乏共同的态度、价值观和互相尊重，那么这种婚姻往往不幸福。

（二）斯滕伯格的爱情三角形理论

曾提出了著名的"三重智力理论"的美国心理学家斯滕伯格（R. J. Sternberg）在大量文献综述和实证研究的基础上提出了爱情的三角形理论，这是 20 世纪 80 年代以来对爱情本质的最新阐述。

斯滕伯格认为，人类爱情包括三种成分：亲密、激情、承诺，它们组成了爱情三角形的三个顶点。

亲密，指在爱情关系中能够促进亲近、连属、结合等体验的情感，即能引起温暖体验。这一成分也广泛地存在于较深的友谊关系之中。亲密包含以下 10 种基本要素：

1. 渴望促进被爱者的幸福。爱方主动照顾被爱方并极力促进他 / 她的幸福。一方面可能以自己的幸福为代价去促进另一方的幸福，另一方面在必要时也期望对方同样会这样做。

2. 跟被爱者在一起时感到幸福。爱方喜欢和自己的伴侣在一起。

3. 当他们在一起做事情时，他们都感到十分愉快，并留下美好记忆，对这些美好时光的记忆能成为艰难时刻的慰藉和力量。而且，共同分享的美好时光会涌入互爱关系中并使之更加美好。

4. 尊重对方。情侣之间必须非常看重和尊重对方。尽管爱方可能意识到对方的弱点，却不会因此减少自己对对方的整体尊重。在艰难时刻爱方能够依靠对方，在患难时刻仍感到对方跟自己站在一起，在危急时刻能够呼唤对方并能指望对方跟自己同舟共济。

5. 双方互相理解。情侣之间应互相理解，他们知道各自的优缺点并对对方的感情和情绪心领神会，懂得以相应的方式互相做出反应。

6. 与被爱方分享自我和自己的占有物。爱方乐意向被爱方奉献自己、自己的时间以及自己的东西。虽然不必将所有的东西都变为共有财产，但双方在需要时应分享他们的财物，最重要的是分享他们的自我。

7. 从被爱方获得感情上的支持。爱方能从被爱方得到鼓舞和支持，感到精神焕发，特别是在身处逆境时尤其应该这样。当你感到似乎一切都在跟你作对，但仍然意识到只有一件事不会出问题——你的爱人始终跟你站在一起，这时你就知道你们的关系具有这一因素。

8. 给被爱方以感情上的支持。在逆境下，爱方应与被爱方在精神上息息相通，并给予感情上的支持。

9. 跟被爱方亲切沟通。爱方能够跟被爱方进行深层次的、坦诚的沟通，分享内心深处的感情。当你为自己所做的某件事感到困窘为难时，你仍能推心置腹地与被爱方交谈，这时你所经历的就是这种沟通。

10. 珍重被爱方。爱方要充分感到对方在共同生活中的重要性。当你认识到你的配偶比你所有的物质财富都更为重要时，就知道你对被爱方具有这种珍视和珍爱。

激情，也称“情欲成分”，指的是爱情中的驱力。这些驱力能引起浪漫恋爱、体态吸引、性完美及爱情关系中其他有关现象。在爱情关系中，性的需要是引起这种激情体验的主导形式，除此之外，自尊、养育、亲和、支配、服从以及自我实现等需要也是产生激情的来源。

承诺，主要指个人内心或口头对爱的预期，是爱情三种成分中最理性的部分。承诺由两方面组成：短期承诺和长期承诺。从短期来看，承诺指的是一个人决定爱另一个人；长期方面则是做出维护这一爱情关系的承诺，包括对爱情的忠诚、责任心。结婚誓词里说到的“我愿意”，正是一种患难与共、至死不渝的承诺。短期与长期承诺并不一定同时存在。一个人可以在不承诺长久之爱的前提下决定爱一个人，例如大学生恋爱时就较少考虑到未来的婚姻；同样地，一个人也可以处于一段关系中，却不承认爱着对方，例如多边恋。斯滕伯格还对以上三种成分的特性进行了比较，见表 14-1。

表 14-1 爱情成分的特性比较

特性维度	爱情成分		
	亲密	激情	承诺
稳定性	稍高	低	稍高
有意控制程度	适中	低	高
体验的明显度	变化不定	高	变化不定
在短期关系中的重要性	适中	高	低
在长期关系中的重要性	高	适中	高
在各种喜爱关系中的普遍性	高	低	适中
心理生理卷入	适中	高	低
对意识察觉的易感性	稍低	高	稍高

斯滕伯格（R. J. Sternberg）认为，亲密、激情、承诺这三种成分在爱情中并非平均存在，而是有多寡之分。根据三种成分在爱情中存在的情况，可以把人类的爱情关系区分为八种类型：

1. 无爱（nonlove）：三个因素都不具备。很多包办婚姻属于这种类型。

2. 喜爱（liking）：只有亲密关系。在一起感觉很舒服，但是缺少激情，也不一定愿意厮守终生。

3. 痴迷的爱（infatuated love）：只有激情体验。认为对方有强烈吸引力，除此之外，对对方了解不多，也没有想过将来。

4. 空洞的爱（empty love）：只有承诺。

5. 浪漫的爱（romantic love）：有亲密关系和激情体验，没有承诺。

6. 伴侣的爱（companionate love）：有亲密关系和承诺，缺乏激情。

7. 愚昧的爱（fatuous love）：有激情和承诺，没有亲密关系。

8. 完美的爱（consummate love)：同时具备三要素。

爱情三元素还可以用三角形来表示，不同成分的三角形形状、大小都不同，其中面积表示爱情的多少，形状表示爱情的三种成分之间的相对关系。如等边三角形表示平衡的爱情，因为代表各个成分的顶点到三角形重心的距离相等；不等边三角形代表不平衡的爱情。各顶点到三角形重心的距离是不等长的，距离长表明该成分是主导成分，距离短表明该成分不足或缺少，如图 14-1 所示。

斯滕伯格又指出，爱情成分对于维持两性间爱情关系的作用是不同的，分别以三种成分（承诺、亲密、激情）为主导的爱情关系随时间推移，变化的趋势也不同，如图 14-2 所示。

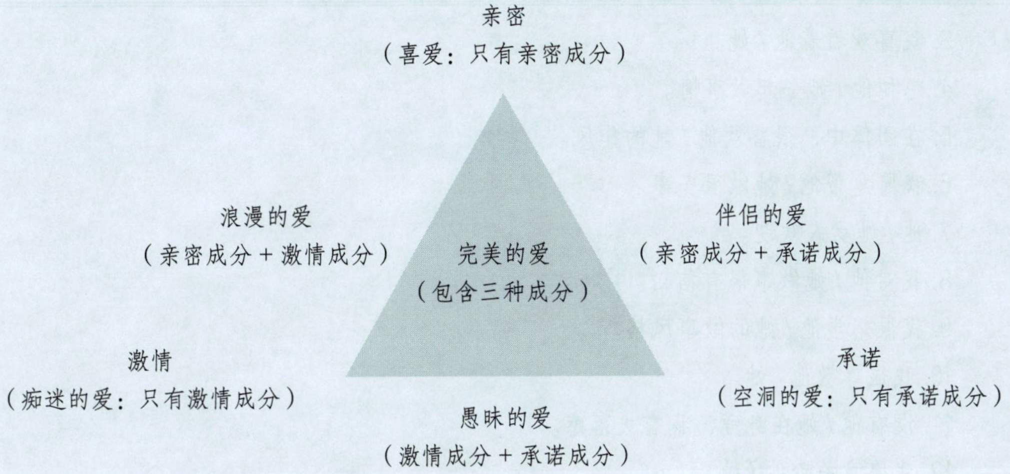

亲密
（喜爱：只有亲密成分）
浪漫的爱
（亲密成分＋激情成分）
完美的爱
（包含三种成分）
伴侣的爱
（亲密成分＋承诺成分）
激情
（痴迷的爱：只有激情成分）
承诺
（空洞的爱：只有承诺成分）
愚昧的爱
（激情成分＋承诺成分）

图 14–1 爱情三角形的结构图

承诺
亲密
激情
程度
时间

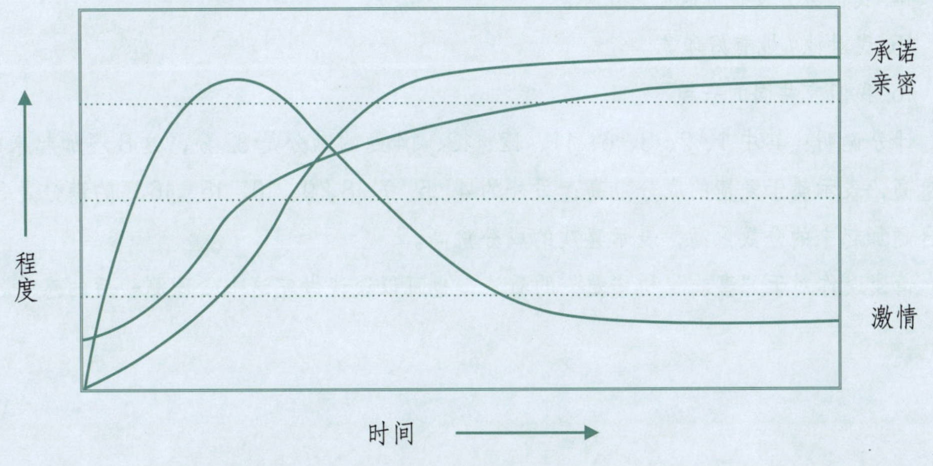

图 14–2 爱情的三种成分随时间而变化的趋势

心海探索

爱情心理自测

测验一：爱情与喜欢量表

你分辨得出“喜欢”与“爱情”吗？不管你是否在恋爱，试着心中想一个重要的朋友，根据自己的实际情况针对下列各项给自己打分，“1”代表极少，“2”代表有时，“3”代表时常，“4”代表总是。

1. 我常想对方现在在做什么。

2. 我想和他 / 她见面。

3. 我喜欢看着他/她。

4. 想和他/她一起做事情。

5. 在团体中，很喜欢他/她的作风。

6. 我愿意帮他/她做很多事。

7. 他/她受人欢迎。

8. 我对他/她做事很有信心。

9. 我很想学他/她的做事风格。

10. 我很尊敬他/她。

11. 没有他/她在身旁，我有失落感。

12. 我愿意关心他/她。

13. 我对他/她有占有欲。

14. 我很努力使他/她觉得快乐。

15. 我对他/她有好印象。

16. 我们有共同的兴趣。

计分说明：其中1、2、3、6、11、12、13、14题的满分是32分，这8题加起来的分数愈高，表示属于爱情的成分愈高；另外的4、5、7、8、9、10、15、16题的满分是32分，这8题加起来的分数愈高，表示喜欢的成分愈高。

请谈谈你对于“喜欢”和“爱”的看法，也可以谈谈做完这个心理测验后的感受。

测验二：恋爱观测试

恋爱观就是对恋爱问题的看法，表现为青年人对美的认知尺度、择偶的标准、恋爱的目的以及对幸福伴侣的理解等。下面的测验题可以帮助你了解自己的恋爱观。请阅读下列问题，A、B、C、D四个答案中选择你认为最符合自己心理状态的一种。

1. 你对爱情的幻想是

A. 满足自己人生最神秘的欲望的需要

B. 令人心花怒放，充满无限欢乐和诗意

C. 实现自己远大理想的阶梯，使人振奋向上

D. 没想过

2. 你希望你的恋爱开始是

A. 由于一次偶然巧遇，结下了一段微妙的姻缘，彼此追求

B.从小青梅竹马，一往情深，最终发展为爱情

C.在工作和学习中产生了爱情

D.无法回答

3.你认为爱情是

A.男女之间一种最纯洁的感情

B.异性间互相爱慕、渴望对方成为自己伴侣的感情

C.自己的感情奉献给对方，是男女间的性爱

D.不清楚

4.你希望你的恋人是

A.有漂亮的容貌，健美的身体，待人接物举止优雅

B.长相一般，关心体贴自己，为人憨厚老实

C.待人和蔼可亲，还算漂亮，但必须有权有势

D.无法回答

5.你喜欢你所爱的人三美中的哪一点

A.心灵

B.外貌

C.姿势、穿着、发型

D.拒绝回答

6.你想象中的小家庭在业余时间应怎样度过

A.各自做自己喜欢做的事，互不干涉，自由自在

B.虽然自己对这事没兴趣，但还是愿意陪对方消磨时间

C.能有共同事业，互相商讨，一起追求

D.不想回答

7.你对爱情的字面解释是

A.认为有爱并不一定有情，而有情必须有爱

B.认为爱情两字是不能拆开的，本身是男女之间的感情

C.爱情、性爱是男女间友谊的高级形式

D.没想过

8.你喜欢的爱情格言是

A.痛苦中最高尚的、最纯洁的、最感人的乃是爱情的痛苦

B.生命诚可贵，爱情价更高，若为自由故，二者皆可抛

C.爱情，这伟大的字眼，为了你，还有什么样的事情不可以办到呢

D. 都有点喜欢

9. 当你有一位异性朋友时

A. 让对方知道，并且在对方同意下才继续与他/她交往

B. 没有必要告诉对方，这是自己的自由权利

C. 让对方知道，但不允许对方干涉自己

D. 不能回答

10. 你认为幸福的爱情是

A. 以共同的思想、情操作为基础

B. 互相尊重对方，包括尊重对方的感情

C. 一切故事和传说中，美好的婚姻都是幸福的

D. 无法回答

11. 你认为追求和对付高傲异性的办法是

A. 自己变得更高傲

B. 大献殷勤，做一切对方要求做的事

C. 若无所视，做出一些完全和自己意愿相反的举动

D. 不愿回答

12. 你认为

A. 人是因为美才可爱

B. 人是因为可爱才美

C. 美与可爱是同时产生的

D. 没想过

13. 一旦发现你的恋人变心时

A. 把爱转为恨

B. 无所谓，只当自己瞎了眼

C. 认为是幸运的，吸取过去的教训

D. 不知道

14. 你最喜欢下面哪八个字

A. 郎才女貌，爱如鱼水

B. 形影不离，心心相印

C. 志同道合，忠贞不渝

D. 不知道

15. 你对离婚的看法是

A. 感到很惊讶，坚信自己的婚姻是不会这样的

B. 认为很平常，一旦发现更值得爱的人就抛弃旧的

C. 认为离婚是正常的，不过这些人的婚姻是不幸的

D. 不知道

评定方法：以下是各题答案的得分，请对照着将得分相加，即可知你的情况如何。

答 D 均得 0 分；

第 1、2、13、14 题，答 A 得 1 分，答 B 得 2 分，答 C 得 3 分；

第 6、12 题，答 A 得 1 分，答 B 得 3 分，答 C 得 2 分；

第 3、4、7、8、10 题，答 A 得 2 分，答 B 得 3 分，答 C 得 1 分；

第 15 题，答 A 得 2 分，答 B 得 1 分，答 C 得 3 分；

第 5、9 题，答 A 得 3 分，答 B 得 1 分，答 C 得 2 分；

第 11 题，答 A 得 3 分，答 B 得 2 分，答 C 得 1 分。

35 分以上，恋爱观正确。表明你是一个成熟的青年，你懂得爱什么和为什么爱，这是你进入情场的最佳入场券。

25 ~ 34 分，恋爱观尚可。表明你向往真诚而美好的爱情，然而屡屡失误，一时难以如愿。你不妨多看看成功的朋友，将恋爱作为圣洁无比的追求，不断校正爱情之舟的航线，这样你与幸福就相隔不远了。

25 分以下，恋爱观还存在一定问题，甚至有不健康之处。你的恋爱观使你辛勤播撒的爱情种子难以萌发，更难结甜蜜的果实。如果你已轻率贸然地进入恋爱，劝你及早退出。

选择 6 个以上的 D，说明恋爱观还未定型。你或许年龄太小，不谙世事；或许虽已老大，却天真幼稚。爱情对于你而言是个迷惘的领域，你需防备圈套和伤害。故建议你读几本婚恋指导书籍，稍许成熟些，再涉爱河也不迟。

第二节　大学生恋爱心理特点

一、恋爱心理的发展过程

人们常把异性间择偶、培养爱情的过程称为恋爱。恋爱是以性为根，爱为叶，是对爱情美的选择和追求，是男女双方在建立爱情之前必定要经历的阶段。

（一）初恋阶段

当一个年轻人将爱情的信息传递给自己所爱慕的异性，并得到对方肯定的回应时，他便会体验到从未有过的兴奋与激动，可以说，此时这个年轻人开始进入初恋阶段。

初恋是爱情交响曲的第一乐章，是两颗心灵的第一次碰撞，绝大多数初恋者在心理上都会产生这种奇异而难忘的强烈感受。

初恋是强烈的，它是爱的首次爆发，是青春火焰的点燃，其力量足以震撼人的心灵。初恋

是纯洁的，犹如初开的花蕾，素雅、清新、令人心颤。这花蕾一生只绽开一次，因而更显其珍贵。初恋双方经常感到神圣、甜蜜、兴奋不已。初恋的感情是纯洁美好的，像一块纯洁的白玉，较少利益计较和世俗污斑，很少考虑感情以外的其他因素，如金钱、地位和对方家庭境况等。它完全以感情为联系的纽带，每一个青年人都十分珍惜自己的初恋，对它寄托着美好的希望、幻想和深情。在一些大学生的日记上，总是用最美好的词语记录着初恋的感受，甚至全然不顾后果。

初恋是含蓄的，初恋的激情和冲动往往以隐蔽的形式表露出来。因此，初恋一般是旁人难以觉察到的，尤其是在大庭广众之下，较少流露出过分的亲昵，而是暗送秋波，彼此领会。但是，这种含蓄的爱情往往容易引起误解。有人把友好的表示理解为爱情的信号，给自己带来无端的烦恼，造成“恋爱错觉”。还有的人由于粗心，没有注意到对方的暗示，不理解或疏忽了对方爱的表示，无意中伤害了对方的感情，错过姻缘。

（二）热恋阶段

经过初恋阶段的相互了解，彼此之间产生一种难舍难分的眷恋之情，这表明双方进入热恋阶段。

在行为上，恋爱关系公开化。现在的大学生往往喜欢把恋爱关系向周围人公开，并利用各种机会将恋人介绍给自己的同学、朋友和家人，使对方更多地介入自己的生活。这些都是热恋阶段强烈情感的自然表露，无可厚非。不过也有极少部分的同学过度表露，例如整天形影不离，出双入对；自习时两人共用一张课桌，吃饭时两人共用一套餐具，散步时两人相互依偎；更有甚者，在公共场所，在大庭广众之下，竟然旁若无人地做出过分亲密的动作，如拥抱、接吻，情感上如痴如醉，如胶似漆。热恋者的这些行为和心态，是正常的生理和心理反应，虽不足为怪，但必须把握尺度。

处于热恋阶段青年男女，心理常会发生如下的改变：

首先，在认知上，易于把恋爱对象偶像化和完美化。这种认知使得热恋双方容易产生幻想和憧憬，形象思维和直觉思维占上风，抽象思维和逻辑思维难以发挥作用。热恋使青年男女的眼睛被罩上一层纯情感的光圈，总是自觉不自觉地用一种欣赏和钟情的目光看待对方的一切。即使是对方的缺点和不足也会被看成优点，或者被认作一种独特的美，产生“情人眼里出西施”的效应。这种美化对方的认识倾向有一定的积极意义，它可以提高对方在自己心目中的地位，增强对方的吸引力，促进爱情的进一步发展。但是，这种美化对方的倾向也掩盖了对方的一些缺点，难以对对方形成准确客观的认识。当热恋的浪漫过去之后，越来越看清了对方的缺点，就会产生心理落差，感到不满意，甚至失望、后悔，给爱情的发展带来障碍。

其次，在情感上，容易产生情感依附。热恋中双方的情感交流，有利于满足情感需要，有利于加深相互理解、相互信任。但是，在强烈感情的冲击下，有的大学生忘却了学习、忘却了事业，把自己的一切都寄托在恋爱对象身上。这样一来，一旦失恋就认为一切都完了，心理上无法承受。所以，失去人格的独立，依附于对方，这样的爱情不是真正的爱情。真正的爱情，必须保持人格的独立性，保持双方处于平等的地位，保持一定的心理距离。一个人的独立性越强，在遭到爱情挫折时其承受力就越强。也只有保持自己的相对独立性，在独立的空间里完善自己、丰富自己，才能增强自身的魅力，给对方更多的惊奇和喜悦，才能使爱情的内容更丰富，使爱情更具有生命力。

（三）理性阶段

经历了初恋和热恋之后的男女大学生进入理性爱情阶段，冷静地从感性的爱情经验得出理性的结论，开始审视爱情观，确立起具有理性色彩的爱情条件和模式。比如：男生心目中的女生可能是美丽、大方、温柔；女生心目中的男生可能是学业有成，事业有前途，体贴入微。

（四）现实阶段

最后，恋爱中的大学生变得成熟起来，抛弃了较为浪漫或不切实际的理想爱情，现实地对待感情。大学生们面对种种处境，不得不考虑如何处理爱情与学业或事业的关系，如：毕业后是否能在同一地方就业，双方父母是否同意他们的交往，建立家庭后是否幸福长久，等等。由于爱情所具有的社会属性，大学生在选择恋人时是和一定的社会条件相结合的，所以家庭经济条件、家庭观念、社会地位等都对大学生选择恋人产生重要的影响。这时所考虑的问题都很现实、具体，不再热烈浪漫，有了对爱情的责任感和义务感，并为以后的婚姻生活打下坚实的基础。

二、大学生恋爱心理特点

（一）恋爱公开化

由于大学生活在时间和空间上都相对自由，大学生有充分的时间和精力享受二人世界，体验爱情的甜蜜。他们会充分利用课余时间、周末和节假日时间，特别是在一些特殊的节日（例如生日、情人节、七夕节等）寻求形式上的浪漫与感情上的愉悦。对于大学生而言，恋爱似乎不再是隐秘的，而是光明正大、洒脱热烈的，大学生普遍乐于公开自己的恋爱，甚至有的同学不注意场合和他人感受，在公共场合也做出一些不合时宜的、过于亲密的行为。

（二）注重过程与体验

当代大学生比较注重恋爱过程，强调爱的“现在进行时”，不考虑“将来完成时”。由于大多数同学毕业后的前路未定，去向存疑，许多同学更注重恋爱的过程和体验，对校园恋爱的未来发展没有抱太大的期望。正因如此，一些大学生把谈恋爱当作情感体验，追求恋爱的浪漫与仪式感。恋爱开始阶段以各种新奇的方式向对方表白，让对方感到惊喜；热恋期间购置很多礼物赠予对方，营造浪漫、唯美、愉悦的氛围。这样的爱看起来很美但往往缺乏必要的现实基础，浓重的浪漫色彩掩盖了现实的矛盾。

（三）感情稳定性差

大学生恋爱重过程、重体验，缺少对未来的规划与承诺，感情没有很深的根基，导致在相处过程中容易出现矛盾。由于当代大学生自我意识较强，解决矛盾时更加以自我为中心，在沟通上便更加困难重重。“谈不来就分手”成为很多大学生对待恋爱的态度。因此，很多“有情人”难“成眷属”，产生一批被动失恋的学生，而当中许多学生因恋爱受挫而影响心理健康。大多数被动失恋的大学生经过 1~3 个月的失恋调适期都能从失恋的阴影中走出来，但也有一部分人摆脱不了失恋的阴影，甚至产生心理危机。他们有的产生急性应激反应，茶饭不思、无心学业；有的心怀怨恨，产生报复、攻击性行为；有的情绪低落郁郁寡欢，甚至出现自伤、自杀的行为；有的人格发生改变，对恋爱产生错误的认识，对异性持有不恰当的评价，对爱情存在恐惧逃避的情绪。

（四）责任意识淡化

随着时代的发展，各种自媒体、网络文学的盛行和渲染，使当代大学生的爱情观趋于开放和大胆，逐步摒弃了传统观念的束缚。在激情的驱使下，许多大学生不能正确处理感情与性的关系，不能够理智成熟对待自己的情感问题，只愿享受爱情的甜蜜，忽略爱情背后的责任。部分大学生缺少科学的性知识，对性行为的后果缺少足够的认识，性道德观念相对薄弱，容易出现不计后果的性行为，对自身和恋爱对象的身心健康造成伤害，进而陷入恋爱和性心理困扰之中。

心海导航

读懂马克思：燕妮——马克思的亲密爱人

“生命诚可贵，爱情价更高。”美好忠贞的爱情总是令人憧憬和向往的。青年时代的马克思对爱情的追求也不例外。重温马克思与燕妮一生刻骨铭心的“罗曼史”，我们会从这对恩爱伉俪为共产主义事业奋斗的“崇高的爱情”中，体味什么是“爱情的崇高”！

最深沉激扬的爱情，无法靠单纯的物质条件来构筑，而恰恰需要共同的理想追求来维系，才能执子之手与子偕老。燕妮虽是特利尔城公认的美女、舞会上的“皇后”，一个出身名门贵族、气质非凡、举止优雅的“白富美”，但她抛却了功名利禄、身份地位，毅然选择“貌不出众、家不显赫”的青年马克思作为终身伴侣。从他们私自约定终身到结合，燕妮等待了漫长的七个年头。在这七年中，她除了曾与未婚夫马克思有过少数的几次相聚之外，就只能从远处用自己的思念和书信陪伴他了。在她给马克思的一封信中写道：“你的形象在我面前是多么光辉灿烂，多么威武堂皇啊！我从内心里多么渴望着你能常在我的身旁。我的心啊，是如何满怀喜悦的欢欣为你跳动，我的心啊，是何等焦虑地在你走过的道路上跟随着你……处处有我在陪伴着你，走在你的前头，也跟在你的后面。但愿我能把你要走的道路填平，扫清阻挡你前进的一切障碍。”同时，她还不得不同她的几个贵族亲戚进行十分折磨人的斗争。从那时起，美丽善良的燕妮就已经展现了与马克思理想、精神与价值观的高度契合，特别是与马克思同甘共苦的毅力与决心。

马克思是伟大的思想家，他一生都在研究“金钱”，也是把“金钱”的来龙去脉研究最透彻的人，但是他的现实生活却一直为“金钱”所困。而燕妮作为马克思的伴侣，非但没有因为生活拮据、流离失所而责备、抛弃马克思，反而在料理家务、照顾家庭孩子的同时积极地支持、协助马克思，同马克思一起投入到伟大的斗争中。

马克思写作时的字迹很潦草，一般人很难辨识，燕妮常常为马克思缮写文稿，审阅校对，为马克思手稿能够顺利发表做了很多誊抄工作。由于公开反对资本主义制度，马克思夫妇经常受到普鲁士政府的打压，不仅《莱茵报》被无理查封，连续遭受无端控告，更是在法国与比利时接连遭到驱逐出境。1850 年 3 月底，随马克思一起流亡伦敦的燕妮给好朋友约瑟夫·魏德迈写信，描绘了当时的生活情况："有一天，我正抱着孩子坐着，突然女房东来了，要我付给她五英镑的欠款，可是我们手头没有钱。于是来了两个法警，将我的菲薄的家当——床铺衣物等——甚至连我那可怜孩子的摇篮以及比较好的玩具都查封了。他们威胁我说两个钟头以后要把全部东西拿走。我只好同冻得发抖的孩子们睡光板了……"在流亡巴黎、辗转伦敦的日子里，长期瘟疫般的政治迫害与食不果腹，不仅造成身体每况愈下，就连在流亡英国期间刚刚出生的孩子也在泪水与血水的交织中，结束了短暂的一生。尽管他们婚前跨越等级的爱恋遭受传统势力的百般阻挠，尽管婚后颠沛流离甚至背负丧子之痛，但是他们依然没有被苦难的现实所打倒。

正是为爱笃定，才不离不弃！

燕妮和马克思的现实生活是苦难的，但是互相勉励，彼此支持，成为彼此坚强的精神支柱。世间最可贵、最崇高的爱情，不仅是"你若不离不弃，我便生死相依"的海誓山盟，更是两个伟大的灵魂紧紧拥抱在一起，为了共同的志业不懈奋斗终生。马克思与燕妮坚贞的爱情，并不因为他们是伟人的爱情才显得崇高，而是因为他们的爱情因崇高而彰显出伟大的人格光辉。

东北师范大学马克思主义学院副院长、教授 孟宪生

来源：中国文明网.读懂马克思：燕妮——马克思的亲密爱人[EB/OL].(2018-04-28)[2022-08-17].http://www.wenming.cn/ll_pd/mgc/201804/t20180428_4671288.shtml.

第三节　大学生常见恋爱心理困扰与调适

大学生在追求积极完美的爱情的同时也需要正确地认识恋爱心理发展变化过程，以及可能存在的问题。了解恋爱心理发展过程中存在问题的原因及其矫正方法，对于促进大学生的身心健康具有非常重要的理论和现实意义。

（一）单恋与暗恋

单恋是指一方对另一方倾慕的情感苦于不被对方知道，或者明知道对方不爱自己，却依然深深地爱着对方，从而造成一厢情愿的恋爱渴望现象。

单恋多是一场情感误会，是青少年“爱情错觉”的产物。“爱情错觉”是指因受对方言谈举止的迷惑，或自身的各种主观体验的影响而错误地主动涉入爱河，或因为自以为某个异性对自己有意而产生的爱意绵绵的主观感觉。“爱情错觉”导致一厢情愿式的单恋俗称“单相思”。暗恋是一种毫无理由的单相思，对方毫无表示，甚至还不认识自己，而自己执着地爱着对方、追求对方。

一个人执着地想获得某种心爱之物但又无法获得，这是令人痛苦的事。尤其是爱情，想要得到而又无法获得时，痛苦倍增。这种爱的情感越深，所带来的折磨就越痛苦。在大学生群体中，常常有此类现象发生。例如，某女生暗恋某位出类拔萃的男生，或者某男生喜欢上某位出众的女生，当事人出于羞怯感或自卑感，害怕遭到拒绝，而不敢告诉对方，但又无法控制对对方的思念，无法停止自我折磨，很难从痛苦中摆脱出来。有些学生喜欢的对象已经“名花有主”，但依然苦苦相思，不愿放弃。这种情况并不少见，明知道不可能，但就是陷入这种虚幻的“爱情”中无法自拔。

大学生的心理尚未完全成熟，单恋现象比较常见，且较多出现在性格内向、敏感、富于幻想、自卑感强的人身上。首先是自己爱上了对方，希望得到对方爱的表示，并坚信不疑，从而陷入单恋的深渊而不能自拔。单恋者沉浸在爱的幻想中，固然能体验到某种虚假的快乐，但更多的是情感的痛苦，因为他无法正常地向自己所爱的异性倾诉柔情，更感受不到对方的爱意。

克服单恋的痛苦重在防患于未然，具体有以下几种方法供参考：

1.冷静思考

第一步是要放下内心炽热的情感，准确地观察和分析，冷静地思考：你对某人产生强烈感情的基础是什么？是不是因为春心萌动而产生的某种虚幻的爱情对象？要客观分析和用心明辨对方的表情和信息，避免误解。

要避免“爱情错觉”心理。单恋者由于对自己倾慕的对象一往情深，希望得到对方爱情的动机非常强烈，往往会把对方的言行纳入自己的主观需要来理解，从而造成对对方认知的偏差。以为自己爱对方，那么对方也一定爱自己，对方的一言一行都是对自己示爱，而且越观察越是如此。

2.勇敢表白

如果你经过审慎的思考认为这种情感并非无本之木、无源之水，那么鼓起勇气向意中人表白是摆脱单恋之苦的最好方式。表白之后，如果对方接纳了，那么爱情的快乐就取代了单相思之苦；如果被拒绝，那么在排解失落情绪之后，请面对现实，勇敢地抛弃幻想，重新上路追寻适合你的人生伴侣。

3.转移注意

扩大自己的生活圈子及人际交往范围，多参加体育锻炼或娱乐活动，尝试转移自己的注意力也是应对单恋的方法。用理智战胜感情进行注意力转移，通过思想感情的转换和行为的升华来重新获取心理平衡。

4.找人倾诉

人一旦遇到烦恼和痛苦，存在不良情绪并感觉到痛苦和忧伤时，就需要找个你信任的人进行有效倾诉，及时缓解自己的情绪。这个人可以是你的朋友、家人，也可以是专业的心理咨询师。倾诉不仅能缓解烦恼和焦虑，往往还能听到别人给你的建议和看法，帮你出谋划策。有了朋友和家人的陪伴，相信会使你的内心燃起新的希望，鼓起勇气迎接新的恋情。

心海探索

爱情初体验

过程：

1. 场景模拟：经过平日里的相处，你对对方的印象还不错并产生了好感，有意安排进一步的约会以便更深入地了解对方的个性特点，观察是否与自己有共同的兴趣爱好，价值观是否与自己契合。

请具体地描述你心中的择偶标准，并填写在下方。

2. 请你尽可能精心、详细地安排第一次约会，包括见面的时间、地点、活动的内容等，重点是如何表达对对方的好感。可以摘抄你欣赏的表达方式（当然，更鼓励原创）。请将你表达好感的方式记录在下方。

3. 以小组为单位讨论以下三个问题，将小组讨论结果和你的感想记录下来。

（1）你曾经向心动的对象表达过好感吗，感觉如何？表达好感时有什么顾虑？

（2）向他人表达好感时要注意什么，如何让对方感受到你的好感？列举你认为恰当或不恰当的表达方式。

（二）失恋

失恋是指恋爱中的一方中止恋爱关系后给另一方造成的心理挫折，或者由于各种因素，双方不得不中止恋爱关系后给双方带来的心理创伤。

有研究表明，失恋是大学生在校期间最严重的挫折之一，当事人的心理可能受到惨痛的打击。虽然大多数失恋者能正确对待和处理好恋爱受挫的事实，逐步抚平心灵上的创伤，开始新的生活，但也有一些失恋者不能及时排解这种强烈的负性情绪，导致心理失衡，产生极度的绝望感、孤独感和空虚感。失恋会引起一系列心理反应，如难堪、羞辱、失落、悲伤、孤独、绝望甚至报复，而最主要的情绪反应是痛苦和烦恼。如果这些不良情绪得不到及时排解和转移，容易导致失恋者积郁成疾，严重者甚至采取报复或自伤等极端行为。这种不良的心态会严重影响大学生的身心健康，甚至还会导致一系列的社会问题。

大学生正确对待失恋的方法有以下几种：

1. 找人倾诉

将自己的痛苦向好朋友或心理咨询师倾诉是应对失恋的良方。失恋者在遭到打击之后，应该找一个可以倾诉的对象将内心的痛苦疏泄出来，以减轻心理压力和内心的烦恼，寻求心理的安慰和寄托，在他人的帮助下找到应对失恋的方法和举措。

2. 转移注意力

要学会将自己的情感与注意力适当地转移到失恋对象以外的人或事物上。如在失恋后与周围的同学发展更好的人际关系，交流思想，并从中得到开导与安慰；建立与其他异性的正常交往也不失为一个好办法；积极参加学校各种文体娱乐活动，既可以排解苦闷，又能够锻炼能力，陶冶性情；投身到大自然中，把自己放到辽阔的天地中去，从而得到心灵的慰藉。

3. 调整认知

失恋之所以痛苦，常常是因为在认知层面把对方想象得过于重要，导致对失恋后的生活失去希望。这时候要学会用理智战胜情感，首先要能够意识到感情是双方的事，不能勉强，应该尊重对方的选择；其次可以进行逆向思维，多想想对方的不足与缺点，分析并肯定自己的优点，以饱满的热情与信心迎接新的生活。常言道“塞翁失马，焉知非福”，失恋虽然失去了一次机会，但是却让你进入了一个充满新的选择机会的世界。

4. 升华

这是许多名人、有成就的人在碰到挫折后的一种常见、积极的应对心态。把失恋的痛苦转化为行动的动力，全身心地投入工作和新生活中去，使自己得到更新和升华，许多失恋者因此创造了辉煌的成就。像居里夫人、诺贝尔、歌德、贝多芬等都曾经经历过失恋的痛苦，最后他们都使自己“化悲痛为力量”，给人类留下了巨大的财富。

心海探索

失恋自救

过程：

1. 认识蔡戈尼克效应

德国心理学家蔡戈尼克（Bluma Zeigarnik）曾做过这么一个实验：她交给一些人22种不同的任务，有一半任务要求他们坚持完成，完成后才结束；另一半任务则在中途打断，不让其完成。允许完成和不允许完成的任务出现的顺序是随机排列的。做完任务后，v让他们立即回忆刚才做了些什么任务。结果未完成的任务平均被回忆起68%，完成的任务平均被回忆起43%。这种对未完成的任务比已完成任务的记忆保持得更好的现象，就称作“蔡戈尼克效应”。

(1) 你觉得这个实验向我们揭示了一种怎样的心理现象?

(2) 在生活中，你发现自己有类似“蔡戈尼克效应”存在吗?

(3) 你身边的一些朋友，因为各种原因失恋了，往往是被动失恋的那一方更痛苦，你觉得这是为什么?

2. 齐心协力，寻找失恋的十大好处

尽管失恋是痛苦和不幸的，但并非绝对就是件坏事，在某种意义上失恋还可以说是件好事。请同学们以各小组为单位，分别列举出失恋的好处，每个小组最多可以列举10条建议，之后在全班范围内由全体同学共同评比出最合理、最可行的建议，并将此作为本班同学共同的情感自卫盾牌。

请以下面的句型为模板，完成10句话。

因为我失恋了，所以我获得了 ______________________________ ;

因为我失恋了，所以我获得了 ______________________________ ;

因为我失恋了，所以我获得了 ______________________________ ;

因为我失恋了，所以我获得了 ______________________________ ;

因为我失恋了，所以我获得了 ______________________________ ;

因为我失恋了，所以我获得了 ______________________________ ;

因为我失恋了，所以我获得了 ______________________________ ;

因为我失恋了，所以我获得了 ______________________________ ;

因为我失恋了，所以我获得了 ______________________________ ;

因为我失恋了，所以我获得了 ______________________________ ;

3. 七嘴八舌，探索放松心情、重拾美好心情的方法

尽管失恋后的我心情很不好，但是我不会永远这样的，朋友们告诉我，我可以用这样的方法调整我的情绪。

方法1

方法2

方法3

方法4

4. 冷静思考，分析失恋的原因

这一次我在 ______________________________ 方面没有做好，以后我将在 ______________________________ 方面加以改进。

心海链接

感谢那个抛弃你的人
——苏格拉底与失恋者的对话

苏（苏格拉底）：孩子，为什么悲伤？

失（失恋者）：我失恋了。

苏：哦，这很正常。如果失恋了没有悲伤，恋爱大概也就没有什么味道。可是，年轻人，我怎么发现你对失恋的投入甚至比对恋爱的投入还要倾心呢？

失：到手的葡萄给丢了，这份遗憾、这份失落，您非个中人，怎知其中的酸楚啊。

苏：丢了就是丢了，何不继续向前走去，鲜美的葡萄还有很多。

失：等待，等到海枯石烂，直到她回心转意向我走来。

苏：但这一天也许永远不会到来。你最后会眼睁睁地看着她和另一个人走了去的。

失：那我就用自杀来表示我的诚心。

苏：但如果这样，你不但失去了你的恋人，同时还失去了你自己，你会蒙受双倍的损失。

失：踩上她一脚如何？我得不到的别人也别想得到。

苏：可这只能使你离她更远，而你本来是想与她更接近的。

失：您说我该怎么办？我真的很爱她。

苏：真的很爱？

失：是的。

苏：那你当然希望你所爱的人幸福？

失：那是自然。

苏：如果她认为离开你是一种幸福呢？

失：不会的！她曾经跟我说，只有跟我在一起的时候她才感到幸福！

苏：那是曾经、是过去，可她现在并不这么认为。

失：这就是说，她一直在骗我？

苏：不，她一直对你很忠诚。当她爱你的时候，她和你在一起，现在她不爱你，她就离去了，世界上再没有比这更大的忠诚。如果她不再爱你，却还装得对你很有情谊，甚至跟你结婚、生子，那才是真正的欺骗呢。

失：可我为她所投入的感情不是白白浪费了吗？谁来补偿我？

苏：不，你的感情从来没有浪费，根本不存在补偿的问题，因为在你付出感情的同时，她也对你付出了感情，在你给她快乐的时候，她也给了你快乐。

失：可是，她现在不爱我了，我却还苦苦地爱着她，这多不公平啊！

苏：的确不公平，我是说你对所爱的那个人不公平。本来，爱她是你的权利，但爱不爱你则是她的权利，而你却想在自己行使权利的时候剥夺别人行使权利的自由。这是何等的不公平！

失：可是您看得明明白白，现在痛苦的是我而不是她，是我在为她痛苦。

苏：为她而痛苦？她的日子可能过得很好，不如说是你为自己而痛苦吧。明明是为自己，却还打着别人的旗号。年轻人，德行可不能丢哟。

失：依您的说法，这一切倒成了我的错？

苏：是的，从一开始你就犯了错。如果你能给她带来幸福，她是不会从你的生活中离开的，要知道，没有人会逃避幸福。

失：什么是幸福？难道我把我的整个身心都给了她还不够吗？您知道她为什么离开我吗？仅仅因为我没有钱！

苏：你也有健全的双手，为什么不去挣钱呢？

失：可她连机会都不给我，您说可恶不可恶？

苏：当然可恶。好在你现在已经摆脱了这个可恶的人，你应该感到高兴，孩子。

失：高兴？怎么可能呢，不管怎么说，我是被人给抛弃了，这总是叫人感到自卑的。

苏：不，年轻人的身上只能有自豪，不可自卑。要记住，被抛弃的并不意味着就是不好的。

失：此话怎讲？

苏：有一次，我在商店看中一套高贵的西服，可谓爱不释手，营业员问我要不要。你猜我怎么说，我说质地太差，不要！其实，我口袋里没有钱。年轻人，也许你就是这件被遗弃的西服。

失：您真会安慰人，可惜您还是不能把我从失恋的痛苦中引出。

苏：是的，我很遗憾自己没有这个能力。但，可以向你推荐一位有能力的朋友。

失：谁？

苏：时间，时间是人最伟大的导师，我见过无数被失恋折磨得死去活来的人，是时间帮助他们抚平了心灵的创伤，并重新为他们选择了梦中情人，最后他们都享受到了本该属于自己的那份人间之乐。

失：但愿我也有这一天，可我的第一步该从哪里做起呢？

苏：去感谢那个抛弃你的人，为她祝福。

来源：后哲．苏格拉底和失恋者的对话[J]．科海故事博览，2008（6）：1.

（三）盲目从众

从众心理即指个人受到外界人群行为的影响，而在自己的知觉判断、认识上表现出符合于公众舆论或多数人的行为方式。恋爱从众心理是个体对恋爱有关事件的评价及相应行为易受众人言行左右的心理现象，是从众心理在恋爱行为中的表现。恋爱者的择偶标准、求爱方式、恋爱关系等会受到外界评判的影响。恋爱的从众心理有积极的一面，也有消极的一面。众人的恋爱标准和方式有助于避免恋爱的偏差，但如果由外界评价左右自己的恋爱，容易导致个体在爱情里迷失自我。成熟者的恋爱是参考、借鉴他人的意见和方式，做出符合自己的选择。

在大学生中，经常能看到很多同学谈恋爱不是因为遇到了适合自己的灵魂伴侣，而是看到其他同学谈恋爱，自己感到孤独、好奇甚至是赌气式的模仿。也许细心的你会发现，一个宿舍有部分同学谈恋爱之后很快整个宿舍都开始谈恋爱。这就是大学生恋爱中所存在的没有明确恋爱动机的盲目从众现象。

大学生盲目从众心理的调适应该从多方面展开：

1. 营造良好的学习氛围

从众现象不仅发生在恋爱领域，学习行为也可以从众。一个积极向上、注重学习的学习氛围，会促使学生将大量的时间和精力投入学习中而不是盲目从众地去恋爱。大学生不妨将对恋爱的过分关注与模仿转移到学习和文体活动中去。

2. 树立对恋爱的正确认识

大学生要清楚自己为什么谈恋爱，自己的职业生涯规划是怎样的，不要为了排解寂寞而恋爱，不要因为盲目攀比去恋爱，不要因为对方的死缠烂打放弃了自己的原则。

3. 确立正确婚恋目标

人生的每个阶段都有需要完成的任务和目标，大学期间首要任务是充实自己，从而为自己将来立足社会奠定充实的基础。恋爱在大学期间是可以作为次要目标存在的，如果将其作为必须完成的首要目标，显然有失偏颇。

4. 树立自信，培养主见

大学生要有意识地培养自信心和独立意识，通过训练，学会独立思考，根据自己的认识和判断，独立处理问题、解决问题，培养把握和驾驭自己的能力。

心海探索

非诚勿扰

过程：

1. 对于每一个走向成熟的人来说，爱情都会成为他生命中的重要课题。就大学生而言，无论你已经拥有了爱情，或是即将去拥抱爱情，都需要清晰地认识自己选择爱人的条件。下面请你用形容词、词组或句子的形式写出自己选择恋人的五条标准。

第一条：

第二条：

第三条：

第四条：

第五条：

2. 以宿舍为单位组成小组，在小组内部分享自己的择偶要求，最终形成本宿舍的五条择偶标准。

第一条：

第二条：

第三条：

第四条：

第五条：

3. 待各小组全部写完之后，各组同学一起猜想另一半同学的答案（即男生小组猜想女生所写的内容，女生小组猜想男生小组所写的内容），并按照上面的格式记录下来。

4. 各小组在全班范围内轮流报告小组的答案，大家看看自己的猜想和对方实际答案的吻合程度如何。

5. 讨论与思考。请将你对于下列问题的感想记录下来。

（1）择偶标准是必要的吗，不同的伴侣对今后的人生道路有何影响？

（2）我的择偶要求，受到家人、朋友与社会舆论价值观怎样的影响？

（3）假如将来很长一段时间找不到中意的对象，我愿意接受这种孤独还是降低自己的要求找一个伴？孤独对我而言意味着什么？

（4）我对自身哪些特质感到满意，我值得被爱吗？

（5）对于爱情，我有哪些期待？

心海链接

从众心理

从众是指个人的观念和行为由于群体直接或隐含的引导或压力而与多数人保持一致的倾向。心理学家阿希对此设计了一个精巧的实验。

研究过程中只有1人是真正的被试，其他被试是实验助手假扮的。被试的任务是，在每呈现一套卡片时，判断A、B、C三条线段中哪一条与标准线段X等长（实验材料如图14-3所示）。实验开始前几次判断，大家都一致做出了正确的选择，从第7次开始，假被试（实验助手）故意作出错误的选择，研究者开始观察真正的被试是独立还是从众。结果发现，当真被试只是和一个人出现意见不同时，很少出现从众行为。但随着小组人数增加到4人时，从众行为发生的频率上升了。因此，阿希推论当小组人数增加时从众行为会增加。

规范性影响和信息性影响是导致从众现象的关键因素。规范性影响指人们由于畏惧消极的社会后果选择服从社会规范。也就是说人们之所以从众，是因为害怕被批评或被拒绝。信息性影响指人们在不明确的情况下，通过观察他人的行为为自己的行为提供指导。例如当一个人不知道如何刷卡进地铁站，那么他会观察其他人是如何操作的。

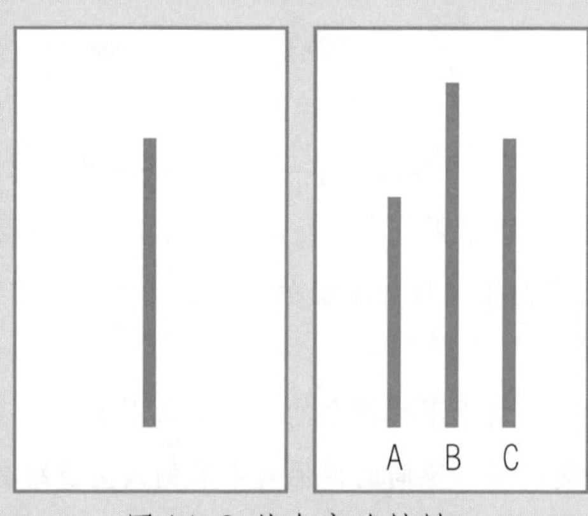

图14-3 从众实验材料

（四）恋爱中的嫉妒心理

恋爱中的嫉妒心理很常见，表现形式也多种多样，归纳起来有两种不同的性质：

1. 自然性嫉妒

自然性嫉妒或多或少人皆有之，因为爱情是专一的、排他的。瓦西列夫（Vasilev）说：“由于意识到可能失掉亲爱的人而感到潜在的忧虑，渴望亲密的关系永远圆满，这种嫉妒是爱情的一个组成部分。”爱情中的自然嫉妒常常是爱的晴雨表。

2. 变态性嫉妒

当恋爱中的嫉妒发展到一定程度就会产生极强的占有欲和控制欲，它发展到极点就会给对方和自己带来灾难。所以，每一位恋爱中的大学生都应当避免。变态性嫉妒有3个特征：猜疑、敌意、报复。变态性嫉妒常常给人狂热的感觉，双方的感情也会因为猜疑而变得不稳定。

克服变态性嫉妒的方法有如下几种：

（1）明确恋爱的双方是完全平等的。有变态性嫉妒的人往往想占有对方，认为对方是自己的私有财产，因此不能以平等的态度对待恋人，不能尊重对方的人格和自由。

（2）正确理解排他性与专一性。爱情的排他性和专一性必然要求双方把忠贞作为自觉承担的一种道德责任，但它与自私和占有欲是完全相悖的。生活中的许多爱情悲剧告诉我们爱情中自私与占有的成分越多，嫉妒表现就越突出；越是将爱情看作私有品，就越是要求对方成为自己的附庸,从而产生各种不可理喻的嫉妒。所以,必须正确理解和对待爱情的排他性与专一性。

（3）用理智战胜情感。人是万物之灵，不是动物，作为人必须具备理智的。一个理智比较强的人，即使产生了嫉妒和疑心也会进行冷静的分析，正确地处理，而不让嫉妒蒙蔽了双眼，不让嫉妒成为爱情的障碍，不会敌意满满，更不会进行报复。理智能让爱情更醇厚悠长，给对方一定的自由和空间是爱情得以长存的良药。

第四节　大学生恋爱能力培养

爱的能力是指和他人建立亲密关系的能力，它对人的一生发展有着重要的意义。具有了爱的能力会引导一个人去真正地爱他人，也真正地爱自己，能真正体验到爱给人带来的快乐和幸福。心理学家弗洛姆（Erich Fromm）在《爱的艺术》中将爱的能力定义为："爱是人的一种主动的能力，一种突破把人和其他同伴分离之围墙的能力，一种使人和他人相联合的能力；爱使人克服了孤独和分离的感觉，但它允许个体成为自己，允许个体保持他的完整性。"简言之，爱的能力就是指一个人与他人建立亲密关系的能力。它体现为个体的综合素质，既有个体在关系中获得爱的能力，又有在爱的过程中恰当地呈现爱的能力。具备了这种能力，人就有可能与他人发展真爱，并能够真正体验到这种真爱给人带来的快乐与幸福，同时也真正地爱自己。恋爱需要爱的能力，而恋爱的过程也是培养爱的能力的过程。

一、爱自己的能力

如果说，在世界上有一个人能够永远陪伴你、理解你，那就是我们自己。我们只有先学会爱自己，才能学会爱他人。一个人，一定要有爱自己的能力，才会有去爱他人的能力。如果一个人有能力产生爱，他一定首先学会爱他自己。如果他仅爱其他人，他就根本不能爱，因为我们没有办法给别人连自己都没有的东西。自私和自爱是不同的，它们本质上是对立的。正如弗洛姆所言，"自私的人不是爱自己太多，事实上他是仇视自己"。因此在爱别人之前，先学会爱自己是十分重要的。

二、鉴别爱的能力

当前大学生的恋爱形式已经呈现出与过去不一样的特点。各种手机应用、社交网站、婚恋平台的兴起，在带来便利性、广泛选择性等优点的同时也存在安全隐患。由于网络上的恋情无法得到现实生活中他人的评价，因此大学生自己要有较高的鉴别能力和自我保护意识。首先，不提倡与网上认识的人见面，网上的姓名、年龄、工作单位都可以是假的，说不定你认为的知心网友现实中是一个品质低劣的人。现实中要了解一个人都需要很长的时间，更何况是虚拟的网络。其次，如果决定要见面应该慎之又慎，如果确实非见面不可，应告诉监护人或者朋友，找个同伴同行，不要单独赴约，选择白天在人多的公共场所见面，尽量不要与其独处。

鉴别爱的另一个方面是指能较好地分清好感和爱情。青年人在性发育成熟时，便开始被异性吸引，对异性产生好感，开始有寻求恋人的需要，这是人生理上的自然本能。但在生活中，一些大学生容易将这种异性之间的互相吸引而产生的好感等同于爱情。其实异性之间并非只要有好感便能产生爱情。异性之间的好感一般来讲是广泛的、无排他性的；而爱情最重要的特征之一就是专一的、排他的。好感常常表现为人们一时出现的情绪感受，而爱情则是在长时间相互了解之后而形成的稳定的情感。

三、表达爱的能力

表达爱需要勇气，也需要技巧。一般来说，不宜在认识不久就提出恋爱邀请，这样会吓到对方或者让对方感到唐突：“你对我了解多少，怎么就说这种话，把感情当什么了？”同时也会给对方造成冒失、冲动、不成熟的印象。因此，一般建议相处一段时间之后，当彼此有了一些了解，相互之间的感觉也不错，比较有理由说服自己“为什么喜欢他”，而不单只是外在吸引力在作祟时，再提出来。

向另一个人表达感情是很让人紧张、期待和兴奋的，见到对方的一刹那欣喜之后往往又伴随着不自在，不知道该说些什么好。要面对表白时的紧张，最好的策略是保持一颗平常心。应该要有这样的心态：我有权利表达我的爱意，对方也有权做出属于他 / 她的决定，倾听自己内心的声音同时也要尊重对方的决定。个人的价值不会因为被拒绝而消失，对方也不会因为拒绝自己而有负罪感。

至于具体的表白方式，可根据自己和对方的个性以及自己擅长的方式来决定，宗旨是要在对方的接受范围内使对方感到诚意。在爱的表达中存在一个误区，以为不需要用言语表达，对方就能接收到爱的信号。“我都表现得这么明显了，难道还不知道我的意思吗？这个用不着我讲了。”许多人甚至会把这种“心领神会”当作检验爱情的一种方式。许多有缘无分的爱人就是因为这样的心理定式作怪而擦肩而过。学习直接而明确的言语表达，是建立恋爱关系以及维持恋爱关系的重要能力。

心海探索

爱与付出

过程：

1. 请思考并回答以下问题。

（1）在平日生活里，我们的亲人、朋友、同学都曾给予我们温暖，他们为我付出了什么？

（2）在恋爱中，你愿意为对方付出什么，期待获得怎样的回应？

（3）有人说真爱是不计回报地付出，有人认为过多的付出只会显得自己卑微，谈谈你是如何理解爱情中的付出与回应。

2. 班级分享讨论。

四、维持感情的能力

有时我们根据自己的需求出发为对方付出，觉得对方一定会有所感应，但你是否了解对方，是否问过自己一个问题“这是他 / 她需要或者期待的吗？”我们都知道己所不欲，勿施于人，然而还有很重要的一句话是“已所欲，更勿施于人”，你认为自己的付出能打动对方，甚至会令其感激涕零，这其实是满足了你的自恋而已，你不是在和另一个真实的人在恋爱，你是在和“自己”恋爱。去了解对方，满足他 / 她所期待的，比你一味地付出更重要。

我们都知道这样的道理：一个人对你好是因为爱你。这种好并不是天长地久的，如果付出得不到回应，那么久而久之再火热的心也会冷却。现实情况并非我们不知回报，不懂感恩，只是我们已经习惯麻木了。在爱情初始的时候都能彼此感觉到对方的好，久而久之习惯了对方的好，习惯了得到，也渐渐忘记了感恩。学会感恩不意味着让你时刻感到自己亏欠对方，相反，它会让你有获得感与满足感，让你明白对方的好，更珍视对方，更心甘情愿地为对方付出。

五、拒绝的能力

拒绝人是一件很难的事，大学生在很多情况下不能拒绝别人的爱意。很多人都有过这样的体会，如果有一个人追求自己或者倾心于自己，就算这个人不是自己非常喜欢和接受的人，也不愿意让这种好感觉流失掉。这种暧昧不清的态度往往容易造成误会，例如一个男生向一个女生表白，女生不答应，但是会经常对男生提出各种请求，让男生明确感觉到他们的这种关系跟一般同学不一样。这种暧昧在给表达爱情的人带来许多苦恼的同时，有时候也会让不拒绝的一方陷入对自己品格的怀疑中：“我是不是一个玩弄感情的人？”

有爱的能力的人不是对爱来者不拒，或者简单粗暴地将自己不认同的爱拒之千里。拒绝爱的能力，首先表现为对他人的尊重，要感谢对方对自己的欣赏和感情；其次要态度明确，表达清楚和对方只能是什么样的关系，同学还是一般朋友，或者什么都不是；最后是行动与语言要一致。可能有些同学怕对方受伤害，虽然语言上拒绝了对方，但是行动上还与对方有较亲密的接触，如单独去看电影、吃饭等，使对方产生误解，认为自己还有机会，于是纠缠在与自己的情感中。

当爱情不在了，彼此该怎样分手呢？下面这 14 条供大家参考。

1. 你要认识到，失恋时伤心难过是难免的。尤其是男性，不要否认、压抑自己的情绪。人们常说“男子汉大丈夫，流血不流泪”，但就是因为男性不容易面对自己的失败，该哭时不哭，有人就长久地被情感折磨着，损耗自己的生命。失恋了，就痛痛快快地哭，这种哀伤是需要一定时间和措施去处理的。

2. 分手要选择在适当的时机提出。有一对大学生情侣，某天晚上约会过后，女朋友什么都没说，回到宿舍却打电话来说分手。第二天男生就要参加一场重要的考试，由于事先没有任何的信号，所以他一下就崩溃了。因此，假如你要和对方分手，千万不要这么残忍。

3. 分手之前要有周详的考虑。尽量给对方一些准备的信号，让对方有充分的时间进行心理的适应并参与决定。单方面宣布决定，对对方来说是不公平的。

4. 主动提出分手的一方，要勇敢地面对。不可逃避责任，也不要说“我们从来没有爱过”来自欺欺人。这是非常不负责的，也让对方受到更严重的伤害。

5. 在顾及对方感受和尊严的情况下，真诚地、具体地讲出为什么要分手。不过千万不要用批评的态度，不要把对方的毛病都挑出来，比如说“你就是没有男子气”“我忍受不了一个女孩这么主观，说话这么凶”。分手时，仍要尊重和体谅对方。

6. 既然做了决定，不要出尔反尔，行动不要拖泥带水。有些人喜欢说：“我虽然不再是你的恋人，还可以做你的哥哥”，这将会使痛苦延续下去，而且反映了他们的优柔寡断和不成熟。

7. 被动的一方，不要拒绝沟通。有些人在对方提出分手时就说“我不听”，电话也不接，想以此逃避，这是非常不成熟的做法。相反地，要勇敢地争取机会做坦诚的讨论。

8. 被动的一方，不要死缠烂打。有人说“你不爱我我就去死”，如果对方还不“感动”，就真的去自杀了。这是非常软弱、非常可怕的一种行为，因为生命太宝贵了。而且死缠烂打往往会令对方变得更加讨厌自己，使自己更难受与痛苦。

9. 被动的一方不可以意气用事。有些人“自尊”过高，失恋了就要报复、要示威，比如女朋友提出分手，第二天他就找个更漂亮的、大家都追求的女孩子，表示自己没有受伤。“你看，你不要我，我有能力找比你更漂亮的对象！”其实这种行为非常幼稚，于事无补，还会给自己带来更多的伤害。

10. 被动的一方千万不要因此自卑。失恋只是生命中碰到的一个失败，不要以偏概全，把自己整个否定了。在感情上受伤，很容易自暴自弃。

11. 分手的初期最好不要见面：常见面时，情绪就容易被挑起来。如果是在一个教室上课，要尽量找看不见对方的角落。倘若自己主动找机会去“见”对方，实在是在折磨自己。

12. 短期的退隐行为是可以被接纳的措施。比如你是学校学生社团的负责人，你失恋以后觉得自己情绪低落，需要一段时间调整，可以告诉部门的其他负责人，这两三个星期你无法承担社团的工作，希望他们能给予理解和支持。我们要承认自己在一个很大的情绪创伤中，需要休息和冷静。但是，退隐不能很长，要尽快地调整自己的情绪，重新站起来。

心海探索

拒绝的艺术

过程：

在大学生的恋爱中，分手是一件比较常见的事。很多同学之所以会因失恋而受到重大的心灵创伤，与处理分手的方式不当有很大的关系。那么，作为提出分手的一方，应该怎样表达才能尽可能降低对他人的伤害呢？请大家在小组活动中共同设想攻克这个难题的方法。

1. 设想一对已经交往了一年的恋人之间出现了矛盾，一方提出分手，而另一方仍希望在保持恋人关系的基础上做出相应改变。

2. 以3人一组模拟分手情景。其中两名同学扮演提出分手的同学（角色A）和不同意分手的同学（角色B），进行一段5分钟左右的对话。另外一位同学作为观察员，观察并记录谈话过程中的经典对白。

3. 全班级同学就如何妥善地拒绝对方，进行分享和讨论，并将讨论后的体会与感想记录下来。

13. 男女都可以提出分手，并非只有某一方可以主动提出。

14. 如果你处理不了，不要死撑下去，可以找朋友、老师、心理咨询师，找任何一个人。不要让懊恼、痛苦长期地损耗你的生命。

心海导航

马克思主义恋爱观（节选）

如果你在恋爱，但没有引起对方的反应，也就是说，如果你的爱作为爱没有引起对方的爱，如果你作为恋爱者通过你的生命表现没有使你成为被爱的人，那么你的爱就是无力的，就是不幸。

来源：《1844 年经济学哲学手稿》，载《马克思恩格斯全集》第 42 卷，北京：人民出版社，第 155 页 .

暂时的离别是有益的，因为经常的接触会显得单调，从而使事物间的差别消失，甚至宝塔在近处也显得不那么高。而日常生活琐事若接触密了就会过度地胀大。热情也是如此。日常的习惯由于亲近会完全吸引住一个人而表现为热情，只要它的直接对象在视野中消失，它也就不再存在。深挚的热情由于它的对象的亲近会表现为日常的习惯，而在别离的魔术般的影响下会壮大起来并重新具有它固有的力量。我的爱情就是如此，只要我们一为空间分隔，我就立即明白，时间之于我的爱情正如阳光雨露之于植物——使其滋长。我对你的爱情，只要你远离我身边，就会显出它的本来面目，像巨人一样的面目。在这爱情上集中了我的所有精力和全部感情。

来源：《马克思致燕妮 · 马克思》，载《马克思恩格斯全集》第 29 卷，北京：人民出版社，第 515 页 .

参考文献

[1] 陈建 . 大学生心理健康教育 [M]. 北京：北京理工大学出版社，2011.
[2] 连榕，张本钰 . 大学生心理健康 [M]. 第 2 版 . 北京：北京师范大学出版社，2016.
[3] 李庶泉，耿润 . 大学生心理健康教育 [M]. 天津：南开大学出版社，2015.
[4] 王水仙，陈海波，董晓薇 . 大学生心理健康教育 [M]. 长春：吉林大学出版社，2014.

（周　曦）

第十五章　两性成长

古语有曰，“食色，性也”(《孟子·告子》)，“饮食男女，人之大欲存焉”(《礼记·礼运》)。性是人类最严肃的话题之一，它是人类繁衍的必要手段。人是高级动物，大脑神经可以对低级神经冲动信号（例如性冲动）进行克制或放大，同时，人类大脑发达的第二信号系统也能通过文字、图片等信息触发或克制低级神经冲动信号。为了符合法律和道德规范，人类必须根据情况控制自己的低级神经冲动信号。本章介绍了性的相关概念，性规范，大学生性心理、性行为中的自我保护，以及常见的性心理障碍。

第一节　性别与性

一、性别概述

（一）性别的概念

从婴儿出生，社会影响就开始形成这个婴儿的性别身份，塑造他 / 她未来的角色。每个社会都有一套规则来规定这个社会中的男性和女性应该如何举止。很早的时候，男孩和女孩就学着去遵守这些既定的行为标准，实践这些被他人接受的规则。到大约七八岁的时候，大多数孩子都形成了性别恒常性。他们意识到即使人的外表和行为都变了，他们的性别也不会发生改变。当孩子认识到性别是永恒的，出于对自己的行为与已知的正确行为的一致性的内在需要，他们就会主动按照男孩或者女孩“应该的方式”来做事情。

由于受成长环境、教育、社会风俗等的影响，每个人都会对自己的性别角色有一个认识。当我们对自己的性别特征有足够的自信时，就能与自己的性别特质和平相处。比如，男性认可自己的男性特质（如勇敢、果断、刚毅等品质）时，就不会刻意去追求如何“男人”“爷们”，即使有人嘲讽他“娘娘腔”，他也不会太在意，只会一笑了之。

两性对感情的需求是有差别的。比如，对女性给予关心，她会感到幸福。女性可能更需要被赞美。而男性则可能需要忠诚，需要女性对他的崇拜。男性需要被信任，这会让他有成就感与满足感。男性获得肯定与鼓励，会更勇往直前。

性别的核心是自我认同，别人可以帮助你发现自己的性别特质，但是只有你能决定自己的性别特质要朝向哪里发展。性别特质的形成既是对自身处境的反应，也是受社会风俗影响的结果。也就是说，性别上的特质并不是由客观的生理构造所决定的，生理构造虽有影响但并不起决定作用。一个人身上其实会同时具有男性特质和女性特质。这不同于我们通常所说的“不男不女”。女性首先具有一定的女性特征，比如温柔、可爱、细腻等；同样，男性也具备一定的男性品质，如男性要有阳刚之气，要勇敢、坚强、主动等。但是，除此以外，魅力女性也坚强、主动，而魅力男性也需要有细腻的一面。往往我们更喜欢那些具有双性化特质的人。具有双性化特质的人，其人格同时具有男性与女性特质的优点，既独立又合作，既果断又沉稳，既敏感又豁达，既自信又谨慎，既热情又成熟。所以，一个人也需要练就一些异性特质。

心海探索

拷贝不走样

过程：

我们平常有时候会说“男女有别”，而男生和女生在行为动作上有什么区别呢？现在我们就来试试由异性拷贝自己的行为动作。

1. 头脑风暴

男生和女生在语言、行为动作上有什么样的不同，有哪些语言、动作你认为是男生所特有的，而哪些语言、动作你认为是女生特有的？（比如说“讨厌”这类词汇、翘兰花指这类动作，你是怎么看的？）

2. 如果请你表演一段能体现自己性别的语言、动作，之后指定班上的某位异性来拷贝这些语言、动作，你会指定谁？为什么？

3. 在相互模仿的过程中，你有什么样的感受？好玩，尴尬，不安？为什么有些同学会感到很尴尬、很不安？

4. 男人与女人除了这种不同行为方式的差异外，通常还有哪些不同的感情需求？比如在关心、了解、尊重、忠诚、认同、安慰、信任、接受、感激、赞美、肯定和鼓励等情感需求方面有什么不同？

5. 你认为是什么原因导致了差异，是生理结构不同，后天教育环境，还是社会文化氛围？

传统意义上，我们以基因为划分标准，将人类性别划分为男性和女性，但实际生活中，对性别的模糊定义导致少数个体难以确定自己的性别，或因性别界定问题饱受困扰。

在目前已有的学说中，按照基因、生殖器性别、心理和社会认同等标准，可将人类性别划为数个种类，近几十年该领域的研究与学说还在逐渐增多。

心海探索

我的性别特质

曾有一个小品《女神与女汉子》风靡中国，引发了对女性特质的一些思考。女性和男性分别要具备什么特质呢？

过程：

1. 请你进行头脑风暴，写下你认为男性和女性所具有的典型特质。

2. 你怎么看待这种男女身上的不同特质？是不是越具有自己性别的特质，就越受异性喜欢？

3. 男性与女性之间的特质是否完全不同？

4. 怎样的人格特质你认为是健康的？

5. 你自己有哪些男性特质与女性特质，这些特质是怎么来的？

6. 你对自己的哪些特质感到满意，它给自己带来哪些好处？对哪些特质感到不满意，它给自己带来什么困扰？自己欠缺什么特质，今后会如何改变？

心海探索

胚胎期选择权

我们都知道，你无法决定自己的性别，但现在让我们来假设一下，假如你在胚胎期能够决定自己的性别，你会做何选择？我们一起来更深入地探索自己对性别特质的认同。

过程：

1. 如果你在胚胎期拥有了选择权，你想成为和现在相同的性别还是相异的性别？为什么？

2. 请为你选择的这个性别做一个人设，他／她会拥有哪些性别特质？为什么想拥有这些性别特质？

3. 真实的你，现在拥有哪些性别特质？还想拥有哪些性别特质？想改变哪些性别特质？为什么？

二、性的概述

（一）性的概念

性是一个人人格的组成部分，是生物学、心理学、社会文化等不同维度内容交织在一起的复合体。性的生物学领域探索诸如男性和女性的解剖学和生理学、性别和遗传学领域，包括影响性经历的遗传因素。性的心理学领域是人格中性方面和其他心理因素的混合物，涉及亲密关系的发展、爱情的经历、身体形象、自我概念和自我价值、性别身份、与性创伤有关的感觉、与性取向有关的感觉和情感、人际关系、性态度、性决定和沟通技巧。性的社会文化领域影响性和性活动，这一领域涉及社会身份、文化根基、种族、族群、性态度、性知识和性规范、宗教、传媒、性教育。

（二）性少数群体

性少数群体是指在性倾向、性别认同、性身份或性行为等方面与社会上大多数人不同的群体，主要指的是性倾向非异性恋的群体、跨性别群体、非二元性别群体等性少数群体。性少数群体是一个广泛的概念，既包含了媒体中常说的LGBT+（彩虹族群，即女同性恋、男同性恋、双性恋、跨性别、酷儿、间性人、无性恋等），也包含了一些自我认同既不是顺性别异性恋，也不是LGBT+的人群（如存在性发育障碍的人）。

1. 性倾向少数

性倾向指的是一个人对和自己不同性别、相同性别或不仅限于一个性别的个体具有深度情绪、情感和性的吸引，以及与之建立亲密关系和性关系的能力。目前，无论社会文化背景如何，当今世界的大多数人都为异性恋者，异性性行为也是迄今为止最常见的性行为类型。所以其他性倾向的个体均属于性少数群体，这些群体有：

同性恋：对同性产生情感、爱情或性的吸引。2014 年的调查数据显示，中国的同性恋者人数达 7000 万人，其中男女同性恋者的人数均在 3500 万人左右。

双性恋：对同性和异性都能够产生情感、爱情或性的吸引。根据美国的比例计算，中国大约有 600 万左右女性和 300 万左右男性为双性恋者。

无性恋：对他人（无论是同性还是异性）无法或者很难产生性的吸引。一项 2006 年的研究估算，全球约有 1% 的无性恋者。

以及其他不常见的性倾向，如疑性恋、泛性恋、多性恋等。

2. 性别认同少数

性别认同指的是一个人基于个人体验，从内心深切感受到的性别，可能与出生时既定的生理性别一致或不一致。

目前，大部分人的性别认同均与自己出生时的生理性别一致，即为顺性别群体；不一致的群体即为跨性别群体，即性别认同中的少数群体。他们包括跨性别女性和跨性别男性：分别指出生时生理性别为男性、性别认同为女性的跨性别者和出生时生理性别为女性、性别认同为男性的跨性别者。《2017 年中国跨性别群体生存现状调研报告》显示，跨性别女性约占跨性别群体的 33.7%，跨性别男性占 30.9%。

性别酷儿：一种不认同以男女二元性别分类的性别认同。性别酷儿表达了对二元性别划分的质疑。《2017 中国跨性别群体生存现状调研报告》显示，性别酷儿约占跨性别群体的 26.4%。

3. 其他性少数

除了以上群体，还有一些其他的性少数群体。如间性人，指那些出生时的性特征不符合男性或女性身体的典型二元特征的人。

第二节　性规范与大学生性心理

一、性规范

性规范 (sexual scripts) 是从社会中习得的性反应内容，即该做什么，做的时间、地点和方式，和谁做，用什么来做，为什么这样做的相关规则。你的性规范不仅包括从你的角度来说适合的情节，还包括你对性伙伴的期待。

现在普遍存在三种最主要的性观念和性规范。第一种仍坚持着以生殖为性的唯一合法理由的规范，认为只有为了生殖的性才是正当的。第二种性规范认为，性是爱的需要，认为爱与性是紧密地联系在一起的。有爱才能有性，没有爱的性是不道德的，是违反性规范的。第三种性规范认为，性的目的是娱乐，性仅仅是人生多种快乐的来源之一。

当这些规范没有被认识、被讨论、不一致时，不同的规范就会引起性伙伴之间的适应问题。每个人都是自己身体的主人，既要充分尊重对方也要注意保护自己。

二、大学生性心理

（一）大学生性心理特点

由于所处环境、社会地位和文化阶层较为特殊，大学生会产生性心理上的一些特有矛盾。例如，在性意识上的独立性与依赖性矛盾、对性道德观念的批判性与片面性矛盾、与异性交往中的严肃性与狂热性矛盾等。具体而言，大学生性心理具有如下四组特征：

1. 本能性与朦胧性

进入大学后，大学生更加积极主动地关注自我发展，包括自身的生理和心理发展。大学生在生理上日趋成熟，导致心理上产生了接近异性的愿望。然而，由于自身的性心理基本上是由生理上的急剧变化而带来的本能作用，大学生往往是怀着好奇心，秘密地探求性知识，对异性的兴趣、好感及爱慕还比较盲目和单纯。

2. 强烈性与文饰性

大学期间，大学生的心理发展由朦胧纷乱的阶段逐渐发展为强烈的性意识。例如，大学生十分重视自己在异性心目中的形象，十分看重来自异性的评价，并按照异性的要求和希望来进行自我评价和塑造自己的形象。然而，尽管大学生在心理上对性问题和异性都很关注、很敏感，但是在行为上却表现得拘谨、羞涩和冷漠，具有明显的文饰性。

3. 冲动性与隐蔽性

青年时期是性欲望和性冲动最强烈的时期，这是正常的心理生理发育现象。但是由于大学生的性心理还未完全成熟，还未形成较正确的性道德观和恋爱观，因而很容易受外界因素的不良影响而产生冲动。同时，大学生对自身有较高的要求，他们十分重视自己在异性心目中的形象和价值，往往不轻易将心中所思所想吐露出来。

4. 压抑性和宣泄性

大学生对接触异性的渴望与学校、家长、社会的严格限制会发生矛盾，一些人会因此产生强烈的压抑感，也有一些人的性能量会以扭曲、不良甚至变态的方式进行宣泄，如“厕所文学”“课桌文学”“窥视癖”等。

（二）大学生性心理的影响因素

大学生性心理的发展将随其性生理的逐渐成熟而发展变化，这种发展变化主要受到生理、心理水平的不断提高以及社会环境等因素的影响。人的生物学属性是性心理产生的基础。大学生性生理已基本成熟，有效的神经调控、良好的内分泌环境和健全的性器官是其性心理产生的基础，性心理是性生理成熟的产物。

大学生的性心理水平比较高，一方面，他们的性冲动会通过性欲望、性幻想、性梦、性情感表达出来；另一方面，他们会通过小说、诗歌、戏剧、舞蹈、音乐、美术、摄影、雕塑以及服饰等途径进行性心理补偿。

社会文化背景会直接影响大学生的性态度。另外，社会的道德观念、舆论导向也会影响大学生性心理的产生和发展，从而形成这个群体内部特有的性道德价值取向和舆论氛围。由于个人对群体的心理依附作用，个体会服从并认同群体的性道德舆论，慢慢内化为自我的性道德观。

心海链接

自慰

自慰作为性释放途径的一种，是指对自己的生殖器官进行性刺激以获得性唤起或其他性快感的刺激行为。这些刺激可能包括手、日常用品、性玩具（如振动器）等。

作为人类正常的生理现象和性行为方式，自慰会伴随人的一生，在不同发展阶段有不同的发生频率与表现形式。由于历史文化等多方面因素，人类关于自慰的认识和理解存在诸多争议和误区。目前现代医学通常认为自慰行为本身与精神或身体疾病之间没有明确的因果关系。

自慰本身可能有改善性健康、促进亲密关系和减少非意愿妊娠、性传播感染的作用，但关于自慰的学术讨论和知识科普在学术界、教育界相对缺失。有关自慰的相关问题常不恰当地被商业媒体讨论，而不是在家庭、学校和公众中被理性看待。了解关于自慰的知识，建立对于性行为的全面正确认识，学习性决策技能，避免和拒绝风险性接触，有利于维护自己和他人的健康与福祉，也是全面性教育的重要教学内容。

《中华人民共和国未成年人保护法》（2020年修订）明确提出，学校、幼儿园应当对未成年人开展适合其年龄的性教育。教育部《未成年人学校保护规定》（2021年）指出，学校要树立以生命关怀为核心的教育理念，有针对性地开展青春期教育、性教育。《中国儿童发展纲要（2021—2030年）》明确提及“性教育”，在“儿童与健康”部分增加“适龄儿童普遍接受性教育，儿童性健康服务可及性明显提高”一条主要目标，并提出“将性教育纳入基础教育体系和质量监测体系，增强教育效果”的策略措施。

来源：李宏军 . 自慰 [EB/OL]. 百度百科 · 科普中国 .[2022-07-27].https://baike.baidu.com/item/%E8%87%AA%E6%85%B0/976672?fr=aladdin.

心海探索

“性”的自由联想

当“性”这个词映入眼帘，你想到什么呢？我们一起来探索自己关于“性”的价值观。

过程：

请你完成以下题目，不管是对是错，也不管是否符合道德，请尽量多地填写。

性是＿＿＿＿＿＿＿＿＿＿＿＿＿＿＿＿＿＿＿＿的。

性是＿＿＿＿＿＿＿＿＿＿＿＿＿＿＿＿＿＿＿＿的。

性是＿＿＿＿＿＿＿＿＿＿＿＿＿＿＿＿＿＿＿＿的。

性是＿＿＿＿＿＿＿＿＿＿＿＿＿＿＿＿＿＿＿＿的。

性是＿＿＿＿＿＿＿＿＿＿＿＿＿＿＿＿＿＿＿＿的。

性是＿＿＿＿＿＿＿＿＿＿＿＿＿＿＿＿＿＿＿＿的。

性是＿＿＿＿＿＿＿＿＿＿＿＿＿＿＿＿＿＿＿＿的。

性是＿＿＿＿＿＿＿＿＿＿＿＿＿＿＿＿＿＿＿＿的。

性是＿＿＿＿＿＿＿＿＿＿＿＿＿＿＿＿＿＿＿＿的。

性是＿＿＿＿＿＿＿＿＿＿＿＿＿＿＿＿＿＿＿＿的。

你还能写出：

心海探索

两性交往说明书

过程：

电器有说明书，可是两性交往没有说明书。现在是脑洞大开时间，请深入思考在与异性或同性交往的时候，我们应该怎么做，有什么禁忌或注意事项？请完成这份说明书。

心海探索

性行为，你准备好了吗？

过程：

性行为是一种自然的生理事件，但它不像吃饭喝水那么简单。今天我们来认真的探讨一下，性行为对于自己意味着什么，发生性行为之前需要考虑哪些问题？意外怀孕意味着什么，以及我们需要怎么办？

1. 促使大学生发生性行为的原因有哪些？

2. 大学生发生性行为可能带来的伤害有哪些？

3. 大学生至少具备什么样的心理基础或性观念，才可以发生性行为？或者，拥有什么样的性观念或爱情观的个体暂时还不宜发生婚前性行为？

4. 如果发生了性行为，万一意外怀孕后对男生、女生分别意味着什么？

5. 意外怀孕后，男生有哪些选择，该如何应对？

6. 意外怀孕后，女生希望这时候的男生是什么样的，会做些什么？女生觉得自己该怎么做会更好？为什么？

心海导航

青少年生殖健康不“流”失

中国计划生育协会（以下简称“中国计生协”）发布2022年工作要点，其中提到，

2022年，实施生殖健康促进行动，重点解决青少年、育龄人群及其他特定人群生殖健康的突出问题，开展未婚人群人工流产干预专项行动，减少青少年意外怀孕和人工流产，提高群众生殖健康水平。

事实上，这并非中国计生协第一次对生殖健康工作进行部署。记者注意到，2021年1月，该协会发布的《中国计划生育协会2021年工作要点》中，同样提出要实施生殖健康促进行动，重点解决青少年、育龄人群及其他特定人群生殖健康的突出问题。

那么，为什么要关注青少年人工流产问题？如何正确开展宣教工作？对此，记者专访了中国计生协相关负责人。

年轻、未婚、未育流产女性占比升高

近年来，我国人工流产数量居高不下，成为影响群众生殖健康的主要问题之一。国家卫生健康委发布的《中国卫生健康统计年鉴（2020年）》显示，2019年中国人工流产人数达976.2万例，较2018年增加了2.2万例，同比增长0.23%。此外，《中国实用妇科与产科杂志》2021年刊发的文章也指出，近5年来，我国每年人工流产的总数一直徘徊在950万例左右。

“多项调查显示，人工流产的女性中，年轻、未婚、未育女性占比不断升高，多次流产和年龄在20岁以内的高危人工流产占比显著增加。每年24岁以下未婚青少年人工流产数占我国人工流产总数的40%以上，其中19%的未婚青少年有多次人工流产经历。”中国计生协相关负责人表示，未婚青少年具有社会经济基础薄弱、家庭支持度较低等特点，非意愿妊娠和人工流产对其生理、心理、社会生活造成的影响更为深远。

让青少年遇到性问题时不再迷茫

开展宣传教育，提供生殖健康咨询服务，是中国计生协的重要职责。自20世纪80年代开始，中国计生协就将促进青少年的性与生殖健康作为一项重点工作。

“近年来，中国计生协逐步打造了以同伴教育、参与式培训、培养人生技能为主要特色的青春健康工作品牌。针对不同人群和特点，实施了‘同伴之道’‘沟通之道’‘关爱之道’等项目，并形成了一套成熟的工作方法。”上述负责人表示，评估显示，在青春健康工作已覆盖地区，青少年性与生殖健康问题得到了明显改善。

“‘同伴之道’主要面向我国大中学生，主要任务是培训学校青年志愿者骨干，以同伴教育的方式向更多同龄人传播性健康知识，避免无保护性行为，减少非意愿妊娠、人工流产、性病艾滋病感染。”上述负责人介绍，该项目目前已覆盖全国700多所高校、1万多所中学，每年700多万人次学生参加活动。

上述负责人告诉记者，浙江省宁波市对4所高校进行的评估显示，参与青春健康

教育的大学生避孕知识知晓率由 43.2% 提高到 85.2%，艾滋病知识知晓率由 37.8% 提高到 77.6%；开展青春健康项目 3 年后，4 所高校周边医院 17~24 岁未婚女青年人工流产数占比从 35% 下降到 25%。

此外，面向青少年家长的“沟通之道”、面向弱势人群的“关爱之道”，以及以培训学校教师为主要手段的“成长之道”等项目，在实施过程中也取得明显成效，不仅让家庭成为“性教育第一课堂”，提升家长与青少年子女沟通敏感话题的能力，还将性与生殖健康知识、负责任的生活态度融入课堂教学内容，促进学生青春期生理、心理健康发育。

上述负责人表示，青春健康工作一方面坚持价值引领，坚持适宜、适度、适龄的性教育原则，倡导青少年树立负责任的生活态度和婚育观念；另一方面坚持寓教于乐，注重培养“人生技能”，不是单纯讲授性知识，而是引导教师和青少年在轻松愉快的气氛中主动分享知识、转变观念。此外，青春健康工作坚持以青少年为主角，鼓励青少年主动参与青春健康工作全过程，做自己健康的“第一责任人”。

四项举措推进青少年性与生殖健康工作

中国计生协相关负责人表示，中国计生协计划 2022 年开展生殖健康促进行动，未婚人群人工流产干预专项行动是其中一项重要内容，旨在通过提升青少年性与生殖健康知识和技能，帮助青少年避免非意愿妊娠，由此减少人工流产。

2022 年，中国计生协将从四个方面开展相关工作。一是与有关部门合作，全面普及青少年性与生殖健康教育，推进青春健康工作体系化、专业化、社会化、数字化发展，帮助青少年掌握科学的避孕方法，培养健康、安全、负责任的生活态度和行为方式。二是构建教育、咨询、技术服务紧密衔接的生殖健康服务链，培养生殖健康咨询服务队伍，配合医疗机构开展人工流产前咨询和人工流产后避孕指导，推广青少年友好服务模式，提高生殖健康 / 计划生育服务水平。三是加强社会宣传，结合世界人口日、世界避孕日、“5·29”计生协会员活动日等特定纪念日举办生殖健康科普活动，倡导各界关注非意愿妊娠和人工流产问题，营造关爱生殖健康的良好氛围。四是开展生殖健康状况调查研究，为精准服务群众提供科学依据。

来源：健康报网．让青少年生殖健康不“流”失 [Z/OL].（2022-02-16）[2022-07-28]. https://www.jkb.com.cn/news/industryNews/2022/0216/483796.html.

心海探索

情景AB剧

性行为是一种选择，并不完全由生理冲动决定，你是你自己身体的主人，你可以决定如何使用你的身体。让我们一起来明确性行为对于自己意味着什么，发生性行为之前需要考虑哪些问题。

过程：

海滨，夏日的夜晚，海浪轻轻拍打海岸，一对男女朋友依偎在海滩，微风轻拂，月色撩人，此情此景……终于，一方按捺不住提出了性要求，但是另一方却不想这样，她/他该如何拒绝呢？

1. 发生性行为之前需要考虑哪些问题？

2. 如果不愿意，应该如何拒绝？

心海探索

对不起，不可以

过程：

在我们每个人的常用语字典里，“不可以”往往是一个不经常出现的词汇：我们因为各种原因，总是难以拒绝别人。甚至网上还曾出现一句网红句“其实一开始我是拒绝的”，今天我们这个活动，就是要来拒绝别人，鼓起勇气，一起来做活动吧！

1. 你有过拒绝别人或者被别人拒绝的经历吗？拒绝别人以及被拒绝的时候有什么感受？

2. 你能接受什么样的拒绝方式？哪些拒绝理由让你无法接受？

3. 什么情况下你会拒绝别人？通常采用什么理由拒绝别人？

4. 你从别人身上学到哪些拒绝的技巧？

心海导航

性道德

《中国百科大辞典》中认为性道德是指“关于两性关系和私生活（婚姻性行为、婚前性行为、婚外性行为等）应遵守的道德准则”。《伦理学大辞典》中认为性道德是“社会中评价性事的美恶褒贬准则，是人类性行为必须遵守的准则”。

马克思主义性伦理观把唯物史观运用于性道德研究，指出性道德就是一种普遍存在的社会道德现象，并科学地揭示了性道德的质的规定性，认为性道德是由物质生产活动和经济活动决定的，维系人类延续和发展，通过社会舆论、传统习俗和内心信念维系并发挥作用，并以善恶进行评价的性意识、性行为和性原则规范的总和。

心海导航

自爱

人必其自爱也，而后人爱诸；人必其自敬也，而后人敬诸。

——［西汉］扬雄《法言》

释义：人一定要自爱，而后才能被他人所爱；人一定要自尊，而后才能被他人尊敬。这句话强调了人要自尊自爱。自尊自爱，就是在品格、行为上严格要求自己，这样才能得到别人的尊敬。

第三节　性行为中的自我保护

一、艾滋病

艾滋病是一种危害性极大的传染病，由感染艾滋病病毒（HIV）引起。HIV 是一种能攻击人体免疫系统的病毒。它把人体免疫系统中最重要的 CD4T 淋巴细胞作为主要攻击目标，大量破坏该细胞，使人体丧失免疫功能。因此，人体易于感染各种疾病，并可发生恶性肿瘤，病死率较高。HIV 在人体内的潜伏期平均为 8 ~ 9 年，在艾滋病病毒潜伏期内，可以没有任何症状地生活和工作多年。

发病以青壮年较多，发病年龄 80% 在 18 ~ 45 岁，即性生活较活跃的年龄段。HIV 感染后，最开始的数年至 10 余年可无任何临床表现。一旦发展为艾滋病，病人就会出现各种临床表现。一般初期的症状如同普通感冒、流感样，可能会全身疲劳无力、食欲减退、发热等；随着病情加重，症状日见增多，如皮肤、黏膜出现白色念珠菌感染，出现单纯疱疹、带状疱疹、紫斑、血疱、淤血斑等；以后渐渐侵犯内脏器官，出现原因不明的持续性发热，可长达 3 ~ 4 个月；

还可能出现咳嗽、气促、呼吸困难、持续性腹泻、便血、肝脾肿大、并发恶性肿瘤等。临床症状复杂多变，每个患者不一定都出现上述所有症状。

目前尚无预防艾滋病的有效疫苗，因此最重要的是采取预防措施。其方法是：①坚持洁身自爱，不卖淫、嫖娼，避免高危性行为；②严禁吸毒，不与他人共用注射器；③不要擅自输血和使用血制品，要在医生的指导下使用；④不要借用或共用牙刷、剃须刀、刮脸刀等个人用品；⑤使用安全套是性生活中最有效的预防性病和艾滋病的措施之一；⑥要避免直接与艾滋病患者的血液、精液、乳汁接触，切断其传播途径。

二、性传播疾病

性传播疾病可由30多种不同细菌、病毒、寄生虫等引起，主要通过性接触中的阴道性交、肛交和口交传播。常见的性传播疾病包括淋病、梅毒、尖锐湿疣、滴虫性阴道炎等。目前多数性传播疾病可以治疗，但有部分疾病很难治愈。

有效的预防措施可以防止很多性传播疾病的扩散。包括：①与你的伴侣开诚布公地讨论性传播疾病和避孕套的使用。永远不要因为他人而放弃保护自己，应该由你来决定自己的预防措施；②使用避孕套。使用避孕套可以帮助预防疾病通过阴道（或口腔、肛门）接触而传播。避孕套不能提供绝对的保护，但如果使用正确，的确可以减少接触性疾病和意外怀孕的可能性；③不要共用针头或其他药物器材。即使是文身或身体穿刺，共用针头也一样可能传播疾病。

三、识别和预防性侵害

（一）识别性侵害

据世界卫生组织调查，全世界30%的妇女曾经遭受亲密关系中伴侣的躯体暴力或性暴力。全世界6%~59%的女性曾在亲密关系中遭受强迫性交或试图强迫性交。因此，性侵害的施暴者不仅可以是陌生人，也可以是熟人和亲密关系中的伴侣。大学生需要提高警惕，本着普遍防备的原则，及时识别潜在危险，及时采取预防和应对措施，远离性侵害，维护自身健康和安全。

识别性侵害有以下三个原则：①违背当事人意愿；②具有强迫和威胁性质；③对当事人造成伤害，如不悦、不安、恐惧、身心摧残。在识别性侵害时需要严格把控上述三个原则。不论你们的关系如何，不论何时何地，只要对方的行为包含上述内容，则构成性侵害。性侵害发生之前，往往有一些蛛丝马迹，如无理的举止、动手动脚、随便触摸你的身体、讲一些色情语言、用暴力进行胁迫等。当发现这些危险征兆时，应该迅速想办法离开或寻求帮助。

性侵害形式多样，个体千差万别。约会强奸、婚内强奸、乱伦、奸淫幼女、儿童性虐待、男童性侵均被认为是严重的犯罪行为。有些不法分子，假借约会之名，寻僻静之所，实施强奸。有的甚至使用新兴毒品，借毒品的迷幻作用，实施性侵害。有些男性，认为自己的伴侣是他们的性发泄对象，不尊重女性意愿，强迫发生性关系，对伴侣身心造成伤害，构成婚内强奸。有些男孩子，防范意识不强，遭不法分子性侵。因此，不论对方是你的伴侣、丈夫、男朋友、同事、上司还是好朋友，只要他违背了你的意愿，强行发生或意图强行发生性关系，令你感到痛苦、不安，甚至身心摧残，就构成了性侵害，触犯国家刑法，可以按照刑法相关规定，以强奸罪或猥亵罪量罪处罚。

（二）预防性侵害

性侵害的对象不仅仅是女生，也包括男生。每个大学生都应该懂得如何保护自己，避免成为性侵害的受害者。

1. 对性侵害时刻具有防范意识。施暴者与常人在外表上无法区别，可能很丑陋，也可能很和善；可能是陌生人，也可能是你非常熟悉的人；可能是男性，也可能是女性。

2. 不饮酒或避免过量饮酒。酒精会刺激大脑，影响对事物的判断力和控制力，从而可能做出不负责任的决定。

3. 学会识别性侵害的蛛丝马迹，发现危险时及时离开。

4. 警惕危险情境。不要吃陌生人递过来的食物，不接受陌生人送的钱财、礼物、玩具。不随意搭乘陌生人的便车，遇到驾车的人问路，需要与车身保持一定的距离。

5. 远离危险人物。当你独自在街上或其他地方行走，发现被坏人盯上时，要设法迅速摆脱坏人。尽量避免与坏人正面对抗。这时，重要的是保持头脑冷静，要根据当时的周围环境和自身条件迅速思考对策。如果是晚上，要朝灯光明亮的大街上或行人来往较多的地方跑。不要直接往家里跑。如果被坏人纠缠，要高声喊叫，并迅速跑开。

6. 不与网友秘密约会。尽量不要选择在孤立无援的场所与网友约会。

7. 亲密关系中，如果伴侣试图性侵害，需要保持冷静，明确告知对方自己的意愿，明确告知对方违背自己意愿的行为将触犯法律。

8. 不论男生、女生，不轻易在陌生人家中留宿，也不要轻易请陌生人到自己家中。

9. 训练自己沉着、冷静、顽强的心理品质，遇事不慌，沉着应对。

（三）应对性侵害

如果受到了性侵害，需要这样做：

1. 保持冷静，不要惊慌。

2. 寻找适宜的逃脱方式。

3. 及时拨打“110”报警电话，主动、勇敢地向公安部门报告，依法惩治罪犯。

4. 向自己信任的人倾诉。从自己信任的朋友或亲人那里获得情感支持是非常重要的。寻找值得信任的人倾诉，有助于渡过难关，做出正确的判断，采取有效的办法，缓解痛苦，尽快从中恢复。

5. 及时去医院检查、取证。尽早确定有无性病、艾滋病病毒感染、是否会怀孕，以及是否受到其他伤害，及时采取适宜的医疗措施。取证前，不要急于清洗身体。否则容易洗去证据。为避免意外怀孕，在 72 小时内服用紧急避孕药。如果怀疑可能被迫服用了新型毒品，如约会强奸药，在 72 小时之内尽快做尿检。

6. 如果心灵创伤严重，努力寻求心理援助，要相信自己没有任何过错。

心海探索

我的身体疆界

“疆界”这个词，一般是用于描述国家领土，是一块宣示主权的领地，而事实上，我们的身体也是一种“疆界”。现在我们一起来明确自己的身体疆界：自己身体的哪些部位是别人不能碰的，以及若自己的身体疆界遭到侵犯，我们应如何处理。

过程：

请给下面的小人用红黄绿三种颜色的笔标注自己的领土疆界。其中红色代表不准任何人触碰的地方（即使自己的父母也不能）；黄色代表比较亲密的人才可以碰的地方；绿色代表一般人可以碰的地方。

画好之后可以与周围的同学对比，看看自己的领土疆界与别人的有什么异同。

1. 什么情况下我们的身体疆界容易遭到侵犯（也就是容易遇到性骚扰与性侵犯）？

2. 当我们的身体疆界遭到侵犯的时候（也就是面对性骚扰或者性侵犯的时候），应该怎么做？

3. 应如何尊重他人的身体疆界？

第四节　性心理障碍

一、性心理障碍的定义

性心理障碍既往称性变态，泛指在两性行为中心理状态和行为方式明显偏离正常，并以此作为性兴奋、性满足的主要或唯一方式为主要特征的一组精神障碍。其正常的异性恋爱受到某种程度的破坏、干扰或影响。一般精神活动并无其他明显异常。

二、性心理障碍的分类

性心理障碍临床上包括性身份障碍和性偏好障碍。

（一）性身份障碍

常见的性身份障碍是异性症，是指对自身性别的认同与解剖生理上的性别特征呈持续厌恶的态度，并有改变本身性别的解剖生理特征以达到转换性别的强烈愿望（如通过手术或使用异性激素）。性身份障碍者往往为自己的性别而深感痛苦，为自己不是异性而感到遗憾，病情严重者渴望自己是异性或坚持认为自己是异性。

（二）性偏好障碍

性偏好障碍包括恋物癖、异装癖、露阴症、窥阴症、摩擦症、施虐狂症与受虐狂症等。大多数性偏好障碍初发于青少年期，个别起源于儿童期。性偏好障碍者多为男性，有相当部分是单身或孤独的男性。以恋物癖为例，患者在强烈的性欲望和性兴奋的驱使下反复收集某种物品，所恋物品成为性刺激的重要来源或获得性满足的基本条件。正常人对心上人所用之物偶尔也有闻一闻、看一看、摸一摸等念头和想法，不能视为恋物癖。只有当所迷恋的物品成为性刺激的重要来源或获得性满足的基本条件，方可诊断为恋物癖。

三、大学生性心理障碍的防治

性心理障碍者因为在寻求性对象及满足性欲望的方式方法上与常人不同，有可能因疾病触犯社会规范，同时大多数性心理障碍者不能进行正常的性生活，家庭关系往往不和谐，甚至破裂。因此，应积极进行性心理障碍的防治。

性心理障碍病因复杂，大学生一旦觉察到自己出现性心理障碍，一定要及时到正规医院精神科求治，防止其发展。目前有以下几种防治方法：

1. 药物疗法：包括使用各种激素、抗抑郁剂、抗焦虑剂等，其目的是帮助减少异常性冲动机会和消除某些抑郁、焦虑等不适症状，防止产生不良后果，但单凭药物治疗难以痊愈，需要配合心理治疗。

2. 精神分析疗法：性心理障碍可能的原因有潜意识的压抑、矛盾、冲突、感情不和、关系障碍、对性的反感等，精神分析疗法通过潜意识的意识化，施行心理疏导，消除心理障碍。

3. 行为疗法：是目前治疗性心理障碍比较有效的一种方法，它是通过围绕性兴奋或性高潮能力为轴心，运用变换刺激方式和强化训练方法，进行性行为重建。比如厌恶疗法，用强烈的不愉快的惩罚刺激，使其异常性兴奋受到抑制，大脑皮层逐步建立条件反射，从而消除大脑皮层的异常兴奋感。

4. 生物反馈法：通过生物反馈仪，使人学会随意控制和调整体内的生理活动，建立正常的性兴奋信号，消除异常的冲动。

参考文献

[1] GREENBERG J S，BRUESS C E，CONKLIN S C. 人类性学 [M]. 胡佩诚，主译 . 北京：人民卫生出版社，2010.
[2] 郝伟 . 精神病学 [M]. 第 8 版 . 北京：人民卫生出版社，2018.
[3] 凯莉・威尔奇 . 性 [M]. 富晓星，等译 . 北京：中国人民大学出版社，2014.
[4] 理查德・格里格，菲利普・津巴多 . 心理学与生活 : 第 19 版 [M]. 王垒，等译 . 北京：人民邮电出版社，2016.
[5] 联合国开发计划署 . 中国性少数群体生存状况：基于性倾向、性别认同及性别表达的社会态度调查报告 [R/OL].（2016-05-16）.https://www.undp.org/zh/china/publications/ 中国性少数群体生存状况 - 基于性倾向，性别认同和性别表达的社会态度调查报告 .
[6] 桑德拉切卡 . 心理学最佳入门 [M]. 周仁来，等译 . 北京：中国人民大学出版社，2014.
[7] 姚树桥，杨彦春 . 医学心理学 [M]. 第 6 版 . 北京：人民卫生出版社，2017.
[8] 余小鸣 . 大学生健康教育 [M]. 北京：高等教育出版社，2018.
[9] 周晓阳 . 当代大学生性道德教育研究——以辽宁省部分高校大学生为例 [D]. 沈阳师范大学硕士学位论文，2021.

（康　荔）

第十六章　生命关怀

罗曼·罗兰曾说过：“世界上只有一种英雄主义，那就是了解生命而且热爱生命的人。”

生命只有这一次，对于谁都是宝贵的。那我们应该怎样对待生命呢？我们既然到世上一遭，就得珍惜生命的价值。从某种意义上说，生比死更难。死，只需一时的勇气，生，却需一世的信心。所以我们要珍惜生命，不仅在意活得是否长久，更要在意活得是否充实、是否有意义。

人的一生跌宕起伏，难免经历大小风波，有些突发的重大事件会对我们的心灵造成冲击，使我们陷入心理危机状况。大学阶段是一个特殊时期，有些同学可能会在这期间遇到身患重疾、情感受挫、考试失利、求职落榜等危机事件，如何面对心理危机、树立积极健康的应对方式、以乐观自信的姿态重新面对生活显得尤为重要。本章将探讨有关生命的内涵和意义、大学生心理危机的表现，以及心理危机的预防和干预等内容。

生命以它独有的美，浸润了生活的点点滴滴，而美丽的生命源于一份对生活的热爱。生命行走在你我的掌心，请小心看护；生命承载太多的美丽，请认真对待。或许，昨日的成败已成过往，明日的幻想不切实际，生命就在今天，看见今天，珍爱生命，一切才会存在。

第一节　认识生命

一、生命的概述

一个人的生命始于受精卵，终于生物学意义上的死亡。50 万个卵子中的一枚从母亲的卵巢里排出，但是它只有 24 小时的生命。如果 24 小时内父亲的精子没有进入，这枚卵子就将死亡。想要竞争这个机会的精子有 4 亿个之多，一路上的关卡考验层出不穷，只有最迅速、最强大的才能拼搏到最后。为了在 24 小时内赶到，精子竭尽全力，但是有的体力不支，有的选择放弃，有的献出了生命，有的迷失了方向，能够到达卵子附近的精子从最初的 4 亿个到只剩下 100 个，最后一场考验是必须穿破卵子壁才能开始孕育生命。最终，只有一枚最强壮、最有生命力的精子能成功与卵子合为一体，开始一个全新的生命。这个新生命在母亲的子宫中经过约 280 天的孕育后分娩而出，成为一个独立的生命个体。由此可见，我们每个人的诞生，都是一个极小概率的事件，我们曾在人生第一场战役中全面胜出——这是生命的奇迹。

什么是生命？生物学中所讲的生命泛指有机物和水构成的一个或多个细胞组成的一类具有稳定的物质和能量代谢现象、能回应刺激、能进行自我复制（繁殖）的半开放物质系统。生命个体通常都要经历出生、成长和死亡。

心理学中所讲的生命的内涵更丰富。人有更多的心理需求，人的生存目的和意义远比动物丰富得多。人的生命全过程就是由数次生命活动所组成，生命活动的质量决定了生命全过程的质量，个人重视每一次生命活动的质量就是重视生命全过程的质量。

人的生命可以分为以下三种形态：

1. 生物性生命

人类与自然界的其他生物一样以肉体形式存在，具有细胞结构、组织器官，经历新陈代谢、生长、发育、衰亡等一系列生命活动。

2. 精神性生命

与动物相比，人类具有高级思维，能形成自主意识，在生活中主动地思考有关生存、提高生活质量等问题，具有超越动物性生命的精神世界。在自然界探索的过程中，人类不断发现问题、解决问题、适应环境、改造环境。

3. 价值性生命

“人为什么而活着”，这是许多人思考的问题，是人对价值性生命的一种诉求。如何实现人生价值，让有限的生命时光过得有价值、有意义是人类的终生探索。人的价值性生命为人的生存夯实了根基，加足了动力。

生命作为自然界中独特的存在，具有四个特征：

1. 唯一性

对任何人来说生命是无价之宝，人们才如此热爱生命，把生命看得比什么都重要，救助生命、保护生命永远都在第一位。

2. 不可逆性

从诞生起便一直生长、发

心海探索

人生倒计时

过程：

“人生倒计时”是一个虚拟游戏，同学们通过这个活动可以更好地体会自己生命的意义，了解自己生命的真谛。

1. 假如现在你得了一种疾病，没有药能够医好你的病，你的生命只剩下一个月，你会在这一个月的时间里做什么？请将你要做的事情写下来。

2. 5分钟后：假如医生告诉你一个好消息，目前新研制出来一种药可以延长你的生命，医生说你还可以活半年。如果你的生命只剩下半年时间，你会做什么？请将你要做的事情写下来。

3. 又过了5分钟后：假如医生又告诉你一个好消息，新研制出来的药效果很好，可以将你的生命延长到两年，你会在这剩下的两年时间里做些什么？请将你要做的事情写下来。

4. 以5~6人为一组，分享“当生命剩下一个月、半年和两年的时候”，自己的想法和感受。

育直至衰亡。生命如此短暂，匆匆不过百年，时光难以倒流，因此，有限的生命历程显得格外值得珍惜，珍惜生命就要珍惜当下的每一个时光。

3. 不可替代性

这世界上没有生命历程完全相同的两个人，每个人的生命价值各有不同。生命没有贵贱之别，但是生命的意义却有大小之分。生命意义的大小，就在不同的人生选择中体现出来。

4. 有限性

在大自然面前，人是多么的渺小，生老病死，寿命有限，生命在灾难面前更是脆弱和不堪一击，最终必然走向死亡。当我们开始思考生命存在终点时，对有限的生命意义会有全新的感受，如何在数十年的时光中体会丰富多彩的大千世界，值得大学生去思考、去探索。

人的生命都是由爱而生，由爱而延续，如果没有了爱，生命就不能存在。人正是在创造生命、拥有生命、发展生命、珍惜生命的过程中体验着幸福。生命要有希望，有希望才有未来。希望周游世界、希望人们友好善良、希望未来前途远大……拥有希望吧，生活在希望里是每个人的权利。

二、探索生命的意义

（一）生命意义与心理健康

人不仅是实体的存在，更是意义的存在。当一个人开始独立自主地思考人生的重要问题时，就一直想知道：我是谁？我从哪里来？我往哪里去？我们生活在这个世界上究竟为了什么？这种思考意味着青年人开始积极探索自己的人生意义。然而，面对瞬息万变、复杂多样的现代生活，不少人逐渐丧失了生命活动的价值感和意义感，陷入了一种“存在性危机”中，致使空虚和孤独成为我们时代的疾病。现代人在心理上迷失了方向，感到生活失去了意义。

生命意义在心理学研究中首先是作为临床概念出现的，是由美国著名的精神病学家、神经病学家、“意义治疗学派”创始人维克多・弗兰克尔（Viktor Emil Frankl）根据存在主义哲学和自己在纳粹集中营的亲身经历提出来的。他认为，生命意义有助于克服“以冷漠、乏味和无目标”为特征的心理病态。

随着积极心理学的兴起，生命意义研究重新受到人们的重视。在积极心理学看来幸福生活不只是愉悦，更要有意义。如果说，愉悦是快乐，是幸福感的主要标志，那么意义则是完善幸福感的核心指征。愉悦的生活带来的幸福感短暂易逝，充实而有意义的生活带来的幸福感则恒久绵长。从这个意义上说，生命意义是总体幸福感的基础。生命意义对心理健康的影响体现在以下几个方面：

1. 生命意义与个体自我认同感

弗兰克尔认为，生命的意义和价值在自我感和同一性形成过程中发挥着重要的作用。缺乏生命的意义和价值，将导致自我的无定型感和脆弱感。然而，如果给自我强加过度的意义和价值，也会极大地损耗自我的能量，导致出现各种形式的逃避行为，甚至包括自我毁灭，这也就是艾里克森所说的“自我认同危机”。

2. 生命意义与个体情绪

研究发现，生命意义和情绪健康之间存在着明显的正相关关系，生命意义能够持续地预测心理健康，且积极情绪与生命意义体验存在紧密关系。生命意义能够调节由应激引起的忧郁情绪和一般健康问题，并能提高自尊。

3. 生命意义与挫折应对

多项研究表明，在压力背景下（如重大生活事件、人生变故、伤残等）下，生命意义在应对方式与压力之间有调节作用。国外研究发现，青少年的生命意义越高，越可能选择积极应对方式，生命意义是压力与药物滥用之间的调节变量；国内的研究表明自我超越、生命意义感以及压力调节之间存在交互作用。

（二）探索生命意义的途径

弗兰克尔认为发现生命意义的途径如下：

1. 创造和工作

创造和工作会给人带来价值感，也是成就感的获得途径。工作让人的特殊性在对社会的贡献中体现出来，从而使人的创造性价值得以实现。但简单的机械工作是不够的，人必须把握背后的意义和动机，只有这样才能在对工作的价值和意义的感悟中实现生命的意义，我们应学会以积极的、创造性的、有责任感的态度赋予工作以意义。

2. 经验

“经验”这个途径是个人通过体验某个事件和人物（如工作的本质、文化、爱情等）发现生命的意义。可以通过体验某种事物（如工作本质或文化），尤其可以通过爱的体验，实现经验性价值，从而发现生命的意义。弗兰克尔认为，爱是深入人格核心的一种方法，它可以激发人的潜能，使人们理解到自己能够成为什么、应该成为什么，从而使他们发挥出原有的潜能。爱可以让人体会到强烈的责任感，能够激发人们的创造性，在体验爱的过程中，可以发现生活的意义和价值。意义疗法引导人们学会乐于接受爱，以及伴随而来的责任。

3. 经历苦难

人在经历苦难的时候，可以通过认识人生的悲剧性，促使自己深思，寻找自我，最终发现人生的意义，达到自我超越。与对不可避免的苦难所采取的态度相对应的是态度性价值。弗兰克尔认为人对命运的选择完全取决于人的精神态度，即使面对无法抗拒的命运力量，人仍然可以选择自己的态度和立场。通过实现态度性价值，人们可以改变看待事物的视角，了解对于自己而言什么是最重要的，从中获得新的认识。弗兰克尔认为许多症状都是由不良态度导致的，通过改变态度可以使这些症状得到缓解。

大学生可以从弗兰克尔提出寻求人生意义的三个途径中获得启示，在自己的生活学习中，实现生命的价值，从而超越空虚，获得生命意义感，达到良好的心理健康状态，使自己的人生更加精彩。

心海链接

人生意义问卷

请你花一点时间思考一下：对你来说，什么能使你感到你的生活是重要的。然后，根据下列描述与你的情况相符合的程度，在1~7中做出选择。请你尽可能准确和真实地作答。下列问题的主观性很强，每个人的回答都会有所不同，并无对错之分。

如下所示：1=完全不同意，2=基本不同意，3=有点不同意，4=不确定，5=有点同意，6=基本同意，7=完全同意。

测试开始：

1. 我很了解自己人生的意义。
2. 我正在寻找某种使我的生活有意义的东西。
3. 我总是在寻找自己人生的目标。
4. 我的生活有很明确的目标感。
5. 我很清楚是什么使我的人生变得有意义。
6. 我已经发现了一个令人满意的人生目标。
7. 我一直在寻找某样能使我的生活感觉起来是重要的东西。
8. 我正在寻找自己人生的目标和“使命”。
9. 我的生活没有很明确的目标。
10. 寻找自己人生的意义。

计分方法：“人生意义问卷”包含生命意义与生命意义追寻两个因子。生命意义体验因子指个体目前体验生活和知觉自己人生有意义的程度，因子分为1、4、5、6、9题得分相加；生命意义追寻因子指个体积极寻求人生意义或人生目标的程度，因子分为2、3、7、8、10题得分相加。问卷评分解释：得分越高，生命意义感越强。

心海导航

钱学森的曲折回国之路

人的价值是什么？如果抛开高大上的精英，将话题侧重于普通人的话，在生活中遵纪守法，热爱家庭，孝顺父母，抚养和关心好子女，无愧于心，不枉来人世间走一遭，这便是人生最大的价值了吧？

可是，国不可一日无栋梁，推动社会进步和国家事业的发展，还是需要高端技术人才。作为一个人才，空有知识不行，更重要的是有一颗火热的心，爱祖国，爱人民，为社会做出贡献，这样才能将生命价值最大化。

钱学森，1911年出生于上海，从小就展现出异于常人的天赋，他就是众人口中“别人的孩子”。1934年从国立交通大学毕业，同年6月考取了清华第七届庚款留美学生。从此，钱学森踏上了一条通往殿堂的路，也开启了他不平凡的一生。

1939年，钱学森获得加州理工学院数学博士，成为当时世界知名的空气动力学家。而此时大洋彼岸的中国，国民党开除汪精卫在党内的职务；投日文人周作人被抗日杀奸团暗杀，侥幸未死；中共中央南方局成立，周恩来任总书记。

一切差距慢慢拉开，当我们还在为革命、为中共、为大中华黎民百姓苦苦奋斗时，大洋彼岸的天之骄子，早已站在世界学术的中心。那一年，钱学森刚好28岁，意气风发，未来可期。

35岁时，钱学森已经褪去了当年的青涩。这些年里，他提审过德国纳粹科学家普朗特和“火箭之王”布劳恩，用了短短的时间就成为麻省理工学院终身教授。而这些年里，我们终于取得抗日战争的胜利，却又深陷国共内战，内外交困使得黎民百姓处于水深火热之中。

中国也想发展教育，也想逐步追上发达国家，中国有自己的复兴之梦。可是，缺乏资金，缺少人才，没有技术，拿什么来缩短差距？只能干瞪着眼，连望其项背都做不到！

1949年10月1日，毛主席在天安门宣布“中华人民共和国成立，中华人民从此站起来了”，是的，这只沉睡了百年的雄狮终于慢慢苏醒。那飘扬的五星红旗和五天后中秋月圆交相辉映，对新中国的憧憬和思乡之情，深深地交织在海外游子的心中。

那是渴望回家的时刻，钱学森知道，这回家之路必定困难重重。可是，又有什么办法？他是中国人，生为中华生，死为中华死，此生不悔入华夏，来世还做中国人。

1950年，钱学森借着“回家探望年迈父亲”的由头，想要返回中国，他的院系领导同意了。可现实往往与想法相悖，此时，美国已经掀起麦卡锡主义浪潮，钱学森被无端视作可疑分子。美国当局非法扣留钱学森的行李，移民局不准他离境，一切对他都是有备而来，殊不知这只是艰辛的开始。

美军次长咆哮道：“钱学森无论在哪里，都抵得上5个师，我宁可把这家伙枪毙了，也不让他回到中国。”钱学森知道美国导弹工程的核心机密，掌握了太多高端秘密。美国不愿意放虎归山，他们不愿意看到一个极具军事价值的世界级火箭专家回到“红色”的中国。

胡媛说过“致天下之治者在人才，成天下之才者在教化”，高端人才的价值，在任何时候都不可低估。对于美国而言，如果不能为我所用，那就摧毁他。所以，1950年9月7日晚，钱学森被逮捕，随后被关押到特米诺岛，这里与世隔绝，即使他插翅也难逃。

在1950年，世界都在悄悄改变着，中苏签订《中苏友好同盟互助条约》，苏联放弃在中国的特权；韩半岛爆发了朝鲜战争，中国志愿军第一次抗美援朝；印度成为共和国，尼赫鲁任第一任总理。一切都在不经意间悄然发生变化，美国必须要做些什么，才能稳坐世界霸主宝座，而这第一件事情，就是控制住钱学森。

钱学森被关押后，立刻获得了李四光、钱三强等两百名科学家的声援，迫于舆论的压力，移民局不得不将其释放。可即便如此，钱学森仍然受到15天的牢狱折磨，如此痛苦的经历导致他在15天里暴瘦30磅。出狱后，一场更加漫长的噩梦袭来，钱学森的一切行动更加受到限制。

每个月，钱学森都要到移民局报到，随时要接受移民局的传讯，并且只能在洛杉矶境内活动，任何出境行为都要提前报备。这些限制人权的做法，相较于美国历来"崇尚自由"的思想，仿佛是个天大的笑话。

美国的想法十分阴险，除了对高端人才的精神摧残，更艰难的是长期处于被限制的状态。钱学森处于一个日新月异、蒸蒸日上的领域，而他又是处于一个被完全封闭的环境，任何一个人都会处于崩溃的边缘。在被监禁的漫长五年里，钱学森从未有过自由，精神意志一点一点被消磨。可归国的热情从未衰减，他相信，彼岸的祖国记得他，他的祖国不会放弃他。

终于，1955年转机出现。钱学森在华人报纸上发现一个老熟人——陈叔通，当时的全国人大常委会副委员长。钱学森想，若是能给祖国送去一封信，一切形势将会逆转。然而，在全天被监禁的情况下，让祖国收到自己的信，无异于天方夜谭。与牵动心弦的谍战片相比，钱学森接下来的故事更加惊心动魄。

1955年6月，钱学森设法摆脱特务的监视，将寄给陈叔通的信夹带在一封寄给亲戚的家书中，迫切希望祖国能够帮助他回国。这封信的每一个环节都经过精确计算，稍有不慎就可能遭遇不测，还好"信"顺利地寄了出去，辗转送到了周总理的手上。

周总理深知这封信的重要性，当即传信给日内瓦中美谈判的王炳南，要求无论如何都要将钱学森接回国。最终，以我方释放美国空军11名飞行员等条件，正式地换回了钱学森。9月17日，钱学森携妻子儿女，终于踏上了返回祖国的旅程。

后来的事情，大家都知晓了。1960年，我国第一颗弹道导弹"东风一号"发射成功；1970年，我国第一颗人造卫星"东方红一号"发射成功；1982年，我国第一枚潜射导弹"巨浪一号"发射成功；此后我们又经历了载人航天、北斗工程、嫦娥工程等等。

无论如何，一切从无到有、从弱到强，我们终于一步步走到了今天。而这背后就是包括钱老在内的一大批爱国科学家，是他们的付出让我们拥有了如今的大国地位。也正是他们将自己的价值毫无保留地释放，才让我们如今在面对强权时有十足的底气。

诚然，钱学森当年历经艰险返回祖国，放弃了太多的金钱、地位。面对国内的一片空白，钱学森用那一腔爱国热血，将自己的价值释放到最大。我想，这就是生命价值的真正含义。反观那些才学兼备，却报效他国的某些人，我们无权干涉他人，只因价值观的不同，生命的价值也天差地别。

最后，用钱学森的一句话来诠释人生价值："我们日夜盼望着，就是祖国能够从黑暗走向光明，这一天终于到了。祖国是很穷，但需要我们大家——祖国的儿女们共同去创造，我们应当回去的！"

来源：百度百家号 · 景尘文史档案馆．钱学森的曲折回国之路：诠释生命的价值 [Z/OL].（2020-05-21）[2022-07-28]. https://baijiahao.baidu.com/s?id=1667303122070597097&wfr=spider&for=pc..

心海探索

感恩生命

过程：

母亲在孕育生命、抚育孩童的过程中付出太多艰辛。每个人的生命来源于父母，我们得以健康成长也离不开父母的悉心呵护。

1. 课前准备绳子、背包（或抱枕）若干，让同学们体验做一名孕妇的感觉。
2. 请同学上台，将背包（或抱枕）绑在肚子上，体验各种简单的动作，例如俯身拾物。
3. 经过刚才的体验活动，你体会到在怀孕过程中母亲承受了哪些不便与痛苦？

4. 参加这个活动后，你想对妈妈说些什么？

三、感恩生命的美好

感恩是中华民族的传统美德，如"滴水之恩，涌泉相报""投我以木桃，报之以琼瑶"等名言，都是中华传统文化崇尚感恩的典范。《现代汉语词典》对"感恩"的解释是对别人所给的恩惠表示感激；《牛津字典》的定义是乐于把得到好处的感激呈现出来回馈他人。其中心意思都相同——感激。感恩意识是社会文明进步、人际关系和睦融洽的重要因素，是一个人具有健全人格和优秀品质的标志，是和谐社会要求公民，尤其是大学生，应该具有的基本素质。生命起源于父母，大学生要感恩父母的养育之恩，成长的每个阶段离不开家人的精心照料，才使我们每个人存在于这个世界上有机会体验人生百态。大学生要感恩师长的教育之恩，教师的谆谆教诲使得我们明事理、懂人情，建立健全健康积极的价值观、人生观、世界观。感恩生命历程中曾给予爱护、帮助、鼓励、支持的那些人，在迷茫、沮丧、无助时，他们曾给予关爱、伸出援手，支持我们渡过难关，乐观自信的面对生活。

四、直面生命的消逝

（一）恐惧和焦虑

死亡，不可知、不可控、不可预测，也不可回避。死亡如同黑洞一般吞噬自然万物。“死了是怎么一回事？”“死亡过程会感到痛苦吗？”“死了之后去哪里？”……谈论起有关死亡

心海探索

鼓起勇气，直面死亡

过程：

面对死亡这个人生的终极命题，不同人有不同看法。苏格拉底认为，在死亡的门前，我们要思量的不是生命的空虚，而是它的重要性。泰戈尔说，让生命有如夏花之绚烂，死亡有如秋叶之静美。不知道在座各位是如何理解死亡的呢？

1. 请同学们按照以下句型造句 10 个。

例如：我觉得死亡是很正常的，因为每个人都会死，自古以来无人能免。

我觉得死亡____________，因为____________________。

我觉得死亡____________，因为____________________。

我觉得死亡____________，因为____________________。

我觉得死亡____________，因为____________________。

我觉得死亡____________，因为____________________。

我觉得死亡____________，因为____________________。

我觉得死亡____________，因为____________________。

我觉得死亡____________，因为____________________。

我觉得死亡____________，因为____________________。

我觉得死亡____________，因为____________________。

2. 请学生分享自己所写的句子。

3. 请学生分享自己身边发生关于死亡的事件，或者对死亡的感受和想法。

的话题，人本能地会心生敬畏，面对这些难题，容易引起焦虑不安和对死亡的恐惧。

大学生要如何面对死亡的恐惧和焦虑呢？生命教育的目的不是帮助人减轻死亡焦虑，恰恰相反，是适度引发人的死亡焦虑，让死亡焦虑成为人思考生命意义的起点。此刻我们可以通过深呼吸，让自己先平静下来，继而感受一下：焦虑和恐惧在向我们传递什么信息？焦虑情绪传递的信息——生命是重要的，生命有时限性，焦虑情绪提醒我们要珍惜有限的生命时光，实现生命的价值和意义。恐惧情绪传递的信息——死亡是终点，死亡是不可逆的，恐惧情绪提醒我们生命只有一次，生命没有重启的机会，要好好保护和对待生命。

（二）丧失与哀伤

丧失就是失去，可能失去重要的人、失去重要的物品或者终止一段关系，虽然我们都不喜欢丧失，但丧失在每个生命历程中都不可避免。丧失，尤其丧失重要的人，会产生强烈的痛苦和悲痛，哀伤就是个人处理、消化这些痛苦的过程。屈布勒－罗斯（Kubler-Ross）的研究发现，个体接受死亡大致会经历以下五个阶段：

1. 否认

人们在刚听到有关他人患重病或离世的消息时，表现为震惊，拒绝接受现实，往往会说类似“这是不是搞错了？”“这不是真的，他/她并没有离开，他/她只是暂时不见了。”这样的话。

2. 愤怒

当事实已经不可改变，会出现愤怒情绪。愤怒可能针对别人，也可能针对自己，甚至指责别人，把情绪强加给他人。往往会说类似“为什么老天不公平，走的人偏偏是他/她？”“他/她早就身体不舒服，一直不肯去医院，要是早点去，他/她就不会离开了！”“都怪我忙工作，要是早点带他/她去看病，人就不会没了！”这样的话。

3. 讨价还价

当确认事实无法改变时，人们会开始期望有办法能延缓死亡进程，通过讨价还价，去改变失落无助的状态。比如当一个人得知母亲病危时，可能会说：“医生，拿我的命换我妈的命可以吗？”

4. 沮丧

人们会为即将逝去或已经消逝的生命感到悲伤、沮丧、绝望和无助，有的人还会消沉或者自暴自弃，这是丧失重要的人时都会经历的阶段，往往说出类似“没有他/她，我活着还有什么意思！”“他/她走了，我也不想活了。”的话。

5. 接受

经历以上阶段的痛苦，人的情绪最终趋于平静，接纳丧失的事实，重新回到平衡状态，注意力回归到当下，意识到生活必须要继续下去，逐步走出哀伤，变得更加坚强，用类似“即使他/她离开了，我还是要活下去”这样的话鼓励自己。

在哀伤的过程中，并非所有的人都要经历这5个阶段，有的人由于害怕丧失，一直否认丧失的事实，比如亲人已经离世多年，但每餐饭桌上依旧摆放他/她的碗筷，家里依旧保留原有的陈设，甚至反复暗示自己对方只是出差未归，以此回避悲痛和伤心的感受；有的人明明内心很痛苦，却不允许自己表现出脆弱，长期压抑悲伤的情绪，久而久之可能诱发心身疾病。建议经历丧失的人要学会面对内心的悲痛，接纳悲伤情绪，允许情绪的表达和释放，说出来、哭出来，将有助于自己从哀伤中走出来。

心海链接

悲伤者如何走出哀伤?

1. 悲伤者必须接纳失落的事实。接纳死亡已经事实上发生，若否认死亡或死亡的意义，常会导致延长不健康的哀恸以及偶尔有病理学的哀恸出现。

2. 悲伤者必须接纳哀恸是痛苦的。喝酒、服用包括镇静剂等药物，想办法避开愤怒、悔恨和悲哀的感觉，不必要地过度工作和学习等，都是哀恸者用以逃避哀恸痛苦的不健康策略。

3. 悲伤者需要适应已无死者存在的环境。哀恸者应该面对现实，接纳新的角色改变，承担以前死者所负担的责任。

4. 悲伤者需要把过去投入死者身上的情感转移到新的其他关系中去。这并非背叛，而是对死者更有意义的追悼。

心海探索

护蛋游戏

过程：

1. 在教室内布置好曲折、高低不平的道路。以小组为单位进行护送接力。

2. 规则是两人面对面，手对手各夹住两个鸡蛋，共同越过障碍物走到终点，交接给下一对同学。

3. 看哪个组的速度最快，一旦鸡蛋破碎要重新开始。

4. 每个组有3分钟时间讨论。

讨论：

生命就像这被运送的鸡蛋一样脆弱、一样需要呵护，你准备怎样爱惜自己的生命？

五、活出生命的精彩

每个人都想要活出生命的精彩，都想要在现有的基础上活得更精彩、更幸福。那么如何活出生命的精彩呢？

（一）爱自己，爱现在

无论自己是一种什么样的存在，拥有什么，失去过什么，有什么样的优势，或有什么样的不足，都要无条件地接纳自己、爱自己。当下才是人生最重要的时光，过去的已经过去了，无须伤痛和后悔，未来的还没有到来，不必苦苦焦虑和等待。

（二）学习爱人与被爱

人生在世，每个人都不是一座孤岛，通过和周围的人们建立联系，有助于我们发现存在的价值和意义。为了让自己活得更精彩，要不断地学习如何去爱：在爱的过程中，学会付出，传递自身的价值。同时，要不断地学习被爱，享受他人的关爱，学着信任他人。在人与人的互动与相处中，收获美好的人际关系，体会快乐。

（三）保持生活的乐趣

人活一辈子，最幸运的事莫过于能做自己喜欢的事，并能以此谋生。当然，如果没有办法从事自己喜欢的工作，那也一定要培养一个持久的兴趣爱好。坐下来，静静地想一想，自己真正喜欢做的事情是什么。在我们的人生中，尤其是当生命遭遇惨淡和无聊的时候，当情绪失控的时候，我们都能从兴趣爱好当中获得持久的乐趣。曾有人说幸福的人似乎总是比其他的人拥有更多乐趣。从今天开始，试着去发现和保持自己的某个兴趣吧。

第二节　心理危机与应对

人的一生中总会遇到危机，不管是失恋、意外、疾病还是亲人去世，都有可能给人的心灵带来冲击。究竟什么是心理危机？大学生心理危机有哪些特点？大学生心理危机的产生机制是什么？我们一起来看一下本节的内容。

心海链接

危险还是机遇？（Ⅰ）

临近毕业季，大四学生都很忙碌，忙着毕业论文答辩、忙着找工作、忙着办理离校相关手续……每个人都处在忙乱中，无暇顾及班委陈丹最近状态不对。她原本是一个积极进取的女孩子，成绩名列前茅，还担任学生会部长，热心组织系部活动。可最近发生的一系列事件导致她已经失眠半月余，整天躲在宿舍独自哭泣，面对舍友的关心询问，她都默不作声。原来陈丹近期参加多场大学生招聘会，线上、线下投简历，也参加过几场面试，但都在最后一轮面试中落选，屋漏偏逢连夜雨，交往多年的男友又突然提出分手。在双重打击下，她茫然不知如何应对，一方面自己心情特别难受，另一方面又担心同学会议论她找不到工作，还被人抛弃了。

一、心理危机概述

关于危机的定义有很多，英语中危机（crisis），指危险、困难的关头。《辞海》对危机的解释是："危机是一种紧急状态。""危机"最早源于存在主义哲学中的"危机"（kairos）的一个概念，意指一种戏剧化的片刻，充满了情感的负荷，可能包含各种可能性的"恰当时机"。最早定义心理危机（psychological crisis）的是美国心理学家卡普兰（Gerald Caplan）。他在 1964 年提出："心理危机是个体面临突然或重大生活逆遇（如亲人死亡、婚姻破裂或天灾人祸等）时所表现出来的心理失衡状态。"随后格拉斯进一步对心理危机进行了说明，他在卡普兰理论的基础上进一步强调了个人受到刺激或打击的时候所受到的心理伤害。目前心理学界认为："心理危机是指个体在遇到了突发事件或面临重大的挫折和困难，当事人自己既不能回避又无法用自己的资源和应激方式来解决时所出现的心理反应。"

"危机"一词由两个字组成，包含两方面的内容："危"，代表危险或威胁；"机"，则代表机遇或机会，因此"危机 = 危险 + 机会"。正如埃里克森等人所认为的那样："危机不再意味着是迫在眉睫的大灾难……而是生命中一个必要的转折点，即生命发展中所面临二选一的决定性时刻，它汇集了成长、复原与更进一步分化时所需的资源。"危机并不是一个负面的词，它具有可转化性。一方面，心理危机具有危险性，导致人的心理处于严重失衡状态，若没有得到及时有效的控制或者干预，危机会进一步加深；另一方面，心理危机也是一种机会，因为它带来的压力会促使当事人直面痛苦事件，调动一切内外资源，寻求解决问题的方法与措施。在危机的发生与解决过程中，促使个体调整认知、提升能力、重建积极心态。因此个人在遭遇心理危机时，不仅要看到"危险"，而且要看到改变的"机遇"。

案例中陈丹遭受到双重打击，一方面找工作失败，另一方面男友提出分手，这些事件对陈丹来说都是很负面的，导致她陷入自责自卑的漩涡。可能会引发心理危机，这是危险的一面。另一面，如果陈丹能够接受这个"挑战"，没有因为面试落榜和男友分手而否定自己，转而尝试分析这两个事件的原因，总结经验教训，借此提升和改进自己，那么"塞翁失马焉知非福"，这次的"危险"就是自我认知、自我成长的机遇。人只有在不断地挑战自我的过程中才能完善自我。

心海链接

危险还是机遇？(II)

经过一段时间的调整，陈丹感到心情好转了。陈丹的舍友们与她一起列举出面试过程中存在的问题，把精力投入在简历修改和面试彩排。在舍友的帮助下，陈丹不久后在一个全球 500 强公司的面试中脱颖而出。而在感情方面，虽然刚与男友分手时很痛苦，但是经过一段时间的冷静思考，她感觉轻松了很多，意识到"维持一段糟糕的关系，还不如及时终止关系。"这些年她与男友并不合适，俩人沟通模式不同，造成多次误会与争吵，由于害怕被抛弃，陈丹一直不愿放弃。现在她有机会重新开始，找一个更适合自己的人，同时也更清楚自己需要什么样的关系了，看来分手这个危机确实是一个机遇。

心海导航

龙场悟道诞生阳明心学

王守仁就是大名鼎鼎的王阳明，现代人习惯“王阳明”的称呼，但在明清两代的记载中写的都是“王守仁”。“守仁”这两字取于《论语》中“知及之，仁不能守之；虽得之，必失之。”意思是靠聪明才智得到，仁德不能守住，即使得到了，也一定会丧失。其实，当时的王守仁并非因为学术思想而出名，人们津津乐道的是他的职场经历，尤其是颇为传奇的平定江西匪患和宁王叛乱，《明史·卷一百九十五列传第八十三·王守仁》对此曾给予高度评价：“终明之世，文臣用兵制胜，未有如守仁者也。”此后，随着对其学术思想研究不断深入，其中蕴含的价值慢慢被世人发现，现代人给了他“明朝一哥”“千古圣人”的美誉。

哲学问题深奥，但又充满无穷魔力，让很多人穷极一生也要去探个究竟，王守仁就是其中之一。还在读私塾时，少年老成的王守仁为自己的人生定下了唯一目标——做圣贤。

王守仁的父亲王华是状元，官至南京吏部尚书，还给明朝第九位皇帝朱祐樘当过老师。《明史》记载：“(王)华有器度，在讲幄最久，孝宗甚眷之。”身居高位，又得到皇帝学生的眷爱。当王守仁告诉父亲自己的人生目标是做圣贤，父亲起初并不支持。经过一番深思熟虑，王华找到了解决问题的好办法，给儿子谈一门亲事。只要他娶妻生子，就不会再执着于做圣贤。

王守仁没有违背父亲的意愿，高高兴兴把婚结了。这一回，王华失算了。娶了老婆的王守仁依然不死心，还在做圣贤梦。弘治二年（1489），王守仁带着新婚妻子从南昌回老家余姚，在上饶顺道拜访了著名的理学家娄谅，闲聊中王守仁道出了自己的苦闷(有理想，但找不到路径)。听到这儿，娄谅作沉思状，沉默很久后从嘴里冒出四个字——格物穷理。就在这一刻，王守仁终于找到了成就梦想的星光大道。这一年，他17岁。

从此，格就成为王守仁的主要工作，早上起床就开始格，晚上洗漱完躺在床上还在格，各种格，不停地格，磨破脑袋地格。曾经为了格出竹子中蕴含的做人品质，他搬了张椅子放在庭院中，坐在那里整天对着竹子格。格了七天七夜也没格出个所以然，却病倒了。这就是中国哲学史上著名的“守仁格竹”。

要说王守仁的智商，绝不是白给的，就这么折腾了好几年，也没耽误正事，考中了进士，当上了兵部职方主事。兵部相当于国防部，职方司兼有参谋部门和政工部门的职责，既管作战地图，还负责武官的考核、赏罚等等。主事官品不大，就是六品官员。当官也不影响志向，此后王守仁的生活中还是各种格。格久了难免产生过怀疑，也调整过方向，但从未放弃。

也许是天将降大任，必先苦其心志，劳其筋骨。就为受打击的戴铣等二十多位文官打抱不平，王守仁得罪了大宦官刘瑾。《明史·卷一百九十五列传第八十三·王守仁》记载：“(刘)瑾怒，廷杖四十，谪贵州龙场驿。”这一去也不知道还能不能活着见到父亲，王守仁就在家里天天伺候着老爹，希望多尽一份孝心。

王守仁得去上任了。离开京城时，王守仁万念俱灰，更可怕的是“(刘)瑾密使人踪迹之，将置之死地。”(《贵州通志·宦迹志》)刘瑾派出的锦衣卫一路尾随追到钱塘江边。好在王守仁脑子好使，绝境中想出个金蝉脱壳的办法，佯装跳江自尽，靠着江边留下的衣服鞋子和绝命诗，骗过锦衣卫，得以保住性命。

从南京出发，王守仁足足走了四个月，辗转两千多公里，终于来到龙场驿，当上了驿丞，一心想做圣贤的王哲学家跌入人生最低谷。龙场驿在今贵阳市修文县，远离城区，万山丛薄，苗、僚杂居。说是驿站，其实就是一间破旧的茅草房，再加上语言不通，无法和周围的人交流，生活条件相当艰苦。聪明的人到哪儿都不吃亏，学语言，学种菜，发动大伙盖房，一起提高生活质量。更可贵的是，他并不觉得自己高人一等，更不在乎别人是否开化。《明史·卷一百九十五列传第八十三·王守仁》记载：“守仁因俗化导，夷人喜，相率伐木为屋，以栖守仁。”

每天看着房舍和荒山，王守仁依然不忘初心，继续格物。想想自己显赫的出身(王羲之的后人，父亲是状元，自己是进士)和曾经辉煌的仕途，家族荣耀、荣华富贵非他所看重，有与无无关紧要。但是19年了，格物穷理！耗尽了年少光阴和聪明才智，理却依然不见踪影。经历了痛苦挣扎之后依然无法突破，人必然会陷入极度焦虑与狂躁，王哲学家就是在极度煎熬中感觉自己快扛不住了！要崩溃了！

极限之时，往往就会有极致发挥。就在一个漆黑幽静的夜晚，一阵阵大笑声打破了山谷的宁静，穿透黑夜，直刺长空，久久不绝。苦苦挣扎中格了19年的王守仁，终于在最为痛苦的一瞬间格出了答案——天地万物之理并非存于天地万物，也无须存于天地万物。天地万物本来就为一体，从未分离，更不会分离。理不在别处，就在心中！理就在心中，这句话浓缩成三个字，就是“心即理”。

这是载入史册的一瞬间，几乎所有的史书都用“顿悟”一词来描述这一瞬间。中华文明史上一门伟大哲学——心学，就此诞生。

这就是王守仁龙场悟道，悟出道的王守仁由此成为圣贤，受后人敬仰。

来源：高勇．王阳明与龙场悟道[N]. 贵州政协报，2020-10-21(A3).

心理危机的产生不但与激发的事件有关，还取决于个人解决事件的有效资源。造成心理危机的事件通常是当事人不能实现或没有预想到的，具有极大的意外性，因而极易造成强烈的心理冲击，甚至产生极端的应激反应。心理危机带有很强的主观性，其本质是当事主体对所发生事件的一种主观感受状态，也就是说，面对同一重大生活事件，不同的主体由于认知水平、情感特点、心理承受能力等方面的不同，可能产生不同的心理应激反应，有的只是产生一般性的情绪波动，有的则出现心理危机反应。

当个体面对危机事件时会产生一系列身心反应，主要表现在心理、生理、认知和行为四个方面，这种危机反应一般持续 6~8 周。心理危机伴随的身心反应如下：

第一，情绪反应不良。呈现出持续、显著的情绪反应，如恐慌、焦虑、愤怒、悲伤、自责、内疚、绝望、无助、情感淡漠或麻木等。

第二，躯体明显不适。心理危机会引发一系列的躯体不适，常见表现如身体颤抖、筋疲力尽、失眠、噩梦、头晕头痛、胸闷、恶心、肌肉紧张、尿频、食欲减退、胃肠不适等。

第三，认知能力下降。在危机发生后，引起当事人认知能力方面的异常，如健忘、注意力不能集中、意识模糊、反应迟钝、思维混乱、自尊下降、负面自我对话、否认、不断思考事情发生的原因，其认知、思考、推理和判断问题表现出困难。

第四，日常行为改变。日常行为出现反常变化，出现食欲减退、话少孤僻、易哭、易激惹、攻击性强、指责他人、回避社交、手机不离手反复看信息等反常表现。

二、大学生常见心理危机

大学生心理危机即大学生所处的紧急心理状态。大学时期面临的环境较中学阶段更为复杂，而大学生的心智和情商尚未成熟，因此当个体遭遇重大问题或变化时，部分学生感到难以应对挫折或打击，原有的心理平衡状态被打破，焦虑紧张情绪不断累加，最终导致心理危机。

（一）境遇突变引发的心理危机

境遇性心理危机是指当出现罕见或超常事件，并且当事人无法预测和控制时出现的心理危机。交通意外、自然灾害、遭遇绑架或强奸、突发的疾病都可以导致境遇性心理危机。这种危机持续时间短，但变化剧烈，事发突然，给当事人带来极大的震撼，从而引发剧烈的心理反应，如果处理不当，容易产生严重后果。

（二）存在的困惑引发的心理危机

存在性心理危机指对于重要的人生问题思考或探寻不清而出现的内部冲突和焦虑。大学生往往对精神世界有更多的需求，经常会思考一些关于个体存在性的问题，如人生的价值、生命的本质、自由、死亡等，但由于认知水平有限，有些人会陷入迷惘之中，这种存在性困惑往往会导致心理危机。存在性心理危机不易觉察，持续时间长，内心痛苦大，极易出现极端事件。

（三）发展的忧虑引发的心理危机

发展性心理危机是大学生在追求个人发展的过程中，因个人的成长、发展期望与现实存在冲突而导致的心理危机，如入学适应、学习压力、现实目标、就业压力等。发展性危机表现不剧烈，进程缓慢，持续时间长。例如，刚步入大学时满怀期望和理想，在经过一段时间的心理冲突后，由好学上进变成厌学消沉。但是发展性心理危机一旦成功化解，将有助于大学生朝着更加成熟的方向发展。

心海探索

我的人生曲线

过程：

1. 冥想。

请大家找一个舒服的姿势坐好，尽可能挺直腰背，保持脊柱直立，让自己清醒并放松。让双脚平放在地面上，双手自然地放在大腿上。你可以闭上双眼，也可以半睁着双眼，让视线落在你前方稍微向下的空间，不要聚焦到某个特定的点上。想象你面前有一个能让你看到过去的水晶球，你能透过它看到自己的过去。

现在，注意看你的水晶球。（停顿）渐渐地，你发现球体内出现一些或清晰或模糊的画面，那是你的故事。（停顿）当你进一步安下心来，你将有能力仔细分辨出它们。如果你觉得困难，你只需要慢慢地体会自己的呼吸就可以了。在这个画面当中沉浸一会儿。试着分辨：你看到了些什么、和什么人在一起、听到些什么、正在做什么、你自己大概多大。在这个画面中，你有什么感受，或者你的身体有什么感觉。

现在，你要离开这个画面，想一想，感觉一下，在这样的场景中你还有什么想做的或者想说的。默默地跟现在这个画面告别。

2. 请同学们记录刚才所看到的事件以及所对应的大致时间，用一句话或若干词语概括这件事。

3. 请同学们对这件事所产生的影响或感受进行“−5”到“+5”的评分，最消极的体验打“−5”分，最积极的体验“+5”分，最后如下图所示将事件标注在坐标轴的对应位置。

4. 重复上述步骤，回忆并记录8～10件过往事件。之后将这些事件用线段连接起来，并观察各自的人生曲线。

讨论：

1. 你从过往的人生曲线中感受到什么？

2. 如果将来可能会失去大部分记忆，只能记住其中的三件事，你会如何选择，为什么？

3. 你是否曾幻想具有穿越时空的能力？如果能回到过去，你希望对过去的自己说些什么，或者希望做出哪些改变？

4. 面对将来尚未书写的人生历程你有什么想法，你希望给自己的人生赋予怎样的意义？

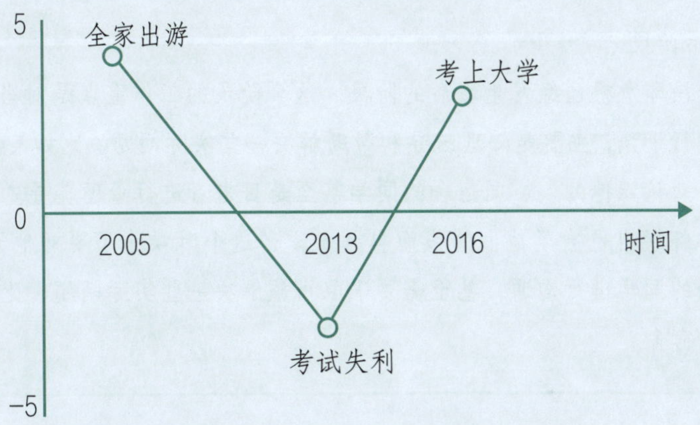

心海链接

大学生心理危机的发生阶段

心理学家认为，个体陷入危机是一个逐渐发展的过程，处于危机中的个体要经历“平衡打破—尝试解决—寻求帮助—陷入抑郁”四个阶段。根据时间序列划分，大学生心理危机的发生阶段如下：

1. 前危机阶段

前危机阶段指危机还未发生的阶段。虽然在此阶段没有危机发生，但是有可能酝酿危机。在这个阶段，个人如果可以及时求助、及时解决问题，那么危机就有可能被化解。当你发现班级同学有可能产生危机时，如果能够伸出关爱之手，就有可能帮助他化解危机。

2. 潜在危机阶段

前危机阶段中危机在酝酿，潜在危机阶段则是问题已经出现，若没有得到有效的解决，则有可能进一步恶化，随时都有可能发生危机的阶段。在这个阶段，一个人如果尝试了各种方法都没能解决问题，就随时有可能发生危机。你如果发现有同学处于这个阶段，最好寻求专业人士的帮助。

3. 发生中的危机阶段

发生中的危机阶段即危机正在发生的阶段，比如学生走上楼顶正准备往下跳，将自己关在宿舍中不出来，扬言要自杀，或者突发精神异常等。这个时候需要找专业人员进行干预。

4. 危机后阶段

危机后阶段即危机已经发生之后的阶段。这个阶段的工作重点是对当事人和相关人或者周围人进行干预，主要是心理疏导和帮助解决一些实际问题。比如某学生跳楼自杀，这时可能需要对认识他的人、同宿舍的同学甚至是目击者进行心理疏导。再如某学生因为同宿舍同学怀疑自己偷了他们的钱而自杀未遂，这个时候除了要对他开展心理疏导，还要与同宿舍的同学进行沟通，甚至需要采取措施解决一些实际问题，比如该名学生之后是否还住原宿舍。

三、大学生心理危机的产生机制

心理危机的产生是一个复杂的过程，大学生心理危机的发生并非一个点（单个事件爆发），而是一条连续的线（往往与之前的许多问题相关），如案例中陈丹由于面试落选、男友分手两个事件叠加造成心理危机。心理危机的发生也并非单一因素导致，而是内外因素交互作用的结果，如陈丹的认知方式（分手等于被抛弃）、应对方式（回避社交、躲在宿舍）、社会支持系统（隐瞒事件，拒绝倾诉）也是导致她出现心理危机的原因。从通常情况来看，心理危机的产生是应激源因素和个人易感性因素共同作用的结果，如图 16-1 所示。

（一）应激源

应激源即能引发应对反应的刺激或环境需求，也就是能引发心理危机的事件。但事件本身不一定会直接引发个人心理危机，还要通过个人的应对能力等因素发挥作用，即个人的易感性因素。

引发大学生产生心理危机的应激源因素有以下 8 个方面：

1. 学习压力和对大学环境的不适应。
2. 一些长期、慢性的身体疾病，或者突发的严重身体疾病。
3. 情感问题，如失恋的打击、三角恋的纠纷等。
4. 心理障碍和精神疾病，典型的病症如抑郁症、焦虑症等。

5. 就业形势的严峻，个人未进行职业生涯规划。
6. 人际关系问题，如被孤立、和别人发生冲突等。
7. 家庭问题，如丧亲、家庭经济条件突发改变等。
8. 自我相关的问题，如自卑等。

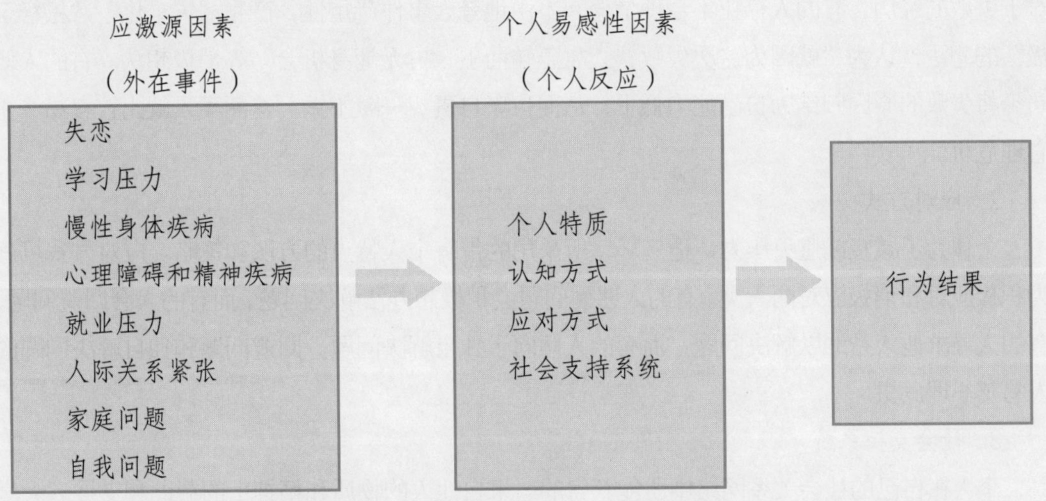

图 16-1 心理危机发生机制

（二）个人易感性因素

个人易感性因素指容易引发应对反应的个人因素，包括这个人的性格特征、应对方式等。同样的事件发生在不同的人身上，其结果会不一样。比如，A 和 B 两个人同时失恋，A 的朋友比较多，失恋后有很多人安慰他，A 又是一个乐观的人，那么 A 因为失恋这件事情而产生心理危机的可能性就比较小。B 恰恰相反，B 是一个性格孤僻的人，本身没什么朋友，对待社会和恋爱又比较消极，因此 B 产生心理危机的可能性就要比 A 大，如图 16-2 所示。

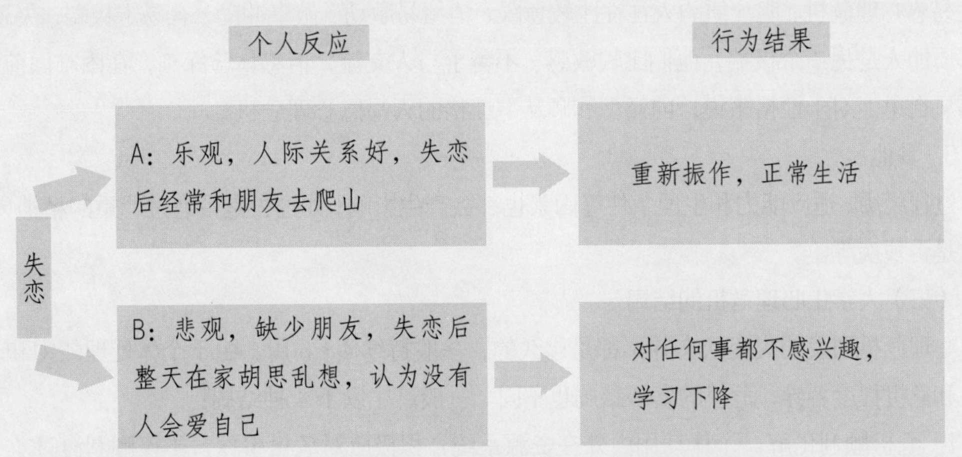

图 16-2 心理危机产生举例

通常情况下个人易感性因素主要有以下 5 种：

1. 认知方式

认知方式表现为一个人习惯于采取什么方式认知外界事物，并没有好坏之分，但是认知方式不同，会影响个体对事物的判断，尤其是对危机事件严重程度的判断，引发消极情绪。例如对于失败的经历，有的人存在不合理信念，不由地夸大事件严重性，产生“灾难化”“糟糕至极”的想法，认为“就因为这次失败，人生急转而下，再无翻身机会”等消极想法。有的人倾向于将失败的原因归结为自己能力低下，从而自卑自责、一蹶不振。这两类人就比较容易产生心理危机。

2. 应对方式

个体为了减轻或避免压力、适应环境所采用的带有个人特点的方法和策略。应对方式可分为积极应对和消极应对两大类。有的人遇到问题会积极想办法解决问题，而有的人会回避问题，有的人寻求他人帮助以解决问题，而有的人倾向于独自解决问题。回避问题和独自解决问题的人易感心理危机。

3. 社会支持系统

个人在自己的社会关系网络中所能获得的、来自他人的物质和精神上的帮助和支援。大学生的社会支持系统通常包括家人、同学、朋友、老师和学校各级组织等。每个人的社会关系网看似差不多，但深入观察会发现每个人从中获得的支持却存在差异。有的人在支持系统中与他人联系紧密，彼此支持，遇到困难时相互协助，使得关系网稳固坚定，当自己遭遇危机事件时愿意主动求助，也乐于接受他人帮助和支持。有的人虽然客观存在社交关系网，但疏于沟通，或者相处得很糟糕，一旦陷入困境时，也迅速陷入孤立无援的状态，就容易陷入心理危机。

4. 人格特质

人的行为倾向表现出一种具有持久性、稳定性、一致性的心理结构，人格包含气质和性格两个部分。气质有胆汁质、多血质、黏液质、抑郁质 4 种类型。胆汁质和抑郁质两种气质类型的人易感心理危机。胆汁质的人往往比较急躁、情绪易激动、做事冲动，容易走极端，欠思考。抑郁质的人是另一个极端，他们比较敏感、不善于与人交流，情感体验深刻，在困难面前常常怯懦、自卑。对于性格来说，内倾型和顺从型性格的人易感心理危机。

5. 其他

过往经历、适应能力和生理条件等因素也都会产生影响，如过去是否有过严重的精神创伤，身体是否残疾等。

（三）大学生心理危机的结局

心理危机引发的失衡状态并不都是永久的，一般持续 4 ~ 6 周。由于个体处理能力和获取支持和危机程度各异，危机的发展结局也不同。一般产生以下 4 种结局：

1. 危机顺利化解。个体动用内外在资源系统，积极应对危机事件，不仅顺利渡过难关，还积累了应对挫折或困境的经验，提升心理健康水平。

2. 留下心理或生理创伤。个体虽然度过危机，但却导致躯体受损（例如车祸、火灾、疾病等造成的伤害），个体不得不带着疾患继续生活。也可能产生心理创伤，对于今后的社会生活造成一定影响，需要长期跟踪观察、支持疏导。

3. 罹患神经症或精神障碍。危机造成极大的伤害，个体无法应对，导致神经症（如恐怖症、强迫症等）或精神障碍，严重影响日常学习生活等社会功能，随时有可能产生新的心理危机。

4. 自伤自杀或伤人。当个体被危机事件击垮，无力应对挫折，陷入抑郁、无望、无助状态，产生逃离现实、摆脱痛苦的想法，有时产生自残（割手臂、割腕），甚至自杀的想法或行为，有时也会在愤怒状态下伤人毁物。

心理危机的出现并不可怕，采取有效应对措施，大多都能转危为安，有些还会获得意外“机遇”。但若缺乏妥善应对方式，则心理危机的程度愈演愈烈，甚至选择极度痛苦的自杀行为。

（四）大学生心理危机的应对

人的一生中不可避免经历困难、挫折与创伤事件，它们严重冲击心灵，使人产生程度不同的心理失衡。从这个意义上讲，心理危机在一定程度上带有普遍性。很多心理危机在初始阶段，如果不是主动求助，他人是不易觉察并实施有效干预的。因此，如何有效应对心理危机显得尤为重要。如果大学生都能够掌握一些应对危机的方法，可以有效避免悲剧的发生。

心海探索

生命玻璃杯

过程：

一只小小的玻璃杯也暗藏着生命的哲学。生命犹如玻璃杯，唯有细心呵护才不会破碎；生命犹如玻璃杯，既可以盛蜂蜜糖水，也可以盛苦口良药。你是否也有这样一只属于自己的生命玻璃杯，里面盛满心扉思绪，告诉你如何勇敢生活、积极探寻生命的意义？

1. 每个同学拿出一张 A4 大小的白纸。首先画一只玻璃杯，然后在玻璃杯里面分别画出“微笑水滴”和“难过水滴”，每一个水滴代表你近期的一种心情。

2. 在玻璃杯的左右两边，分别简单写出每个“微笑水滴”和“难过水滴”代表的事情（参见图 16-3）。可以在 A4 纸上署名，也可以选择匿名。

3. 教师把所有的玻璃杯收上来进行“大洗牌”，再依次分发给每一个学生。每个人都获得了一只别人的玻璃杯。

4. 同学们先以小组为单位，分享自己手中的玻璃杯，为每个“微笑水滴”表达欣赏与祝贺，为每个“难过水滴”提出解答烦恼的办法。

5. 每个小组选出一名代表进行发言，分享本组收到的玻璃杯中包含的快乐与烦恼，说出如何应对“难过水滴”。

6. 全班范围内进行总结，归纳普遍的快乐与烦恼。

微笑水滴：

1. 新买了一件合身好看的衣服

2. 顺利通过了计算机考试

3. 感冒好了，身体舒服了

难过水滴：

1. 丢了有重要资料的U盘

2. 参与社团活动总是害羞，不敢表现自己

3. 新发型感觉很难看

图 16-3　生命玻璃杯

1. 当自己遭遇心理危机时

大学生遭遇心理危机时，最重要的就是积极求助，可以从以下三个方面求助。

（1）积极自我救助：人们在遇到危机时，首先要努力使自己的情绪镇定下来，然后按以下步骤进行思考，通常可以应对危机。

①明确问题，自己到底遇到了什么事。仔细回想事情的起始，把每个细节都想到，然后坦然面对现实，尽量保持心态放松，不要抱怨和愤恨。

②关注情绪，我现在的感受是什么，有助于摆脱困境吗。人非圣贤，遇到困境而感到软弱、慌乱和悲哀，是正常的应激反应，要明确自己当前的紧迫任务是控制心理失衡。进行自我暗示：我现在最需要理性思考，我能找到战胜困境的对策。一旦稳定情绪，开始理性思考，消极的情绪就会减轻。

③分析问题，现在具体有哪些情况对自己不利。明确存在的问题，才能找到解决困境的突破口。要全面分析遇到的问题，找出主要矛盾和矛盾的主要方面。然后思考解决矛盾的办法，一旦找准了问题，就有了目标和方向，行动才更有效。

④列举结果，眼前的事情会有几种结果。分析问题是解决问题的前提，要分析问题就必须用全面、发展的眼光，要尽可能都想到一件事的利弊得失，眼睛不能只盯着一点。思路不开阔，往往会使人陷入绝境。

⑤寻求帮助，我能从哪里得到哪些帮助。“一个篱笆三个桩，一个好汉三个帮”，遇到困难要积极求助，调动一切可以调动的资源。确定后马上行动，越早与外界沟通并得到支持，越有利于缓解危机。

⑥战胜困难，怎样才能争取一个对自己真正有利的结果。真正对自己有利的结果应该是既能使自己战胜眼前困境，又能使自己在危机过后的日子里快乐地学习、工作和生活。在自己最

失望、准备放弃努力之前，再做一次努力，这往往便是成功的转折点；在自己准备一搏的时候，最好在实施行动前等待一天、睡上一觉，那可能就是你状态最佳的时候。

（2）寻求社会支持：每个大学生具有自己的社会支持系统，比如老师、同学、亲友等，当自己遭遇危机事件（如情感问题、学业困扰、家庭变故、身体疾病等）时，要积极寻找他人的支持和帮助，有时与人倾诉心中的愁苦，情绪得以释放和宣泄，在他人的分析和帮助下，我们的情绪也会好转，找到度过危机的出路。不必担心给他人造成麻烦，设想如果有同学向你求助，你是不是也乐于伸出援手、尽力帮助对方走出困境。人际感情就是在彼此互帮互助的过程中不断深厚。

（3）寻求专业帮助：经历心理危机后，个体会出现应激反应，如：情绪低落、焦虑不安、失眠、头痛等，通常情况下身心不适反应都会在一周左右减少或者消失。如果这些症状持续时间长（至少两周以上），主观存在难以摆脱的痛苦感，甚至出现自残、自杀倾向，且严重影响到了个人的学习和生活，那可能出现创伤后应激障碍（PTSD），此刻就要立即寻求专业医疗帮助，比如心理治疗师、精神科医生，通过药物—心理—物理联合治疗才能恢复。

心海链接

创伤后应激障碍

创伤后应激障碍（Post Traumatic Stress Disorder，PTSD），指个体经历、目睹或遭遇到一个或多个涉及自身或他人的实际死亡，或受到死亡的威胁，或严重的受伤，或躯体完整性受到威胁后，所导致的个体延迟出现和持续存在的精神障碍。产生这些威胁的事件包括战争、地震、严重灾害、严重事故、被强暴、受酷刑、被抢劫等。PTSD发病多数在遭受创伤后数日至半年内出现。

PTSD临床症状

1. 持续地重新体验到创伤事件：

（1）反复闯入性地痛苦地回忆起创伤事件，包括印象、思想或知觉

（2）反复而痛苦地梦及创伤事件

2. 对创伤伴有的刺激做持久的回避，对一般事物的反应显得麻木：

（1）努力避免有关此创伤的思想、感受或谈话

（2）努力避免会促使回忆起此创伤的活动、地点或人物

（3）不能回忆此创伤的重要方面

（4）很少参加有意义的活动或没有兴趣参加

（5）有脱离他人或觉得他人很陌生的感受

（6）情感范围有所限制（例如不能表示爱恋）

3. 警觉性增高，症状表现如下：

（1）难以入睡，或睡得不深

（2）易激惹或易发怒

（3）难以集中注意力

当出现PTSD症状时，需要立刻寻求专业医疗帮助，经过一段时间药物治疗、心理治疗，最终才会走出困境，重建心理平衡。

心海链接

陈丹的“求救”短信

陈丹之前给好友杨丽打过好几次电话哭诉近期事情，对方也一直在安慰她。这天杨丽突然接到陈丹的一条短信，短信内容是：“我感觉自己撑不住了，好想离开这个世界，终结所有痛苦！”这条短信把杨丽吓坏了，她立刻打电话给陈丹，听到电话那头的哭泣：“我实在是太痛苦了，毕业即失业，男友也分手，爱情、事业都没了，我的未来全是失败。”

杨丽：“陈丹，你在哪儿？我能感到你很痛苦，我过来陪你聊聊。”

陈丹：“没用，所有的努力都没用，一切都完了。”

杨丽：“我知道你现在很难过，告诉我你在哪里？我过来陪你。”

陈丹：“我在宿舍楼顶，从这儿跳下去，我再也不会悲伤。”

杨丽：“陈丹，我知道你很痛苦，你现在可以离开楼顶，坐电梯下来吗？我们在宿舍楼门口见，我现在出发，5分钟后就到。”（第一步保证安全）我知道你很痛苦，我知道你不想这样。你先听我说，现在离开楼顶，坐电梯到一层大厅，我正往宿舍楼走，等我到了再详细聊。”（第二步表达支持）

陈丹：“好吧，我等你。”

杨丽在去宿舍楼的路上立刻打电话给班主任张老师。老师听到之后让她立刻到宿舍楼，先安抚陈丹的情绪，保证她的安全，自己马上联系学校心理咨询老师处理接下来的事情。（第三步寻求外界帮助）

2. 当身边的人遭遇心理危机时

（1）发现心理危机：人在自杀前会有意无意传递出一些厌世信号，大致有以下几类：

①情绪信号：持续情绪低落、愁眉苦脸、易哭、自卑感强、自责内疚、绝望感、孤独无助等消极感受。

②言语信号：有自杀企图的人普遍存在无望感——“我的生活没有希望”，有些人会直接表达“我不想活了”“我想自杀”。有些人会间接表示“没有我大家会更好”“好希望睡一觉再也不要醒来了”“发生些意外，让我离开这个世界吧”。

③行为信号：对学习或业余爱好失去兴趣；整日无精打采，沉默寡言，疏远家人和朋友；收集整理个人物品，大量丢弃或赠送他人；酒精或者药物滥用；收集与自杀方式有关的资料并与人探讨；冲动且不计后果的行为，自残自伤行为；严重抑郁后突然的平静。

④近期重大生活事件：严重挫败事件，如考试作弊开除、求职面试失利等；情感受挫，表白被拒绝，被恋人抛弃等；身体健康受损，自己患绝症，至亲好友患重病或意外离世；面临其他重大经济损失，网络贷款等。

心海链接

对自杀的错误理解

1. 谈论自杀的人不自杀。
2. 自杀前没有任何征兆。
3. 自杀者不是真的想死。
4. 一旦产生自杀的想法，这个想法就总是存在。
5. 一个人自杀未遂后，以后再也不会出现自杀行为。
6. 如果一个人有抑郁情绪存在，与他提及自杀会导致他产生自杀的想法。
7. 大多数的自杀是缘于一个突发的创伤事件。
8. 非致命性的自杀行为只是为了引起他人的注意。
9. 如果一个人的抑郁情绪突然好转，他就没有自杀的危险了。
10. 大多数自杀者是穷人。
11. 所有自杀者都有精神问题。

⑤生理信号：睡眠障碍（入睡困难、易醒、多梦、早醒等）；食欲减退或无食欲、恶心、胃胀、胃痛、体重减轻等；躯体不适（胸闷、心慌、乏力等）；性欲减退。

另外，有自杀未遂经历的同学需引起格外注意。生命仅此一次，每个人的生命都值得被及时救助。有时自杀是一时冲动所致，如果发现身边有同学透露出以上有关自杀的信号，务必先稳定该同学的情绪，同时及时联系老师，或者带领该同学寻求专业帮助。

（2）如何帮助有自杀企图的同学

①倾听，不要怜悯和争论：耐心倾听对方的表达、允许对方表露情绪、给予支持、不评判等。例如，可以用“我很关心你”“我知道你很难过”等表达对当事人的关心。注意不要用“不能这么想”“你这样做对得起家人吗”“事情没那么糟糕”等来否定对方的感受。

②鼓励，不要指责和打击：说话坚定、温和，以清楚、直接的态度表示。任何足以提升自尊心的话都可以，好让当事人时时看见自己积极的一面。

③陪伴，不要冷漠和疏离：当个体遭遇危机时，需要情感上的支持和安慰。此刻若你不知如何劝导对方，也可以选择静静陪伴在他/她身旁，建立安全感，使对方感到有人在乎自己的感受，避免对方陷入孤立无援、无助无望的情绪漩涡中。

3. 当群体遭遇心理危机时

危机事件影响群体指事件目击人、危机相关人（同学、室友）。在心理学上有替代创伤（vicarious trauma）或次级创伤（secondary trauma）的概念，也就是说，与当事人有关联的人都有可能会受到影响。

（1）接纳自己的感受：对于危机事件现场的目击人，或者与危机当事人的社会交往较多的人，都会有较为强烈的情绪体验，如震惊、不敢相信、悲痛、失眠、噩梦等，甚至可能表现出创伤后应激障碍的一些症状等。因此，我们要尊重和接纳受到事件冲击而表现出来的一些情绪、举动。

（2）注重情绪疏导：允许自己表达、宣泄由事件诱发的各种情绪，情绪得到充分疏导后，才能进行进一步的理性思考，比如接受逝者已逝的事实。如果自己处理不了，还可以求助于心理咨询中心的老师。

（3）相互支持：如果受危机事件的影响是同一个群体，比如同宿舍的室友、同学，可以和大家建立起相互支持的联盟，比如共同缅怀逝去的同学，在面对悲恸时相互给予支持，互相照顾彼此的生活等。

心海探索

生命十问

过程：

人生只有三天，昨天、今天和明天。昨天已经过去，明天还没有到来；我们无法把昨天请将回来，明天也不能提前拥有。我们可以把握的只有今天。把握好生命中的每一分钟。现在，让我们安静地体会当下，完成生命十问。

1. 请写出以下十个关于自己当前的状态。

（1）我在做哪些喜欢的事？

（2）当前生活有哪些满意或不满意之处？

（3）最想改变的内在品质是什么？

（4）就算遭到周围人的否定，我依然坚信自己具有的闪光点是？

(5) 哪些才华是我还没有、不愿意或者不自信向大家展示的?

(6) 我在从事哪些对人生有益的努力?

(7) 这一年时间我努力尝试做了哪些事，结果如何?

(8) 这一年时间我见证了自己哪些方面的成长?

(9) 周围有哪些我所关心的人?

(10) 周围是否有很多关心我的人?

2. 回顾以上十个问题，你此刻有怎样的体会和感受。

(五) 大学生心理危机的预防

1. 培养积极认知

在社会中生存，大学生总要面对各种各样的突发事件，培养积极认知，树立乐观生活的心态，是预防心理危机最基础的部分。认知作为中介机制影响我们看待事物的角度，引发不同的情绪体验。凡事都有正反两面性，大学生要学会觉察自己的认知方式，培养多角度分析事物的能力，避免消极悲观面对生活中的压力事件，尝试从积极的角度寻找事物的意义，在“危机”中寻找机遇，这就是积极面对危机事件的表现。

2. 采用积极应对方式

应对方式是个人在应激期间处理应激情境、保持心理平衡的一种手段，它会直接影响到心理危机是否能够得到有效解决。应对方式可分为两种: 积极的应对方式有“解决问题”“求助”；消极的应对方式有“退避”“自责”“幻想”。

在面对应激事件或环境时，建议大学生尝试采用“解决问题”和“求助”这两种应对方式。积极面对困难，主动调动自身内外资源，关注问题本身，经过客观分析推论，寻找解决问题的有效方式；同时也要意识到自己的局限性，每个人都存在能力的短板，有些问题自己解决不了时，要敢于向他人求助，“三人行，必有我师焉”。

3. 构建社会支持系统

每个人在社会上生存都离不开与家人朋友的联系，这个庞大的人际网络就是社会支持系统。

一方有难，八方支援。当我们遭遇心理危机时，可以求助于人际支持系统，他人也乐于给予温暖和帮助，在亲朋好友的鼓励支持下，最终走出困境。

心海链接

八种必不可少的朋友

随着生活节奏加快，社会逐渐浮躁和功利，人与人之间有着太多分不清的是非真伪，以至于我们对“朋友”的称谓产生了畏惧。那么，真正的朋友究竟是什么样的，人的一生到底需要什么样的朋友呢？美国作家帕尔说：“不要指望一位密友带给你所需要的一切。”另一位作家汤姆·拉思则认为，以下八种朋友是必不可少的。

1. 成就你的朋友

不断激励你，让你看到自己的优点。

这类朋友也可称之为导师型。他们不一定是你的师长，但他们一定会在某些领域具有丰富的经验，能经常在事业、家庭、人际交往等各方面给你提供许多建议。人生中拥有这种朋友会成为你最大的心理支柱，也常常会成为能够“左右”你的“偶像”。

2. 支持你的朋友

一直维护你，并在别人面前称赞你。

这类朋友可谓是“你帮我，我帮你”，相互打气，使得彼此成为对方成长的垫脚石。在一个人的成长过程中，朋友的支持与鼓励是最珍贵的。当你遇到挫折时，这类朋友往往可以帮你分担一部分的心理压力，他们的信任也恰恰是你的“强心剂”。

3. 志同道合的朋友

和你兴趣相近，也是你最有可能与之相处的人。

与他们在一起，会让你有心灵感应，俗称“默契”。你会因为想的事、说的话都与他们相近，经常有被触摸心灵的感觉。和他们交往会帮助你不断地进行自我认同，你的兴趣、人生目标或是喜好，都可以与他们分享。这种稳固的感受“共享”会让你获得心理上的安全感，因为有他们，你更容易实现理想，并可以快乐地成长。

4. 牵线搭桥的朋友

认识你之后，很快把你介绍给志同道合者认识。

这类朋友是“帮助型”的朋友。在你得意的时候，他们的身影可能并不多见；在你失意的时候，他们却会及时地出现在你面前。他们始终愿意给予你最现实的支持，让你看到希望和机会，帮助你不断地得到积极的心理暗示。

5. 为你打气的朋友

好玩，能让你感到放松。

当我们有了心事、苦恼时，有些朋友是我们第一个想要倾诉的对象。这样的朋友是很好的倾听者，能让你放松，在他们面前，你没有任何心理压力，总能让你发泄出自己的“郁闷”，让你重获平衡的心态。

6. 开阔眼界的朋友

能让你接触新观点、新机会。

这类朋友对于人生也是必不可少。他们可谓是你的“大百科全书”。这类朋友的知识广、视野宽、人际脉络多，会帮助你获得许多不同的心理感受，使你成为站得高、看得远的人。

7. 给你引路的朋友

善于帮你理清思路，能给你提供必要的指导和建议。

这类朋友是“指路灯”。每个人都会遭遇困难和需要，一旦靠自己力量难以化解时，这类朋友总能最及时、最认真地考虑你的问题，给你最适当的建议。在你面对选择而焦虑、困惑时，不妨找他们聊一聊，或许他们能帮助你更好地理顺情绪，了解自己，明确方向。

8. 陪伴你的朋友

是你遇到事情时，不论是好是坏，总会第一个告诉的人，因为他们一直和你在一起。

这种朋友的心胸像大海、高山一样宽广，不管何时找他们，他们都会热情相待，并且始终如一地支持你。他们是能让你感到满足和平静的朋友，有时并不需要他们太多的语言，只是默默地陪着你就能抚平你的心情。

来源：光明网．一生中如果遇到这八种朋友，就是你的无价之宝 [Z/OL].（2020-07-06）[2022-07-28]. https://m.gmw.cn/baijia/2020-07/06/1301341324.html.

参考文献

[1] 顾瑜琦，孙宏伟．心理危机干预 [M]. 北京：人民卫生出版社，2011.
[2] 焦雨梅，苏元元，赵立成．大学生心理健康教育 [M]. 上海：上海交通大学出版社，2016.
[3] 李莉、周石其．大学生心理健康 [M]. 北京：人民邮电出版社有限公司，2019.
[4] 连榕，张本钰．大学生心理健康 [M]. 第 2 版．北京：北京师范大学出版社，2016.
[5] 弗兰克尔．活出生命的意义 [M]. 吕娜译．北京：华夏出版社，2018.
[6] 夏翠翠．大学生心理健康教育：慕课版 [M]. 第 2 版．北京：人民邮电出版社，2019.
[7] 朱育红，潘力军，王爱丽．大学生心理健康教育课堂互动手册 [M]. 上海：华东理工大学出版社，2015.

（朱丽君）